增订本说明

梁宗岱（1903—1983）是中国近代诗人、作家、翻译家和教授。从1932年开始，先后任教于北京大学、南开大学、复旦大学和中山大学等知名学府。论著广及诗歌创作、中外文学翻译和文艺批评，他的新诗集《晚祷》、论文集《诗与真》《诗与真二集》、翻译集《一切的峰顶》《莎士比亚十四行诗》等，在中国二十世纪文学史上留下深刻的印记。由于历史原因，他的作品曾经尘封多年，当重新发掘出来后，人们发现这些作品光彩依然，散发出独特的魅力，愈来愈多学者对他的作品展开研究。

但是他的早年生平，一向以来只有模糊的轮廓，不悉其详。为了填补这个空白，我们在2014年写成这本传记。

叙述从梁宗岱的家世开始，他出身于广东新会一个小商人家庭，在地处偏僻的广西小城百色度过童年。十五岁返回故乡，进入广州培正中学和岭南大学接受教育，数年间从一个满身野气的乡下少年，蜕变为现代新青年诗人。一九二四年远赴欧洲游学，入读瑞士日内瓦大学、法国索邦大学、德国柏林大学和海德堡大学，游学意大利，从一个文学青年迅速成熟为真正的作家。他和青年作家普雷沃、奥克莱、瓦朗让、萨伦逊等结成好友，结识了文学大师瓦莱里，成为他的弟子，与罗曼·罗兰通信，两次在瑞士奥尔加别墅会面长谈。他在法国刊物发表英法文作品，出版中译《水仙辞》和法译《陶潜诗选》，活跃在巴黎文艺沙龙和中国留学生群中，直到1931年"九一八事变"归国，出任北京大学法语系主任。

全书叙述均有所本，大量引用了新发现文献的原文：少作、书信、日记、手稿、同期中外出版物。这些文献除了来自国内藏书外，相当多一部分保存在法国、瑞士和日本的图书馆手稿部和文学档案馆，非亲临斯处搜索而不可得，部分还须逐字辨认抄录。

初版由华东师范大学出版社在 2014 年印行后，遇上图书馆书籍和文献数字化的高潮，出现更多搜索工具，加上一些久觅未得的历史文献相继浮现，带来一批新信息。为了尊重历史的完整，我们对本书进行了全面增订，把新旧资料融合为新的整体。

新资料包括罗曼·罗兰七封信原文，罗曼·罗兰致梁宗岱信残件；法国画家为梁宗岱绘制油画肖像由国家美术馆购藏；梁宗岱索邦大学学生注册表及报考文凭记录；促成梁宗岱瑞士假期的中国留学生身份；中学时期先后担任《培正周刊》《培正学报》和《培正青年》三种刊物主编的过程；最新发现两篇政治色彩浓厚的少作佚文等。其他还有梁宗岱出生地点辩正、二妹梁佩华介绍、1934 年轰动京城婚姻诉讼案的前因后果等。

除了文字的增订，还加入大量图片，通过原始文献、同期刊物、书信原件和各种照片呈现当时的历史真实。这些图片来之不易，大部分首次发表，具有补充文字未及之功能。

写作方面，一如既往，以史实为重，评论从简，详尽介绍人物和时代事件，以求还原出一个真实的青年梁宗岱。无论研究者或文学爱好者，都能从中有所发现。

刘志侠

2023 年 7 月，巴黎

作者简介

刘志侠 广州中山大学外语系毕业,曾在该校任教,二十世纪七十年代初在巴黎大学法国文学系进修,现居巴黎。已出版《巴黎五色笔》(五卷)、《里尔克与罗丹》、《九人:罗曼·罗兰与中国留学生》、《法语医用会话》等多种著作和双语类书籍。与此同时,致力整理及介绍梁宗岱作品。

卢　岚 毕业于广州中山大学外语系。曾任教于广州中山大学和广州外国语学院。二十世纪七十年代初赴法定居,进巴黎大学法国文学系深造。著有中短篇小说集《把水留给我》,散文集《巴黎读书记》《塞纳书窗》《文街墨巷》《笔走皇林村》《与书偕隐》《我写我在》《从地中海出发》等十余种,翻译法国小说《故梦》等。与此同时,致力整理及介绍梁宗岱作品。

刘志侠与卢岚参与校订及编选的梁宗岱作品集及介绍文字:
1. 梁宗岱文集(四卷本),中央编译出版社,2003 年
2. 梁宗岱著译精华(六卷本),中央编译出版社,2006 年
3. 热爱生命(蒙田试笔),中央编译出版社,2009 年
4. 梁宗岱译集(七卷本),华东师范大学出版社,2016
5. 梁宗岱早期著译,华东师范大学出版社,2016
6. 梁宗岱文踪,广东人民出版社,2017 年

就这样在时光唧唧的机杼上
　我织就那活泼泼的衣裳

——梁宗岱译歌德《浮士德》

目次

序言（卢岚） 001

第一章 家庭与童年 013
第二章 培正中学 036
第三章 诗心的觉醒 076
第四章 岭南大学 108
第五章 文学研究会与《晚祷》 131
第六章 日内瓦一年 161
第七章 初抵巴黎 175
第八章 瓦莱里与索邦大学 196
第九章 中译《水仙辞》 220

第十章 与普雷沃的情谊　　251

第十一章 法译《陶潜诗选》　275

第十二章 巴黎文艺生活　　301

第十三章 瑞士假期　　327

第十四章 罗曼·罗兰日记　349

第十五章 玫瑰村的朋友　　384

第十六章 告别欧洲　　409

后记（刘志侠）　　427

序　言

卢　岚

因着家住铁塔下，得以经常在铁塔公园散步。这一带地方远不止这个公园，还群集了好几个博物馆：军事博物馆，夏约宫的人类博物馆，巴黎纪美美术馆，现代艺术馆……塑像、喷泉、古木、草坪错落其中。这片塞纳河谷给你提供了脚丫的走动，也提供了精神的漫步。但于你还不止这些，有些东西与你有点关系。从家门出来向左拐，一两分钟路程就可以看到夏约宫，正面两边墙头最高位置上，有几行金字：

在这里，巧妙地聚集了一些罕见或美丽的东西，它们教会眼睛以全新的目光来看待世界所有的事物；

在这个奉献给奇迹的墙壁里面，我收藏和保管出自艺术家的巧手的作品，他的手和思想可以互相媲美和争一日之长短，但两者不可缺一地存在。

然后，你转到夏约宫的背面，看到另外几行金字：

所有人都在创造，像呼吸般不自觉。但艺术家感觉到自己在创造，他全身投入到行动中，他所热爱的艰辛劳动使他变得强大。

就取决于走过的人，我是墓坟或宝藏，我在说话或沉默，这个就全凭你而定,朋友,请莫不带着欲望走进来。

这几句平常话,道出了常人说不出的常理。它以博物馆的口吻写成,"我收藏和保管出自艺术家的巧手的作品"。嵌在墙头上的浮雕般的金字,像花边领圈,绕在建筑物的脖子上,散发出一种文化气息,把整一片地方收拢在温厚的艺术氛围里。是哪一位作家有此殊荣?但,又有哪一位作家拥有这种语言风格?除非是象征主义诗人保罗·瓦莱里。这个名字于你特别惯熟,因为,他是宗岱师游学法国时期的老师。老师的老师。

然后,你沿着人权广场的梯级往右拐,很快就看到保罗·瓦莱里的青铜头像,立在一块草坪当中。每一回走过,你总是特别在意地跟它打个照面,又不缺少意识流,一股半透明的情绪就悄然来到。就是这位被誉为法国二十世纪最伟大的诗人,曾经为宗岱师的法译《陶潜诗选》做序,序言中如此这般地称赞过他。

老师的老师,距离不太远;跟那个时代的距离也不太远。但在过去相当长的时间里,你对他们的师生关系,对宗岱师的欧洲生活的了解,只限于从诗到诗,从中译法到法译中,从《途遇》到《晚祷》,即便是回忆罗曼·罗兰,他登门拜访那天,"按铃时,罗曼·罗兰亲自出来开门"已是难得的细节。瓦莱里呢,为人"极温雅纯朴",他"追随左右,瞻其丰采,聆其清音",你只能反复琢磨那几句话。而你眼前的青铜头像,会知道得很多。唯是,你向它发问,它不作答,一个沉默的斯芬克斯。但要串成一个完整的梁宗岱故事,又怎能欠缺这段欧洲生活?我们虽然长期生活在法国,而那段相距不太远的日子,于我们又聋又盲,你呼它不应,它看你不到,像陷落了的断层,厚重的泥土不会给你发来任何信号。你谈梁宗岱,就说不出新鲜话来。所以，当我们编过《梁宗岱文集》，又出了单行本之后，就将手头上搜集到的资料送回到广东外语外贸大学的"梁宗岱藏书室"。拍拍手掌，这个课题到此为止。

但，当你相信再没有什么可作为的时候，一道大门突然打开，一股带着烟尘的空气掠过，一个熟悉的身影回来了。他就在那里。在欧洲。一个九十年前的青年梁宗岱。太阳底下还是有新事，新事就来自新科技，来自图书馆书籍的电子化。过去，迷失在书海里的文献与你，是世事两茫茫，而现在就有打捞的可能，旧事就变成了新事。志侠得到线索后，就跑图书馆，向法国、瑞士、意大利、日本有关的纪念馆和档案室查询，还搜查了数以千计的中外网页，进行了一场地毯式的大搜索，将得到的材料进行筛选组织。两三年来，找到一些以前不敢想象能够得到的材料：他的索邦大学生活，沙龙活动，跟瓦莱里、普雷沃（Jean Prévost）的关系；跟当时游欧的胡适、邵洵美、傅斯年、刘海粟等人的来往；先后刊发的英文法文诗歌；外国评论家的评论文章；在欧洲的政治活动，等等。而找到宗岱师给瓦莱里的十七封信，给罗曼·罗兰的七封信，以及四段有关梁宗岱的罗曼·罗兰日记，就成为志侠今回大搜查的压轴宝藏，成为了解他与这两位世界名人的关系的最直接资料。所有这些文献，都是跟他的外国同学和朋友们，或从国内来的中国朋友们，共同经历过的生活，后来他们根据回忆写成文章，分别发表在国内外刊物上，也有在通信或书籍中提及的，都是当事人活生生的笔头记载。那些文字，像随手拍摄下的镜头，有着很强的揭示能力。从那里我们看到一个奋发向上、孜孜不倦地追求学问，既热情、直率又开朗的青年梁宗岱。

当年，一个二十一岁的青年，要去大洋以外的法兰西，因着交通和电讯都不怎么发达，抵达之前要设想它的情况，恐怕还得依靠一点想象。他从法国南部马赛登岸，这就从东方去到西方，从一种文化进入到另一种文化。去国前，他虽然受教于培正中学和岭南大学，纯粹美式教育，在西化的学习环境中，每天与西人和西洋文化接触，但于他日后的文字工程而言，同样关键的是，他有备而去，他的备，就是身上带着深厚的中国文化。他的行囊里除了ABCD，还揣着陶渊明、屈原、苏东坡、欧阳修，身心还浸淫在陶潜的"抚孤松而盘桓"，在屈原的《离骚》《渔父》《山鬼》的氛围中。这使他一来到西方，就从自身的文化来理解另一种文化，又从另一文化来琢磨自身的文化。两种文化在他身上撞击所产生的火花，照亮和强化了他的知识，影响了他的思维，撇开所有偏见，全方位地给两种文化以同等的位置，将它们进行比较、融汇。这种态度主导了也成就了他日后的文学创作活动。

要真正进入到一种文化当中，必须走经一道门。否则，即使置身其中，也隔了一座山。宗岱师就从文学这道门进入，诗歌就成为他特有的敲门工具。瓦莱里在那篇著名的序言中写道："我将他递过来的纸页一读再读，有英文诗，也有法文诗……"一东一西、一老一少两位诗人，就这样一头栽到共同的世界里。他以他的小诗赢得了瓦莱里这个人，赢得了《水仙辞》的翻译，充满创造性和建设性的交往，日后以质取胜的法译中，就这样开始了，文学的路向就此一锤敲定。如果他在培正中学时代开始写诗，不等于他日后一定成为诗人，因着结识了瓦莱里，就永远定居在诗歌世界里，是瓦莱里"使我对艺术的前途增了无穷的勇气和力量"。他在《忆罗曼·罗兰》中又说:"梵乐希影响我底思想和艺术之深永是超出一切比较之外的。"日后他只是译诗、写诗、论诗、像瓦莱里,走上了诗人和诗论家的道路。

他跟普雷沃的交往,还是习惯了的动静,普雷沃说:"我们结为朋友后,他不时带来一首诗歌,用他的语言给我诵唱,为我即兴翻译。"日后他与这位青年作家之间的来往,他们的翻译讨论,就这样开始。普雷沃毕业于巴黎高等师范学院,二十世纪三十年代成为著名的《新法兰西杂志》的专栏作者,他写小说、诗歌、散文,研究波德莱尔、司汤达、蒙田。除瓦莱里之外,他成了学术上跟宗岱师关系最密切的人。此外,他跟文学青年塔尔狄尔(Jean Tardieu)、跟美国青年萨伦逊(Harold Salemson)、跟瑞士女作家阿琳娜(Aline Valangin)的朋友关系,都跟诗歌有关。他充分地利用了诗和诗人的身份,来跟另一种文化打交道。

新文献给我们提供了对照、印证和理解他的作品的可能性,也提供了一些具体事实。他跟瓦莱里的师生关系,按他自己写的是,得常常追随左右,但塔尔狄尔有更详细、更精彩的描写。比你所想象的,比他自己所描画的,要更深厚、更密切。宗岱师后来谈起,非但没有夸张,还砝码不足。那回在雷惠兰夫人的沙龙里,在为数不少的来客中,是梁宗岱吸引了塔尔狄尔的注意,成了他眼里的中心人物,后来文章重点就放在他身上,把他和瓦莱里的密切关系写得惟肖惟妙:"……他像磁针找回磁极那样急急忙忙要抽身离开,因为瓦莱里在邻室已经开始滔滔不绝地说话……梁宗岱像奔向母猫怀里的小猫,肩肘并用,很快钻进到他的磁极左边,然后动也不动了。他听着,表情好像在说'这个位置属于我的'。"一个中国青年进入巴黎沙龙,你不知道有任何先例，而梁宗岱是你所知道的唯一的一个，他在那里还非等闲角色，因着瓦莱里，他"现在好像自视在他的主子之后，成为雷惠兰府邸的第二条支柱"。塔尔狄尔还说，梁宗岱"是瓦莱里认为唯一能及得上自己的人"。

我们所理解的诗，是在情感迷宫里的摸索，在欲望、辛酸、痛苦、遗憾、内疚等情愫中的磕碰。但瓦莱里要写的是纯诗，不依赖叙事、写景和情感的流露，要以自身的力量来支撑，就像地球依靠内在的力量来自转；要具有哲理和数学的严谨，要凭借字句的凝练、奥妙和音乐感来召唤感觉官能；还拒绝浪漫，保持中性美。但于读者而言，就显得隐晦难懂。《水仙辞》使用的字眼平常惯熟，一如他平日使用的文字，但因着使用巧妙，恰到好处地在自己的位置上，产生一种既常理又深刻的分量，就有一股顽强的抵抗力，不容易翻译。这是他特有的语言艺术，非普通法国人能及得上。宗岱师要翻译这首诗，必须克服双重难度，一是原诗的精练和隐晦，其次是，中文的使用刚从文言转为白话文，白话文的使用还未成熟，宗岱师不但把原诗的敏感和脆弱都表达出来，还将白话文的使用提高到相当完美的程度。全诗行文如流水，有难以抗拒的魅力，给人带来阅读的幸福。梁老师对语言特别敏感，拥有特强的驾驭能力，但从新材料中还可以看到，当时的索邦正在闹瓦莱里热，也在闹《水仙辞》热，同学之间，每三句话，就有两句关系到他们的偶像瓦莱里。学习气氛从课堂延续到课外，自由，生动，活泼，从一读再读，苦苦深思，为激赏而气喘呼呼，而红光满面，而高声叫喊，明显地从被动的学习转到主动的接受。这段回忆的作者马蒂诺，生动地描写了学问的传递过程，师生之间有的是互动，他们引述和朗诵他的诗句，找不到语言来表达感情的时候，就长叹一声。马蒂诺这段有趣的文字当中，忽然蹦出了"梁宗岱"这个名字，这是你不曾指望会发生的。作者还说，这种生动活泼的气氛的出现，"可能是因为我们的朋友梁宗岱正在翻译"这首诗，要介绍给中国读者。置身于这种气氛当中的梁宗岱，正好在翻译这首诗，能够不受影响么？又说梁宗岱如何用中文朗读《水仙辞》，"他使用一种跳动的声音，抑扬顿挫，清脆奇异，像铃声颤抖"。索邦大学的生活被写活了，一场瓦莱里热也被写活了，在这种热闹的文学气氛中，就有梁宗岱这个人存在，就有他朗诵中文诗的声音存在。《水仙辞》的诗译一气呵成，辞藻或华丽飞扬，或熟稔僻冷，皆必已出。一个二十四岁青年的诗怀尽情释放，舒展，自然，轻捷，自由自在得像即兴，一路吟唱下来，既是诗，也是歌，充满节奏和韵律，恰好是瓦莱里宣扬的音乐感的回应。几近一百年前的文字，以现在的角度来看，依然显得现代。说是翻译，也是创作。它成就了一种风格，成为新诗开始时代的一个奇迹。不用敲锣打鼓，就赢得了文坛上青年诗人的位置，回国后即被聘请为北大教授。

　　你打开宗岱师的译作，除了瓦莱里，他还介绍蒙田、里尔克、魏尔伦、波德莱尔。一个初到异国的年轻人，怎么一下子就准确地找到了他做学问的目标？这几位诗人和哲学家蒙田，当时认识他们的中国人不多，大家只知道卢梭的《忏悔录》、歌德的《少年维特之烦恼》、小仲马的《茶花女》等稍欠整洁的作品。但宗岱师要做的是传统学问，不容忍肤浅平庸，这是他的特点。如果他射出的箭都中了靶心，没有秘密，只因为他是通过法国社会生活、文化生活、交往的学人来认识法国文学的。也取决于他本人的文化涵养和状态。

他出生后父亲才从小贩转营烟草业，迅速成为暴发户，谈不上家学渊源，成就他的是培正中学的良好教育。法国有太多的香水、美酒、时装、探戈，有太多的浪漫，有的人一踏上花都就翻了船，但这位青年不将自己身上的锁匙逐条去试，一下子就将自己定位在文学上，勤奋学习，努力去明白一切，旨在一步步进入到文化的核心，掌握其精华。欧洲七年，瑞士、法国、德国、意大利，步履匆匆只为游学。法国逗留时间较长，其余的只是打个水漂儿。又得瓦莱里耳提面命，但求实学，不汲汲于一纸文凭。在游学的长旅中，起步止步任由，目标可远可近，计划可伸可缩，"我却只是野狐禅，事事都爱涉猎，东鳞西爪"，凭感觉，凭求知欲望与好奇，意志就成为推动力，总有一条路可走。重要的是提高自己，要以自己的手腕力来将自己抬高。这段看似散漫无章的游学，成为他做学问的高峰期之一。1929年《小说月报》刊登了他的《保罗哇莱荔评传》，同时刊出《水仙辞（少年作）》译文，1930年勒马日（Lemarget）出版社出版了法译《陶潜诗选》，1931年《诗刊》登了他的《论诗》，华胥社出版的文集里收入了他翻译的里尔克《罗丹》。他的法文诗、英文诗，或者中译法、法译中，先后分别刊在《欧罗巴》《欧洲评论》《鼓》和国内的《诗刊》。短短数年学子生涯，所产生的作品，从数量到质量，都不亚于一个职业作家。

行脚匆匆，却一下子抓住了一种文化的最本质、最优雅、最具影响力的亮点。日后他除了翻译《莎士比亚十四行诗》《浮士德》之外，1936年翻译了《蒙田试笔》，1941年翻译了里尔克的《罗丹论》。蒙田以文学手段来谈哲学，里尔克则以文学手段来谈罗丹的石头，日后宗岱师写《象征主义》《屈原》《论崇高》等文学论著，就不是从理论到理论的碰硬,而是以文学手段来谈文学理论。他把《象征主义》指给你看的时候,指头上是沾满了文学的:"一片迷茫澄澈中,隔绝了尘嚣与凡迹,只闻色、静、香,影底荡漾与潆洄。"

洋眼看梁宗岱,还是我们眼中的梁宗岱。没有变形,没有雾失楼台,一贯的快活、开朗,喜欢滔滔不绝的"抬杠",到处成为中心人物,殊众,潇洒。普雷沃说:"他很年轻,一副孩子脸孔,最严寒的天气,只穿一件开领衬衫、一条长裤和一件单薄的短外套。他把寒冷看作感觉官能的错误,并且以自己的理智去判断,不受其束缚。"他到处被发现,到处被称赞,到处得宠。有人第一次见面就给他定位:"梁宗岱——一位前途无量的年轻中国诗人。"有美国青年的"呈梁宗岱"的文章,赠书题辞说"希望他读完再定罪";有普雷沃献给他的文学专号,以献辞《致梁宗岱》作为引言;有汉学家马古烈斯称赏他的陶潜与王维的译诗;有文学评论家封登拿的评语,"他对我们语言之精通,令人惊讶";而罗曼·罗兰的称赞几达最高音阶:"这是我认识的最出众、最有学问的中国人之一。"从瓦莱里、罗曼·罗兰这类世界名人直到普通学人,都让他一网打尽了。种种难得的机缘带引他走向成功。不是所有人都有这种幸运。但,不是所有人都是这般的质素。七年步履匆匆,所留下的成行成串的文化脚印,连同一段瑞士度假日子,生活十分充实,既浪漫也独特,脚步所到之处,总不忘撒下诗的种子。他的行囊中,除了诗与文学,再没有别的重量了。他在欧洲的故事,远超过一个学子的范围,在法国再无别例。

欧洲生活是宗岱师人生的关键时期,没有那段日子,就没有日后的梁宗岱。回国后他深知这个过去造就了他,给了他特殊标记,他为此感到骄傲，有意把这个过去延续下去，让自己身上的文化烙印继续说话，就产生了诗论和翻译风格的奇迹。他把歌德的《流浪者之夜歌》与陈子昂的《登幽州台歌》作比较，将歌德与李白、屈原与但丁、杜甫与雨果、姜白石与马拉美，在生活上、思想上和风格上进行比较，这是他的欧洲生活的继续叙述，实际上已经是比较文学。尽管谈的是诗歌、文学，但他本人的印记都留在了里面。他也不会忘记跟罗曼·罗兰的两次会晤，和追随瓦莱里的日子，这是他的人生的美好经历，他的机缘，他的幸运，他很认真地把这一切放在心上。记得他曾经向笔者出示过罗曼·罗兰给他的信，同时出示他复信的底稿，开头是：Grande est ma joie de recevoir votre lettre（非常高兴收到您的信）。将简单的开场白，以字眼的位置使之变得活泼多彩，这正好是他的人风文风。他不爱平庸，不爱一般化，连一个句子也不例外。如瓦莱里的评述，他"热衷于这些相当特殊的精美"。

当你将他的不连贯却有代表性的七年欧洲生活片断，与原有的认识进行对照、比较，就会得到印证，或找到线索，弄清疑点，明白一些所以然。比如他如何走进瓦莱里的世界、怎样接触到文化沙龙、《水仙辞》的翻译、《陶潜诗选》序言的产生、译诗的出版过程等。他特别推崇歌德的《流浪者之夜歌》，皆因他有亲身体验。他说："阅历与经验，对于创造和理解一样重要。"与此同时，你也发现了一些不可理解的地方。他拥有丰富的知识、见识和阅历，但在生活的长流中没有给他起保护作用，总是理性让位于感性。他的人生被学识、意志、奋斗、机缘所造就，也被错失、谬误、牢狱、灾难所损毁。不止一次，他放弃了相对好的命运、相对理想的生活，宁可与之擦身而过，于是便有闹哄哄的社会新闻、与身份不相符的纠纷，有新政权初期的四年冤狱，以及在"文革"中的精神和肉体的灾难。原来人生可以这样完美，或者不完美。如果我们为他的传记加上欧洲生活这个链环，串成一个完整的诗人学者梁宗岱的故事，而他的另一个带着世俗颜色和气味的故事，却不缺少不可捉摸和难以理解。也许这些掩眼法般的不尽如人意，反而成了梁宗岱传奇不可或缺的因素。

2014 年 7 月

第一章

家庭与童年

　　二十世纪初期的中国新文化运动，是中国近代史一个少有的光明时期，充满了创意和希望，涌现出一批年轻白话文作家。1920 年前后，梁宗岱出现在中国南方。自这时开始，他被历史的无定向风吹送，在文坛上空飘荡，时现时隐，直到 1983 年才告别这个世界。

　　六十年的文学生涯不能说短，当他离开人间后，人们惊奇地发现，他留下的手稿竟然那么少，几乎可以说荡然无存。这是世纪浩劫"文革"的罪过。薄薄的一叠手稿，全是残篇散页，只有一篇完整，题为《我的简史》。即使这一篇，也不是从书房找出来的，而是保存在大学人事部门档案柜里。开篇第一句交代个人身份，"我生于 1903 年"，只有八个字，连出生的日子都没有。这不是文章，很可能是"交代材料"，写于 1967 年 10 月 27 日，一个特殊年代的特殊产物。

　　中国的历史学家把家谱、正史和地方志合称中华民族的三大历史文献，很多人物传记都从家谱开始，动辄召唤一千数百年前真假难分的先辈。然而，影响一个人的成长，主要是他成长的环境以及家庭成员。如果能够上溯到祖父一辈，已经足够。梁家没有家谱，却有三位家族成员写过回忆文字，从他们留下的信息中，我们知道梁宗岱生于 1903 年 9 月 5 日（农历七月十四日），名宗岱，字世琦。

第一位作者甘少苏，她从1943年起与梁宗岱共同生活，见证了他的后半生。1984年，在彭燕郊及其助手协助下，完成手抄稿《梁宗岱和甘少苏》，然后在此基础上，由专业人士整理、补充和改写，扩展为《宗岱和我》（重庆出版社，1991年）。这是最早的梁宗岱传记，流传最广，可惜有失真之处。

第二位梁宗恒（Liang Tsong Heng，1915—2011），梁宗岱的异母弟弟，1935年到法国留学，因"二战"爆发滞留，最后定居下来。1989年，他与法国女作家侯芷明（Marie Hozmann，1952— ）合作，写成法文回忆录《花都华人》（Chinois de Paris）。以自叙个人经历为全书主线，旁及法国华侨的今天和昨天。

第三位梁佩华（Katherine Liang Chew），梁宗恒的同母妹妹，1948年随丈夫移居美国，2013年出版英文回忆录《一串珠子》（A String of Beads），由亚马逊集团发行，回溯了从广西省百色老家至美国加州的数十年经历，全书由一百多个中国和美国生活小故事串联而成。

至于最需要的梁家祖父历史，梁宗恒在《花都华人》之后，独自以中文撰写系列著作《梁家一百年》，第一卷《阿公的故事》在1994年自费印成，分赠亲属及朋友。余下各卷，未见问世，可能未及完成。

《阿公的故事》一百页，从头到尾单讲"阿公"梁祖胃，不过神龙见首不见尾，只见"字祖胃"，不知原名；只见"生于清道光廿年（1840）"，不知卒年，但提供了梁祖胃一个生平轮廓：

现在我们从各方面推断，确实知道阿公早岁虽非富有，却也

不是贫家子。他未远到百色投入商界前，在乡已有空闲去学文学武，也有能力成家，娶妻汤氏及生下第二女都是缠足的。要知从前妇女只限于那些娇弱闺秀小姐，才有空闲去打扮自己。[……]

我们可以想象阿公那时自己不下田耕种，生了二男三女，一家七口在这小村坐食，终非着落。这时开始流行一种新风气，年轻一辈大多想另谋出路，远远到"头前"闯世界。[……]

阿公则不知因何机缘际遇竟捞（按：谋生，广东方言）到广西尽头的百色。

[……]找到几个同乡，安定下来。从此一改故辙，就和乡农身份永别，渐渐变成城市里的雇佣劳工学徒，直到有一天鼓起无比的勇气与决心，拿出手头多年节省下来的积蓄作本钱，投身买卖作小商人。阿公大概就是这样做起生意来了。听说他亏本失败多次，后来二婆上门，得到她带来一笔小资本和她能干的辅助，在百色这条大街再开设一间杂货店，便是全泰。这是二婆时常讲起的往事，[……]我最记得她为着节省灯油，天黑时只点一炷线香，就在燃着线香微光下，把白天做买卖的铜钱，一贯贯地穿串起来。

阿公开始做生意受过多次失败，[……]直到二婆紧紧掌握铺中银钱出入，以勤以俭惨淡经营，全泰的生意才得慢慢地稳定长大起来。

甘少苏手抄稿补充了另一些细节：

他父亲（按：梁星坡的父亲梁祖胄）最初是担火水（广东方言：煤油）、生油上街叫卖，因生意不好，想回原[籍]新会，另谋生计，去与同乡谭帮派辞行，谭劝他说，如果乡间有得捞（广东方言：有出路），你还用得着上百色？才再留下百色。后来人家介绍一个寡妇给他，靠他们的节衣缩食，尤其是庶母婚前做针线积存三十两白银拿出来给他们做生意，在屋面前门口摆档，卖火水、生油、烟仔火柴、找铜仙等，也靠了他们的一贯坚持"货真价实"和"不二价"的经营方法，他很快就成为小康之家。

综合两者所述，梁祖胄出身农村家庭，因为家道贫穷或中落，离乡到百色营商，多次亏本失败，后来在百色第二房妻子帮助下才渡过难关。这位姓崔的"二婆"是一位孀妇，再醮梁家之前已颇有私蓄，在百色四码头拥有一座房子。她勤俭能干，没有子女，视家中所有小孩为己出。梁宗岱在母亲去世后到百色，得到她的关怀照顾，对她很有感情。在她逝世后，写了《光流》追念，文中称她为祖母。1924年写的《致辞》和《游伴》也使用祖母这个词，所指仍是这位庶祖母崔氏，而非住在新会的亲祖母。

梁祖胄二十世纪初退休，返回新会建房子，和祖母度过余年，两人活到二十年代，祖母先他数月去世。（梁宗恒《阿公的故事》）梁宗岱的文字从来没有涉及他们，这可能与他十五岁时，祖母强迫他接受包办婚姻有关。

梁祖胄育有两子一女，梁宗岱父亲排行第二，甘少苏手抄稿有一段简略介绍：

> [父亲]名奕燔，字星波（按：应为"名星坡，字奕燔"），生而聪敏，仅读了六年的"子曰馆"，便能诗文。[……]但由于家贫，乡里能送他上学，却不能代他养家，他只好跟一个广西贺县经商的族叔当学徒去了。

梁星坡子女众多，他三次娶妻，三次纳妾，在广西和广东都有家，子女在两地出生和来往居住，梁宗岱的出生地点曾经出现两种说法，广东新会和广西百色。我们编辑《梁宗岱文集》（2003年）和《梁宗岱著译精华》（2006年）的时候，当时只有《岱宗和我》一本传记，在新搜集到甘少苏手抄稿里，找不到相关记载，因此采用了《岱宗和我》的"在广西百色出生"的说法。

到了2011年撰写本书时，阅读了大量原始文献，很快发现这是一个错误：

> 我的家庭按传统模式构成，很多妻妾，很多孩子，难以弄清楚。我的父亲来自广东，他似乎很爱第一次婚姻的妻子，他们生下两个小孩。然后，这位妻子不见了，再没有人提起，我不知道发生了什么事情。她去世了吗？她离开我们家庭了吗？我完全不清楚。[……]
>
> 我的父亲再娶，妻子是广东人，一生都在我们家族的村子里度过，管理耕地，照顾祖父母和料理房子家务。这个村子叫同安里，在新会县。第二房妻子入门时，第一位仍在，因为二哥是第二房生的，而三哥是第一房生的。四哥是第二房的儿子，两个妻子应该一起生活过。第二房妻子很年轻便去世，在四哥出生后不久，而四哥也很年轻便去世。我的二哥一直活到1984年。
>
> [……]
>
> 我的父亲在第二房妻子去世后，动身到广西省开商店，在那里娶了第三房妻子，也就是我的母亲。（梁宗恒《花都华人》）

"我的二哥"便是梁宗岱，"活到1984年"应为1983年。这段记述十分清楚，梁宗岱的出生地点在新会，而非百色。这和梁宗岱本人写的《我的简史》互相呼应：

> 我六岁死母亲后，便跟父亲在广西百色这个小城读小学，毕业后回新会读县立中学一年，来穗投考培正中学。

其他旁证陆续出现，在梁宗岱 1934 年 9 月 20 日致瓦莱里信中，有"在广州附近的出生地故乡"（dans notre pays natal près de Canton）之语。1929 年 10 月 17 日罗曼·罗兰日记记载两人第一次会面，"他在广州附近的一个城市出生"（Il est né dans une des villes autour de Canton）。

2017 年，在法国国家档案局里，发现梁宗岱索邦大学入学注册表。表上"出生地点及日期"（Lieu, date de naissance）一栏，有梁宗岱的亲笔字样："1903 年 7 月 14 日新会（Hsin Wui）"。填写日期是 1925 年 11 月 14 日，这时他二十二岁。（注册表图片见第八章）

这些直接来自不同源头的证据，构成无可争议的结论，梁宗岱的出生地点在广东省新会县。

梁宗岱对早逝的母亲怀有深切的感情，写作中最早提到的家庭成员便是她。二十岁那年，他的散文诗《归梦》发表在《小说月报》14 卷 7 期上，回忆儿时的生活，次年收入商务印书馆出版的诗集《晚祷》。这是他的第一部集子，他把这本书献给母亲，在扉页上印着"献呈先母之灵"六个字。再越二十年，1944 年，他再次在《试论直觉与表现》中回忆丧母之痛：

> 我六岁而慈母见弃。在送葬回来那天，我还清清楚楚地记得，沉没在那骤然失掉一个慈爱而在小小的眼睛里显得非常美丽的年轻母亲的悲哀里，我幼稚的心已试去探索死底玄秘。"埋

梁宗岱与家人合照（1935年，广西百色）
站立者右起：梁宗恒，梁宗钜，梁宗岱，梁佩弦，梁佩华
原刊梁宗恒、侯芷明合著《花都华人》

在层层的泥土下，怎样呼吸呢？"我想。于是仿佛四块棺木逼拢来一般，我窒息到喊出来。从那天起，再没有比庄周得道长生一类的故事更受我热烈欢迎的，——它们那么刺激我底幻想，以致在十岁以前，不瞒你说，我曾经偷读过两本修炼长生的道经。

十岁我在小学教室里自己翻阅清人吴定底《紫石泉山房记》。当我读到"游从旧侣，半皆散亡；竹既凋残，池亦竭矣"这几句平淡的描写时，我环顾满堂天真活泼的面庞，竟无异于从前那西征希腊的波斯皇帝登高凭眺他那五百万大军踏桥西渡时所起的幻灭的悲感，不觉凄然下泪。直到现在，虽然我表面似乎只会前瞻永不回顾（大体说来，事实也的确如此），可是有时当午梦醒来瞥见窗外黄日中一枝花影，或微云淡月下仰望几张树叶在风中抖颤，或万籁俱寂时潜听远远传来江涛底呜咽，或在热闹街头突然听到一声小贩对于生活的迫切呼喊，或途中邂逅一双晴朗或黝深的灵活的眼睛……心中总像微风吹过的湖面掀起一层涟漪，蓦地感到一阵似曾相识却又从未经历过的乡思似的颤栗。

这是为了讨论诗歌创作而触发的回忆，但他对母亲的感情那么深挚，痛得那么哀切，这篇讲求理性的文学评论顿时变成一首充满感性的哀怨心曲。

梁星坡像村里同辈人那样，读完几年村塾便要出外谋生，他的父亲尚在艰难的创业时期，一个族叔把他带到广西贺县当学徒。"不久，他离开贺县，和他那觅食于广西另一个小城（百色）的父亲会合"（甘少苏手抄稿）。梁星坡到达的时候，他的父亲梁祖胄已经在百色妻子崔氏帮助下，开设了一间小商店，经营百货杂物。不过，他那时刚站稳脚跟，儿子来百色只是和"父亲会合"，而非接手生意，到达后一切要自食其力，从头做起，而他的本钱只够做一个"零售杂货的摊贩"。

梁星坡的运气似乎比他的父亲好，到百色之后，生意迅速发展，有如三级跳远。梁宗岱亲历了整个经过，《我的简史》第一段就是一份具体日期的记录：

> 我出世时他还是个零售杂货的摊贩（按：1903年），我读小学时他已经开了间小商店（按：1911年），到我入大学他便

俨然一个中等资本家了（按：1923年）。

前后二十载，和梁宗岱的出生至成长刚好同一时期。他解释父亲商业成功的原因，"一生坚持'货真价实，童叟无欺'这两个原则"，得到顾客的欢心和信任（《我的简史》）。这只是一方面，真正起决定作用的是历史因素和天时地利。

百色位于广西壮族聚居的地区，1729年建府后名字才在正史上出现，据说这是壮语的译音，意为"洗衣服的河口"。剥隘河和澄碧河在这里交汇，河上有平坦大石，成为天然的公共洗衣场，故有此名。百色地方偏僻，但两河汇合后成为右江，流至不远处再与左江汇合为郁江，可直达南宁以至广东，干流全长724公里，能通百吨以上拖轮。加上此地处于广西、云南和贵州三省交界，天然的交通要冲，历来是兵家必争之地。

1850年太平天国爆发，百色多次成为进攻目标，但都有惊无险。因为这座小城有一堵坚固的围墙，1729年雍正七年始建，高10米，顶宽3米，周长1.7公里，以大火砖砌成，墙高门厚，固若金汤。1860年太平天国十年，石达开率部经过百色，派出将领石镇吉攻城，动员士兵数万上阵，连场血战后被击退，改在城外扎寨围城，持续了差不多一个月，最后部署以炸药攻城：

> 石镇吉利用清明节和壮族歌节将到之机，在城东搭台唱大戏，锣鼓喧天，人来人往，熙熙攘攘，非常热闹，以此麻痹厅官；另一方面布置人员在夜间第二次挖东门城墙脚下，打算继续用炸药攻城。但这密计被在百色经商的广东新会人探知，向百色厅官告密，官方得知消息，即令兵丁在护城月台周围砌灶，用牛耳镬（最大的铁锅）装满桔水糖（榨甘蔗的废水，可作酸醋，

可提炼酒精），用柴火把桔水糖烧滚后放在城墙上；又令兵丁将木条杂物搬上城楼。三月初二日，太平军又在城东门用棺材装炸药第二次炸城墙，炸开了个大缺口，士兵们蜂拥而入。百色厅兵丁在城墙上将滚烫的桔水糖倒下，把冲入缺口的太平军烫伤，继之把杂物抛下，塞在缺口处，阻止了太平军的进攻，石镇吉第二次攻城告败。［……］

太平军百色城之战结束后，百色厅同知为"奖励"告密人，将百色城的烟丝业生产权划给新会人经营，作为专利，并刻石碑立于大码头，以保护新会人的烟丝生产权不受侵犯，此专利一直到民国初年才被打破。（李长寿《百色古城史话》）

梁星坡生意能够突破，正是受惠于这个官府奖励。他积下第一笔资本后，与一位同族兄弟开设顺成烟庄。开头时候，规模很小，购入烟叶加工晒干，手工切成烟丝，制成后没有足够的能力销售，要把产品全数交给父亲的全泰商号代理。同族兄弟去世后，他继续经营，招牌后来也像全泰那样冠上梁姓，变成梁顺成烟庄。

经营烟草是一条康庄大道，虽然新会同乡间有竞争，总不如其他行业激烈。垄断权到民国十年后才取消，这时他羽毛已丰，无惧新对手。百色地处交通要衢，东来的百货用品通过这里向西部销售，西来的土产通过这里转口。清末民初时期，百色商业十分繁荣，加上当地盛产烟叶，品质上乘，很受黔滇地区欢迎。梁星坡的烟庄发展得很理想，工场位于横街（现名中华街），1927年工人达到二十余人，日产量一百公斤，1939年引进机器生产，产量激增十倍，每日出产一千多公斤烟丝，跻身百色大烟庄之列。（黄晓玛《广东烟商在百色》）

这种发展的速度，单凭经商本领和专利仍然无法实现。梁星坡所处时代正逢清末民初政权交替，政局混乱，军阀四起，互相间以武力争夺地盘。战争需要庞大的军费，军阀为了开辟财源，无耻地利用鸦片，采取明禁暗放的手段，挂起"寓禁于征"的幌子，大开鸦片贸易方便之门，从中抽取高昂的烟税来敛财，甚至出动官兵参加贩卖活动。百色邻接盛产鸦片的滇黔地区，理之当然担起集散地的角色。从1917年第一批鸦片公开抵达开始，二三十年间，这里成为冒险家乐园，出现一种畸形的繁荣景象。鸦片贸易一般采用以物易物方式进行，贩卖者以马队驮运日用百货，进入滇黔内地产区，以极低价钱换取鸦片，运回百色转销至广东，以至港澳及海外。交换的商品主要是民生必需品，包括棉纱、布匹与日用品，以及食盐、食糖和烟丝，梁星坡的杂货和烟庄生意直接受益，急速发展。梁家的全泰商号（后改名梁全泰）位于城外的大街（现名解放路），邻近码头，这里是广东商人麇集的贸易地点：

> 贵州顾客最多。贵州方面，他们按期结成一大群马队，号称贵州帮，翻山越岭，从贵州行了不知多少风雨尘土的路程，来到百色采办货物。每届贵州马帮蹄声达达，来到全泰门前停下，整条大街，从头到尾都占满了。全泰上下人员，师爷打杂，老板后生，立刻就忙个不了，捧茶送烟，点收定单，开始搬货装箱。我们喜欢看热闹，称这些马帮为"马都特"。（梁宗恒《阿公的故事》）

1940年梁星坡去世后，梁宗岱回百色处理家族生意，他接手的主要财产除了祖父留下的梁全泰商号，另一间便是梁顺成烟庄。1950年他把这两盘生意全部卖掉，改为太和化工社，从事生产自己研究的草药成药。全泰商号的两座相连四层高大楼，后来改建为旅馆，在五十年代是百色最大的旅馆。

梁宗恒对梁顺成烟庄有深刻记忆：

> 在我们父亲的生意中有一间制烟厂，而百色所有烟店老板都说我们的乡下话。我年幼时，我以为全中国的烟店老板都是那样的。尽管家庭环境如此，我不抽烟。大约十岁时，我想学大人，得意扬扬走在大街上，嘴里含着一根烟，冷不防脑袋挨了鸡毛掸子一下。这是我的父亲，他看见儿子学坏，气得要命，猛烈教训一场。
>
> 话得说回头，烟草并非完全有害。有人认为它有驱除蚊虫和治疗咬伤的特殊功能，尤其毒蛇，在少人的地方可能会遇到。另外，如同乳香那样，它能驱除异味和臭气，保护穿越山林沼泽的旅人。
>
> 我被父亲打了一下鸡毛掸子，自尊心比脑袋感觉更痛，再也没有吸烟的欲望了。（梁宗恒《花都华人》）

时局和地点的有利因素，让梁星坡成功发展了自己的生意。但凡事都有两面，鸦片贸易是一种暴利生意，除了追逐金钱的无良冒险家，还招引来大批三教九流的人，当年百色赌馆妓院林立，军阀和土匪在旁觊觎。时局不靖，踏出百色便陷阱处处，做生意的人无法完全避免外出，这时便要冒生命危险。梁宗恒清楚记得他的父亲一次惊险的遭遇：

> 我七岁的时候，父亲被人绑架。他当时在广西，外出做生意，在一个没有防卫的地方过夜。就在那一夜，土匪到来把他掳走。毫无疑问，居心不良的客栈老板向土匪通风报信。他们把他带到山上，羁押了一个多月。半夜乘着星光，从一个藏匿处转到另一

六弟梁宗恒与两位子女
在巴黎岭南酒家前面
原刊梁宗恒《花都华人》

《花都华人》封面
梁宗恒 侯芷明 合著
（1989年）

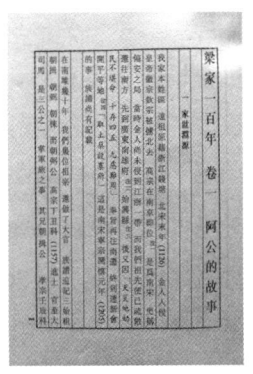

梁宗恒《阿公的故事》
第一页
（1994年）

个藏匿处，以免让人发现踪迹。我的母亲和亲友最后筹集到数目庞大的赎金，他才被放出来。他有时向我们讲述被绑时的故事，如何有一天太累了，无法走得快，背上挨了一下马刀；如何虔诚地祈求武圣和武财神的关公保佑，因为他以为自己末日已临……

（同上）

随着生意扩大，梁星坡后来在三个妻子之外，娶了三个妾侍，一个在新会，两个在百色，家庭成员不断增加，以致梁宗恒也数不清，"我从来没有准确计算过有多少兄弟姐妹，不过我相信总共有九个兄弟和五六个姐妹"（《花都华人》）。二妹梁佩华比他细心，在回忆录里附上一张家庭成员名单，总共十八人，六个姐妹，十二个兄弟。六个兄弟早逝，其中七弟和八弟死在绑票匪徒手中。（梁佩华《一串珠子》）

梁宗岱在兄弟中排行第二，家人称为"二哥"，他上下四兄弟都短寿，紧接他是六弟梁宗恒，两人相差十二岁。他在1935年毕业于广州培正中学，在梁宗岱力促下，前往法国留学。学习法文一年后，根据父亲意愿，进入维奥列学校（L'Ecole Violet）攻读电力工程，三年后毕业，获得电力及机械工程师文凭（le diplôme d'ingénieur électricien mécanicien）。毕业生名单在 1939 年 7 月 14 日的《西部闪电报》(*L'Ouest-Eclair*) 公布，全班五十人，梁宗恒是唯一的中国人，排在第二十七名。此时中日战争已经爆发，中西交通紧张，他错过了最后一班开往中国的轮船，被迫留在法国。

由于没有工作许可证，唯有进入巴黎索邦大学继续当学生。1942 年，梁宗岱完成《非古复古与科学精神》长篇论文，在献词页写道：

给六弟宗恒九弟宗钜

他们一个正在那沦陷的巴黎对数学物理作高深的研究，一个在我们这苦斗的后方也向着这科学迈进。

梁宗恒在《花都华人》自述攻读数学和心理学，但在法国国家档案馆的索邦大学学生注册表上，没有找到他的数学物理专业登记，

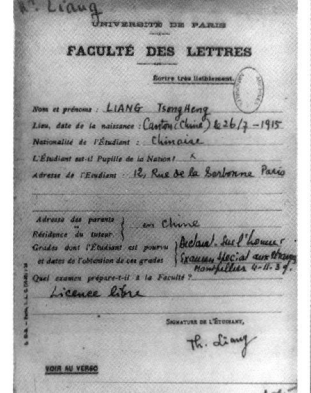

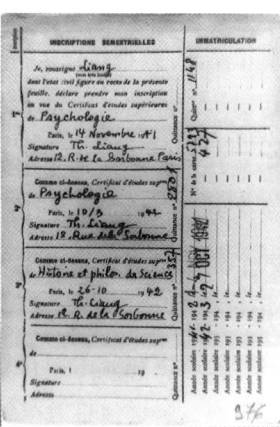

梁宗恒索邦大学
文学院注册表
（1941—1942年）

法国国家档案局藏

只有文学院心理学科，从 1941 年 11 月至 1942 年 10 月，三个学季，前两季报读心理学，第三季科学史与哲学，准备考取自由硕士学位。在此期间，他应聘成为一家心理实验室的项目研究员，这是一个附属于法兰西公学（Le Collège de France）的机构。工作三年后，1945年，伦敦召开心理科学国际研讨会，实验室派代表参加，他未被选上，感到受歧视，意兴阑珊，不久便辞职。适逢第二次世界大战结束，中西交通恢复，他计划返国。但是在此之前，必须先处理好一件重要事情。他在战前收到家庭汇来一笔数目可观的款项，投资在一家中国餐馆的物业上，要取回这笔钱必须出售餐馆，但是买家不是一朝一夕能找到，因此迟迟没有成行。

在这段等待时间里，他认识了中国大使馆一位官员，他是餐馆的常客。经他介绍，梁宗恒进入大使馆领事部工作，从临时工到正式工，前后工作了十九年，直到 1964 年戴高乐将军宣布与新中国建交才离开。他后来转换过几次工作，在不同的小型企业当经理。1974 年，巴黎第十区一家中国餐馆东主退休，主动向他出让生意，他接手后改名岭南饭店（Le Restaurant Lingnam），勤恳经营，度过了十多个安定年头。1988 年退休，2011 年以九十六岁高龄去世。他的妻子是法国人，名叫玛丽－贞娜（Marie-Jeanne），1945 年认识时是时装女裁缝，1947 年结婚，育有二女一男，七十年代妻子提出离婚，和平分手。

梁宗恒下面是二妹梁佩华，她在回忆录中自报虎年（1926 年）出生，又说九弟梁宗钜比她年轻十八个月。梁宗钜生于 1924 年（王青建《数学史家梁宗巨教授走过的道路》），按此推算，她的出生日期当在 1922 年。

《一串珠子》封面（2018年）

二妹梁佩华与赵就亮
1945年在重庆
原刊梁佩华《一串珠子》

20世纪90年代在美国加州
www.humanities.uci.edu

她在百色长大和接受教育，1939年抗日战争，日军轰炸广西，一枚炸弹落在附近，家中一位女佣为保护她受伤致死。她的母亲大为惊慌，让她与九弟梁宗钜一同到重庆避难和读书。二哥梁宗岱当时在重庆复旦大学教书，他与妻子沉樱和两个女儿的房子成为他们的新家庭。他们在学校寄宿，一放假便带着同学往家里跑。梁佩华与梁宗岱畜养的母山羊美宝（Mabel）成为好朋友，带它散步吃草。这头羊每天挤三次奶，足够全家大小六人都能喝上奶。

1943年她考进复旦大学，期间染上恶性疟疾，身体虚弱，两位哥哥把自己的山羊奶让给她补充营养。梁宗岱认为重庆浓雾不利康复，决定让她休学一年，前往阳光充足的昆明养病。她边休养边在小学教书，几个月后，两位同事拉她一起报考美国志愿援华航空队的职位。1945年1月，她被分配到航空队运输部当文员，上司是一位旧金山出生的华裔青年赵就亮（Frank Chew），两人结识十八个月后结成夫妇。

1948 年，他们离华赴美，脱下军装进入大学，继续学业。赵就亮成为物理海洋学博士，梁佩华获图书馆学硕士衔（Master of Library Science），在大学讲授中国文化和从事翻译工作。中国开放后，两人多次回国访问，1993 年百色市图书馆以他们的捐赠，设立了一间"梁全泰图书室"。

梁宗岱和二妹的关系很好，1941 年写成《屈原》，扉页上印有题辞"给二妹佩华"。根据百色梁家亲属流传的说法，梁佩华读书时曾获全省中学作文比赛奖，这可能是梁宗岱题赠的动机。梁佩华厚积薄发，过了 2000 年，在美国连续出版了几本英文故事书和回忆录，其中包括一本古典文学翻译 *Tales of the Teahouse Retold：Investiture of the Gods*（茶馆故事新编：封神演义），虽然只翻译了原书一百回的前四十六回，却是这本小说在西方世界的首个英译本。梁佩华也因此成为梁家第二位作家和译者。

梁宗钜（1924—1995）在家中排行第九，1935 年梁宗恒出国时，梁家聚会送行，刚从日本归国的梁宗岱回来参加，离开时把十二岁的梁宗钜带到北京，转读孔德学校小学。"他自幼喜爱书画，特别在绘画方面有一定才能。他十二岁画的一幅静物水粉画在二兄家中挂了三十年，直到'文革'时被毁坏。二兄曾希望他将来到法国学画"（王青建《数学史家梁宗巨教授走过的道路》），现在能看到他的作品是为沉樱重印小说《某少女》所画的作者肖像。抗日战争毁灭了梁宗钜的学画计划，他在 1942 年跳级考进复旦大学化学系，然而他的真正兴趣在数学。大学毕业后第一份工作就是数学教师，此后数十年孜孜不倦，去世前是辽宁师范大学数学系教授，中国数学史先驱。他的妻子陈善魂（1921—2004）是广东岭南画派画家陈树人的女儿，与梁宗钜同时期就读复旦大学外文系，曾在中学任教，1953年后在大学图书馆工作。

九弟梁宗钜与夫人陈善魂
在陈树人纪念馆前留影（八十年代）
原刊微信公众号"德公子志"

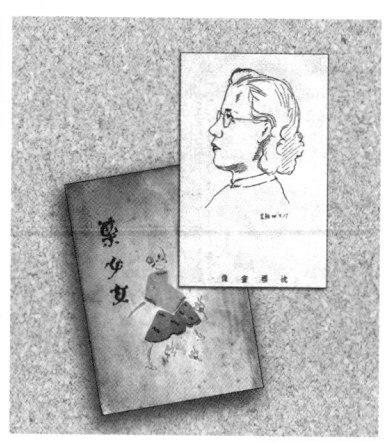

梁宗钜《沉樱画像》 素描 1936年
初刊沉樱《某少女》（1937年）
香港藏书家许定铭藏

丧母之痛是梁宗岱唯一的童年灰色回忆，其余的日子充满了斑斓的色彩。虽然大部分兄弟姐妹尚未出生，但他并不是家中独子，上头有一位大哥，下面有三弟和四弟（三人在梁宗岱十二岁后相继去世）。四个男孩子的家庭，不会有安静的时候。这个时期，他的父亲生意渐入佳境，家庭日趋富裕，没有柴米油盐之忧，小孩子的时光就在读书和玩耍中度过。

他读书的地方虽是百色最大的小学，但此地毕竟是小山城，教育事业比不上大都市。小学的历史不长，光绪三十一年（1905年）创立，正式称呼是百色厅立两等小学堂，以孔庙为校舍，招收高等和初等小学各一班。翌年改用考棚作课室，在本地各界人襄助下，仿照日本一间学堂图纸兴建新校舍。初期学生人数仅得五六十人，全部男生，学校采用九年小学制。1911年辛亥革命后，学校改名为百色经正小学，改行七年新学制。学校没有悠长的历史，因此没有特别的传统，也没有突出的名师，只是一间普通小学。他六岁从新会到百色，要等到八岁（1911年）才进入这所小学，不能算是早熟的天才。小学只是一个人以理性认识世界的起点，百色的日子是学习和积累的初级阶段。还要再等几年，他的文学素质才真正显露出来，因此他和其他同学差别不大，仍以玩耍为主。他曾回忆那个时期最喜爱的游戏和运动：

> 比方，我年近花甲（生于1903年），但爬坡或登高所以还赶得上一般小伙子，恐怕一部分就得力于我小时候的踢毽子比赛。因为踢输了要"供毽"，我苦练就一套左右脚正踢、反踢、脚尖踢和膝盖踢都达到二三百下以上的本领。这使我立于不易败之地，同时不用说也为我的腿力（其实可说体力）打下很好的基础。

> 我读高小的时候，距辛亥革命还不久，由于外患日亟，民族意识非常高涨，我们的体操是卧倒射击和用泥弹作战演习一类的军操，唱的是《从军乐》《雪中行军》一类的军歌。第二首《哥哥手巾好作旗……》给我的印象特别深，而其中这句："我等不怕死，那怕风与雪！"无形中竟成了我锻炼身体的指导思想。从那时起，帽子、棉袄、雨伞都成了我的死敌。

> 那时《水浒传》和侠义小说逗起我的一个幻想是到少林寺或龙虎山去学拳术。幻想不成功,只得做几个"沙包"挂在我读书的楼上,每天打它几十拳,打到两拳皮开肉裂。好在我的叔祖淡水元(据说是当时粤剧名角)传给我们一个相当灵验的班中跌打药酒方。手肿了便浸在药酒里,立刻去瘀消肿。(《我和体育锻炼》)

梁宗岱的体格不算魁梧,外貌斯文,戴着一副眼镜,很难想象他曾经那样顽皮野性。他还有另一种爱好:

> 我在未立志当作家之前,就是说,十二岁以前,曾一度对药发生浓厚的兴趣。一方面神往于"家有六羽玲,生疮生不成""身有半边莲,不怕共蛇眠"一类卖武者的韵语,一方面又对货架上我父亲制好的成药(用来赠给贫民的)具有无限的好奇心。一有空闲,不是到近郊或上山采集许多花草向草药店的人问长问短,便是一知半解地翻阅《医宗全鉴》《验方新编》一类药书去寻找可以制成成药的单方。(《我的简史》)

"采集许多花草"之语,后来的传记大都推衍成"采集草药",甚至说跟随过药师进深山。这是不可能的事情,上山采药是重劳动,早出晚归,父母不会让小孩子参加,药师也不敢冒险。他对草药的兴趣随着童年结束进入睡眠状态,等到1944年辞任重庆复旦大学教职,返回百色,"回到这草木繁茂的山城,我对生草药的兴趣又浓厚起来了",这一次,他真的跟随药师上山采药:

> 在一个相当长时期,当太阳初升的时候,我跟随一两个名草医,或者干脆我独自一个儿,背了一葫芦水,几只裹蒸粽。一手拿镰刀,一手拿锄头,渡过小河,奔向遥远的蓝峰,边行边采集,直到暝色四合,才披星戴月沿着山径回家。(甘少苏手抄稿)

这样的劳动,不是儿戏。从此时开始,他再没有离开过草药,甚至"文革"期间,身处极其恶劣的环境中,仍然继续制药施赠。

像很多中国人那样,他的父亲虽是生意人,却很重视对子女的教育,晚上常常督促他们读书,"灯前夜读,听解诗文"(梁宗岱《致辞》),梁宗岱因而养成了对文学的兴趣,读物集中于非韵文的古文,"十岁我在小学教室里自己翻阅清人吴定庭《紫石泉山房记》"(《试论直觉与表现》)。到了十二岁,他便立志当作家。

他和父亲的感情很融洽,在他留下的文字或口述中,都找不到与父亲之间曾有芥蒂的痕迹。在百色小学毕业前一年,他决定回新会报考中学,父亲听从这个十三岁儿子的决定,亲自陪他回乡,途中"在那湍狭清浅的河道中,拥被同眠"(《致辞》)。他离开新会到广州上学,在火车开动那一刻,父亲跑步赶到,隔着车窗叮嘱他"舟车上落,小心些吧。在学校也不要[太]过用功呵"(梁宗岱《别》)。远赴万里外的欧洲留学,他的父亲从广西专程回新会,陪同他到香港,送他登船(《致辞》)。留欧七年,他按时收到充裕的汇款,一直住在舒适的私人旅舍里,每天到最好的中国餐馆开饭,游学三个国家,还有多余的钱请客吃饭,"晚上梁宗岱约我吃饭,与我和孟真钱行,在万花楼"(《胡适日记》1926年9月22日),购买昂贵的精装外文书,"又遇梁君,同到他家坐了一会。他买了不少的书,都装订得很华丽"(郑振铎《欧行日记》1926年6月27日),帮助阮囊羞涩的中国留学生同学徐霞村"买了张四等舱的船票,返回上海了。就连这船票钱,还是靠了梁宗岱的帮助才凑足的"(徐小玉《霜叶红于二月花——徐霞村纪传》)。这种优越的经济环境,让梁宗岱不必以工养学,专心读书和写作,最后完成文学的起飞。

他十分感激父亲的理解和支持。1931年回国前向罗曼·罗兰告别,不避亲嫌称赞父亲热心公益事业。1935年商务印书馆出版《诗与真》的扉页上,印上题辞"献给父亲"。这时候他与沉樱在日本叶山,收到出版社通知书将印妥消息后,在复信时说:"拙著《诗与真》出版时,除赠书外,请另寄本人卅本,家父廿本,两本寄梁肇昌堂。"很明显,他希望父亲为儿子骄傲。1934年9月20日,他从日本叶山写了一封长信给瓦莱里,信中说:

> 我将在月底离开日本前往北平,然后到中国内地探望我的父亲。在重新开始教书之前,我打算与他一起回广州附近的老家度暑假。已经有三所大学向我提议担任外国文学系主任,我仍未知道去哪一间。我等待父亲的意见。从今之后,我的责任是为他生活,因为到现在为止,我一直远离着他。像他这般年纪,不知道我们还有多少时间能见面。

回国的计划后来改变,一年后他才与沉樱离开日本。

这种感情并非单向的,他的父亲以他为骄傲。梁宗恒在《阿公的故事》里回忆过一件事,梁星坡笃信风水,常带他去行山,探望家族先辈的墓穴。有一次,父子俩站在一座山上,放眼远眺,梁星坡忽然说:"你不见极远处那几座山峰并列整齐,就是有名的笔架山。我们祖坟,正与面面相对,长年受它的灵气,这就应预示我家将有文人出来了。"梁宗恒立即明白这个文人就是梁宗岱,"看来父亲深以自豪",平时"他在我们面前,一向抬惯了二哥",心中难免有点嫉妒。这件事发生在1933年,梁宗岱已经学成归国,文名始奠,正在北京大学当教授。他的父亲相信这仅仅是开头,更大的荣耀在后头，梁家将要出一位重要人物。

祖坟风水虽好，却没有留给他很多时间来享受儿子带来的荣耀，"我父亲身体健康，充满活力，前一年突然死于中风，享年六十二岁。"（梁佩华《一串珠子》）前一年是 1940 年，按此推算，梁星坡出生年份是 1878 年。

梁宗岱在百色的日子快乐幸福，又有一个富裕的家庭，完全能够在这个讨人喜欢的地方舒适地终其一生。小学毕业前一年，他跳级报考当地中学，表明他准备好在本地继续学业，没有离开这个安乐窝的念头。然而，百色到底是一个相对闭塞的边城，各方面都比较落后。如果真的留下来，没有充足的阳光和水分，他的文学天赋恐怕会慢慢干枯。他自己没有意识到，命运却对他特别宠爱，为他另作主张：

> ［我］在广西百色县立经正小学读完高小二年级，越级投考当地泗镇色中学，以第一名获取，但小学校长坚持要我读完高小三年始准升中。我回乡投考新会县立中学。（梁宗岱简历残稿两页）

就这样，1917 年夏天，十三岁，他开始了生命中的第一个转折点。

第二章

培正中学

梁宗岱回到家乡,到二十五公里外的新会县城,报考县立中学,顺利被录取。这所学校现称江门市新会第一中学,创办于1905年,是清末癸卯学制宣布后,当地第一座新制学堂,被视为全县最好的中学。但在梁宗岱的人生中,这里仅仅是一个短暂的停歇点,他写的《我的简史》只有半句话提及,"毕业后回新会读县立中学一年"。这一年的生活,在他留下的文字中只有这段话:

> 大概是十三四岁吧,我考进新会县中,课程中有包括生理卫生的"修身"科,老师讲到冷水浴的好处时,眉飞色舞,把我说得心怦怦然,于是我便开始实行冷水浴,直到现在(除了很少的例外)没有中断过,即使门外气温在零下二十度。(《我和体育锻炼》)

虽然冷水浴与读书毫无关系,但他终身得益。后来去欧洲留学,比起亚热带的广东人,地处寒带的欧人比较耐寒,但是他不仅毫不逊色,更多时候高出一筹,留给外国朋友很深印象,至少有两位法国朋友在文章中提及他这个不怕严寒的特点,"最严寒的天气,只穿一件开领衬衣和一条长裤,加上一件单薄的短外套"(普雷沃语),"隆冬季节,穿着一件衬衫,丹东式的开领翻到短外套上边"(塔

丹东像　铜版画
（法）Charles Levachez
法国国家图书馆藏

　　法国大革命时期出现革命新服饰，早期领导人丹东（1759-1794）的宽领衬衫是其中一种，后来演变为翻领衬衫，通常工余穿着。

梁宗岱法国服装

刘抗摄（1929年）

　　梁宗岱欧游时以丹东式衬衣作为日常服装，成为他的个人标记。

尔狄尔语）。他以此为骄傲，半个世纪后在广州中山大学课堂上，曾对学生讲述欧游时期一件趣事。1930年秋天，他到柏林学德文，寄宿在德国人家中。一个严冬晚上，女房东为他准备热水浴，当时的德国沐浴设备已经有冷热调校装置，她问梁宗岱选择什么温度，他回答说不要热水，只用冷水，女房东惊奇地尖叫一声："你想冷死！"

　　在新会这一年，他结识了两位同学。第一位是毕业班的梁志尹，他的名字出现在梁宗岱最早期写的一首新诗里，题名《寄梁志尹》，诗前有一序：

　　　　今岁夏，新会考取留法官费生三人，志尹与焉。时吾方考试，未及送行。怅甚！前得接来书，言："同行多晕浪者，吾乃免焉。巴黎亦甚乐，殊未见所谓苦也。"喜甚，因写此以寄之。词之工拙，非所计也。

诗中讲述他进入新会中学,认识梁志尹,尽管两人年龄相差七年,但"过失相规劝,学问相磨砺"。相处半年后,梁志尹转往广州读书,同时说服了梁宗岱也这样做。"那时我底志还小,不肯别乡和家离。今我安然求学在这里,多感你诚意!"写此诗时,梁宗岱的"小志"仍未变,最后说:"还望你,莫只顾西方乐,忘掉痛苦底这里!"

梁志尹也是文学青年,能写文章,热心政治。1920年,在广州考取广东官费生资格到达法国后,积极参加学生运动,在《先声周报》担任撰写和编辑工作。该刊在留学生中很有名气,销路最高峰时达到一千份。1923年7月,杂志社应邀参加由不同党派联合召开的中国旅法各团体联合会筹备会议,梁志尹是两位代表之一。同年12月2日,他与李璜、曾琦、胡国伟等十二人,在巴黎近郊玫瑰村共和餐厅成立鼓吹国家主义的中国青年党。上海《学艺》杂志1924年第4期公布学艺社"新入社员名录",他填报的在读学校是巴黎政治经济学校的经济科。但是他很快便失去了踪迹,这位少年时代的好朋友,与梁宗岱相互间没有真正的影响。

另一位同学刘思慕和梁志尹不同,他是梁宗岱的未来文学好友。刘思慕是新会人,原名刘燧元,1904年出生,在乡间度过童年。辛亥革命后,父亲靠朋友关系进入广东省政府工作,全家迁至广州。他就读于广州勤业小学,毕业后随母返新会,1917年考进县立中学,与梁宗岱同读初中一年级。一年后,两人不约而同离开学校,到广州继续学业。再越四年,两人在岭南大学文学系重逢,同学一年后,梁宗岱赴欧游学,两人再次分开。尽管同窗时间总共只得两年,但在梁宗岱心目中,刘思慕占有特殊的地位,因为两人的文学爱好相同,共同走过文学研究会广州分会一段道路。

离开新会后,刘思慕进入广州南武中学,梁宗岱则投考培正学校中学部。这所创立于1889年的学校,由于西化和带有宗教色彩,常常被误认为洋教士办的"教会学校",这是不符史实的。培正创办人是三位华人医生,浸信会教友,他们的目的是为中国教友提供新学教育服务。澳门培正中学前校长邝秉仁曾解释,"中国传统教育要拜圣人,跪孔尊儒。但基督教十诫中,有一诫是只许敬拜耶和华,即上帝,天主教则称为天主,故此有一部分身穿长衫马褂的基督徒,就创立了'新学'"(郑振伟《邝秉仁先生与澳门教育》)。创办人之一廖德山最初求助于浸信会洋教士纪好弼(Rosewell Hobart Graves,1833—1912),对方漫应之:"余外国人,新学之倡,有待华人自动,先生华人,不为国人谋,余外人,安能以大义见责?"(永言《廖德山先生传略》,1939年)三位创办人没有因此气馁,反而"由斯数语之激励,遂毅然负起时代之使命,下办学之决心"。他们在教友支持下,在1889年成立培正书院。自此之后,独立自主成为培正传统,从管理到发展,外国教会没有插过手,更没有任何控制权。

培正建立十五年后,1904年,中国教育出现天翻地覆的变化,清朝宣布兴办新学,次年废除一千多年历史的科举制度,中国进入现代教育时代。不出二十年,广东教会学校数量增至四十所之多,但是由中国人全权主理、由中国人担任校长的学校,只有培正一间。

梁宗岱1918年进校时,培正还处于新发展的前期阶段,中学部开设才两年,学生人数不断急增,到了1921年春天,校舍不敷应用,比起有名的公立广东第一中学(广雅中学)或教会办的岭南中学,学习环境大有不如：

> 一九二一年春，新生沓至，宿舍不敷。本校为推广教育，培植人材起见，改课堂为宿舍，另编竹盖篷为临时教室。本级于是有迁课堂之举。初，级友喜怒交集，议论纷纷。怒者曰："鹊巢鸠占，出洋楼而登棚厂，非所宜也。"喜者曰："由广场而迁于土丘之巅，步步高升，不亦善乎？若以地势而论，位居西边，扼本校之咽喉，为西方重镇。以风景而论，北瞰白云，南俯珠江。天实赐之，违天不祥！"询级友，皆曰"善"。于是絜文房，挟书囊，迁入新课堂焉。（《培正一九二三年级同学录》）

然而，这却是一间人人都想进去的学校，因为校董会先后聘请了三位毕业于美国大学的华人硕士当校长：李锦纶、杨元勋和黄启明，引进西方现代教育模式，把培正迅速提升为广州最著名的中学之一。受益者不限于教友家庭，大部分学生是教外之人。

梁宗岱以读完中学一年级的学历报考，录取后仍要从一年级开始，等于降级一年，不仅如此，"培正系教会学校，小学五年级即开始读英文。我不懂英文，只得降级读英文专修科一年才勉强于1919年升上中学"（《我的简史》），等于降级两年。他接受这些条件，有违他的好胜性格。但是形势比人强，这时的广州只有公立中学八所，教会中学五所，供不应求，轮不到学生左挑右拣。培正名气正在急剧上升，学位不多，能够一次报考便被录取已经很不容易。一位比他晚一年进校的学生回忆，他连续四年报考，直到学校招生名额扩展，才被录取。造成这种情况除了囿于学位不足之外，还因为"培正中学招生一半以上来自培正小学，其余也以其他教会学校为主，来自公立中学的很少，其中固然有收费高等原因，但程度上的差异也相当明显"（鲍静静《民国时期广东的教会中学与公立中学比较研究》）。当年的一项调查显示，公立中学的学生转入教会学校，往往要降级一至三年。梁宗岱来自县立中学，降级两年属于正常之数，不足为奇。而"程度上的差异"主要指英文，从未接触过ABC的学生，进入英文专修科是顺理成章的事。

当时的学制规定小学七年，培正"小学五年级即开始读英文"，至毕业共三年。梁宗岱以一年时间补完三年课程，虽然自称"勉强"升级，成绩已很骄人。有些人把这段时间缩减为六个月，甚至说仅仅"一个英文夏令班"，这是名人光环心理的想象。梁宗岱进入和离开培正的时间，根据1919年7月出版的《培正学报》第4期可以确定，这一期刊登了他的两篇古文作文。

《字义》和《左氏浮夸辨》两文，均署名"英文专科梁宗岱"。1918—1919年度培正学校共分十四班，小学三年级分两班，四五六年级也分两班，七年级一班，英文专科一班，中学预科一班，中学一二三年级各一班。梁宗岱就是于该学年入读培正学校。培正学校中学的修业期为四年，梁宗岱于1923年秋毕业。按1923年初统计的资料，中学四年一班，中学三年和二年各两班，中学一年三班，八班共234人。（郑振伟《梁宗岱先生中学时期佚文琐谈》）

降级两年对他非但不是一个挫折，相反地，他离开家庭，离开乡间，进入广东文化经济中心广州；离开童年，进入青年时代，进入培正这个大家庭，到达文学创作的起点。他正处于"吾十有五而志于学"的年纪，五年时间，这个满身野气的乡下初中生，蜕变为一个现代青年，脱下长袍，穿上西服，颈系领带，鼻架圆框眼镜，风度高雅。他的文学才能也在这个时期"银瓶乍破水浆迸"，以校刊这个练武场出发，一口气冲到全国性文学杂志，一路无阻，一篇又一篇的诗文陆续面世。当他毕业离开培正时，已经在中国新诗园地开辟出一片自己的天地，第一部作品《晚祷》成为广东省第一本新诗集。这五年的经历，到底很不寻常，在旁人眼中有点传奇色彩，他也因此成为逸闻最多的培正毕业生之一。这些小故事广泛流布，其中不乏能找到旁证的史实，但也有一些明显被夸大。例如"南国诗人"的称号、记者到校采访等，都是无源之水，梁宗岱的名声建筑在文学成就上，不需要这些无谓的噪音。

他能够完成这种蜕变，除了天生的文学才能，勤奋好学，岁月蕴蓄，还得益于一个关键性外因，培正中学为他提供了一个优越的学习和生活环境。他就读时期，中国教育刚走出陈腐的私塾制度不久，虽然官方规定的学制和课程属于现代教育，但教科书和师资等远远落后，尚未配套。1926年以前，教会学校不必向政府立案，教学和管理享有较大的自由度。培正利用这一特殊条件，在1916年开设中学部时，全套照搬美国中学的教育：

> 中学部除了国文一科以外，其他各科都用英文教授。中一的教员在初上课还兼用着多少中文解释。到了中二可就不同了，什么都ABC，甚而至教几何画的劳作教员李福耀先生，也得操着英语来教授呢。
>
> 各科（国文除外）所用的课本都是如假包换的舶来品——英美出版物。各教员都很用心地指导。因此那时英文成绩的确过得

去。

然而，环境上的影响还来得大哩：

在早祷会里，唱诗，祷告，读经，启应，演讲，校务宣传，用的统统是英语；宿舍里有许多房间都贴着"室内谈话，概用英语"的英文标语；课室情形也差不多。违犯了的得纳款一角或半角；就是级社开联欢会，也竟有规定完全用英语的哩。

在这情况下，筑起了培正英文程度优良的宝塔，高耸在南中国的云霄。（李孟标《千般感慨话当年》，1939年）

这段文字的作者李孟标比梁宗岱晚一年入学，后来成为香港培正中学校长，梁宗岱就是生活在这样的环境中。现代化的教育模式，加上良好的学习气氛，受益匪浅，学生的英语写作水平与美国中等教育没有太大差别。1931年至1937年，南京中央大学艾伟教授进行"九省高中英语默读测量"，71所中学参加，学生8277人，结果教会学校成绩明显超越其他学校。在广东，培正与培道、岭南附中一起接受调查，在最高水平的高中三年级测验中，15%最优学生的平均成绩竟然超过94分，远高于本省其他学校的75分，在九个省中居第一位。

梁宗岱从来没有留学英国或美国，但培正让他迅速精通英语，当全国性刊物发表他翻译的泰戈尔《他为什么不回来呢？》时，离他学习字母ABC仅仅三年。1926年他第一次和瓦莱里见面，呈上的习作中不仅有法文诗，也有英文诗。法国、中国和美国的英文杂志后来发表过他的英文诗，虽然数量不多，但可证其水平之高。抗战期间他任教于重庆复旦大学，主要工作不是教授法语，而是英语，还主持过战时英文译员训练班。《莎士比亚十四行诗》有多个中译版本，人民文学出版社1978年出版《莎士比亚全集》时，选用了他在六十年代最后定稿的译文。他的大女婿齐锡生是留美的民国史专家，曾向笔者忆述过1976年全家首次回国探亲的一个场景。梁宗岱很喜欢小外孙女，为她朗读了一首英文诗，他的英文发音准确，抑扬顿挫，饱含感情，教人称奇。一诗既终，他见到年迈的梁宗岱两眼饱含泪水。

培正另一个特点是师资的学历高，加上大部分是教内信徒，具有奉献精神，视学生为子弟，教学认真，循循善诱：

> 教职员多由国内外大学毕业生，及负盛名之学者充任，中学部之物理、化学、数学、商业等科之教员，均属美国大学毕业生。教育与生物两科，则为燕大与南大毕业生。本校因鉴于近日学科之注重科学与实用，故特聘专门人才，分任各科之教授也。至国文一科，大为本校所注重。高级中学之国文教员，多由北方聘来，对于新文学与新文化，尤能竭力提倡，并介绍于一般学者。（黄启明《本校最近情况之报告》，1929年）

具体到梁宗岱那一级，毕业那年的八位教员，全部大学毕业，部分留学美国：法学硕士杨元勋，教育硕士陈荣与黄启明，理化硕士杨元熙与美国人基怜，化学硕士黄彼得，文学学士李宝荣和国学学士高珵（《培正一九二三年级同学录》）。名师不一定出高徒，但高徒如有名师指点，不时会出现荀子所说的现象，"青取之于蓝而青于蓝"，梁宗岱是受益者之一。

五年时间，在他受教过的老师中，李宝荣可能最年轻，一般文

- 李宝荣老师（1923年）　原刊《培正一九二三年级同学录》
- 培正中学早期竹棚课室（1919年）　原刊《培正学报》第4期

广东省立中山图书馆地方文献部藏

献提起他都加上博士的称呼，其实他那时还没有这个衔头，只是学士，他的名气来自这是一位出色的教师。

李宝荣于1901年出生于美国，英文名字Baldwin Lee。1919年培正校长黄启明周游美国，向华侨募捐扩校经费，在一次集会上与他相遇，说服他回国担任英文教员。他在美国成长和受教育，讲授英语得心应手，而他的西方经历、学识和作风，更令学生耳目一新。他年纪很轻，仅仅比梁宗岱年长两岁，性格活跃，在教学之余与学生来往密切，1923年3月《培正青年》1卷9号会闻栏有一段"教育消息"：

> 国家之文野，视乎教育之兴衰。教育之兴衰，又视乎教育之人材良否为断。本会宣讲部对于择业问题，十分注意。而对于教育问题，尤认为救国的唯一良剂。故特于本月四日，特请本校教员李宝荣先生演讲。先生言论风生，发挥透彻，听者大有闻君一

席话，胜读十年书之慨云。

他深受学生热爱，经常参加他们的外游，亲任领队，远至香港和澳门。梁宗岱那一级，他只教过四年级一年，但学生毕业时在同学录最前面，以一页篇幅单独印上他的肖像，旁边一页是全班合撰的《李宝荣先生颂》：

> 相彼春风以拂以披
> 相彼时雨以沃以滋
> 彼其之子实我良师
> 巍巍德行穆穆丰姿
> 善诱不倦东方之清规
> 相彼碧玉非否非珉
> 相彼梁栋非荆非榛
> 彼其之子实我良朋
> 赫赫德业邈邈丰神
> 淹博其学西方之维新
> 一九二三年级同人谨颂

他在培正任教五年后，与梁宗岱同在 1924 年离开中国。返回美国后进入哥伦比亚大学教育学院林肯学校（Columbia University, Teachers College, Lincoln School）深造，1925 年 2 月及 10 月分别通过学士和硕士学位，1928 年取得博士学位。1931 年再次回国，接受岭南大学聘请出任教育系副教授之职。1937 年，教育系改为副修系，他离开岭南重返培正教英文。抗战期间，共赴国难，随校迁往粤北坪石，西南联大在 1941 年 8 月聘请他担任英文系主任，但碍于时局，未能到任。战后他继续在培正工作：

> 1948年起，培正又倡导实行改良英语教学，开办一个机构所谓"英语研究所"，设英语教员进修班，每月以港币1400元专请一个李宝荣教师（美籍华人）主其事。校内英语教师皆为学员，其他公私立学校英语教师欲参加者亦有接收。每个学员每学期收学费港币50元。在教学中，还强调学生多看英文小说、文学或书报。（谢哲邦《广州培正中学》）

最后这句话，梁宗岱当年一定听过，学会英文字母不久，便开始直接阅读英文原版书，学校图书馆为他提供了丰富的藏书。1932年广东省教育厅进行中学调查，广雅（省第一中学）的图书数量高踞全省首位，培正排名第二。但是仔细分析，广雅的国学典籍（群经，诗文，诸子）有1210册，比培正的582册超逾一倍，文学作品（小说和诗歌等）却只得384册，被培正的1100册远远抛在后面。外文书籍没有统计，相信差距更大。

梁宗岱走进这座图书宝库，如饥如渴地沉迷在书本中。根据他在中学时期所写的文章以及翻译，他至少读过但丁、泰戈尔、华兹华斯、拜伦、雪莱、歌德、惠特曼、朗费罗等古典大家作品，这些作者当时或者没有中译本，或者译文质量很不理想，要读只能读英文版。最令人惊奇的是他连但丁《神曲》这样宏大深奥的著作，也向一位美国女教师借来阅读。

梁宗岱毕业前，曾经向李宝荣谈到自己未来的留学计划，那时流行去美国，除了世风所趋，还因为培正毕业生获得弗吉尼亚州的里奇蒙大学（University of Richmond）的特别待遇，不必考试便可直接入学，梁宗岱起初也作如是想，但是李宝荣劝他去欧洲，认为那里才是攻读文学的最好地方。梁宗岱因而改变主意前往法国，这

个指点如此重要，成为他人生第二个转折契机。（甘少苏手抄稿）

培正除了提供良好的教学系统和师资，还十分重视学生的全面教育和发展。校训"至善至正"不提读书，只强调道德品质，教育目标是"德智体群美灵，六育均衡发展"，比起其他学校，多出一项"灵"。灵育指宗教教育，培养信奉上帝，敬爱上帝，按照澳门培正前校长邝秉仁（1934年荫社同学）的说法，灵修让人达到一种比"至善至正"更高一层的境界。虽然校方不要求学生都要皈依为教徒，但在梁宗岱就学时期，灵育属于必修功课一部分：

> 从小学一年级起，每级都有圣经课作为必修科之一。每月有早祷会，在早祷会上完全行宗教仪式、唱圣诗、祈祷、读圣经和讲道（即说教）。每个教师都有义务轮流在早祷会上讲道。全体学生都要参加学校内一切宗教聚会。每星期日，中学生要穿着整齐制服列队到东山礼拜堂做礼拜。小学生则在校内另有主日学课。此外，每隔一个时期就邀请校外的布道家举行奋兴布道会，一连几天作比较有系统的说教。（冼子恩《六十年间私立广州培正中学的变迁》）

这个传统从建校便开始，在梁宗岱就学时期严格执行。他毕业后不久，发生了"收回教育权"运动，教会学校奉命不再列《圣经》为课程，早祷和礼拜才逐渐改为自愿参加。

梁宗岱出身中国传统家庭，家中没有一个成员接触过基督教，从来没有人上过教堂。于是便出现一个传说："每星期天听道理守礼拜，宗岱总是不去，学监冼锡鸿负责督促学生去礼拜堂，宗岱听见他上楼，便从另一边落楼，每星期如此，后来索性不走，等校监到来，打开《圣经》讲，讲了一大段，冼老师才想起他赶他去守礼拜的，就说'傻更'（按：傻瓜，台山方言），自己就下楼，以后就是这样混过关。"（吴耀明口述，甘少苏手抄稿）

这个故事流传很广，被不同书籍所采用，有不同版本，可能因为吴耀明是培正同级同学，被认为可信。冼锡鸿老师不是普通学监，他和前述三位校长，在培正发展过程中起过关键作用。他一身四职，圣经教员、学监、董事会司库和学校财务主任，利用自己营商所得和经验，以及人际关系，多次为培正解决经济难题。他忠心耿耿服务培正三十七年，1948年退休后，两个儿子冼子龙和冼子恩继续父志，相继出任过广州和香港培正校董职务。梁宗岱和他一家人成为好友，互相往来直至最后日子。冼锡鸿在1973年去世，享年一百零三岁。

宗教是必修课，冼锡鸿身为圣经教员，虽然和蔼可亲，但不可能让学生"以后就是这样混过关"。培正向以纪律严格见称，曾经被人诟病：

> 规定住宿生每月只准请假外出一次，平时不得外出。如私自外出，则作"偷出街"论处，除罚托枪一小时外，还要记大过一次。每一个学期记大过三次，就被开除学籍。又严禁出外越宿，如私自出外越宿，一经查出立即开除。曾经有过一次中学监学发现几个学生出外越宿，其中一个是校董某人的弟弟，也立刻开除学籍。学校又严禁学生抽烟，发现一次罚款五元。（冼子恩，同上）

学生记过名单每星期公布一次，每学期总有几个学生被开除。据培正学生的回忆，这种制度在广州至少持续到1948年，澳门分校迟至1966年才和寄宿制度一起取消。寄宿生外出那么困难，梁宗岱家在新会，即使请到假，也不能在一天内来回，但是每星期天到教堂做弥撒，结束后有一段自由活动时间，"校外庙前街'东方楼'之包点，'甄沾记'之椰子糖、雪糕，'先有真'之绿豆沙，侧头肥佬'昌记'之云吞面，新河埔'英记'之牛腩粉……顾客多是培正人"（邝秉仁《缅怀东山》）。梁宗岱个性好动，不会因为抗拒做弥撒而放过这种外出好机会的。但他的最大爱好不在美食，而在划艇。

梁宗岱没有在学校皈依基督教，不等于他对宗教毫无兴趣，而且培正学生的课余活动，几乎全部由学生的基督教青年会组织，带有强烈的宗教色彩。五年时间耳濡目染，他受到深切的沁透，不知不觉间宗教信仰的种子播种在他心底，并且自发地出现在他的笔尖下。他的新诗集有两首以《晚祷》为题，并以此作书名。书中宗教词语随处可见：造物主，慈爱，虔诚，忏悔，感恩，晚祷……

1983年，他以八十高龄去世，安葬在广州基督教会公墓，由此证实他在生前已经正式皈依，只是具体时间不详。关于这点有两种说法，第一种见于两本传记：梁宗岱在1968年5月9日第一次被红卫兵武斗，全身被铁尺、自行车链条打至瘀黑，头部伤痕深两厘米，流血不止，回到家里一度陷入半昏迷状态，醒后对人说，他看见三个天使来到他身边，对他微笑，"从这一刻开始，宗岱信仰了耶稣基督"。如果属实，他在"文革"结束后始受洗。另一种说法由吴耀明提供，"宗岱是个基督徒，有时候喜欢自己吟唱基督教圣诗，并且把一些合乎自己心声的英文圣诗译成中文"（甘少苏手抄稿）。在现存的梁宗岱手稿中有几张残页，正是这些译诗，只得三首：《慈光，领我》（*Lead, Kindly Light*），《与我同住》（*Abide with me*），《吾主，更亲近你》（*Nearer, my God, to Thee*），都是著名的祈祷曲。一个人的宗教意识觉醒不是瞬间的事情，往往需要一个过程。百色三年多冤狱，他曾经接近死亡的边缘，面对不由人掌握的命运，人自我感觉十分渺小，向宗教靠拢是保持心理平衡的一条途径。他在1956年被聘为中山大学外语系教授，从百色迁回广州，生活环境大有转变。他与当年的培正校友重新联系，经常见面，同班的林瑞铭、吴耀明、钟敏慧，不同班的冼子隆、唐马太、林恩光、周逢锦等，他们都是教徒，其中唐马太是牧师，已成为广东省基督教上层人物。当年的培正生活复活眼前，灵育留下的信仰种子重新萌发，圣诗的翻译时间在1964年，他在这个时期接受洗礼也是很可能的事情。

培正六育的"体"，要等到李锦纶出任校长才真正突破。1908年迁入东山时，建筑了广州当时还不多见的运动场。迁校次年参加广东省运动会，总成绩从过去的默默无闻，一举跃至第三名。全校师生受到鼓舞，很快形成一个优良的体育传统。梁宗岱童年时代喜爱户外生活，他也参加体育活动，但不是运动会常见的项目：

> 培正的田径尤其是排球和篮球很出色，但我的兴趣却在划船。我经常于夕阳在山时到新河浦（现在东湖的一部分）大划其艇，不止一次独自驾了一只小艇，从新河浦出发，绕"颐养院"小岛一周，直到精疲力竭才返校。这使我后来有可能参加接连十五天的溯河而上的划船运动。（《我怎样锻炼身体》）

到新河浦除了划艇，还可以惬意地休闲，调剂一下紧张的学校生活，很多学生都爱到这里。

> 回忆东山三十多年前的新河浦小河，小艇如织，供"情侣""游伴"游其夜河之用，公价每小时二角，每当月白风清，"小艇"们来来往往，有"鱼生粥"，有"糯米麦粥"……叫声清脆迷人，

此种情调，足与西关荔湾相媲美，荫社同学享此课余清福者固多，因地济宜而玉成佳偶美眷亦属不少。（邝秉仁《偶拾篇》）

与体育类似的活动还有童子军，这是西方当时的新事物，1907年才出现于英国，1912年传入中国。培正的童子军在1916年12月成立，由陈鸿仪老师负责，选拔高年级同学担任队长，每天在校园里操练。梁宗岱曾担任过童子军的队长：

> 1919年秋季直升中学一年班。是年五月四日，北京大学学生掀起的五四运动席卷全国。培正亦不甘落后。我除了被选为培正学生会智育部长，并以培正童子军队长之一的资格，率领培正童子军参加广州学生联合会各种请愿游行集会外，立即响应《新青年》和北大《新潮》，改用白话文写诗作文。（梁宗岱简历残稿两页）

以童子军身份参加游行的细节尚待核实，但五四运动对培正学生的震撼十分猛烈，所有学生都积极参加游行集会。杨维忠比梁宗岱低两级，他在一篇回忆说：

> 五四运动是我们民族觉悟的开始，自北京同学打卖国贼后，我们便联合岭南、培英、南武各学校在广州呼应，除演讲巡行以外，并领导民众抵制敌货。又以三大公司（按：永安、先施与真光）不能彻底拒售敌货，故赐以"亡国公司"的雅号。广州学生遂有二人因此被警察厅拘捕，消息一传，全市学生列队包围警察厅，我培正同学列队甫到，卫兵即拟将闸关闭，同学叶磐基（按：1922级学生）、黄煜璋，手急眼快，即横卧铁闸轨上，卫队以刺刀对付，他们反袒腹命其刺入。无何各校学生，先后大队驰至，警察厅长魏邦平卒允立释被拘二同学，此红蓝儿女参加救国运动

可纪的趣闻也。（《做了二十五年的红蓝儿女》，1939年）

梁宗岱进校不久便投身这场历史风暴，这是他的人生第一场严峻的洗礼，在他身上留下深刻的痕迹。他一生表现出一种强烈的民族意识，应该就是在此时扎下根来。

梁宗岱爱好音乐和艺术，其根源与培正的美育有关。美育包括音乐、戏剧和美术等，由于弥撒要唱圣歌，教会学校自小学便教习音乐，当时在其他学校不多见。他对西洋音乐的认识始于此时，后来在欧洲有机会接触到歌剧、交响乐等古典音乐，进一步加深了他的音乐知识，写作时引用来和文学或艺术作类比，举重若轻，挥洒自如。1936年他写《论崇高》与朱光潜讨论美学，文中有一大段文字用来解释交响乐的结构，并以贝多芬《第三交响乐》作例子，对比刚性美与柔性美。这不是故意卖弄，因为在现实生活中，他是一个不折不扣的爱乐者。在大学校园里，他的手摇留声机很有名。每到晚上便拿出唱片来播放，邀请朋友、老师和学生一起欣赏，有时还搬到室外，利用自然环境来增加音乐气氛。甚至抗战时期在炸弹声中的重庆复旦大学也是这样：

> 我回来，独自把留声机打开在那橙花将残，葡萄花底幽香正像一个高贵的少妇底驾临般弥漫着的院子里。我试听几张她平日爱听的四弦琴独奏或独唱的片子，希望从那里把握住一些妩媚嘹亮的音容。但是不行。我底心还是烦躁不宁：我所需要的太深太强烈了。于是我试唱悲多汶底《大礼弥撒》（*Missa Solemnis*）。听了不一刻，看，心头忽地轻松了。我仿佛忘记了一切——忘记了那闪灼的明眸，忘记了嘹亮的笑声，只一阵阵葡

萄花底妙香偶一提起她那不在的存在，但只能在我心头引起一缕沁人的芳馨。不，她并非被遗忘了，而是和音乐合体了。我再听下去。院子忽然特别光亮起来（这时正是四月下旬底开始）。我晓得月亮快要升起来了。我一面听着，一面从密叶底交荫间朝着发亮的方向凝视。看，她徐徐地升起来了。最初只露了一半，接着便整个搁在山顶上。这时宇宙间的一切——明眸，欢笑，葡萄花底妙香，都浸在一片神秘的幽辉里，和那庄严的圣乐融作一团，交织成一片光明的悦乐。我几乎不敢自问：是醒？是梦？是人间？是天上？还是上帝光荣的乐土？（《试论直觉与表现》）

他的美术启蒙也是从培正开始，不是通过美术课或手工课，而是一位未来的国画名家。1922年，学校来了一位年轻的美术教员黄君璧（1898—1991），他在1914年考进广东公学，美术老师是广东山水画家李瑶屏。1919年中学毕业后，他宁愿放弃赴美机会，继续跟随老师习画。三年后，李瑶屏把他推荐到培正小学教授美术。他从来没有当过梁宗岱的老师，梁宗岱也不善画，两人却结为好朋友。1949年培正建校六十周年，梁宗岱回校参加庆典，写了一篇文章《黄君璧的画》，发表在《培正中学六十周年纪念刊》上：

我和君璧认识还是廿四五年前的事，那时我在培正中学肄业，君璧则在小学任图画教师，或许由于某种渺茫的心灵的契合罢，君璧和我过从颇密，但他当时所从事的是炭画和一种流行的月份牌画！我特别提出这点，是要大众认识从这卑微的出发点直到今日辉煌的发展，君璧的努力要走过多少的路程，以及一个人的努力能够成就怎样的奇迹。

可是当我七八年后从欧洲归来，君璧山水画的声誉已开始传播到我的耳里，不少后辈的培正同学曾经不厌其详地对我叙述我去国后君璧的生活。他们都异口同声强调他怎样把自己闭在屋子里废寝忘食去临摹古画；怎样东抄西袭，七拼八凑起来当自己的创作，我明白他正在孜孜地奠定他的基础。

[……]

但是如果君璧的努力只限于"法古人"，他的画至高不过是古人的复制品——即使是最精巧的复制品。他于是开始他那邀游的生活，开始去"师自然"于那最崇高最清旷最幽深最险峻处。他开始用他自己的眼睛和心灵——那受了许多精明透辟的伟大的眼睛和心灵训练过的眼睛和心灵（因为，我们不要忘记，每个大画家的手法就代表他的看法，善学一种技术之人就等于获得一种新的宇宙观）去和大自然接触，藉以达到一种更深彻更完全的契合，他游黄山，登华岳，渡蓬莱，入西蜀，最近且流连于台湾的霞光云海，把大自然的变幻无穷的万千气象一一纳入他那精神的画箱中，这就是他的山水画所以能夐夐独步于今日的画坛（张大千先生有他的奇逸却没有他的沉厚），构思奇兀而不狂怪，用笔恣纵而不矩了。所以在君璧的作品中，我最神往于那些千岩竞秀，万壑争流，一草一木都仿佛浸在苍苍的大气中的蓊郁深蔚的画……

这篇夹叙夹议的回忆，准确地概括了这位大师的前期艺术道路。四十年后，黄君璧九十岁，在《白云堂画论画法》自序中回顾习艺经历，结论十分相似："习艺一事，不外师人，师心，师造化。师人者以古人为师，师心者以己身为师，师造化者以自然为师也。"

黄君璧五十岁到台湾后不久被聘为台湾师范大学艺术系主任，工作了二十二年至七十四岁才退休，最后活到九十三岁高龄。这四十多年和平安定的生活，为他提供了一个优良环境，把艺术创作带到更高峰。像他那样从大陆移居到台湾的画家人数不多，台湾人把他与张大千和溥心畬合称"渡海三宝"。

六育中的"群"基本上属于课外教育。比起一般学校，寄宿生制度形成的集体生活，让老师和学生、学生和学生朝夕相处，几乎就像一个大家庭，这对群育的推行无疑十分有利。培正的学生组织并不比其他教会学校多，只有学生会与青年会。

学生会很早便成立，与中学部的开设同步：

> 本校学生会，盖由校中全体组合之一大团体也。发起于黄泽光、伍英树（按：1916年中学部第一届学生）等君之手，后经本校教员李竹候先生草订组织大纲。本会遂成立于1917年。
>
> [……]
>
> 本会之宗旨——学生会是本校全体学生对内，对外，最大最高之机关。对内——则联络感情，助理校务。对外——则与各校及各团体往来交际，以期增进学益。此则本会之唯一宗旨也。
>
> 本会之组织——（一）总监府由本校教员会组织而成，有监督本会进行之责。（二）议院——分参、众两议院，由全体学生选出，所以代表全体公意，执行立法，及监督政务进行。（三）政务院——分自治，经济，卫生，演说，纠察，交际，体育，会食，外交，九部。总理总其成。各部设总、次长各一，执行各部政务，此则组织之大略也。（《培正一九二三年级同学录》）

由此观之，学生会的功能相当于学生自治政府，由学生选举，管理学生日常事务，上至对外联络，下至膳食和小卖部，都由学生负责或派代表参加，这是学习民主的一个很有效的工具。

培正开设中学部后，发展迅速，人数激增，1916年中学部第一次仅招收五人，到1919年梁宗岱升中学那年，新生已经分两班上课，人多事繁，学生感到需要一个更接近自己的组织来统筹：

> 我级级友，至为复杂，除升自高等小学，或英文预科外，新从他校转入者，亦大不乏人，哉分为甲乙二班。级友陈育陞君，志士也。有鉴于团体之涣散，办事之拮据，爰于十月三号晚交际会时，有组织级会之献议，经全体赞成。"一九二三年级学会"，由是而呱呱堕地矣。（同上）

这个自发组成的"年级学（生）会"简称"级会"，相当于学生会的分会，但没有从属关系。后来各级争相模仿，新入学的萧规曹随，为了方便称呼，另立名称代替年份，梁宗岱那一年级则继续使用年份称呼：

> 岁月不居，我级会成立，不觉二稔矣。追维成立之始，本校未有级会也。继之而起者，有群社，励社。然则谓本会为本校级会之先河，谁曰不然？（同上）

由于都以"一九□□年级□社"的方式命名，"级社"的叫法逐渐取代了"级会"，成为培正的一个传统。梁宗岱在简历残稿两页里说，曾"被选为培正学生会智育部长"，但是全校学生会没有智育部，级会才有，因此他说的"培正学生会"应该是"年级学（生）会"。这个组织没有正式规章，由各年级自行决定，一般设有会长或社长、司库、书记、德育部、智育部、体育部、群育部、游艺部等。据已知文献，梁宗岱在毕业那年的下学期，被选为智育部长。由于每学期选举一次，不排除他以前担任过同样的职务。智育部与刊物出版没有关系，主要工作是组织同学的课余文化活动。在这方面，他所在的年级相当活跃，毕业那年有两个团体，文学研究社十三人和实业研究团十一人。

培正青年会比学生会出现早得多，1909年成立，全体学生为当然成员，但只有责任会员（基督徒）才能参加职员选举。最初的活动围绕宗教进行，举办各种聚会：祈祷会、夕阳会、研经班、奋兴会、灵修会等，同时组织一些比赛和文娱活动，丰富课余生活。随着时代变化，1921年开始兴办义学和工人夜学，专为本校及附近工人服务，由学生利用课余时间义务教学，具体实践献身社会。工人夜校坚持得最久，即使在抗战期间也没有中断，直到1950年才停办。

梁宗岱不是教徒，却积极参加青年会活动。1922年6月，陈炯明兵变，学校提前放假，他所在年级的同学自发组织夏令儿童义学，为失学青年及游荡儿童上课：

> 尔时正当粤城政变，飞机则翱翔于空际，战舰则出没于珠江。于是我校亦宣布放假。级友以暑假光阴之可贵，儿童教育之重要，群相解囊伙助，得百余元，创设夏令儿童义务学校一所于培正女校。盖藉此以遂我侪三年前倡办平民义学未竟之志也。（《培正一九二三年级同学录》）

梁宗岱放弃回乡，和两位女同学和十一位男同学一起当教员。

1923年3月，中学四年级下半学期，离毕业还有半年，他与同班同学黄义接手编辑青年会刊物《培正青年》，先后六期，既编且写，十分卖力。

  培正青年会最早的会所是一间葵棚，全屋以竹枝及葵叶搭成，极其简陋，面积很小。1921年，校长黄启明自美洲筹得逾三十万元归来，全校拆建，但只能先完成与教学有关的最重要部分，青年会不在计划内。眼见一座座现代化大楼拔地而起，葵棚显得太不搭配，1923年决定拆除重建，征得学校同意，利用春假机会，发起募捐运动，订下十天内筹足三万元建筑费的目标。李宝荣老师以英文写了一篇呼吁 *Will you help?*，刊登在3月28日《培正青年》2卷10号，后面附中译，题名《你肯帮助吗？》，译者就是梁宗岱。译文不是逐字对译，某些句子经过改动。再越三月，6月25日《培正青年》2卷13号在《会闻》中宣布"会所定期举行动土礼"：

  本会此次筹建会所，志在必成。虽筹捐款项，目的未能全达，然亦可开始建筑矣。前特与校中要人并本会顾问磋商一切进行办法，会所地址已定在大波场（按：粤语"大球场"）之南，即小学膳堂之右。闻将于[本]月之三十日举行动土礼。至未足款项，已得校中执行部担认筹足。预料翌年今日，巍峨之会所早已映吾人眼帘矣。

梁宗岱为此写了一篇《动土》，放在卷首：

  在这干戈扰攘，民不安居的时候，我们这巍峨的会所竟能实现。回顾前尘，春假十余日各同学的奔走跋涉，不辞劳瘁，使二万余金，安然置于青年会座前。这是何等光荣的事！又经了月余的筹备策划，到了今天，这理想中壮丽的会所竟能动工了。

  [……]

  把我们的事业继续维持下去，发展下去……做个"不衰不竭"，永远都是一样"作气"的人。

培正青年会临时会所（1923年）
原刊《培正青年》1923年10月号

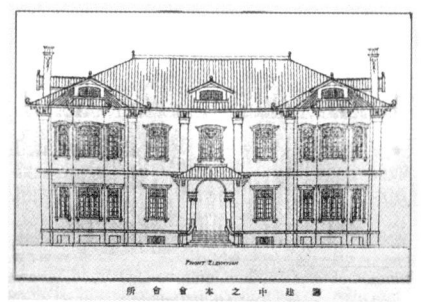

培正青年会临时会所（1923年）
广东省立中山图书馆地方文献部藏

梁宗岱并非只敲边鼓，他在此之前非常热心投身募捐工作。参加的同学人数很多，分为三十队出发，每队二十二人，以地名为号。梁宗岱与黄惠康负责武陵队，总共筹得1097元，排名第三。这时离毕业只有三个月，他看到会所动工，但未能看到落成。直到1925年，他已身在欧洲，工程才全部完竣。新的建筑物西方风格，三层楼高，上有阁楼，红墙绿瓦，美轮美奂，在很长时间内，这里是全校学生的课余活动中心。

通过校内各种活动，梁宗岱认识了日后成为国民党要员的梁寒操（1898—1975）。他原名梁瀚藻，当教员时叫梁均默，高要人，少有文才，七岁入塾拜师开学，九岁进新办之三水县西南东甲小学，十三岁越级考入肇庆中学堂。十六岁由冼锡鸿聘请，到江门赖神会附设明德小学校教书，开始接触基督教。1918年考入广东高等师范学校，同年皈依基督教。1921年毕业后，进入培正讲授国文。他能写一手漂亮书法，有一段时期，培正学校出版物的封面题字，全由他书写。

1925年，广州爆发反宗教、反帝、反资本主义运动，广州《民国日报》出版反宗教专号。他跑去见总编辑陈孚木，以国民党党纲主张宗教自由为理由，要求也刊登为宗教辩护的文章，结果由他写了一篇逾万字的长文申述，刊登后引起轰动，同时也促成他步入政界。

梁均默从政后，改名梁寒操，迅速成为国民党要员。但培正人的作风未改，为人好客，没有官架子，对校友尤其热心。1927年他陪同孙科乘专机北上，特意邀请美术老师黄君璧同行，顺道游览了广西桂林、湖南、上海，直至南京，沿途写生，黄君璧从此再没有回广东。1975年台北《雄狮》美术杂志访问他，他说："当初若非梁寒操邀他出游，他可能留在广州，不会任职南京继而转辗入蜀，那么就可能不是今日的面貌与环境了。"

梁宗岱与梁寒操的关系很好，一直保持来往，但抗战期间因为政见分歧而断交，梁宗岱当时在重庆复旦大学任教：

> 梁瀚藻本来是我好朋友，如兄弟一样，我每次到重庆都住在瀚藻家。瀚藻向我提出，要我当挂名立法委员，每月薪俸五百大洋，可谓名利双收。我不干，还劝瀚藻辞职，不要为蒋介石卖命，那时瀚藻是（国民党）宣传部长。两人你一句我一句顶到天明，面红耳热。我说，各走各的路，不同道合，不相为谋，从今之后，你有你，我还是我。
>
> 有一次梁瀚藻到复旦大学讲学，我知道他来，大清早便去了重庆，不与他见面。瀚藻一到复旦便去找我，吃了闭门羹。讲完学再去找，那晚我索性在重庆住过夜，从此就没有见面了。

在"文革"期间，最初我没有交代。到了英德干校看见了一张大字报，"有些人交代鸡毛蒜皮，还有尾巴没有交代"。我想想都交代完，只有这件事没有交代，如果交代又说我背进步包袱。既然大字报这样说，我只好请了一天假交代这件事，还举了证人全曾嘏教授可以作证，他仍在复旦大学。梁瀚藻来讲学访我时不遇，全曾嘏教授对我说，你这个人明知瀚藻来讲学，你偏偏去重庆，太不近人情。（甘少苏手抄稿）

梁宗岱提出的证人全曾嘏（1903—1984）是复旦同事，浙江绍兴人，哈佛大学哲学硕士。他在1942年接任梁宗岱的外文系主任职位，兼任图书馆馆长。战后随校迁回上海，1956年成立哲学系时转回本行，专长外国哲学史研究。

梁宗岱1938年秋至1941年1月担任复旦外语系主任，梁寒操提出此议时还不是中央宣传部长（1943年1月到任），而是立法院秘书长（1933年1月18日至1941年1月27日）。1949年，国民党果然如梁宗岱预言那般崩溃，梁寒操从广州转往香港，在朋友帮助下居住下来。1952年回到培正香港分校任国文教员，恢复使用梁均默的名字。1954年第二次弃学从政，前往台湾，先后出任广播公司董事长、国民党中央评议委员等职。

梁宗岱那一年级招生人数相当多，分为甲乙两班上课。但是政局动荡，学校要求严格，学生流动很大，一年后便减至三十四人，甲乙班合并为一班。后来增加插班生，到1923年毕业那年，总共三十七人，但只有二十九人取得文凭（《培正中学高初中毕业生名册 1919－1947》）。

在这些同学中，不乏一时瑜亮。黄惠康是当年风云人物，一位排球好手，1921年和1923年入选中国队，曾在日本举行的远东运动会上得亚军。林瑞铭、李炎玲、余和聪大学毕业后，先后出任广州、澳门和梧州培正中学校长，李荣康任西关培正小学校长，邓锡培、龚振祺也成为培正的主力教师。吴耀明在中山大学、中南矿冶学院任地质学副教授。黄义（1902—1997）与梁宗岱合编过《培正青年》，留学美国西北大学，攻读经济地理。三十年代在广州市政府负责地政管理，抗战前夕赴香港定居，以教学为生。他和梁宗岱一样崇拜陶渊明，清高淡泊，不求名利，寓所取名"时还读我书斋"，终身写作不倦，1997年逝于香港，享年九十五岁。

这个年级有一个特别的学生，一个美国人，中文名字帖威林：

> 本级级友，皆黄肌黑发，独君则鬈发碧瞳，盖君乃好自由之美国人也。性和平大量，好言笑，善远走，不耻下问；复聪颖善悟，故学识高卓。操广州语颇肖，惟句法多依英文组合，欧化之广州话也。精喉音与鼻音，能弦琴，以四音见长。（《培正一九二三年级同学录》）

培正本是男校，但是到了1921年10月，班上插进来一批女生，成为这一年级的特点：

> 一九二一年秋，培坤女校改组，易名培正女校，本校执事诸公，为节省经费，适应潮流起见，将中学二年以上女生，附入男校，是为本校男女同校之始。当时本级男生三十二名，女生八名，相聚一堂，钻研各科，人皆专心致志，纯洁高尚，培正不啻我侪之大家庭也。（同上）

据吴耀明回忆，与梁宗岱来往最多的女同学有三人，钟敏慧、陈存爱和梅雪影。前两人与梁宗岱同是新会人，钟敏慧学成后一直服务于培正，陈存爱"女士复长于音乐，尤精钢琴。闻毕业后即赴美专文学哲学，兼习钢琴云"（《培正一九二三年级同学录》）。梅雪影是美国侨生，可能不适应学习环境转换，没能读到毕业，中途转校，1924年进入岭南大学预科，1927年毕业后返美。

梁宗岱学业成绩优良，在众多学生中，表现十分突出，尤以中文和英语见长，一年级获全校国文奖，毕业那年夺全校英文奖。1923年代表培正参加广州市演说比赛会，获得第三名。同时参加的师范班同学唐马太得第二名，这是不足为奇的，唐马太出身基督教家庭，父亲是两广浸信会孤儿院院长，自幼便培养他当传教士，还没进入培正便让他到培正青年会向学生演讲，当时只有八岁。1920年他仍在小学部念书，已经获得培正演说比赛第一名，梁宗岱榜上无名，但不确定曾否参加比赛。

在一九二三年级同学录里，有一张漫画《本级同人化装》，未署名，作者可能是同学邓锡培，"嗜美术，尤精绘像，其独到之处，不亚罗丹雕刻也"（《培正一九二三年级同学录》）。画中共有九个人物。梁宗岱位于中央上端，表明他是这张画的中心人物。他身穿小方格西装，双手叉腰，右方口袋塞着两支西洋墨水笔，左方一支中国毛笔。同学录的主要篇幅用来刊登每位同学的照片，每页两人，每人一张半胸照，加上一张尺寸较小的生活照，下面有编者撰写的像赞。梁宗岱那部分是这样的：

君刚直豪爽，恳悃笃挚，处友以诚，遇下以霭，好学深思，

中学毕业照（1923年）　同学笔下的漫画梁宗岱　梁宗岱与唐马太（1923年）
原刊《培正一九二三年级同学录》　广东省立中山图书馆地方文献部藏

善漫游，尤嗜诗歌。中外名著，多所涉猎。英诗之雪莉（Shelly），济慈（Keats），太戈尔（Tagore），吾国之陶潜，王维，尤君之所爱者也。故中英文均有所擅长，中学一年级时，即获本校国文奖。历任本校学生周刊，半月刊，及年刊总编辑。君于暇时多创作。灵感一至，辄伏案疾书。其为诗轻妙婉约，缠绵悱恻，凄凉激越，而悲喜无端。其殆有不得意者欤？闻君将专文哲，旁及神学云。

他给同学留下一个十分正面的印象，而学校与同学也给他一个美好的回忆，令他毕生萦怀于心。1931年底他从欧洲回国，六弟梁宗恒正在香港一家中学读书，他不顾学年未终，非要弟弟立即返回广州，到培正插班。1923年毕业时，全级同学在广州南园饭店晚宴告别，席间决议每十年重聚一次，以后只要时局允许都按时叙会，梁宗岱也尽量设法参加。每十年一次的学校大庆也一样，1949年9月，培正部分教师已疏散到香港，仍按传统举行六十周年校庆。他特意从广西赶来参加，以当年的交通条件和政治形势，这不是一件轻易的事情。他还为纪念特刊写了《黄君璧的画》，文末特别注明写作时间和地点，"一九四九，九，一日于培正"。1979年，"文革"方息，广州的培正老校友不顾学校尚未复名，组织庆祝建校九十周年，他尽管年老体弱，不仅参加了筹备委员会，并且拄着手杖出席了大会。

培正五年，梁宗岱生活在一个近乎完美的学习和生活环境里，不过，命运是那么诡谲，在这块令人羡慕的白云蓝天风景画上，留下一块不祥的乌云，十多年后发展成婚姻诉讼风暴，几乎埋葬了他的前程。1933年11月，他被何瑞琼（原名何双好）状告到北平地方法院，"请求确认婚姻关系，及给付生活费用"。他本人只在两个场合谈过这件事，一次在法庭上，另一次写信给瓦莱里。

第一次开庭，他在回答法官提问时回答：

> 早先我在广州读书时，于民七年父母（按：应为父亲和祖母，母亲在他六岁时离世）与我订了何氏的婚约，我听说以后，因她是乡间女子，就极力反对，并向各同学研究办法。后来我父母给我写信，让我回去结婚，我也没有回去。最后我想出一个将来预备解除婚约的办法，是让何小姐来广州读书，所有一切学费，全由我个人担任，那时候我与陈受颐先生是天天在一处，请问陈先生那时我谈过婚姻的事没有？并且关于她的一切的费用，我全不亲自交给她，是由她二哥转交，我也不与她见面。直到我出洋留学之后，家中与我寄去钱，我仍与她□□□。到了毕业后，我就来北平了。我不但没与她结过婚，且也没发生过关系，在我供给她念书的意思，就是为将她培养有了学问，再自由嫁

人。这是我一宗为将来解除婚约的代价。（新加坡《南洋商报》1933年12月15日第13页）

法官认为他的证词"饰词搪塞，殊无可采"，可是根据新加坡《南洋商报》1934年4月12日报道，何瑞琼在1934年3月21日上诉案开庭时，亲口证实几个要点：

1．"在新会乡下，[结婚时]并未下帖通知亲友"，没有亲友到贺，曾否拜堂顿成疑问。

2．广州的读书费用，"结婚后，与梁宗岱感情甚佳，后因故分裂[……]一切由娘家担任"，反证了在分裂之前，梁宗岱所说的"一切学费，全由我个人担任"。

3．何瑞琼承认在广州读书时，两人同时"在广州，但未同居"，一切联系通过同学刘燧元进行。这加强了梁宗岱在法官面前两次强调"没发生过关系"的证词，这也是他认为婚姻无效的关键证据。

梁宗岱从一开始坚决不接受这场婚姻，不肯担当丈夫的角色，婚后一直对外严密封锁消息，除了后期需要刘燧元协助中转，没有向任何同学透露。从头到尾小心避免与何瑞琼在人前露面，为此连续三年暑期留在学校，没有回乡，翻开培正青年会出版的刊物可找到旁证。1921年，梁宗岱不是教徒却参加了青年会组织的夏令儿童圣经学校工作，还写成一篇《夏令儿童圣经学校与儿童文学》，洋洋四千七百多字。1922年，军阀陈炯明兵变，学校提前一个月放假，他留在广州，和十多位同学组织夏令儿童义学，为失学儿童上课。何瑞琼接受记者访问时也证实这种逃避从1921年开始，一直持续到1923年最后一个暑假。"梁在岭南[培正]时识钟敏维[慧]女士，钟称述如梁离婚，即可嫁彼，后彼即不回家，也不理我。民十二余到岭南［培正］找彼。"（《北平晨报》1933年11月27日）她推测的梁宗岱动机纯属时间巧合。1921年培坤女校改组，学生并入培正中学，钟敏慧等八个女学生在此年成为梁宗岱的同学，但时在暑期之后。

1934年9月20日，梁宗岱和沉樱到日本后两个月，从叶山寄了一封长信给瓦莱里，这是他留下的唯一的婚变文字记录：

> 我如何能够原谅自己沉默了这么长时间，尤其接到大师如此亲切和关心的复信。在我的斗争中，或者某些人所说的厄运中，这封信跟来自大师的一切那样，是我的一盏明灯和安慰的源泉。
>
> 事情是这样的，在收到来信前不久，突然发生了一件意外，确实具有最高戏剧性——一个女人，不如说一个恶妇，当年我的祖母根据古老习俗，娶她作为我的妻子，我从来没有接受，而且在出发到欧洲之前，曾经给她钱离婚。她趁我到广州探望父亲机会，住进我的家。我不得不进行一场艰苦而激烈的斗争，抗击几个不怀好意同事的幕后阴谋，接着抗击公众舆论的偏见，以及他们法律本身的不公平（一份杂志幽默地评论，梁宗岱太过诗人气了，让他受一下这个没有法律的国家的法律苦头，可能令他有机会写出新作）。事实上，换了别人，没有我的斯多噶主义信仰，可能因为愤怒和绝望而发疯，而病倒。我的父亲在中国内地，无法向我施加援手，而我最好的朋友担心受牵连，只能对我表示同情和惋惜。
>
> 幸好现在一切已成过去，我脱身出来，多付了几千块钱！大师，我丝毫无损地全身退出，精神比任何时候更加活跃去研究，

更加忠心于自我完善的信仰。

信中使用法文单词rosse（恶妇）来形容何瑞琼，这和传媒广泛传播的弱女子形象完全相反。站在梁宗岱本人角度，这是他亲身经历得出的结论，外人所见也并无二致。在这场官司中，何瑞琼从头到尾是主动出击者，毫不犹豫动用各种法律手段，要把事情闹大，对记者访问有求必应，目标明确：无论离婚或不离婚，都要求经济补偿。初审判决后，梁宗岱不服上诉，搁置应付的赡养费。何瑞琼迅速向法院申请，要求查封梁宗岱住所的动产，并"转知北京大学当局，每月由其教书薪金下扣洋百元"。3月21日，上诉庭确认赡养费须"先行给付"，何瑞琼亲自陪同法院人员查封梁宗岱住宅。动产拍卖在4月6日进行，估值五百五十元，但到场人数不足十人，无人出价，法院交还原告处理。4月23日，上诉案再次开庭，突然传出消息，"涉讼经年，梁何婚变和解成立，梁宗岱承认原判决，订妥条件双方离婚"（《北京晨报》1934年4月26日）。然而两个月后，梁宗岱迟迟没有付款，何瑞琼以请求强制执行作为回应，梁宗岱被召到法庭。"梁因仓促之间无钱，当庭讨限偿还，何请求令梁觅保，推事允可，即派司法警二名，跟同梁取保。"（《世益报》，转引自俞飞《民国教授离婚第一案》）付款限期订为8月31日，沉樱出面承担取保，梁宗岱总算逃过被羁押之难。何瑞琼的穷追不舍，传媒的全面敌视，终于令梁宗岱招架不住，七月初，何瑞琼发现他与担保人沉樱一声不响同时离开了北平，并没有垂下手来，反而更进一步，向执行庭申诉，要求转令广西省法院查封梁宗岱在广西的财产，并对记者声称，将向广东省法院提出同样要求。她在庭上公开责备推事："现在梁宗岱跑了，我也抓不着他啦。那时候要把他押起来就好了。"推事

回答:"梁宗岱是教授,也是有地位的人,因为不能妨害他的职业,不能押他。"(《北京晨报》1934年7月24日)

何瑞琼寸步不让,穷追不舍,气势迫人,不久就取得完全胜利,1934年10月27日《南洋商报》电讯:"梁宗岱近在平津报上登一启事云:'鄙人应付何瑞琼女士之六千八百元,已于八月卅一日(付款末期)前付讫,以往纠葛,从此永断。知关锦注,谨此奉闻。'"

在此之前,5月30日,梁宗岱的名字出现在胡适日记,名列不续聘教员名单第一人。

梁宗岱在他满怀信心踏上社会第一步台阶的时候摔了一大跤,在传媒众口一词的谴责旋涡中挣扎了一年多,这是他的第一场人生败仗。在这场官司中,他始终打着反对包办婚姻的大旗,这是余温未消的"五四"潮流的反封建图腾。他在庭上理直气壮,滔滔不绝,因为他相信自己代表进步,死抱婚约不放的何瑞琼是封建落后的化身。实际上,他弄错了时间,弄错了对象,北京《法制周报》嘲笑他"不会打官司,法庭里大讲人道",旅欧七年导至他脱离了中国的现实。

他与沉樱到达日本叶山后不久,巴金接踵而来探望他们,回去后写了一篇散文《繁星》,记述了他们的会见经过,一针见血指出梁宗岱的错误:

> 恋爱的自由到现在还来主张,似乎是太陈旧了。但是如今还有为情而死的青年,也有人为了爱情不得圆满而懊恼终生。甚至在今日的中国还充满了绝情卫道的圣人。D(按:D即岱)似乎要冲破这藩篱,可是结果他被放逐似地逃到这岛国来了。他的态度上也许有些错误,我可不明白,因为各人有各人的说法。

而且他那种恋爱现在我看来就陈旧得可笑，虽然也有人以为这还是很新的。但他的有着勇气的事情却不能够给否认掉。不过这勇气可惜是被误用了。

只要仔细读完当年的文献，便很容易明白，梁宗岱实际上输给了自己。他在出国留学前夕构思了一个"预备解除婚约的办法"，把"乡间女子"何双好安置到广州，"将她培养有了学问，再自由嫁人"。七年之后，他本人在法国蜕变成一位成熟的青年作家，却不晓得何双好真的如他所愿，经历了同样重大的蜕变，成为一个新时代女性。她有一份护士职业，"正在广州一个医馆里做事"，名字现代化为何瑞琼，他设计"预备解除婚约的办法"的对象何双好不复存在。他们重新见面时，何瑞琼身上没有"乡间女子"的丝毫影子。一开口就要求与梁宗岱共赴北平，共同生活；如果南北分隔，必须每月支付赡养费；后来梁宗岱提议离婚，她不反对，但不接受二千元补偿金，非五千元不可；梁宗岱上京后忙于安顿，多月没有消息，她独自一人上京寻找。见面后两人发生激烈争吵，她毫不犹豫选择象征现代文明的法律来解决；她只会说粤语，却能在法庭面对法官和接待来访记者时侃侃而谈；她按照法律进行官司的各个步骤，不让对方找到任何漏洞……按照现代流行说法，何瑞琼是一位出色的超越时代的妇女解放运动分子。始作俑者是梁宗岱本人，不管有意或无意，是他把何双好从封建旧世界带进新时代。

当然，何瑞琼并非省油的灯，她到北平时梁宗岱因事南归广州，她说服素昧生平的同乡陈受颐教授帮助，成功进入梁宗岱住宅，擅自翻看对方私人文件，取去与钟慧敏有关的信件和照片，并且呈堂作罪证，这件事引起梁宗岱极大反感，要求协助她进入住宅的陈受颐带她离开，陈受颐把她暂时安置到另一处地方，梁何两人的关系从此越发恶劣。此外，何瑞琼向记者讲述在梁家的不愉快遭遇，明显有夸大和自相矛盾之处，例如公公不肯给她每月六元生活费，却"借"给她二百元上京找他的儿子梁宗岱算账。

何瑞琼像一股过堂风在北平吹过，官司结束后就失去踪迹。她后来的命运如何？经过找寻，现在能看到的文献只有罗尔纲一篇。他在1930年起两次入住胡适家，既当助手，又当门生，至1934年10月23日才最后离开，到北京大学文科研究所考古室工作，后来成为太平天国历史权威专家。

罗尔纲在《读〈闲话胡适〉》第二节"张冠李戴"里，除了纠正《闲话胡适》作者石原皋误把梁宗岱离婚官司放到梁实秋头上，还留下他所知道的何瑞琼最后足迹：

> 我于1931年9月中回广西，1934年2月再来北平。在胡家见过这位妇人几次，是一个端静的人，她把赔偿所得捐给一间中学，在那学校工作。

罗尔纲为人狷介，这段说话可信。但是梁宗岱在给瓦莱里写信用"恶妇"这个字眼，是他跟何氏一贯以来打交道的结论。如果人有两副面孔，又有什么奇怪？

何瑞琼告倒梁宗岱，传媒功劳至大，对胡适的吹捧达到不理性程度，他们都忘记不过数年前，1923年，身为二子一女父亲的胡适，与"表妹"曹诚英婚外恋，导致堕胎的悲剧。胡适心有隐情，庭上表现出人意外，"靠近案前，语声低小，以至旁听者皆登桌而望"(《法制周报》1933年第51期)，由于"所有情形，都是我太太告诉我的"(《南洋商报》1933年12月14日)，以致法官认为无采证价值，在判词中全部扬弃。差不多一个世纪过去了，现在仍然有人还在唱同一调子，好像胡适是道德的永恒化身。他们继续把胡适的日记视为圭臬，可是日记所录胡适与曹诚英的二人世界，不过是游山玩水，讲莫泊桑故事或者下棋而已，没有一字涉及炽热的浪漫。引律比附，梁宗岱小巫还算不上。

在舆论全面围剿下，梁宗岱挣扎了一年多，很多人都不看好他的前程，像何瑞琼所说那样，"在社会上之信誉及地位，彼与陈女士可谓丧失殆尽"（《法制周报》第二卷第28期）。梁宗岱本人向瓦莱里承认，"换了别人，没有我的斯多噶主义信仰，可能因为愤怒和绝望而发疯，而病倒"。加上他失去了教书工作，面临无以为计的困局。

他们的尴尬处境并不独特，现实中这类故事比比皆是。但是挽救他们走出困境的不只是斯多噶乐天精神，还有顽固的历史现实。当他们离开北平后，传媒风暴迅速平静下来，发热的脑袋重新面对现实，留学生中多的是梁宗岱这样的人。他们出国前由家庭包办结婚，随着留学带来难以逾越的文化鸿沟，离婚成为唯一解决方法。与梁宗岱同期在巴黎的留学生中，就有傅斯年、朱光潜、王力、李又然、阎宗临等人，个别已育有儿女。只不过，他们的妻子仍然是"乡间女子何双好"，于是由家庭提出调解，无风无浪地找出双方都可接受的安排。五十步之人有自知之明，不会笑百步，更多是感同身受，甚至同情。在文化和教育界里，梁宗岱和沉樱的信誉未受损害。他们到日本后，第一个去探访他们的作家是巴金。

梁宗岱离欧后只发表过零星作品，名气却因官司而膨胀，原来丑闻也可以成就名声，给人带来好处：

> 梁[宗岱]最近致函沪上友人，托接洽出版处。闻某书局已允以每千字六元的代价收买他们俩的创作，惟以发表时署真姓名为条件，否则每千字至多只能三块钱云。"（《南洋商报》1934年10月16日）

相比罗尔纲当时的千字两元稿酬，超达三倍，只要每个月写出五万字，便不愁吃不愁穿。他们两人在日本的宁静甜蜜时光里，互相交流，互相砥砺，出书计划不止一本。到达叶山后三个月，他写信给瓦莱里，预告即将出版三本著作：文艺评论集《诗与真》，译

梁宗岱与家人合照　（1937年 广西百色）
后排左起：梁佩华，沉樱，梁宗岱，梁宗恒，梁佩弦
百色市唐玉莲女士（梁宗岱甥女）藏

诗集《一切的峰顶》和译文集《蒙田试笔》。其中《诗与真》的序言在离京到上海的火车上写就。为了编成《一切的峰顶》及其增订本，他在叶山增译了近二十首外国诗。《蒙田试笔》虽已译好，但在交给郑振铎的《世界文库》发表前，还需要修订和补译。在这三册单行本之外，他还写成七篇文艺批评，后来收入1936年出版的《诗与真二集》。

这个时期的作品，无论诗译或评论，都达到前所未见的成熟高度，日本一年是他自欧洲归来后的第一个成果斐然的高峰。

第三章

诗心的觉醒

梁宗岱的文学天赋像一颗种子，在培正得到适当的水分和温度，灿然绽开，茁壮萌发，奠定了终身与文学结缘的基础。新式教育把他培养成一个思想活跃、精神开放的青年人，敢于去探索和尝试，毫不犹豫接受了来自四面八方的新思潮冲洗。

他在英文预科学习的第一年，已经开始表现出文学才能，《培正学报》保留了他的第一个文学脚印。这是一份学校官方刊物：

> 夫培正学校之设立，距今三十年矣。初设于珠光里，继迁于秉政街，继而购地建筑校舍于东山。近年四方来学者日多，济济英才，订敬业乐群之雅。刘公（按：刘公铎）因有培正学报之刻，凡校员之论著，学生之课艺，校内之状况悉附焉。（乔家铎《叙言》，载《培正学报》第4期，标点经改动）

观此记载，可知刊名"学报"与现代意义有别，并非纯学术性刊物，更多是报道教与学的"学校报"，由教师管理和编辑。该刊在1917年6月创刊，以杂志形式出版，初为半年刊，后改为年刊。乔家铎从新第二期开始任主编。1919年7月出版到第4期，遇到新形势，新文化运动浪潮冲进学校，学生会在该年创办了一份新刊物，学报于是重新定位：

> 一九一九年二月学生会成立，该会刊有周报。其内容与学报略同，学报似可援季札观止之例矣。弟念刘公始事权舆，未便中道而废。且课艺一门，所以发表学生之心理与思想，以文言代白话者，周报缺如，正可藉学报采而辑之也。其余各门，两报不妨有互见之例。盖周报分而纪之，学报汇而存之也。（同上）

文内所记学生会成立日期不确，应为1917年。《培正学报》第4期所收文章基本以文言写作，内容分为七部分：论著、文评、术篇、课艺、文苑、说部和记载。学生作业集中在"课艺"，但也散见其他部分：

> 文苑门间附学生诸作，此则学生私撰或旧稿，故不入之课艺门也。所冀校中学子，研究科学，翻译西书，发展其撰述之才，为本报放一异彩。昔魏文帝云，文章经国之大业，不朽之盛事。窃愿与诸生交勉之也。（同上）

不仅"文苑"如此，"说部"也刊登了小学六年级程阐蒙写的"砭俗小说"《世态炎凉》。培正教师对莘莘学子采取的平等开放和尊重态度，令人印象深刻。

培正使用外国教科书，唯有国文离不开四书五经古诗词章，学生仍然使用文言习作。学报的"课艺"分类细致，共二十六种体例：论，设论，说，辨，义，议，策，释，言，序，书后，读，书，启，赠序，檄，布告，传，述，墓志铭，记，书事，箴，铭，连珠，祭文。梁宗岱两篇入选，第一篇题目很长，《字义随世风为转移今所谓智古所谓谲今所谓愚古所谓忠试述社会人心之变态并筹补救之方论》（下称《字义》），放在"论"集。第二篇题目很短，《左氏浮夸辨》，放在"辨"集。

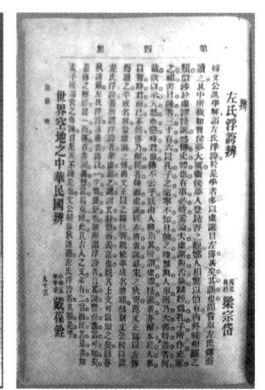

梁宗岱文言作业两篇　刊《培正学报》第四期（1919年）
广东省立中山图书馆地方文献部藏

《字义》是时论文字，当时新文化运动反对尊孔复古，批判旧传统三纲五常，作者身处时代旋涡中，目睹正反两派争论中的偏差，"惑外者一举一动，悉仿欧西。以为吾国道德庸腐迂旧，于是将数千年之国粹尽举而吐弃之"，"老师宿儒则又劬劬皇皇，欲举宋元理学以回狂澜"。他提出自己的中庸方法，"故处今日而欲补救此弊，必于古今中外之道德，参详之，溶化之，用其长以补吾短，以成一种真正适合之道德，而陶铸吾国民于纯美之域"。

《左氏浮夸辨》讨论韩愈《进学解》对《左传》的评语。《左传》史料丰富，文笔生动，历代读者爱不释手，享有很高声誉。但能否名列信史，两千年来争论不休。梁宗岱认为韩愈之评语非贬词，"所谓'浮夸'者，非虚诞之谓，谓其辞丰而义富也。观其上文可以知之矣，曰'春秋谨严'，'左氏浮夸'。'谨严'者，谓以一字为褒贬也，则所谓'浮夸'者，言其词丰而义富可知矣"。梁宗岱热爱文学，欣赏《左传》的文学色彩。

这两篇学生作业署名"英文专科梁宗岱"，结构完整，起承转合，命词遣意，都游刃有余，可以窥见作者的文学潜力，难怪他升上中学部一年级，便夺得全校国文奖。1923年毕业，他再次写下另一篇文言文《留别母校同学书》，代表全班同学向母校道别，下录首两段：

> 嗟呼！一九二三年之暑假期届，级友等乃不能不舍母校而他之矣！相彼蛱蝶，翩翩䙡䙡；相彼沙鸥，怡然成群；人孰无情，谁能遣此？况同人等受母校所熏陶，同学所策励，数载于兹。欢娱情挚，一朝言别，有不怆然伤神，凄然下泪者乎？

> 虽然，人生聚散，本有前缘。吾侪之不期而合，缘也；及期而散，亦缘也。而学问之敦促，前程之异向，又在在足以趣吾人上离散之途。夫岂得已哉！苟能神交万里，魂梦时通，则虽地角天涯，奚啻相晤一室！（载《培正学生一九二三年级同学录》）

在后来的文学创作中，梁宗岱充分利用自己深厚的国学根底和驾驭古汉语能力，灵活地运用到翻译和文艺评论写作中，成为个人写作风格的一部分。他借以成名的《水仙辞》中译，大量使用了古诗词赋的词汇和结构，华丽而高雅，贴合原著的风格，引起读者的强烈反响。《象征主义》是比较文学理论早期杰作，旁征博引，以中国经典作品作例子，雄辩地证明中国古代诗歌里也有象征主义：

> 从法国象征主义出发，通过心理学、形而上学和诗学一系列分析，达致一种普世象征主义，存在于艺术和诗歌，甚至于宗教，当其达到最高的形式和最纯净的表现。（梁宗岱致瓦莱里信，1934年9月20日）

梁宗岱立志当作家，《培正学报》外观与书籍十分接近，名字出现在学报，对他的激励很大。虽然学生作业至多只能算是少作，但说他视此为自己的文学探索起点,并不夸张。他去世后留下的个人文档极少,当中却有一页从学报裁剪下来的《左氏浮夸辨》。纸张发黄,边沿破损,六十年间,经历过无数惊心动魄的变动,始终带在身边,走南闯北,不离不弃,可想他如何珍重这份回忆。直到晚年,他仍无限怀念地反复提起:

> 那时正值五四运动,民主思潮,风起云涌,新文学应运而生。我主编的《培正学校学报》及学生会办的《学生周刊》不揣幼稚,亦起而响应。(《我的简史》)

> [1919—1923] 是年学生会所办的《学生周刊》(主要报道反映学生的生活及体育文娱活动)交由我主编,学校的《培正学报》(主要反映学生的学习成绩)均交由我主编。(简历残稿两页)

寥寥数言,概括了那个大时代翻天覆地的变化。培正学生会成立于五四运动之前,在当时已经是一场小革命,结束了一向以来唯师独尊的局面。学生会负起学生"自治"的责任,开始时管理日常生活,诸如饭堂、小卖部等,到了1919年新文化运动浪潮,大家才发现还有更重要的出版工作可做:

> 培正学生会成立,一载于兹。所成效果,寥寥无几,逆料前途谅非乐观。而办事人员,依然勤恳操职,未尝少懈。至今遂有一佳果者,则培正学生报出世也。报之内容,除登记校务,布知众人外,有小说焉,以兴发阅者之趣味也。有时评焉,以增长阅者之智识也。有时事焉,以广阅者之见闻也。有广告焉,以供阅者之取求也。在在所载,无非助学校之进行,补学生之不足。于是百废俱举,学生之组织不难达至完满之地矣。该报之记载。

皆注重学生生活之状况。（甘怀侯《培正学生报序》，载《培正学报》第4期）

作者甘怀侯是梁宗岱的同级同学，《培正学报》把他的名字"侯"误植为"傑"（杰）。他说的"学生报"早期名叫《培正学生》，四开小张，出版周期每星期一次。现在可见的最早实体是第1年第4期，主编黄惠元，"壹九壹九年四月八号发刊"。按此推算，创刊日期当为1919年3月18日。1920年初改名《培正周刊》，4月11日第2年第4期刊登了一则启事：

> 本报编辑罗学濂君因未返校，故暂由弟代理。今闻罗君此学期不返，弟又因事务太多，故自此期以后，本报编辑交梁君宗岱主理。俾有专责。
>
> 朱耀芳谨启

朱耀芳是当时的学生会主席，应届毕业生。很可能梁宗岱这一年赢得全校国文比赛冠军，锋芒毕露，所以委任他为总编辑，辅以甘怀侯发行。从4月18日一直到学期结束，他总共主编了大约十一期。现在可见的实体共有八期，最早4月29日第7期，最后6月26日第15期。

梁宗岱除了编辑外，还在这八期里发表了五篇文章，按时序排列：

1．张子丹废除兵式操驳议（续）（论说）
2．五四痛国声（短篇故事）
3．一个倒运的车夫（短篇故事）
4．拒赌（长篇评论）
5．赴佛山征求拒赌会员记（记述）

全部文章均为非韵文，没有新诗。写作时文言和白话文混杂，无论选题、格式、文字、标点，都不成熟，有如蹒跚学步的模样。然而这是他的第一批课外写作，也是他"不揣幼稚，亦起而响应"新文学的见证。这颗文学种子开始萌发了。

周报更换主编后半个月，轮到《培正学报》嬗变。1920 年 4 月 29 日的周报在"纪事"栏刊登了一则消息：

本期学报编辑员

本校学报出世，经三年。惟历来均由学校主理，编辑手续，均出自一二先生之手，故未能十分完善。现乔家铎先生在教员会提出，谓宜归回学生会主理。故自此期起，均由学生办理。现由学生会举出此期总编辑及部员如左：

总编辑　朱耀芳

部　员　张子丹　张自强　何敬裕　梁宗岱
　　　　朱佐治　吴耀明　周藻翰　冼立才
　　　　张炳豪　莫泮池　伍学高　李百和
　　　　黄国祎　黄　义　陈元俨　罗大志

"此期"就是学报第五期，按常规应在学年末的六月份出版。学报不同周报，无论稿件或编辑，要求都更高。学生会因此动员了十六位同学，人数足够，但都是新手。暑假到来，学报未见影子，总编辑朱耀芳却拿着毕业证书，飘然赴美留学去了。留下的同学群龙无首，各自放假回家。等到秋季开学，旧事重提，梁宗岱身为周报主编，顺理成章接手这件工作，把《培正周刊》留给何敬裕和冼立才两人编辑。

梁宗岱当年才十七岁，学报的重任超出他的年纪，但初生之犊不怕虎,经过几个月努力,总算大功告成,学报在1921年1月20日出版。这一期和第四期相比,在出版方面显得不够专业,可见老师真的交给学生去做了。现在能看到的实体已失去封面,图书馆补贴一张白纸,上面手书"培正学生第五期",目录卡也一样。《培正学报》变成《培正学生》,图书馆没有写错,编者在第一页"本志启事"留下说明:

> 本志原名叫做"培正学报",历年都是由学校主理的。到了今年,学校见我们学生所办的培正学生周刊,颇有成绩;所以就把他交还学生会办理,由学生自行组织。因此,我们就把他改名叫做"培正学生"。

这个改动显然在最后一刻决定,因为内文页眉仍然使用原名"培正学报",推测是忙中出错。目录的编排也有点混乱,缺少章法。

撇开这些形式瑕疵,刊物的内容十分丰富,收入了多种类别的学生作品,最吸引人注意的是"新诗"部分,对梁宗岱本人尤具意义,他的第一批新诗创作就在这里发表,总共七首,下面将详细介绍。另外还有一篇论文《快乐论》,长达一万两千字,介绍中外哲学对快乐的观点及歧异之处,引用了老子《道德经》、庄子《至乐篇》、列子《杨朱篇》、梁启超《泰西哲学一脔》,以及新思潮刊物《新潮》和《新青年》的文章。全文结构完整,挥洒自如,富有时代气息,相当成熟。

培正学生刊物不止周报和学报,还有《培正青年》,由青年会出版,梁宗岱也当过主编:

> 《培正青年》为培正学校的青年会("广州培正学校学生基督教青年会")的刊物,于1921—1922年度创办,初为周刊,

以单张形式出版，1922—1923年度改组《培正青年》为半月刊。笔者翻检《培正青年》半月刊第2卷8号（1923年3月7日）至2卷13号（1923年6月25日），合共六期，知该刊编辑所设于"广昌宿舍二楼十一号房"，但该刊职员资料只列记者十二人，书记二人，发行一人，而梁宗岱是其中一位记者。又该刊2卷8号有一则"是期冯梁两部长相继退职……以后编辑事宜，完全由本刊各记者负责"的启事（页22）。然而，从一篇青年会的记录中，笔者终于看到《培正青年》编辑人的名录。据资料所示，1921—1922年为莫京，1922年秋季为冯襄朝和梁翰华，1923年春季为梁宗岱和黄义，1923—1924年为张衮辉和徐柱石。换言之，梁宗岱是1923年春季各期《培正青年》的编辑，即毕业的那一年。

（郑振伟《梁宗岱先生中学时期佚文琐谈》）

冯襄朝和梁翰华比梁宗岱高一年级，"是年中学四年级同学梁某，以行将毕业功课忙为理由［辞职］"（简历残稿两页的删除句子）。梁宗岱和黄义在寒假过后接手，同班同学大力支持他们，在十二位记者中，他们占去八人。梁宗岱为青年会写文章，当编辑，但是晚年从来不提《培正青年》，只谈《培正学生》和《培正学报》，这是有意避开的，因为《培正青年》有青年会的宗教背景。

在接任编辑之前，他已经为青年会出版物写过文章，不是发表在《培正青年》上，而是在文集《一九二一年培正学校青年会夏令服务团报告》里，标题《夏令儿童圣经学校与儿童文学》：

培正学校青年会于1918年开始于暑假期间开设"夏令儿童圣经学校"，为失学青年及游荡儿童服务。1921年的暑假的活动更成立"夏令服务团"，在八个地点设校，后只设七间，每日授课四至五小时，为期三十日，另加八队远征证道队。该报告书共109页，是当日活动的记录。《夏令儿童圣经学校与儿童文学》一文共分五个部分，作者认为儿童文学是薰陶儿童的利器，故夏令儿童圣经学校应予采用，也应予注重，文中引用泰戈尔（1861—1941）的多篇作品。又其中谈及取材的问题，引郭沫若（1892—1978）和周作人（1885—1967）的观点，讨论诗歌、小说和剧曲如何适应儿童和引发儿童的兴趣。最后是作者就编辑夏令儿童圣经学校儿童文学教科书提出意见，包括收集、创作和翻译等建议。该文具体讨论改善夏令学校教材的问题，而梁宗岱更表明那是他对文学研究的起点，故这篇文章别具意义。（郑振伟，同上）

文章在"一九二一，十一，一，于王广昌宿舍二九号房"写成，距离《培正学报》收入他的作文《左氏浮夸辨》大约三年，两者相比，无论选题结构，立论铺陈，都不可同日而语，已经显露出一个文学理论作家的轮廓，足见这段时期他的进步幅度之大。单是别出心裁的文章架构，便令人注目。全文以一段引言开始，后面分为五部分，每部分开头都引用泰戈尔的诗句，结尾则是一首中国童谣或小诗。排版时，这些引文使用小一号的字体显示，吸引读者的视觉。形式新颖，以致排版师傅一时捉摸不准作者意图，某些段落挤得过紧，又漏排了最前两部分的章节小标题"一"和"二"。

他在《培正青年》发表第二篇文章题为《檀德及其神曲》，刊于1923年3月21日2卷9号，介绍意大利文艺复兴诗人但丁的名作《神曲》。文章前面是一段英文引文，节录自美国文艺批评家罗威尔（James Russell Lowell，1819—1891）的著作。内文分为三部分，第一部分选译英国作家卡莱尔（Thomas Carlyle，1795—1881）

对但丁的评价，第二部分叙述但丁生平，第三部分《神曲》本事撮要。这是一篇典型的外国文学介绍，通过作者选择的他人评论以及叙述方式，便可知他如何尊崇但丁及其《神曲》。文末附有"本文参考书"名单，这是模仿西洋文学的做法，在新文学初期，属于新出现事物。

这篇文章证实了张瑞龙在《诗人梁宗岱》所述："刚升上三年级时，他如饥似渴地攻读美国诗人朗费罗译的但丁的《神曲》，其热忱连英文教员和她的美国朋友也惊诧不已。"三年级从1921年秋季开始，这一年正是但丁忌辰六百周年。8月10日《东方杂志》18卷15期出版了"但底六百年纪念"专辑。9月10日《小说月报》在"檀德六百周年纪念"栏目下，刊登了钱稻孙（1887—1966）的《神曲一脔》，首次向读者提供这部世界名著的中译，采用离骚文体，中意对照，注释详尽。梁宗岱喜爱这种风格的译文及介绍，当时但丁有三个不同的译名，檀德、但底和但丁，他选用钱稻孙的檀德，但是钱译只有《地狱篇》前三阕，未能满足他的求知欲望。于是他转向英文书籍找寻原作，图书馆没有，结果寻到美国女教师家里，才得偿所愿。

文末"本文参考书"列出四部英文书名，加上卷首引述的罗威尔著作，总共五部。读一本著作，辅以四五本大型参考书，这再不是普通读书，而是深度阅读，与大学文科精读的要求基本一致。梁宗岱在无人督促或要求下，单纯出于个人兴趣去攻读这本以艰深著称的名著，可见他对文学的高度投入。

他在学校刊物发表文章，虽然鼓励作用很大，但距离走出校门进入真正的文学殿堂，仍有很长的距离。回头看1919年《培正学报》第4期汇集的学生作文，人数很多，却没有一个人能够像他那样跨

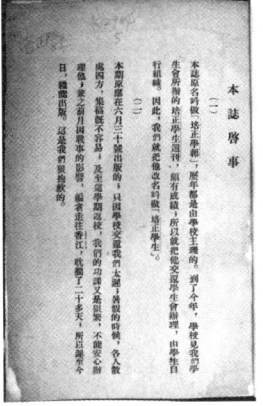

《培正周刊》第十四期　　　《培正学报》第五期　　　《培正青年》第九号
梁宗岱曾任主编的三种培正学生刊物　广东省立中山图书馆地方文献部藏

越这个距离,这是一件知易行难的事情。同班同学黄义与他共同编辑过《培正青年》,也写过白话诗,但到了二十世纪下半叶,白话文一统天下之后数十年,他写下一百五十首追怀中学时代的《东山百咏》,仍然采用古文律诗格式。究其原因,当作家的愿望是关键,其他人不像梁宗岱那样全身投入写作,在当年爱好文学的同学中,只有他一个人最后成为作家。

当时的潮流是新文学,最大特点是使用白话文。这种新书面语言接近北方口语,广东人的口语是粤语,写白话文要经过两次转换词汇和重组句子的步骤,其难度不低于文言文。语言天赋加上写作才能,让梁宗岱很快克服这个不利条件。当然,像其他作家一样,笔下偶然还会残留方言的痕迹,没有随着岁月完全消失。

1921年10月,梁宗岱第一次在全国性刊物发表外国诗的白话文中译。商务印书馆《学生》杂志刊登了他的泰戈尔《他为什么不回来呢？》译文。同年 12 月，朗费罗诗歌《黎明》（*Daybreak*）中译出现在同一本杂志上，这首诗选自《候鸟集》（*Birds of passage*）的《第一飞》（*Flight the first*）。朗费罗（Henry Longfellow，1807—1882）是美国十九世纪著名抒情诗人，在世时诗名远播，一直持续到二十世纪初。他在中国特别有名，因为他的《人生颂》（*A Psalm of Life*）在 1865 年便译成中文，有人说这是第一首英诗汉译。梁宗岱对他的作品感兴趣，最先不是因为他的诗，而是因为他翻译的《神曲》。他的译本文笔出色，出版后第一年便重版了四次，至今仍在重印。梁宗岱在 1921 年开始迷上《神曲》，他读的英译是朗费罗译本，由此而接触到他的诗作，并把《黎明》译成中文。

他在中学时期发表的最后一篇翻译是泰戈尔的诗剧《隐士》断片，原题《大自然的报复》（*Nature's revenge*）。1923 年初，在徐志摩穿针引线下，由梁启超、蔡元培等人组成的讲学社出面邀请诺贝尔奖诗人泰戈尔 8 月访华。消息传出后，引起文化界强烈反响，报刊连篇累牍刊载相关信息。到原定访华日期前后，很多杂志都计划出版专号，作者反应热烈，各刊物都有稿满之患。梁宗岱的译文获《东方杂志》7 月份"泰戈尔介绍"专辑刊登。1943 年，梁宗岱结集《交错集》时，把《隐士》收入其中，这是唯一后来入集的少译。

他的文艺评论最晚走出校园，直到毕业前夕，才在 1923 年 8 月 20 日上海《文学旬刊》第 84 期上发表了《杂感》。标题很中性，却是一篇充满力与热的争论性文章。作者一开始讨论成仿吾（1897—1984）两篇文章，第一篇是《〈沉沦〉的评论》（1923 年 2 月《创造季刊》1 卷 4 期），该文结尾批评郁达夫译苏格兰诗人华兹华斯

（William Wordsworth，1770—1850）的《孤寂的高原刈稻者》为拙译，并且重译一遍，"觉得比达夫的好一点"，梁宗岱指出新译有一处未达意，另一处理解错误。第二篇是《〈命命鸟〉的批评》（1923年5月《创造季刊》2卷1期），成仿吾"读到'早晨底日光射在她脸上，照得她的身体全然变成黄金的颜色'，觉得作者许地山君的观察未免太不准确了"，梁宗岱质诸培正的缅甸归侨同学，得到回答是"缅甸的墙壁多是黄色的，就映以最微弱的日光，也自然会变成黄金色了"，他责备成仿吾没有充分调查便轻率下笔。

但这些技术讨论不是文章中心，只是楔子，下面笔锋一转，指向成仿吾另一篇文章《诗之防御战》（1923年《创造周刊》5月第1号），该文一口气批评了胡适、康白情、俞平伯、周作人、徐玉诺等人，接着说："我在这里论及哲理诗，要请读者诸君恕我不抄录宗白华与冰心女士的大作了，因为我只在报章上看过几回，随时随地把它们与电闻通信一齐丢了。"其不屑之口吻惹起梁宗岱的怒火，站出来打抱不平，他的怒火不仅烧向成仿吾，连他的创造社战友郭沫若也扯在一起，梁宗岱以大部分篇幅挑出他们作品的弱点和错误，讽刺成仿吾的诗"成了徐志摩所谓'每行抬头的信'"，郭沫若的翻译"不独配不上说'我是雪莱'，简直连'鹦鹉学舌''沐猴而冠'也配不上哩！"读者无缘看到全文，编者在文末有一句按语："此文尚有中间一段，因系关于私人的事，故擅为删去，乞作者与读者原谅。"可见梁宗岱火力之猛。不过，比起成仿吾的文章只是小巫见大巫。后者是创造社的评论猛将，年轻气盛，在文坛上横冲直撞，鲁迅在他眼中变成"我们中国的堂·吉诃德——堂鲁迅！"，后来被鲁迅点名回赠了一句"这种令人'知道点革命的厉害'，只图自己说得畅快的态度,也还是中了才子+流氓的毒"。成仿吾自己承认,他有些论战文章普通报刊不敢刊登,只能印在自己编辑的《创造》杂志上。

梁宗岱这篇文章有其历史背景。新文学时期出现很多文学团体,都是一群志同道合的作家,围绕一本同人杂志组成。1921年文学研究会异军突起,接办《小说月报》,成功加以革新,又创办《文学旬刊》,在商务印书馆大力支持下,出版各类丛书,声势浩大。创造社晚一年出现,不断向其他团体挑起论战,由郭沫若、郁达夫和成仿吾三员大将轮流上阵,打遍文坛,从胡适到徐志摩到鲁迅,尤与文学研究会的笔墨官司最多,文艺观点、欧洲文学介绍、创作评论和翻译问题等等。

梁宗岱是文学研究会会员,他的出发点并非主动攻击,而是反击,为了保卫文学研究会另一位作者佩韦。佩韦是茅盾的多个笔名之一,梁宗岱当时未必知道,但是同在《小说月报》发表文章,就是同一阵营的战友。茅盾在《今年纪念的几个文学家》(1922年《小说月报》13卷12期)一文,提到英国诗人雪莱,其中有一句"一八一〇年转入牛津,但第二年三月便被开除,因为他发表了一本名为《雅典主义的重要》的小册子",雅典主义是无神论(Atheism)的误译,成仿吾看到了如获至宝,写了一篇近三千字长文《"雅典主义"》(1923年5月《创造季刊》2卷1期),极尽嘲弄之能。梁宗岱没有提这篇文章,而把其他作品拿来作靶子,明显是围魏救赵的策略。成仿吾没有立即反击,但牢记心中。一年之后,上海《文学》周刊发表了一篇文章,批评郭沫若译的《少年维特之烦恼》错误百出,他看到后写信给郑振铎抗议,不忘重提旧事:"去年有一个梁宗岱曾在贵刊上为两句英文把我痛骂过,也是他自己弄错了,我为中国的评论界痛哭过一次。"

这次交手预告了梁宗岱日后的其他论战,在他的文艺生涯中,至少主动与三位作家正面交锋:马宗融,《关于〈可笑的上流女人〉及其他》(1935年);梁实秋,《释"象征主义"》(1936年);李健吾,《从滥用名词说起》(1937年)。笔法更为老练,但锐气一如当年。

培正时期的梁宗岱的文学活动,主要围绕着新诗,最早发表的日期及报刊名称,以张瑞龙《诗人梁宗岱》所说流传最广:"他在《越华报》《群报》等报刊上接连发表诗作,引起了广泛注意。十六岁时即被传为'南国诗人'。"此说没有文献他证,而且与史实相违,在梁宗岱十六岁的1919年,《群报》与《越华报》均未存在,前者到1920年10月才创刊,后者更晚,1927年8月1日,两者都没有刊登新诗。而且,他少年时代只想当作家,而非诗人,他的诗心觉醒来得很晚:

> 那是二十余年前,当每个人都多少是诗人,每个人都多少感到写诗的冲动的年龄,在十五至二十岁之间。我那时在广州东山一间北瞰白云山南带珠江的教会学校读书。就是在那触目尽是花叶交荫、红楼掩映的南国首都的郊外,我初次邂逅我年轻时的大幸福,同时——这是大自然底恶意和诡伎——也是我底大悲哀。也就在那时底前后,我第一次和诗接触。我和诗接触得那么晚(我十五岁以前的读物全限于小说和散文),一接触便给它那么不由分说地抓住(因为那么投合我底心境),以致我不论古今中外新

旧的诗都兼收并蓄。(《试论直觉与表现》)

他进入培正中学后,才把阅读范围从小说和散文扩展到诗歌,在开始第一首新诗写作之前,用了差不多两年时间在诗海中浸淫,饱读各式各样的中西诗歌,吸收其中精华。一个有诗歌天赋的人,如果没有扎实的知识作基础,只能建造空中楼阁。他的新诗创作经历过一段勤学苦练的过程,绝不是一蹴而就。最早发表的作品,也是一种厚积薄发式的尝试。

他何时开始写作新诗,本来是一个永远解不开的死结,同时期手稿早已湮没,本人从来没有提及。然而,他有一个习惯,凡是出自本人手笔的诗文,除极少例外,发表时文末都加上写作日期,有时还有地点,为后世研究者留下了宝贵的信息。近年又陆续发现一批新文献,提供了更多资料。综合起来,可以推断他在1920年8月开始的暑期里第一次尝试创作新诗。前面提过,他在1920年4月至6月担任《培正周报》主编,发表过一些同学写的新诗,但本人只写非韵文。等到1921年1月,他的一批新诗才在《培正学报》第5期一下子出现。这一期增设"新诗"一栏,内收十七首作品,来自四位作者,梁宗岱占七首,数量最多,这部分的小引也是他写的,这是主编的工作:

> 我们新文艺的经验,都是很少。以下几首,不过是尝试尝试罢了。不妥的地方,还望读者原谅。
>
> 宗岱

根据诗末所附写作日期,第一首新诗完成于"九,九,二",即1920年9月2日:

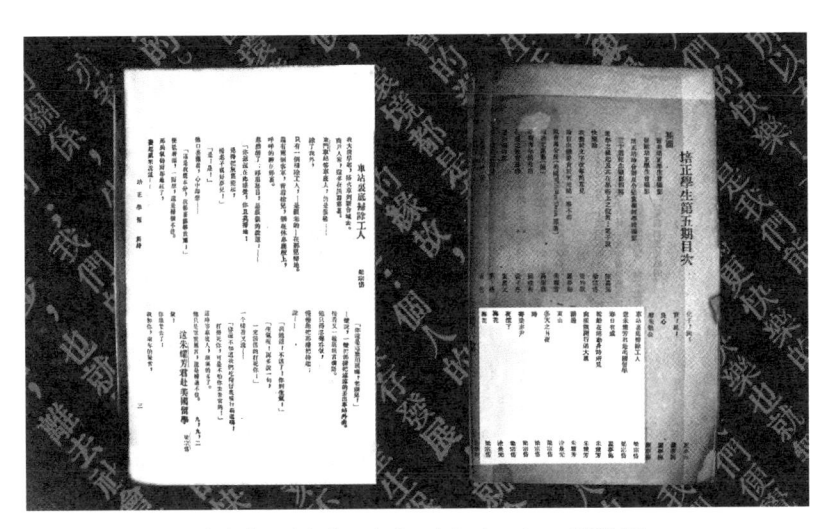

梁宗岱第一首新诗《车站里底扫地工人》（1920年）
《培正学报》第5期目录　梁宗岱第一批新诗共七首
广东省立中山图书馆地方文献部藏

车站里底扫除工人

我大清早起，搭火车到新会城去。
商户人家，还多在黑甜乡里。
东门车站等车底人，仍是很稀——
除了我外，
只有一个扫除工人，——是很老的——在那儿扫地。
还有两个客军，背着枪儿，躺在休息底板上，
呼呼的睡在那里。
忽然醒了；睁眉怒目，恶狠狠的说道：——
"你爷还在此睡觉，你且莫扫地！
免得把灰尘搅起，

扰老子底好梦儿!"

"是!是!"

他口里应着,心中却想——

"这是我底本分,我那里能够放弃!"

便低著头,一面想,还是扫个不住。

那兵气得面都通红了,

发起威来说道——

"你还是这么硬固吗?老头儿!"

一壁说,一壁把那扫把远远的丢出车站外去。

接着又一轮底粗言烂语。

他只得忍声吞气,

慢慢地把那扫把拾起;

说——

"兵爷爷!不该了!你别生气!"

"生气呢!再多说一句,

一定活活的打死你!"

一个接着又说——

"你还不知道我们吃粮仔底横行霸道吗?

打得死你,可是不怕你去告官的!"

这时等车底人,渐渐的多了。

他只是默默无言,还是扫过不住。

作为尝试,这首诗在诗艺上不能说完全成功,形式近似散文,缺乏节奏和音乐感,但也不算失败,叙述有致,表达清楚,对穷苦人的同情充满全诗,白话文纯熟,没有晦涩的怪字生词。

另一首诗《送朱耀芳君赴美国留学》没有写作日期。朱耀芳是中学部第一届四位毕业生之一，《培正学生》第3年2期（1920年12月7日）第3版有一句报道："朱耀芳君于暑假时赴美，今已入列治文大学 Richemen's College 肄业矣"。诗内提到两人的分手日期在7月30日，也就是学期结束暑假开始，"握别东山，东山握别；／也分不出是你送我回乡里，／还是我送你美国去"，与前一首的"我大清早起，搭火车到新会城去"互相呼应。由此推测，这两首诗是他在暑期内在家乡度假时写成的，也是他最早尝试新诗的作品。

秋季开学后，梁宗岱忙于功课和编辑学报，等到新年节日期间，才有时间写作其他诗歌：《冬天之月夜》（1920年12月23日），《"时"》（1920年12月24日），《寄梁志尹》（1921年1月9日），《夜深了》（1921年1月11日），《哀慧真》（1921年1月13日）和《梅花》（1921年1月18日），还有最近发现的佚作《看朝鲜独立幻灯画》（1921年2月25日）和佚译《波兰战歌》（1920年12月11日）。

这批最早期的新诗可分为两部分，有些未能完全摆脱旧诗的窠臼，主题送别、怀友或唱和，带有旧时文人应酬诗的浓厚味道，诗句也残存五言诗的影子，《寄梁志尹》虽是新诗，序文却使用文言。这固然因为仍在摸索阶段，但可以看出正在力图向新诗靠近，因为另一些诗歌的主题及形式已经现代化，跳出了文人诗的局限，其中《夜深了》和《哀慧真》可视为姐妹代表作，一对五四运动时期的反封建号角。婚姻自由是当时青年人最关切的问题，也是最热烈追求的目标，作者刚在几个月前由家长包办婚姻，对其弊端有切身体验，虽然两诗都以女性作主人公，但隐约露出他的身影。《夜深了》女主人公的心上人是一个学生，一个"还是不能自立底男子"，她

不敢反对父母的原因,是一时未能摆脱传统的束缚,这几句诗有点像作者本人在忏悔:

> 我底父母恩情,
>
> 又那里报得了
>
> 只得拼着我一身,
>
> 做我父母底一个孝顺儿子

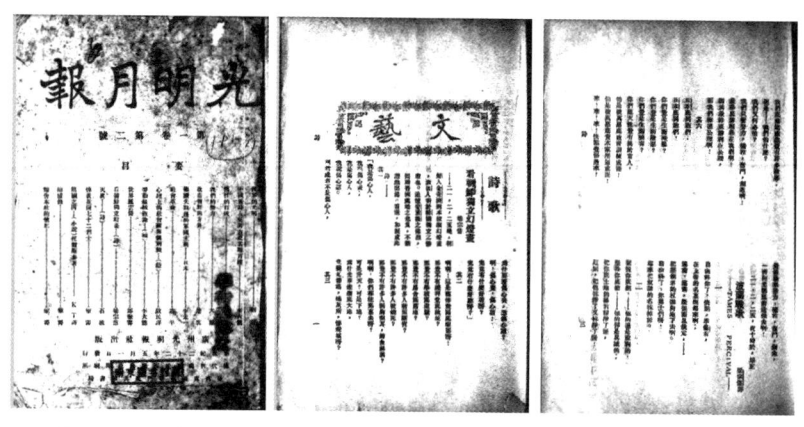

《光明月报》1卷2号　　梁宗岱《看朝鲜独立幻灯画》　　梁宗岱《波兰战歌》
最新发现的梁宗岱少作佚文　南京图书馆藏

至于最近发现的佚作《看朝鲜独立幻灯画》(1921年2月25日)和佚译《波兰战歌》(1920年12月11日),与我们认识的梁宗岱青少年情怀的新诗截然不同,几乎是革命者之歌。可能政治色彩强烈,搁至1923年5月才发表在广州的《光明月报》第1卷第2号上。这份刊物不是中国人办的,出版人是流亡中国的韩国独立运动分子。

寒假后开学,梁宗岱再次搁笔,可以想象他忙于应付功课。到了暑期才有新作品：《小娃子》（1921年7月15日），《失望》（1921年7月21日），《深夜的Violin》（1921年7月22日）。这时候，他要成为诗人的热切愿望令他把眼睛转向校外文坛。暑期刚结束，他选出一些作品，连同一些翻译，向上海的全国性刊物投稿。结果很理想，迅速获得采用的回应。这一年10月，商务印书馆发行的杂志连续发表他两篇作品，译诗泰戈尔《他为什么不回来呢？》（《学生》8卷10号）和新诗《小娃子》（《太平洋杂志》3卷3号）。这是他的著译第一次在全国性刊物露面，两个月后，《小说月报》接受了他的《失望》，自此之后，他的作品集中在这家新文学主流杂志发表。

对一个年少志豪的年轻诗人，一帆风顺很容易催生目空一切的狂莽。但是梁宗岱头脑冷静，他对早期的创作不满意。1923年8月，中学刚毕业便回头检讨，以很强烈的贬语自我批评，好像决心一笔勾销这些生涩的作品：

> 近人发表创造的诗或小说未免太滥了，有好些只是初学的东西便胡乱拿来发表。比方我二年前也曾把我最初学做的几首诗拿来发表——如《夜深了么》《小孩[娃]子》《登鼎湖山顶》……等，简直不成东西。如今思之，不觉汗流浃背。（《杂感》）

这个检讨是真诚的，1924年，当他出版第一部新诗集《晚祷》时，创作第一年的作品只收入一篇《失望》，其余全部放弃。然而，这些诗不是一无可取，有些经过细心经营，只有最早几首写得比较平淡，这是所有作者都会遇到的起伏跌宕的现象。他放弃的诗篇不乏佳作，前面提过的《哀慧真》，虽然有点像口号诗，但是时代色彩浓烈，音调抑扬顿挫，音乐感极强，像一首激昂响亮的歌曲。这首诗没有选入《晚祷》，可能其主题独特，与整体不和谐。

他的学步阶段不限于第一年，1922年上半年仍在摸索，六个月中发表了七首诗，但只选三首入《晚祷》，其余四首放弃，其中一首《小溪》（《小说月报》1922年第13卷8号）后来被文学研究会看中，收入1924年小说月报丛刊第17种《良夜》中。严以待己，勤奋不息，经过一年多的磨练，他终于找到适合自己的写作方向，从身边的生活入手，寻找题材和灵感，描绘熟悉的校园青少年的微妙感情，他在诗海里游荡的速度逐渐增快。

从1922年下半年开始，到1923年8月中学毕业，他经历了一个创作起飞期，写诗的冲动如此澎湃激烈，达到作品随手可拾的程度。他的同学这样描写他当时的状态："君于暇时多创作，灵感一至，辄伏案疾书"（《培正一九二三年级同学录》），他对这个时期保留着美好的回忆：

> 于是，踯躅在无端的哀乐之间，浸淫浮沉于诗和爱里，我不独认识情调上每一个音阶，并且骤然似乎发见眼前每一件物底神秘。我幼稚的心紧张到像一根风中的丝弦，即最轻微的震荡也足以使它铿然成音。
>
> 我拾起一片花瓣，这花瓣便成为我情人底心影，于是我写道：
>> 我在园里拾起一片花瓣，
>> 我问她要做我底情人。
>> 但她涨红了脸不答我；
>> 我只得忍心地把她放下了。（按：《散后》第10首）
>
> 眼看着一朵白莲在月下慢慢地凋谢，我便想起伊人终有天和

一切芳菲共同的结局，于是我半诅咒半惋惜地沉吟：

  白莲开在清池里，

  她要过她酣梦的生活。

  夏夜底风淡淡地吹了，

  她便不知不觉地

  瓣瓣的坠落污泥里了。（按：《散后》第7首）

山谷间一条澄静的小溪使我哀悼以往澄静的生活；埋在污泥里的藕根又兴起我对于美满生活的憧憬：

  莲藕因为想得清艳的美花，

  不惜在污湿的洿泥里过活。（按：《散后》第21首）

树梢儿在河浦的晚风中摆动，我也微颤地低唱：

  晚风起，

  树梢儿在纤月昏黄下

  微微地摆动了。

  我底心呵！

  别尽这样悄悄地颤着。

  让她蹁跹的绿影

  在你沉默的歌途里

  扫下淡淡的轻痕。（按：《晚情》）

是的，直到我梦魂底深处，天地底交契也自然形成了具体的意象，使我从梦中欣快地醒来：

  当夜神严静无声地降临，

  把甘美的睡眠

  赐给一切众生的时候，

> 天，披着件光灿银烁的云衣，
> 把那珍珠一般的仙露
> 悄悄地向大地遍洒了。
> 于是静慧的地母
> 在昭苏的朝旭里
> 开出许多娇丽芬芳的花儿
> 朵朵地向着天空致谢。（按：《夜露》）
>
> 总之在这短短的几年间——或许是我底诗的生活最热烈的时期——一切诗的意象都那么容易，那么随时随地形成。（只有一个迫切而又深微的心声当时始终没有找到具体的表现，那就是眼看着课堂周围的合欢花和白槐在几天内纷纷开且落，我不断地在心里叹息："繁华呵，今天那儿去了？"）我可以毫不夸张地说心到手到，直觉和表现是同一刻的现实。（《试论直觉与表现》）

只要看一下写作日期，便明白什么叫创作高潮：1923年3月21日《暮》、5月13日《归梦》、6月7日《晨雀》、6月7日至13日《太空》五首、6月13日《晚祷（一）》、6月23日《白莲》、7月9日《光流》、7月10日《星空》、7月20日《夜露》、8月3日《苦水》、8月17日《晚情》……这些诗篇大部分寄给《小说月报》发表。1923年冬，文学研究会的《文学》周刊出版临近百期，打算把计划中的会刊第一期作为纪念刊物，采用顾颉刚提议的《星海》作刊名。最早公布的要目预告内容分为四部分，第三部分"创作"包括小说和诗歌，其中六篇"题未定"，但已有作者名字，包括徐志摩在内。六个月后，1924年6月30日《文学》第128期再次预告，"因为篇幅的太多……现在欲求出版的迅速，特分印成两册，上册大致要排齐了，当在最近的期间内，必可与爱读者相见。"下面列出部分目录，徐志摩的名字不见了，出现另外四个诗人名字，徐玉诺、刘燧元、严敦易和梁宗岱。

梁宗岱只有一组诗《太空》，由十三首独立诗组成，成诗日期从1923年6月至8月，先后在《小说月报》《南风》《南大青年》和广州《文学旬刊》发表。编入组诗时取消所有标题，到《晚祷》结集时重新恢复或新增，九首独立成诗：《晨雀》《散后》《暮》《白莲》《星空》《夜露》《苦水》《晚情》和《晚祷——呈泛，捷二兄》，最后这首题赠给文学研究会广州分会的岭南大学同学潘启芳（笔名潘泛、潘凡等）和陈荣捷。此外，还有一首《太空（三）》收入小诗集成的《散后》，其余四首（一、六、十、十二）没有入集。

梁宗岱写过不少小诗，这是早期新诗的一种流行形式，最早由冰心使用，用来收集"零碎的思想"。她和后来的小诗作者一样，"大半都是直接或间接受泰戈尔此集的影响的"（郑振铎《飞鸟集》初版译序）。梁宗岱的小诗集中在《絮语》，写作日期从1922年3月至1923年4月，总共五十首，一次过发表在《小说月报》1924年1月第15卷1期。这组诗后来收入诗集《晚祷》，但没有像《太空》那样拆散独立成诗，而是挑选三十一首，加上《太空（三）》及一首新作，共三十三首，仍以组诗形式集结在新标题《散后》中。

他对新诗形式的探索不限于小诗，还写过散文诗《秋痕》和《归梦》，以及形式独特的《光流》。此篇前半截是韵文诗，后半截散文诗，这和中国传统用散文作序引导诗歌的做法刚好相反。两者分别署上不同的写作日期。而且第一首日期后面有"夜的梦痕"四个字，由于"夜的梦痕"被误排紧接在《光流》之后，容易引起错觉，觉得这是两首独立的诗。但是仔细读完两者，作为关键词的"光流"，没有在第一部分出现，但在第二部分却出现了四次，贯穿全篇。显然前者是引诗，后者是主文，是一个整体。这首诗先在《小说月报》1923年9月第14卷9号发表，收入《晚祷》时没有作过任何更动。

这个时期，梁宗岱的诗情有如海风中疾驰的小舟，任意南北东西。除了他刚好处于写诗冲动的年龄，还因为他"初次邂逅我年轻时的大幸福，同时——这是大自然底恶意和诡伎——也是我底大悲哀"。"大幸福"与"大悲哀"两词隐晦难解，如果"大悲哀"指祖母包办婚姻，那么相反的"大幸福"可能是与女同学的亲切来往。他在1920年9月开始学写新诗，第二年10月，班上闯进来一群女生：

> 1921年，培正女校（按：培坤女校）的八名同级女生拨来和宗岱同班，开始男女同校。有一位女生陈存爱从天津教会女子中学转来的，英文甚好。宗岱和她讲起读英文、文学的心得，二人都特别感兴趣，从此宗岱爱交女朋友。一个华侨女生梅雪影英文也好，也是他的好朋友。第三个是钟敏慧，他们二人在中学相好后，毕业后都是好朋友。（吴耀明口述，甘少苏手抄稿）

培正本是男校，梁宗岱第一次接触到这么多同龄的少女，十七八岁的年轻人情窦初开，跟其中几位特别谈得来是很自然的事。女性在诗人的创作中往往起着重大作用，文学史上不乏"诗人与缪斯"的故事。梁宗岱在诗情初发时遇到这些令人爱慕的少女，"我丝毫不怀疑我当时情感生活之丰富与蓬勃"（《试论直觉与表现》），这就必然刺激他的想象力，写作爱情诗歌。然而，他以爱情为题的诗歌并非全部与这些女同学有关，因为爱情是诗歌的永恒题材，不一定需要亲身经历才能成诗。例如《失望》，有人将其衍化为三角恋爱故事：梁宗岱开头得不到陈存爱和钟敏慧的好感，写了这首诗塞进她们的抽屉里，结果改变了两人的态度，陈存爱"由友好变得亲密起来"，而钟敏慧"喜欢他的才华和热情。只是察觉到陈存爱对宗岱的感情，才主动煞车，把宗岱视为兄长，同他保持着一定距离的友谊"。其实，只要看一下诗歌的写作日期1921年7月，便知道她们尚未出现在课室里（10月）。这首诗发表在《小说月报》1922年1月13卷1期。

事实上，直接由女同学启发灵感的诗篇不多，甚至可以说很少。但是梁宗岱本人最喜爱的两首诗，却带着她们清晰的影子。第一首有一位女同学的名字，题目《晚祷（二）——呈敏慧》：

我独自地站在篱边。

主呵，在这暮霭底茫昧中，

温软的影儿恬静地来去，

牧羊儿正开始他野蔷薇底幽梦。

我独自地站在这里，

悔恨而沉思着我狂热的从前，

狂妄地采撷世界底花朵。

我只含泪地期待着——

祈望有幽微的片红

给春暮阑珊的东风

不经意地吹到我底面前；

虔诚地，轻谧地

在黄昏星忏悔底温光中

完成我感恩底晚祷。

钟敏慧与梁宗岱同是新会县人,家住广州东山,是一位出众的学生,她的同学这样介绍她:

慎言而敏事,秀外而慧中,女士"敏慧"之名,可谓当之无愧。性复勤谨,克苦好学,谦让接人。富服务心:历任校中各职,皆热心办事,足为各男女同学所钦敬。女士常执卷颂读,有"发奋忘食"之慨。是以每试多冠侪辈,诚近代之女英杰也。(《培正一九二三年级同学录》)

钟敏慧毕业照片
(1923年)

1923年级文学研究社合影
后排右三梁宗岱　前排右三钟敏慧

原刊《培正一九二三年级同学录》　广东省立中山图书馆地方文献部藏

她和梁宗岱一样爱好文学,他们的年级有一个文学研究社,十三位成员,只有两位女同学,她与陈存爱。钟敏慧是梁宗岱在诗中写上名字的唯一女同学,有点先兆味道。中学毕业后,其他女同学各散东西,不知所终,只有钟敏慧和他一直保持书信联系和往来。梁宗岱从欧洲回国，船停越南时曾在河内与她见面，并拍照留念，并因此被何瑞琼扯进离婚官司。她后来返回母校，工作了数十年，一直到退休。梁宗岱1956年应聘到广州中山大学工作，两人重新会面，互相来往，互相关心，深厚的友情一直延续至最后的日子。

梁宗岱结集《晚祷》时，里面已有一篇《晚祷——呈泛，捷二兄》，现在不避重复使用同一标题，显然十分喜爱此诗。到欧洲后，他把这首诗译成英文和法文，使用散文诗体。1929年两个版本先后发表，法文版 *Offrande du soir* 刊登在《欧洲评论》（*La Revue Européenne*）8月号上，英文版 *Vespers* 则在《鼓》（*Tambour*）2月号发表，1936年1月，英文版与《途遇》一起，在温源宁主编的上海英文月刊《天下杂志》（*Tien Hsia*）再次刊出。

1942年，他在《试论直觉与表现》回顾新诗年代时说：

> 严格地说，当时这许多像春草般乱生的意象，除了极少数的例外（譬如《晚祷》集中《晚祷二》），能算完成的诗么？它们不只是一些零碎的意象，一些有待于工程师之挥使和调整的资料么？

他所说的"极少数的例外"，如果以曾否译成外文的准则来衡量，除了《晚祷》，还有《途遇》，同样有法文和英文两种译文，不仅在中国和法国发表，最后还传到美国：

> 我不能忘记那一天。
>
> 夕阳在山，轻风微漾，
> 幽竹在暮霭里掩映着。
> 黄蝉花的香气在梦境般的

> 黄昏的沉默里浸着。
>
> 独自徜徉在夹道上。
> 伊姗姗地走过来。
> 竹影萧疏中,
> 我们互相认识了,
> 伊低头赧然微笑地走过;
> 我也低头赧然微笑地走过。
> 一再回顾的——去了。
>
> 在那一刹那里——
> 直到如今犹觉着——
> 心弦感着了如梦的
> 沉默,羞怯,与微笑的颤动。

此诗写作日期是1922年10月28日,离开女同学进校刚好一年,有点像周年纪念诗那样。作者以白描方式描写当日途遇一幕,最后一句写尽了青少年那种初尝异性接触产生爱慕的微妙心情。诗歌发表在《小说月报》1923年1月10日14卷1期。

四年后,梁宗岱把此诗译为法文,标题改为 Souvenir(回忆),刊登在1927年12月1日罗曼·罗兰创办的《欧洲》(Europe,另译《欧罗巴》)月刊第60期上,这是他发表的第一首法文诗。同月23日,巴黎《民众报》(Le Populaire)在第四版介绍《欧洲》月刊内容时,转载了这首诗,前面加上说明:"中国诗人梁宗岱自己翻译的这些优美的诗句。"英文版迟至1936年1月,才在上海英文月刊《天下杂志》发表，题目与法译一样，*Souvenir*。无论法译或英译，都删除了第一行"我不能忘记那一天"，第九行的"我们互相认识了"都改成"我们互相认出了"（Nous nous reconnaissons l'un et l'autre ／ We recognize each other），一字之别，表达得更为确切。《天下杂志》1935年8月创刊，共出56期，只刊登过十首新诗英译，来自六位诗人：闻一多和卞之琳各一首，戴望舒、李广田、邵洵美和梁宗岱各两首，梁宗岱是唯一自写自译的作者。1937年2月，美国文摘刊物《生活年代》（*The Living Age*）从《天下杂志》转载了这首诗。这本出版物历史悠久，创刊于1844年，最初为周刊，二十世纪二十年代末改为月刊，1941年9月中止出版，刚好与《天下杂志》停刊日期一样。该刊编辑只看中两位中国新诗作者，除了梁宗岱的《途遇》，还有李广田的《旅途》和《流星》。

正当梁宗岱陶醉在诗海上，时间毫不留情飞逝。转眼到了1923年6月，中学学业结束了，他将要离开培正学校这个温馨的诗歌摇篮。他还不知道，他告别培正学校，很快也要告别新诗园地，走向一个更广阔的文学世界。

第四章

岭南大学

梁宗岱没有经过考试便进入岭南大学。免试入学并非这个选择的主要理由，培正中学是中外多家大学的"联络中学"，根据协议，毕业生可以免试入学，除了广州岭南，还有北平燕京、上海沪江、美国列治文等，选择很多。真正原因是他获得岭南大学的奖学金，当时称为"学额"，部分由学校本身设立，保留给低薪的教职员工子女。来自校外人士捐赠的"学额"，由学校按照捐赠人意向，派人到"联络中学"去，与毕业班教师一起挑选。曾在岭南大学学习和工作的戴惠琼在回忆中有一段描写：

> 我出身寒苦，父亲收入微薄，家庭人口较多，生计艰难。能在中学毕业，已属侥幸。对于当时号称"贵族学校"的岭南大学，本无力问津。但事有偶然，当1919年春，我在真光女子中学（在市郊白鹤洞，现改为市立第二十二中学）毕业的前几个月，岭南大学几次有教师来劝我升入该校。原因是该校有一位教师 Miss Rigge 从美国费城（Philadelphia）来，费城有一教会名"友谊会"（Friends' Society），该会有一笔款项，每年100元美金，准备帮助一个女学生在岭大读书，他们提了我的名，经 Miss Rigge 认可（当时我不认识她），得到这一笔钱作为"学额"（助学金）。

真光女中当时的学制是五年毕业，不另分高初中，而且有小学部，但不另立名目。该校毕业班的程度相当于大学一年级，因此我就在1919年秋天按其时章程未经考试升入岭南大学二年级。（戴惠琼《有关岭南大学的一些回忆》，1964年）

戴惠琼入学后一年，"学额"到期，被迫停学一年，后由校方减少学费膳费，又让她在小学兼职教英文，半工半读，终于在1923年获得文学士学位。她毕业之时，正是梁宗岱入学之日，对后者来说，"学额"的经济意义不大，倒是一项难得的荣誉，奖赏他中学四年的努力，就像运动员赢得金质奖章那样。何况岭南当时是广东唯一的文理综合大学，名气正在与日俱升。1919年，美国哈佛和耶鲁等十所知名大学决定，承认岭南毕业生与美国同一水平，同意接纳他们免试进入研究院深造。承认的学校很快增加到十五所，很多人因此渴望进入这所大学。这里的文科四年，分为新生班（预科班）(General Arts Sub-Freshman)，初级班(General Arts Freshman)，中级班(General Arts Junior)和高级班（General Arts Senior）。梁宗岱像戴惠琼一样，一入学便是二年级的初级班。

岭南与培正一样，经历过一段艰苦的创建过程。该校在1888年由美国长老会牧师哈巴（Rev. Andrew Patton Happer，1818—1894）博士创建，校名格致书院，英文名Christian College in China（中国基督教学院）。第一个报名投考的学生是陈少白（1869—1934），后来在香港与孙中山、尤列和杨鹤龄鼓吹革命，推翻清政府，人称"四大寇"。学校规模不大，1900年秋，学生史坚如租用总督府后面民房挖地道，谋以炸药行刺总督德寿，事败被捕就义，加上这一

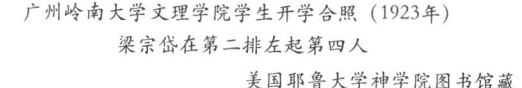

广州岭南大学文理学院学生开学合照（1923年）
梁宗岱在第二排左起第四人
美国耶鲁大学神学院图书馆藏

梁宗岱习惯书不离手
持书最多（放大图）

年发生义和团事件，学校担心受干扰，暂迁澳门。1904年重返广州，在广州河南建新校园，校名改为岭南学堂，英文名 Canton Christian College（广州基督教学院）。

早期办学资金来自美国的募捐，学校董事会在纽约注册，因此获得美国学校的同等资格，学校文凭价值与美国学校一样。事实上，除了汉语，所有教师均来自美国，沿用美国的教科书及课程，用英语上课，比起香港的英语书院水平更高。1905年清朝废除科举，兴办新学，学生从私塾纷纷转学，岭南乘运而起，吸引了大批学生，扩大校地，加建校舍，增加设备，开办中学，并朝着正式大学方向前进。

1906年开始试办大学部，但遇到学生来源问题，本校中学人数不足，毕业后多数出来工作，或者出国留学，继续升学的人很少。

第一届入学只得六人，半年内纷纷流失，被迫停办。在这种情况下，岭南决定首先解决学生来源问题，除了本校中学部扩招，同时和教会中学建立"联络学校"关系，互相衔接，这些中学包括培正、培道、培英、真光、协和和华英等。直到1918年，岭南大学部才有自己的第一批毕业生，但人数只得三个，一个理学士，两个文学士。

梁宗岱对岭南大学并不陌生，他在培正时期已经结识了好些学生，成为好朋友：

> 我那时才十八岁，在广州培正中学四年级肆业。一天下午，我到岭南大学去探访司徒乔和一个在岭南寄读的日本诗人草野心平，他们正在他们宿舍底顶楼（那是苦学生们住的）读着《詹恩·克里士多夫》底英译本。寒暄未毕，我便加入共读了。（那时候我们学校虽然遥隔着珠江，我们却无异于陶渊明诗里的邻居，没有读到奇文不"共欣赏"，碰到疑义不"相与析"的。）我们齐声朗诵詹恩·克里士多夫出世时他母亲当着他祖父对他说的话："你多么丑！我又多么爱你！"我们共同为我们英雄底童年生活击节；读到他和他第一个友人莪图（Otto）底交情时又怎样相视莫逆而笑；而读到——我也忘记读了多少时候了——《清晨》（*Le Matin*）一部最末这一段话：
>
>> ……于是这十五岁的清教徒听见他上帝底声音：
>>
>> ——去，去，永远没有休息。
>>
>> ——但是我将往那里去呢，主呵？无论我做什么，无论我往那里，结局可不永远是一样吗？终点可不在那里吗？
>>
>> ——去死罢，你们应该死的！去受苦罢，你们应该受苦

的。一个人并非为快乐而活着。他活着是为完成我底律法。受苦。死。但做你所应该做的：——一个"人"。我们底声音都不约而同低下来了，仿佛在倾听着我们里面的上帝同样的声音："受苦。死。但做你所应该做的：——一个'人'。"（《忆罗曼·罗兰》）

这段文字第一句可能笔误，如果梁宗岱十八岁（1921）应该读二年级，如果四年级应该二十岁（1923），这两个时间都有可能，他和司徒乔的结识至迟不晚于1922年初。这一年5月，他在《学生》9卷5号发表了《登鼎湖山顶》（无写作日期），讲述和同学及朋友到广州以西约一百公里的名胜鼎湖山游玩，经过辛苦的攀登，到达山巅，诗中出现司徒乔和曾恩涛的名字：

> 同行的说：
> "山顶？是容易到的吗？
> 我们昨天还不过到山的一半，
> 已经费了两三点钟的时候。
> 你们若想到山的绝顶，
> 除非明天绝早上去才得。
> 现在已是下午的两句钟了，
> 上了去今夜怎能回来呢？"
> 胆怯而不去的纷纷了。
> 剩下的人呢？
> 除了我外，
> 只有司徒乔曾恩涛二君。

曾恩涛本是培正学校中学部1917年第一届学生，体育健将，后来转学岭南，1919年至1923年，多次入选中国排球队，参加亚洲区运动会，曾赢得冠军。这一天登山，他第一个到达峰顶。梁宗岱能够与他成为好朋友，除了两人都爱好运动外，还因为曾恩涛也是一位文学爱好者。他后来获得医学博士学位，返回岭南任校医，并在光华医学院教书。1952年院系调整，跟随岭南到中山大学担任校医室主任，梁宗岱1956年进入中山大学外文系，两人重新见面。曾恩涛和中文系几位名教授常有来往：

> 曾恩涛原是岭大校医，院校合并后为中山大学校医。1957年被打成右派。他的住房是铁皮屋顶，夏热冬暖。他也是旧式文人，便自得其乐地将该屋取名"冬暖斋"。容庚知道了，用篆书为他题写"冬暖斋"横额，并题词"恩涛医生住屋卑小，夏热而冬暖，同人等均恶其夏热相率迁去，而恩涛独爱其冬暖，充此心也，将何适而非快耶"。曾恩涛爱种花卉盆栽，容庚曾带詹安泰教授到曾恩涛家看病，曾请詹写一联"冬去春来，一草一花自天地；暖嘘寒问，全心全意为人民"相送。曾恩涛医务室前有一株紫色花，名玉堂春。为提醒路人不要摘花，他仿王维《相思》写了一首诗："紫花非红豆，春来得几枝。请君莫采撷，攀折徒相思。"前岭南大学秘书冼得霖和了一首诗，并为这株紫花填词《和玉堂春》，由容庚以篆书写好后送给曾恩涛。（易新农、夏和顺《容庚传》）

曾恩涛吃尽苦头，直到1979年才得到平反。

司徒乔（1902—1958）是广东开平人，祖父经营小米铺，父亲接手后不久，被进口的暹罗米倾销迫得关门。堂伯父司徒卫1908年毕业于岭南学堂，后担任岭南小学校长，见他们家庭生活贫困，安排司徒乔父亲来小学任庶务，学生昵称为"郁哥"。学校职工每家可以有一个孩子享受免费入学，司徒乔于1914年从乡下塘边村鸣鹤小学转学岭南。此后九年，他在这里从小学、中学，一直读到大学。

司徒乔转换学习环境后，很快便表现出卓越的美术才能，常与同样爱好的同学外出写生，戏称"凤林七贤"，其中包括廖承志：

> [司徒乔]学生时代已表现出艺术家的气质，爱说笑话，不拘小节，不修边幅，年纪轻轻时就有时蓄蓄胡子。他心地非常善良，性格温柔，人很聪明，一口英语说得很漂亮。（戴惠琼，同上）

司徒乔与梁宗岱不同，接受基督教义，经过受洗成为虔诚的基督教徒，积极参加青年会活动，戴惠琼也是教中活跃分子，和他的接触较多：

> 1921年冬天，岭大有些热心的基督徒学生另行组织"白十字架团"。取义于耶稣为人类牺牲，身殉十字架。目的在培养基督徒学生毕业后能义务为教会工作。知名画家司徒乔（已在1958年逝世）当时和我同在岭大读书，我们和其他一些同学负责该团的发展，计划团的活动。每月开会，选编晨更读物，讨论乡村服务工作等。每次开会前，司徒乔即将开会时的内容，附以经文、诗歌画成图画，引人注意，他的画都令当时的人感到有一种圣洁崇高的美。"白十字架团"的领导是一位友谊会派来的Mr. House。1922年春，全国基督徒学生服务团在厦门鼓浪屿召开全国大会，为期三天。岭大"白十字架团"派遣司徒乔同学、黄菩生同学和我代表岭大出席。在行程中我们曾趁机到福州、汕头等地参观当地的青年宗教工作。但是全国基督徒学生服务团不

适合于当时青年人思想上的要求，没有得到很好的发展。

现在谈谈岭大"白十字架团"的乡村服务工作。自团成立后，每星期六下午都有团员去附近的五村等处帮居民搞清洁卫生，照料小孩，为他们洗面洗手，以及代不识字的人写信等。在学校里，"白十字架团"除了为灵修、崇拜会等做工作外，还演出了一次长篇的宗教戏剧 Peter（彼得），司徒乔同学担任主角，其余的团员也扮演了不同的角色。那次演出的效果很好，从宗教的角度来说感人很深。因此香港华人基督教青年会请我们去为各教会演出。我们应邀去了，但经过结果等情况已记不清了。（同上）

1978年，廖承志为司徒乔夫人冯伊媚写的传记《未完成的画》作序，他也记得这次演出：

但最使我印象深刻的，是司徒乔亲为主角，在岭南大学的剧坛上，演出了一出带有社会主义色彩的描写矿工斗争的戏。那是早于五卅运动之前的一两年。这一件事，直到现在还鲜明地留在我的记忆里。

自然，司徒乔演的那一出话剧，还是基督教社会主义味道十分浓厚的，内容是说一个牧师，敢于抛弃所谓"前途"和资本家小姐的未婚妻，同矿工毕生相处的故事，还暴露了资本家的恶毒，并详细描写了矿工的悲惨境遇。这剧本很可能是外国来的，但有意义的是：司徒乔当时正是岭南大学"白十字架团"的成员，而竟演出了这样富有辣椒味的戏。

司徒乔与梁宗岱同在1924年离开岭南大学，一个去北京燕京大学神学院读书，另一个开始欧洲游学。司徒乔选择神学院，因为不

司徒乔燕京大学照片　　　　　爪哇堂 The Java Hall（1920年建成）
（约1924年，局部）　　　　　　岭南大学第一座学生宿舍
广东开平县司徒家族藏　　　　　原刊香港岭南大学数字共享空间

收学费，但他到北京后，很快便改向美术发展。四年之后，1928年底，命运又让他们在巴黎重新见面。

至于一起朗读《约翰·克里斯朵夫》的另一位同学草野心平（1903—1988），与梁宗岱同龄，来自日本。祖父是福岛县一个村长，1916年进入福岛县立盘城中学，1920年4月转读私立庆应义塾大学普通部三年级（旧制中学），同年暑假决定到中国升学。他补习了几个月中文和英文后，便于1921年1月离开东京，经上海到广州。先在父亲朋友的公司里工作，并继读进修英语，7月开始参加岭南大学暑期讲习班，9月正式入读，成为全校唯一的日本学生。他从预科开始，到1924年秋天升至三年级，学校聘请他担任新开设的日语讲座讲师。

草野心平成为梁宗岱的好朋友，因为两人都醉心于诗歌，他们几乎同时在1920年左右发现诗歌。草野心平在中学时代是美术活跃分子，因此与司徒乔很谈得来。但是在离开日本前一段时间，他读到亡兄的诗歌。他的哥哥比他年长四岁，1916年去世，年仅十七岁，在他的遗物中，有一批短歌及诗作的草稿。草野心平进入岭南大学后，置身在浓厚的人文学术气氛中，周围环绕一群文学爱好者，他就在这几年间开始写诗，到了1923年渐入佳境，单是这一年写成的诗歌超过二百一十首。1924年初，他自行结集和印刷，书名《天空和电线杆》，分为I、II、III集，以"中华民国广东岭南大学草野方天空和电线杆诗社"名义出版。在此之前，他已经向日本刊物投稿，第一次发表作品的日期是1923年3月，诗题《无题》，刊登在东京诗刊《诗圣》上。由于寄自遥远的"南中国广州岭南大学"，编者误以为作者"概乃中华民国之人"。

然而，突发的政治事件打断了他的奔放诗情。1925年5月，上海发生五卅血案，引起全市大罢工，广州学生和市民游行声援，酿成"六二三"沙基流血事件，岭南大学教员区励周和学生许耀章被枪杀，另外五人受伤。事后校园里仇外情绪高涨，草野心平担心人身安全，在同学帮助下于7月7日离校，经香港返回日本。

他继续致力诗歌创作，并于1935年创办《历程》诗刊。但是单凭诗歌无法维持生计，为了糊口，他当过新闻记者和编辑，在出版社任校对，经营出租书屋，开设居酒屋和酒吧，但一直未能摆脱贫困，搬家超过十次。1936年岭南同学刘思慕避难东京，目睹他的落魄模样。后来在《樱花与梅雨》（1940年，香港大时代书局）一书中，专门以一章回忆，标题《卖"烧鸟"的诗人》，以秋田君代称，说他潦倒至极，"甚至心爱的惠特曼和陀斯妥耶夫斯基全集也押在'质屋'（当铺）里"。文章描写生动，近乎戏谑，这是岭南学生传统，同学之间经常互相开玩笑。1940年，另一位岭南同学好友林柏生出任汪精卫伪政权宣传部长，聘请草野心平任顾问。他携眷同往，在上海、北平和南京之间来去，从事文化工作，办过诗刊《黄鸟》和《亚细亚》等杂志。日本战败后他被关进南京日侨集中营，至1946年3月被遣返回国。林柏生随陈公博逃亡日本，后被押送回国，1946年以汉奸罪在南京被处决。

草野心平回国后，在1947年恢复出版《历程》诗刊，围绕这本刊物团结了一班诗人，称为"历程派"。他们在日本诗坛上有一定的地位，草野心平被视为该派领袖之一。他的"青蛙诗"最为人所知，从1928年至1964年先后出版了四集，其中第三集《定本蛙》获得1948年第一届读卖文学奖，故有"青蛙诗人"之称。另一个称号是"富士山诗人"，因为他钟爱富士山，以此为主题写了不少诗。1956年9月，草野心平应中国官方邀请，参加日本文化界访华代表团访华，任副团长，从北到南，重会了多位岭南校友，在广州时曾与梁宗岱两次见面。1988年去世后，福岛县为他建立了一座纪念馆。

草野心平对岭南的四年生活念念不忘，写过多篇回忆散文。对当时的岭南环境、教学、课余活动及同学交往留下了很多珍贵的资料，有助于了解梁宗岱当时的生活环境。在他笔下，岭南校园是一个理想的读书地方：

> 我们的大学就坐落在沙面租界和广州城对岸的河南岛上。虽然称作岛，其实是珠江三角洲的一角，大约二十里，一片苍葱。中有七星岗，大概因为有七座小山丘，罗列如北斗七星，故此命名的吧。除此之外，还有两座古塔。学校是外国传教团体投资的，

规模很大。校内还有专属的邮局、汇丰银行分行，以及一间自用的小型发电站。青青草地，路旁是榕树、椰子树和橡胶树。而在当时，各处草丘和平地就已经有共二十四个网球场了。农场大规模耕作，菠萝、木瓜、香蕉园圃，排列得就像橄榄球衣的条纹一样。还有定期的汽艇到沙面和广州。（草野心平《岭南大学的回忆》，赖子轩译，下同）

岭南大学被称为"贵族学校"，学费及杂费高昂，"其每年修金、堂舍费、洗衣费、膳费、学生会费等，大学生需银二百四十八元"（李宗黄《新广东观察记》，1922年），相比广雅中学担任年级主任的教师月薪三十五元，的确不是普通家庭所能负担的。学生中有一批富家子弟，多数来自海外华侨家庭：

> 我们的大学在中国的大学当中，学费算是相当高的，因此富家子女比较多，阔绰的华侨生和出身豪商富农的人也不少。虽说吊儿郎当学生很多，但也有出类拔萃的优等生。我以为，这乃是中国所有大学的共同现象，而非我校独有。（同上）

> 各地的学校都一样，既有勤奋的学生，也有懒惰成性的人。懒学生几乎都是有钱的侨生。美国、南洋的华侨生很多，他们完全美国化，不时会去玩美式足球，还有好几件上等的西装。可是当中也有认真的学生，关键时刻，总是由他们领导这些侨生。（《支那的青年阶层》）

由于校风正派，炫富的学生不多，个别人无法适应，与其他同学格格不入，知难而退，自动离开学校。至于梁宗岱所说的"苦学生"，数量相当多，司徒乔是小学庶务的儿子，草野心平来自日本，与父亲关系不很融洽，没有得到足够的接济，需要半工半读，课余替人制作植物标本等，以赚取生活费用。他住在宿舍的顶楼，条件较差，冬冷夏热：

> 我是个要打工的穷学生，住在第四宿舍大楼顶层。那不是房间，只不过是窗口旁边的一个昏暗空间，四块红砖大小，地板当床，铺上被褥，旁边便是桌椅，仅此而已。（《凹凸·备忘录二》）

这个房间给他灵感，让他写下一首短诗，刊于1923年11月30日广州《文学旬刊》第6期：

小书斋兼寝室的悲剧

幽暗的怠倦
把灯筒儿掷碎。

碎散的玻璃断片，
毫没转动地
装成嘶咬的姿势。

光芒消灭而独脚的灯儿
支撑着胸堂的抖颤。

夜像伛偻的人般蹲着，
我的怠倦尖锐起来了。（泛译）（按：泛是潘启芳笔名）

岭南是中国第一间接受男女学生同校的教育机构。并非为了反对封建礼教或提倡男女平等，而是引入美国学制，实地改良中国教育。然而开办时民风封闭，只能招收教职员或教友的女儿，1906年的第一批女学生只得六人。要等到1917年才全面实施男女同校，1922年冯丽荣获理科学位，成为第一位女学士。学校对女生管理很严格，1933年建成三层高女生宿舍，外形华丽如宫殿，人称"广寒宫"。梁宗岱时代还没有这座大建筑物，当时的女学生仍很少，住在一间黄瓦顶宿舍内。1956年草野心平重访岭南校园时，触景生情记起往事：

> 走到以前纵贯的大路，我发现了学校的招待所。旁边一路延伸的缓坡尽头本应是女生宿舍，现在却树木葱茏连黄色的屋瓦也看不见。不过这也让我想起了一件趣事。接近一年一度的圣诞节的时候，女生们都把自己相熟的男生请到宿舍来，一起喝茶吃点心，一起说笑。到了大概晚上十点，散场的时候，被邀请来的男生们都会唱着"Good night ladies, good night ladies, good night ladies, we are going to leave you now"（女士晚安，女士晚安，女士晚安，我们现在离开你），回到各自的宿舍，这已几乎成了一个传统。我很怀念地想起了这件事。（《茫茫半世纪》）

大学图书馆有很多英文诗集。草野心平很爱读现代诗人的作品，尤其着迷于定居伦敦的日本诗人野口米次郎（1875—1947）的象征派英文诗，其他作者有王尔德、惠特曼、艾美·洛威尔，还有肯明斯、桑德堡和马斯特斯等。这些作者都是欧美现代诗歌的先行者。图书馆购入他们的作品，证明岭南学风的开放与现代化。

再看教师情况，根据草野心平的回忆，五分之二是中国人，五分之三为美国人，另有英国和德国教师各一名。他们都在校园内居住，单身教师住在学生宿舍，那里有面积较大的房间。师生关系融洽友好，到了星期天，学生便到老师的房间去闲聊，大家使用英语。有家眷的教师住在独立门户的小洋房，星期天不时邀请学生来家里晚餐。所有教师都很和善，草野心平说要是问谁是"难忘的恩师"，很难只挑一两个。

爱好文学的学生自发组织诗歌雅集（Poetry Meeting）活动，虽然草野心平的回忆文章没有列举参加者姓名，梁宗岱和一班文学青年肯定是主要参加者。他们两人1956年在广州重逢时，梁宗岱曾无限怀念问起这个"青年时代的象征"。草野心平是这个雅集的具体组织者：

> 这已是差不多半个世纪前的事了。我们好友几人在广州的大学（岭南大学——现在改名中山大学），每月举行一次诗歌雅集。计划时间的人是我。我将时间表钉在图书馆的告示板上，地点多数在美国人老师的家里。
>
> [……]
>
> 校园里有大学、中学和小学，学生的教室、讲堂和宿舍散布在绿色的草坪上。因为从小学生到大学生都是寄宿的，食堂也分布在各处。由于男女共校，也有一栋女大学生宿舍，在校园东南角。单身老师住在中学宿舍的一二三楼，或者四楼最靠边的房间，比学生房间大一点。[……]
>
> 说起来，独身老师的房间也太窄小了，就借用和家眷同住的老师的房子。那些房子还有钢琴。雅集通常在晚饭后开始。我们听老师弹钢琴，口齿不清地用法语或者英语朗读诗歌，也有用北京话，同样发音不准（广东话和北京话真是完全两样）。有时候我会在节目中加入日语的诗歌。我朗读的是山村暮鸟诗，是这样开头的：
>
> > 春天呵

春天

清晨

雨停了

美丽的雨后

读完之后，从美国来的德文老师布里达说：

"就像西班牙语一样，真像。"

这真是出乎我意料之外。从某种意义上说，这样一来我对日语音韵感有了新的领悟，夸张一点的话，也可以说是历史性的触动。那个时期的我，已经感受过欧洲诸国语言和汉语那清晰有力的发音，可是日语简直让人感觉不到音韵感，我心中暗想，这真让人自卑。布里达老师当日的话，真的给我很大冲击。自此之后，我开始感到，日语包含着本身独特的音韵感，也应该说是普遍的音韵感。（《凹凸·备忘录二》）

日本研究者池上贞子认为草野心平地方口音很重，而这次诗歌会令他豁然醒悟，造就他日后诗歌的特色："《青蛙》等诗集就是一个典型，其中多用拟声词，重视节奏感和音韵感（也许很多是无意识的），他的这些诗歌风格，大概可以说是源于这次经历的强烈的心理冲击。"（《岭南大学与日本诗人草野心平》）一句话那么重要，梁宗岱一定也从这些雅集得到过启发。

除了老师家里的西式雅集，一班文艺青年还在学生宿舍里举行中式雅集"文酒之会"。刘思慕在纪念叶启芳的《从教堂孤儿到进步教授》一文中回忆道：

我们虽不同在一个学校，但经常举行文酒之会，品评新旧作品，以至纵谈天下大事。启芳当时虽仍是一个虔诚的基督徒，但一点也不拘谨，酒酣耳执，更爱海阔天空地高谈阔论。有启芳在座，我们的"雅集"总是妙趣横生。

岭南有良好的教育环境，但不是独立于社会外的象牙塔。在二十世纪初的中国大变动中，学校师生的脉搏跳动和社会完全一致，辛亥革命、五四运动、北伐战争……都有岭南人积极参加。校长钟荣光本身就是一个政治人物，他是前清举人，1896年参加兴中会，追随孙中山推翻清政府，1900年进入岭南前身格致书院当国文教师，1909年任岭南学堂中国教务长。1911年民国初建，出任广东省政府教育司长，军阀肆虐时期被迫赴美避祸，至1917年始回国。1922年，陈炯明兵变，宋庆龄事后写成的《广州蒙难记》说，"第二天，仍旧化装为村妪，我逃到沙面，在沙面由一位铁工同志替我找一小汽船。我与卫兵才到岭南，住友人家"，这位友人便是钟荣光，小汽船便是大学的交通艇，由岭南学生持枪护送。

孙中山曾经三次应邀到校，向师生演讲，1912年5月7日、1923年12月21日和1924年5月1日，后面两次，梁宗岱恰逢其盛。孙中山演说中的名句"所以我劝诸君立志，是要做大事，不可要做大官"，或者"有了学问之后，便要立志为国家服务，为社会服务"，他听在耳里，记在心里，对孙中山十分尊敬。罗曼·罗兰的日记（1929年10月17日）曾经记载他当时的政治信仰："他坚持不受任何文学或政治派系所束缚，不过他说他赞成信奉孙中山的中国国民党。"

1924年，梁宗岱离开岭南，动身去欧洲，告别时草野心平赠以王尔德著作《狱中记》（*De Profundis*）。根据王尔德遗稿代理人定下的条件，收藏手稿的大英博物馆到1962年才能解封出版。草野心平赠送的那本是1905年印行的删节本，即使如此，一个同性恋作者的作品在当时不是一本普通的书。草野心平在扉页上题辞："Secret is weak, but passionate"（秘密虽然孱弱，却热情充沛）。梁宗岱很喜欢这件礼物，带到欧洲，又带回中国，即使在最动荡的日子，一直没有丢失。到欧洲后，他曾经从瑞士把一张照片寄给仍在岭南的草野心平，此后两人便失去联系。

1934年他与沉樱到日本，选择横滨以南的叶山居住，这个小镇背山面海，有绵长的海岸线和沙滩，一个谧静的地方。梁宗岱没有草野心平的日本地址，两人无法见面。但是他在叶山邂逅了帝国大学法语教授铃木信太郎（1895—1970），1937年，文学杂志《四季》5月号刊登了《梁君去来》（-ヤソ君去来），铃木信太郎在文中追记两人的几次见面。再越一年，瓦莱里诗论集《诗学叙说》由河盛好藏（1902—2000）翻译出版，书中收入瓦莱里为梁宗岱法译《陶

日本诗人草野心平
广州岭南大学（约1922年）
原刊草野心平《我的青春记》

草野心平赠给梁宗岱的王尔德《狱中记》
多位邮船乘客在扉页上留言或签名
广东外语外贸大学梁宗岱纪念室藏

潜诗选》所作序言。草野心平读到这两篇文章，发现梁宗岱已非昔日吴下阿蒙，他很为老同学高兴，写了一篇《梁宗岱其人其事》（梁宗岱のこと），发表在《文艺》杂志1938年12月号上：

> 读着这篇登载《四季》上的文章，碰到了"梁宗岱"三个字。当得知文章开头所说的"梁君的诗歌"就是梁宗岱的诗歌时，我真是感慨万端。
>
> [……]
>
> 我在广东时，北京、上海和广东，曾发行一份叫做《文学》的报纸类型的月刊。上海方面，鲁迅曾参与其事，在广东，则由我们这些二十岁左右的年轻学生出版。
>
> 我们班上大概有十人左右，宗岱和我都是《文学》的成员。因为这层关系，我们每天都有碰头。在校里，我们成员也犹如那些运动员的团体一般，团结一致，成了长久的好朋友。现在想把当时的回忆详细地写下来，真是多少张纸也写不完，思之憮然。在珠江青青的小岛上度过的多愁善感的青春，即使荒废，也让人不胜感慨。
>
> 在我们当中，写诗的人有三个。宗岱、刘燧元和我。燧元后来放弃了诗歌走进了经济学和哲学，似乎在那两方面也自成了一家。据说他从没照过相，凭这一点，他的脸也就比宗岱更给人深刻的印象，那是一张在中国人当中找不到同类的脸孔。
>
> 燧元和宗岱，是班上我最怀念的两位。那时候，因为我着魔地写诗，宗岱还给我起了个"机关枪"的绰号，可那时的诗歌到了如今一首也没有留下。空余当年和他们一起的回忆。

草野心平的感喟与他当时的窘境有关，他十分钦羡梁宗岱能够与铃木信太郎这样的大教授平起平坐,他自己"通过那本书,竟然和铃木先生联系上了,这等连做梦都不曾梦到的事"。但他在文中不忘岭南学生爱开玩笑的本色,说梁宗岱"两张照片上的他都有一对大鼻孔"。

他没有料到二十年后,自己也成为著名的诗人,有资格登上"君子堂"。1956年11月,日本文化界访华代表团访问中国,草野心平任副团长。从抵达开始,就拿着梁宗岱的瑞士照片,逢人打听他的下落。只有昔日岭南同学刘思慕告诉他,梁宗岱可能在南宁。

到了广州,草野心平见到当年文学研究会会员叶启芳,他已当上中山大学中文系主任兼大学图书馆馆长,从他口中知道失去音信多年的梁宗岱刚调进中山大学外语系,喜出望外,通过叶启芳约好第二天两人见面:

> 和叶启芳分别之后,我坐上等候的车子回到爱群大厦,待在自己房里,看起了梁宗岱的照片。那照片是从巴黎寄给在岭南的我的。看着照片,那时候大家都很年轻啊,我想。啊,对了,我又从旅行箱里找出了一张复印照片。那也是我打算见了梁宗岱就一起给他,所以才带来的。
>
> 梁在巴黎翻译了陶渊明的诗集。法译本附上保尔·瓦莱里的序言[……]第一次读这篇序言的河盛译本时,我很惊讶,也很高兴。他和我一起在岭南大学的法语教室学习,并不显得很出类拔萃。我想,也许是去了那边之后他又努力了一番吧。不过话说回来,那家伙"很是高雅",这还真是吓了我一跳。他什么时候变成那样的呢。不过管他是高雅还是优雅呢,被老朋友称赞,他总不会不高兴的。(《茫茫半世纪》)

在草野心平的记忆里,岭南时期的梁宗岱并不特别出众,而且仍然带着未驯的野性,他对梁宗岱在欧洲的蜕变十分惊奇。

两人第二天便见面,因为梁宗岱要上课,不能久留,约定次日连袂到从化温泉,探望在那里疗养的共同好友司徒乔。但是到达后,他们才知道司徒乔已经转移去了上海医病:

> 因为是温泉,所以这里也有酒店。我们吃过饭,就进酒店休息了。各自或在房里午睡,或去泡温泉,我和梁宗岱去了流溪河边散步。河边长满了繁茂的荔枝树和很桦树(译按:原文如此)。
>
> 放眼四周景色,我们走着,一直没有说话,我开口问:"诗,还有写吗?"
>
> "你知道我是象征派的吧!所以啊,就是苦闷,看到百花齐放的时候,我的心情也是欢快的。你呢,还是那样写个不停吗?"
>
> "现在不会了。不过还是在写。可是写诗,诗歌也当不了饭吃。烤鸡块的摊子、小酒馆,我可是干过很多这种活儿呢。可是这样,只要我仍在不断地写,就有可能会成为一个出名的诗人。诗还是当不了饭吃,诗人却是可以的。"
>
> "说的什么呢!"
>
> "唉,当个诗人,偶尔也会有人拜托我写写散文呢。说起来,你能不能写一写你对瓦莱里的印象啊。"
>
> "我写我写。"
>
> "我们正在出版一本叫做《历程》的诗歌杂志呢。你来写那个吧。不过我们可出不起钱付给你稿费哦。"
>
> "不打紧不打紧。我正愁着没地方花钱呢。学校宿舍的花费不多,水电费也只要一点,而且我还在弄中草药呢,那就有钱了。

之外还有每月的工资……今天晚上就我来付吧！"

"你还真是来劲儿啊。到十八铺逛逛？"

"如今的十八铺就不去啦。没有一点儿旧时候的影子。算啦，就交给我啦。以前《文学》的文学研究会的各位，现在都怎么样了？"

"这正是我想问的呢！我只见过一个，在东京和陈荣捷见过面。他在美国的达特茅斯学院教《东洋文化》呢。因为休假，来了东京住在国际文化会馆，你知道不，罗孝明，就在横滨。搞了个岭南同窗会，只有三个人。"

"说起陈荣捷，不知陈家那三兄弟（按：指陈受颐、陈受康和陈受荣）怎么样了呢！"

"老大呢，在芝加哥大学，教什么就不知道了，我听荣捷说的。"

"中间那个呢？"

"对对，他后来怎么样了，你也不知道吗？"

"我也是一直不问世事啊……说起来那时我们当中写诗的，就是你、思慕，和我了啊！"

"我也想起来了。你是去了法国，我则是在沙基街油印出版了一份诗歌杂志《铜锣》。就在那个臭哄哄的公共厕所附近。思慕用以前的名字燧元作了两首诗。其中一首叫《偶作》的，只有两行。'面前新黄的池水漾着、漾着'……唉，之后的忘记了。"

"嗯，说起来，雅集在我去巴黎之后还有继续吗？你还负责选定时间吗？"

"啊，雅集继续进行。"

"那可是我们青春的象征啊。"

"嗯,也是呢。刘思慕也去了欧洲三四年呢,在那边没有见过面吗?"

"大概是错过了吧。"

水藻浮动的流溪河,在这里拐了一道大弯。

"抛下大家也不好,回去吧!"

"好。"(《茫茫半世纪》)

在返回市区的车子上,梁宗岱拿出英文《狱中记》问草野心平:"你还记得吗?"对方想了半天也记不起来。直到把书翻开,出现赠送者的签名和题辞,认出当年自己爱用的红墨水笔迹,才恍然大悟。他惊奇地看到,这本书变成了梁宗岱的海上旅行纪念册,上面有一些旅客的签名,英文、法文和阿拉伯文。一个印度人还写下一句赠言:"Courage, brother, do not stumble though the path is to be night"(勇敢些!兄弟,纵然路黑如夜,不要犹豫不决),梁宗岱说这个人要回印度,但在新加坡便半途离船,"他说,只要一下船就会被人逮捕",猜想他曾尝过铁窗滋味。

广州之会,是草野心平和梁宗岱最后一面。但是,他们的友谊活在各自的文字里,永远存在下去。

第五章

文学研究会与《晚祷》

梁宗岱在岭南大学只停留了一个学年。在这段短促的时间里，他除了上课，最重要是参与成立文学研究会广州分会，以及出版个人第一本新诗集《晚祷》。

新文学运动从1915年左右开始，五四运动将其推向高潮，广东虽有"革命策源地"之称，却没有出现像上海或北京那些全国性重要刊物。这个现象早在1935年便有人研究：

> 新文化运动的时候，广州方面，却没有什么刊物的响应；虽则是学校里举办的杂志，有不少关于新思潮的文章发表过，但事实上确找不到一个纯粹的刊物，像《新青年》《新潮》或《少年中国》等，专为新文化运动作宣传，和鼓吹的工作的。本来广州和西洋接触最早，在历史上的观察，似乎提倡新学，广州应有相当的赞助。可是缺乏了一所学术的大本营，像其时的北京大学。南方的学者，似乎失了一个重心，都往北方去了。（谭卓垣《广州定期刊物的调查（1927—1934）》，载《岭南学报》第4卷第3期）

广州的读者虽然比中国任何地方都要多，"却没有一间正式历史绵长的书店，像商务、中华、北新、开明等（广州只有他们的支店)。所以想找一本杂志,从一间广州书店出版的,真是很少很少,出版而长久的历史是更少而又少",因此"广东诚有不少能执笔写文章的人,可是都要送到上海和北京投稿去"。这便解释了为什么梁宗岱文学活动起动时,一步便从校刊跨向全国性出版物。

论文作者谭卓垣(1900—1956)1922年毕业于岭南大学文学系,赴美留学,获哲学博士和图书馆学士学位,回国后担任岭南大学图书馆馆长之职。他熟悉学校情况,文中提及"学校里举办的杂志,有不少关于新思潮的文章发表过",但没有详细介绍和分析。其实在这方面,南方并不比北方落后,他所在的岭南大学,正是新文化运动在南方的一个主要出发点。这里实行西式教育,没有传统旧文化的束缚,外籍教师和外文书籍较多,学生处在中外文化交融和撞击的波浪里,每天都和西洋文化接触,他们学到的知识,正是人人翘首以待的信息。

1919年五四运动前后,在这所被人视为象牙塔的贵族学府里,一些年轻的教师和学生积极响应新文化运动的号召,以白话文写作。这个时期的岭南校内刊物,由学生编辑和出版的只有《岭南青年报》,1913年1月16日创刊,隶属青年会。宗教取向明显,"登载青年会会务,校务,校闻,或短论说或文艺或译文,皆有助于灵性修养者"(简又文《岭南我岭南》,1958年)。

该刊在1917年9月改名《岭南青年》,偶尔发表文艺作品,但篇幅有限,也不定期,无法满足这班青年作者的要求。在他们推动和筹划下,一本新的校内文艺刊物在1920年出现,刊名《南风》(*Nam Fung Magazine*),出版者岭南大学南风社。这个社名看起来很像文学团体,但从来没有对外宣布,无法知道是否实质存在过。从第三期开始,这个名字被"广州岭南大学学生会"代替。该刊最初为季刊,出版六期后停刊了一年多,1923年6月复刊,不定期出版了两期。然后在1924年11月12日改为周刊,恢复使用南风社的名字,期号新编。这一次师出有名,打出南风社的旗号,第一期刊登了"广州岭南大学南风社简章草案",声明"本社直隶于广州岭南大学学生执行部","以印行定期刊物专载本校学生言论、著、译,及文艺作品以供国人之研究及讨论为宗旨",规定所有学生为当然会员,每人每学期缴交五角供印刷之用,出版物由发行委员发给每人一份。这份章程清楚表明,南风社是学生会属下组织,而非一个文学团体,《南风》从一开始便由学生会出版。

虽然是学生会的机关刊物,实质上却是一本真正的新文化运动文艺杂志。1920年4月创刊号以"本社同人"署名的发刊词对此毫不含糊:

> 本志为本校学生发表言论,介绍和研究学术的公共机关。发刊之初,有几种意见,要宣布的:
>
> (一)我们相信中国学术,应该改造。西洋学术,应该输进。我们虽然才力薄弱,然愿本其能,尽研究和介绍的责任。
>
> (二)我们原将基督教的精神、真义、和文明,随时介绍,读者如有疑窦和驳议,我们也很喜欢讨论。
>
> (三)我们以为女子问题,在今日的中国里应占很重的地位。大凡研究一种问题,研究的人和被研究的问题,关系愈密切,感觉愈真。所以本志对于女子问题,由女同学主任讨论。

发刊词以《本志宣言》为题,与《新青年》第7卷1号的陈独秀名篇《本志宣言》同名,但政治色彩不浓烈,也不讳言自己的基

甘乃光大学毕业照
（1922年）

陈荣捷大学毕业照
（1924年）
美国耶鲁大学神学院图书馆藏

陈受颐北京大学教授照
（1932年）

督教信仰。

　　写作离不开生活背景，《南风》作者身处西化的学习环境，令他们的写作题材偏向研究和介绍西方文化和思潮，所撰写的文章以论述或翻译为主，文艺创作相对较少。1920年12月第四期"西洋诗号"最具文学色彩，介绍了英国、美国、爱尔兰、西班牙等西方国家的古典和现代诗歌，共收十篇论文和十三首诗歌。编者对这一期特别钟爱，特别设计了一个封面，红蓝双色印刷，目录中英对照，还有两张插图，在当时是新事物。

　　《南风》杂志从未交代过"本社同人"是谁，当事人也没有留下回忆文字，在这种情况下，最早几期的重点作者，即使不是刊物的创办人，也是主要推动者：

　　　　在《南风》的创刊中出了大力的，是后来文学研究会广州分会发起人陈受颐、陈荣捷、甘乃光三人。（裴亮《文学团体的创

建与岭南现代文学的成立》）

打开《南风》目录，可以发现在第一年一至四期中，每期都出现他们的名字。

陈受颐（1899—1978）原籍广东省番禺县人，出身书香世家。1911年进入岭南学堂，小学、中学和大学都在岭南受教。小学时是一位顽皮活跃的学生，屡犯校规，差点被开除，幸好得到一位教员说项担保始免。（简又文《岭南我岭南》）长大后成为一位出色的学生，积极参加社会活动，担任工人夜校义务教员。1920年岭南大学第二届毕业，留校任讲师，年方二十一岁，仍然像学生那样活跃，与学生来往密切。他勤于写作，但只限于评论与杂文，不写新诗或散文。

甘乃光（1897—1956），广西岑溪县人，比陈受颐晚两年入学，同样在岭南读完小学至大学课程。他自幼失怙，父亲是反清革命党人，在他念小学时被军阀龙济光杀害。在亲友支持下，他半工半读完成学业。他的个人经历令他的政治和社会意识高于一般同学，显得更成熟，曾任学生会会长，毕业不久便涉足政坛。他专攻经济，同时爱好文学，留下一些诗文和戏剧。1920年5月《南风》1卷2号刊登了他的《岭南大学男女同学之历程》，引起国内教育界注意，先后被上海的《教育杂志》7月号和北京少年中国学会的《少年世界》8月号转载。岭南大学是中国第一间实现男女同校的大学，这篇文章大力推动了男女同校运动。甘乃光在1922年毕业，获文学士学位，留校任讲师。

陈荣捷（1901—1994）来自广东省开平县，父亲是归国华侨。1916年进入岭南，小学最后两年至大学预科的六年课程，他以四年半时间完成。在此期间加入基督教男青年会，课余服务于工人夜校。

1919年积极投入五四运动，曾作为岭南学生代表之一参加广东省会学生联合会工作。《南风》创刊那年升入文学院一年级。这是一位精力充沛的健笔，主要写作杂文与评论，偶及散文诗，也是一位编辑能手。

围绕着他们三人，还有一批志同道合的文学青年，像司徒宽、汤澄波等，形成一个小圈子。

1921年6月，《南风》出版到第六期，学校放暑假。9月开学，该刊未再露面。与此同时，甘乃光和陈荣捷的名字出现在青年会《岭南青年》"本报职员表"上，身份记者，也就是编辑兼撰稿者。他们在《南风》停刊后，转移到这本刊物，继续新文学活动。10月30日，该刊改名为《南大青年》。

次年4月4日，世界基督教学生同盟第十一次大会在北京清华大学召开，岭南派出四位代表参加：廖奉灵、陈受颐、陈荣捷和何荫棠。会议结束后，《南大青年》在5月7日刊登了他们提交的长篇汇报《同盟大会之种种》，填满全部四版篇幅。其中有一节标题《南风》：

此次吾校代表北行，学人知吾校者，每殷殷问《南风》好。因是而吾辈乃有特殊之感想，敢以告诸同学。

数年前，同学之北行归来者，辄谓岭南大学之名，知者盖寡。如今乃不然。北方名校，能举UUO之名以称道，此固他人之慈惠，而亦年来吾校实体之发展有以致之也。

爱吾校者，咸醻促赓续出版矣。同学诸君，能辜负他人之盛意乎。

人谓岭南学生，无研究学术之精神，以故区区《南风》，亦界遭大难，几于不竞。今者吾校力图发展矣，且图各方面之长进，不愿片面之改善矣，能舍研究学术之精神，而不充分培植之耶？能甘心袖手，视《南风》之奄奄耶？

愿助南风，其道何若？

《南风》主任，非不得人也。幸博士之称任，非有以复加也。

《南风》职员，非不热心服务也，非不亢力图扩充也。

《南风》财政，非太不充裕也，设特别捐，尚非难事也。

《南风》之所需足下者，乃足下之"精神及意趣"。

无可置疑，这段文字出自陈荣捷和陈受颐一人或两人手笔，印证了他们属于"本社同人"的推测。他们惊异于北方朋友对《南风》的良好印象，以此为傲，高声疾呼为了学校的声誉，恢复出版《南风》。

暑假过后，新学期开始，《南风》仍然不见踪迹。倒是《南大青年》出现变化，在1923年4月改版。从大开本的报纸形式，变成小开本杂志，宗教内容减弱，文艺作品分量明显加重，无论外形或内容，都有昔日《南风》的样子。合理推测，这是因为《南风》复刊无期，他们企图改造《南大青年》，取而代之。

然而两个月之后，学期将尽，《南大青年》在6月2日突然在第一页刊登了署名[陈]荣捷的《余痛》：

《南风》出来了！

我想说这番说话，几乎两年了，直至现在，趁着《南风》再来的机会，才敢说出。希望是我个人痛苦呻吟的尾声。

《南风》自从出了"西洋诗号"之后，便得了全国文人的信仰，一跃而博著名文艺杂志的声价。到了世界基督教学生大会的时候，正是大声疾呼"《南风》其不竞乎？"的时候，北方作者，尤其是文学研究会诸人，还殷殷垂询，燕京大学有的人想和我们合办，贯通南北。时隔两年，余威是如此！

今年《南风》仍是死灰，而京沪各地杂志介绍著名的文艺出品，又居然抱《南风》出来。林柏生君接到致候《南风》的信，积寸成尺。外间人之爱《南风》可谓出人意外了。

[……]

《南风》出来了：希望局守南方，埋没天才，不学无术的痛苦，今后不再侵入我们的心坎呵。

这篇充沛感情的文章，以及迫不及待在暑假前夕复刊的做法，显示了他们有一个热烈的理想，要借《南风》在广东推动新文化运动，与中国文坛连接。

复刊号很快出来，卷期续前，2卷3期，出版日期1923年6月。这件事刚好发生在梁宗岱准备进入岭南大学期间，从日期看，他还没有办理注册手续，更未搬进宿舍。但是他对岭南并不陌生，岭南的新文学爱好者也不会不知道他的诗名，他的到来给《南风》提供了一支生力军，刚好复刊号以现代新诗为中心，他理所当然成为约稿对象。梁宗岱即将成为岭南人，《南风》便是自己的刊物，他热心响应，在截稿前交出四首诗，《太空》（之一至之五）、《泪眼》、《重负》和《晚风》。其中《太空》的五首诗写于6月7日至13日，是专门为复刊号赶写的。《泪眼》则由十二首小诗组合。现存的《南风》杂志不完整，可见的梁宗岱其他作品，只有1924年8月2卷4号发表的《歌途》和《感伤的梦》。

《南风》复刊后不到两个月，另一件大事紧接而来，岭南大学

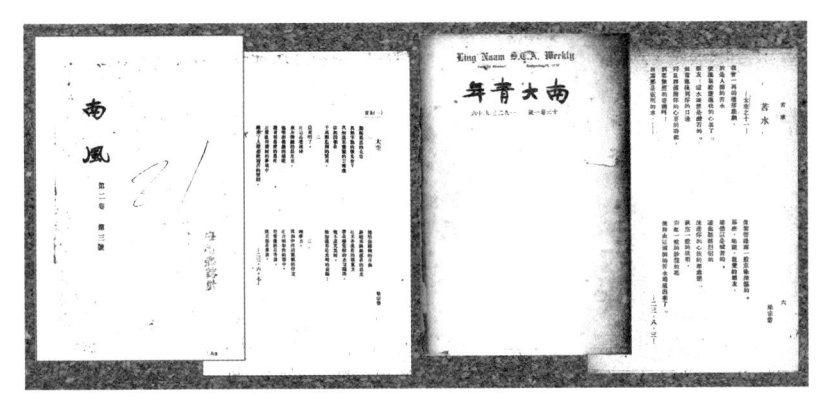

《南风》第2卷第3号（1923年）　　《南大青年》第12卷第1号（1923年）
　　刊梁宗岱《太空》　　　　　　　　　刊梁宗岱《苦水》
广东省立中山图书馆地方文献部藏

成立了第一个新文学团体。1923年8月《小说月报》14卷8号在"国内文坛消息"栏宣布：

> 本月内得到许多很可喜的消息：
> 关于文学团体消息，有：（一）广州文学研究会分会的成立。广州文学会会员汤澄波、梁宗岱诸君本有在广州设立分会的提议，后因广东的扰乱，停顿进行；直至最近才正式宣告成立。现有会员九人，通信处设在岭南大学。

同期的"通信"栏刊还登载了梁宗岱一封书柬，介绍分会情况：

> 振铎兄，
> 我们这个分会，已于昨天宣告成立了。会员共有九人，我和澄波兄做干事。我们议决将于广州的一家报纸，附刊一个《文学旬刊》，用文学研究会分会的名义，体例与北京上海的相仿佛，

由荣捷主任。现在将各会员录的格式填好寄上，通信地址暂时可由我和澄波转，下学期则一律寄岭南大学。请将我们的消息略略在《说报》的国内文坛上报告。

宗岱 七、八、一九二三。

郑振铎在信末加上一段附言：

文学研究会原来只有北京上海两处，现在又有广州一个分会了！我们谨在此祝贺他们的成立与发展！

振铎

这三段消息加起来才三百来字，却提供了很重要的信息。这个文学团体虽然跟随《南风》复刊出现，但不是仓促组成的，而是已经酝酿了一段时日。从一开头就决定加入文学研究会，曾经写信给郑振铎，得到对方首肯。这件事发生在梁宗岱进入岭南大学之前，他没有参与其事，负责联络者是比梁宗岱高两级的汤澄波。由他出面有其理由，在当时的《南风》作者中，汤澄波最早在文学研究会刊物上发表文章，1922 年 10 月《小说月报》13 卷第 10 期刊登了他与叶启芳合译的《圣经之文学的研究》，这是一篇英国学者赫德逊（William Henry Husdon，1841—1922）的文章。他和叶启芳不久联袂加入文学研究会，成为正式会员。次年，他翻译的《梅脱灵戏曲集》入选文学研究会丛书，作者梅特林克是比利时法语作家，1911 年获诺贝尔文学奖，最著名的剧作是《青鸟》（*L'Oiseau bleu*），汤澄波本人不谙法语，从英译本转译。

汤澄波何时写信，具体日期无法知道，但是成立团体的想法最早来自陈荣捷，他前往北京参加世界基督教学生同盟第十一届大会，结识了一些文学研究会北方会员，"于是我蒙发了一些灵感，要在南中国发起一场文学运动"（华霭仁《陈荣捷（1901—1994）：一份口述自传的选录》，彭国翔摘译）。此时是1922年4月，汤澄波写信给郑振铎应当在此之后，最大可能在同年的冬季，此时汤澄波已成为文学会正式会员。不过这次联络未竟全功，"后因广东的扰乱，停顿进行"，陈炯明在1922年6月16日挑起反对孙中山的武装叛乱事件，持续至1923年2月才逐渐平息。

过了差不多半年，旧事重提，这一次，梁宗岱正好进入岭南，从一开始便参与其事。他在《小说月报》发表作品的时间比汤澄波早，新诗《失望》刊登在1922年1月号上。"1922年暑假，沈雁冰和郑振铎从上海来信，正式邀我为文学研究会会员"（梁宗岱简历残稿两页）。在1924年《文学研究会会员录》中，他的会员编号92，汤澄波与叶启芳则为88及89，在他前面。如果编号与时序有关的话，他的入会时间当在1922年10月之后。过了大约半年，1923年夏天，"［我］升岭南大学。郑振铎嘱我在广州发展文学研究会"（《我的简史》）。由此看来，他可能把入读岭南大学的消息告诉郑振铎，后者委托他促成广州分会的成立。

这一次十分顺利，分会很快组织起来。他与汤澄波属于先行者，顺理成章被选为干事。第一件工作是替新会员办理集体入会手续，梁宗岱在信中说"会员共有九人"，包括他与汤澄波在内。在1924年会员录中，新会员七人排列在一起，顺序为甘乃光（114）、陈荣宜（115）、司徒宽（116）、潘启芳（117）、陈荣捷（118）、刘思慕（119）与陈受荣（120）。里面缺少陈受颐的名字，却多出一个陈荣宜。在同时期的《南风》《南大青年》或广州《文学旬刊》的作者群中，陈荣宜的名字从未出现过，陈受颐却频频露面。这是一个双重错误，粤语"颐、宜"发音相同，集体报名的代办人把"陈受颐"写成"陈受宜"，到了会员录排版，又把"受"误植为"荣"，于是陈受颐变成陈荣宜。

分会成员九人只是成立时在广州的人数，还要加上人在北京的第十位叶启芳。他已是正式会员，当时正在燕京大学读神学。他与《南风》的关系密切，早在 1920 年 12 月，还在广州协和神学院读书，"西洋诗专号"便已发表过他的《摆伦哀希腊诗之三种译文》和《研究英诗入门书籍之谈话》。

分会成立后，接着便是开展工作，"在南中国发起一场文学运动"。这班年轻人雄心壮志，一开始便决定模仿北京和上海两个分会的做法，出版文艺旬刊，附在新闻报纸发行，走向社会，为新文化运动摇旗呐喊。他们坐言起行，学校秋季开课，10 月初便实现这个计划：

> 文学杂志在本月内出版的也有三种，一是文学研究会广州分会出版的《文学旬刊》，第一期已于今年双十节出版，它的内容朴（按：疑缺一字）优美，由《广州光报》发行。（"国内文坛消息"，《小说月报》14 卷 10 号，1923 年 10 月）

《广州光报》是一张出现不久的报纸，生存的时间很短促，没有留下多少痕迹，广东省立中山图书馆只收藏有 1923 年 12 月 31 日（第 67 号）一天的原件。一大张四版，内容严肃正派，头版刊登孙中山先生 12 月 21 日在岭南大学的演说记录稿，第二、第三版国内外新闻，最后一版副刊"智园"，有施蛰存的书评《苹华室诗见》，谈科学的《自然燃烧》，提倡妇女教育的《女学校设家事科之必要》，介绍希腊斯巴达克人勇猛善战的《读史偶拾》，最后还有一篇讲国学的文言文《谈伪》。见微知著，办报人是新文化运动的拥护者，广州分会与该报合作不是偶然的，大家理想一致。

《文学旬刊》仿照北京分会的版面，简约大方，右上角报题《文学》，旁印"文学研究会广州分会旬刊"，下印期数、日期及"广州光报发行"字样，目次放在最前面。第一期头版刊登了《创刊的话》，未署作者名字：

> 自西学东渐以来，我们南部底人士，多从事于物质或制度的改善。对于西来的文化，尤其是文学——虽诚恳地尽量接受，却未曾活泼地积极提倡，新世纪的广东底文学田地，竟可直直捷捷说是"荆榛满目"。就是少数好提倡文化文学的人，也多寄寓北省，不肯以南部做中心。讲文讲学的风气，比起嘉庆道光年间，还恐怕比不上吧。

> 且慢说这些是悲观的话。事实如此，又何苦翻空来讲？这几年间，文学底创造，算有点努力了；文化运动底回响，也不是绝无声息了，尽可以使我们略略高兴。

> 我们开辟这所新的田园，就是一种奋兴底表示。在沉寂的广州里，也许有多少其他的田园，开着馨香灿烂的花，结着美丽繁实的果，产生着蔬菜，培植着梗枫。但是我们觉得辽廓的广野中，还有垦荒的必要。愿尽我们很薄弱的力，来求诸君底同情。

> 新辟的田园，当不免有些野草，我们不敢因此而灰我们底心，尤不敢因此而蒙我们底过。我们自己看不到的缺点，愿得诸君底明示和批评。

> 新辟的田园，原不是个人或数人底私产，耕植底工作，又不

是任何人所能专占的特权。在这个"稿多工少"底时期,我们只更盼望同情的人们,不嫌园地底湫隘,能和我们合作。

多马斯亚诺德(按:即托马斯·阿诺德,"甜美与光明"出自斯威夫特《书之战》,将其用于文化批评尤见于其子马修·阿诺德《文化与无政府状态》)把他底"甜美光明"(Sweetness and Light)几个字,交给我们做口号了,一起来努力吧。来耕耘这荒芜的田地之一角吧。

(我们创刊号,刚在国庆日出版,不是有意的布置,而是凑巧的遇合。然而这个遇合,也未尝不令我们欢喜。附此声明)

分会十个会员全体上阵,前三期文章全部由他们包办,其中包括潘启芳翻译的草野心平短诗《草际》。草野心平是分会的有实无名的会员,他与会员来往密切,热心提供稿件,但因为是日本人,以日文写作,不可能成为正式会员。

《文学旬刊》作为新文化刊物,在当时的广州是新事物,立即引起社会的注意。该刊第三期刊登了编辑部两则启事:

通信

培玮先生:

给宗岱的信和尊稿已收到。《蟋蟀之歌》定下期刊出。

记者谨答

本刊启事

我们收到许多关于定阅本刊的来信,故决定自本期起分请各地书局代售。本市:丁卜图书社,共和书局。北京上海则由该地《文学》代售处代售。

各处有欲定购十份以上者，可直接致函本刊编辑部或光报营业部接洽。

校外作者投稿，读者查询发行，都是很好的征兆。然而，这份刊物有一个先天弱点，没有脱离学校文学团体的模式，成员不是教员便是学生，没有专事出版和管理的人，也没有充足财力作后盾。这样的业余运作很难持久，一遇到问题便支撑乏力，迅速消失。这份刊物何时停刊，没有记载可循。目前可见的实物只有第一至第十期，最后出版日期是1924年1月10日。草野心平手抄印刷诗集《天空和电线杆Ⅱ》在1924年3月出版时，"编辑后记"提到第十一期《文学旬刊》（裴亮《文学研究会广州分会的真相》），出版日期当在1924年1月20日。但是主编陈荣捷在口述自传中，提及的出版期更长：

我们雄心勃勃，一起创办了《文学旬刊》，发表胡适发起的那种新诗——自由体、新观念、新典故等等。我写了好多那种东西，所幸用的都是笔名。还有其它一些诗人，有的诗发表在我们的《文学旬刊》，有些发表在北方的刊物上。我想出版发行了约半年，就因缺乏人手而不得不中止。但我们建立了"文学研究会广州分会"。文学研究会领导了中国的文学运动。起先，我们的目标只在研究小说，多半是西方的，但后来扩展到文学文化运动。因此我们在南中国取得了很高的知名度。

"发行约半年"，即持续至1924年3月左右，总期数在18期以下。

梁宗岱虽然不是旬刊的编辑，却是忠实的作者。在不到四个月时间里，他总共发表了九篇作品：

第一期：星空（太空之八）（诗）

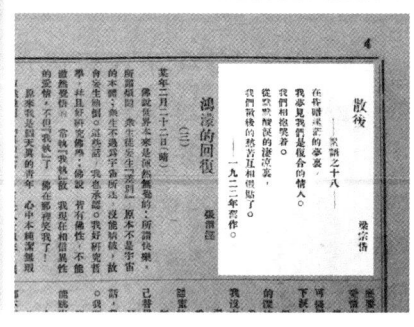

广州《文学旬刊》创刊号　　　梁宗岱在广州《文学旬刊》的诗作
　　　（1923年）　　　　　　　上：星空　下：散后

广东省立中山图书馆地方文献部藏

第二期：太空之九（诗）

第三期：别（散文）

第五期：歌途（太空之十三）（诗）

评李加雪君的《浪漫主义的特殊色彩》中吉慈诗的译文（评论）

第六期：暮（太空之五）（诗）

第七期：再评李加雪君吉慈诗译文（评论）

第八期：雅歌的研究（论文）

第十期：散后（絮语之十八）（诗）

五首诗歌后来全部收入诗集《晚祷》。至于散文，这不是梁宗岱喜欢的文体，在《文学》旬刊之前，他没有发表过散文。《别》是第一篇，以别离为主题，回忆了两次亲身经历。第一次到广州读中学，在乡间火车站与父亲告别，描写父子情深；第二次中学毕业送别一位动身去北方的女同学，描写少男少女蒙眬的爱慕。无独有偶，一年多后他乘船西渡，在印度洋上写下另两篇散文：《致辞》回忆陪他到香港送行的父亲，《游伴》回忆儿时广西的一位邻居女孩。这三篇题材十分接近的作品，便是他青年时代仅有的散文著作。

论文《雅歌的研究》是沿着《檀德及其神曲》同一路线，介绍西方文学瑰宝《圣经》的部分文学内容。梁宗岱到法国后，与青年作家普雷沃谈诗论译，当普雷沃认为中国诗太多奥秘，无法翻译，产生放弃念头时，他以《雅歌》为例，说明即使充满奥义的诗歌，也可以作为美丽的爱情诗来阅读，说服了普雷沃继续尝试。

至于两篇评论李加雪翻译的文章，涉及广州文学分会唯一的一次文学争论，在广州引起过哄动，但启端者不是梁宗岱。李加雪是国立广东高等师范学校学生，他与一班爱好新文学的同学组织了知用学社，出版《学声旬刊》。《文学旬刊》创刊后不久，收到一篇外稿，作者是李加雪同校同学李寿坚和崔翰顺，批评他在《学声》1期的文章里，翻译济慈诗歌出现明显错误。文章在《文学旬刊》4期发表，编辑加上按语："本刊对于讨论文字取公开态度，所以我们把李崔两位先生的稿登出。"梁宗岱也发现李加雪翻译济慈诗歌的其他错误，他写了一篇短评发表意见，写成后看到李崔的批评和李加雪的反驳，特别在文末声明，"我写这篇东西，并不是有意来苛责李君。我的对象只是李君译错的诗而非李君。因为我恐怕民众误解了吉慈，所以不得不说这几句话。"李加雪随即在《学声》作出反驳，梁宗岱写了第二篇文章，重申自己的观点。单看这两篇文章，两人的争论尚未越出学术范围。但这只是表面，实际上李加雪的反应十分激烈，迁怒于整个文学会，当年亲历此事的李朴生后来这样回忆：

> 甘乃光先生和我是在民国八、九年广州学生运动相熟的。当时高等师范有一班研究文学的同学如李加雪先生（现在香港教书）为了一首小诗和他笔战。又有人不满他的政治活动，骂他"甘为走狗，其道乃光"。他在岭南大学，正和陈受颐先生（现在美国罗省某大学任教授，曾回台湾）等提倡政治、经济、文艺的研究。两个大学的高才生唱对台戏，好看诚是好看，但总给保守派的人看做笑话。
>
> 陈克文先生是广西人，甘先生的老乡，是高师学生，知用学社发起人，于是沟通两方，停战讲和。（李朴生《我可敬佩的华侨朋友》，1958年）

李朴生（1896—1986）是印尼华侨学生，五四期间广州学生运动领袖之一，曾任广东省学生联合会会长，后来从政，1950年后到台湾。如果他的回忆没有错，可以看到这场文学争论后来差点变成意气之争，甘乃光没有直接参加讨论，却被选为主要攻击目标，因为他被视为分会的领袖。

《文学旬刊》停刊后，分会退回校内，再次筹划复刊《南风》。几个月后，1924年8月，2卷4期出版，距最后一期已超过一年。主要作者仍来自分会会员，十人中有七人执笔，包括梁宗岱，他发表了诗歌旧作《歌途——太空之十三》和《感伤的梦》。刘思慕一个人以四个笔名（刘燧元，刘穆，燧元，木君）写了五篇文章，包括头版的《昨年以来的中国新诗坛》，显示他是这一期的主要编辑。但是这不过是最后的一簇烟花，这一年12月，《南风》再次改版，变成周刊，刊登过几篇分会成员的文章，但编辑工作已转移到非会员的林柏生等人手中。没有了自己的刊物，分会实际已消失。

陈荣捷说《文学旬刊》"因缺乏人手而不得不中止"，这句话与他本人这年毕业、忙于应付功课有关。1923年10月20日，旬刊刚出到第二期，便出现一段《陈荣捷启事》："荣捷课忙，本刊筹备完妥，即已辞去主任本职。编辑职务暂由会员共同担负。因事前曾在《小说月报》14卷8号布告，应在此声明一句。"这则启事突显了业余办刊的弱点，随后一年，由于个人因素和政治局势，广州分会会员迅速流失。第一个离开学校的人便是主将甘乃光，时间在1924年1月：

[甘乃光] 尝以一篇专门论文见知于革命领袖故廖仲恺先生，遂加入革命运动，历任党政要职，后被选为国民党中央执行委员，尝任广州市市长，后任中央党部组织部副部长，内政部次长，最后特任驻澳洲大使。（简又文《岭南我岭南》）

他的从政过程并非一帆风顺，1928年因为"偏袒广州暴动"而被褫夺广州市长职务，1929年更被永久开除出党，等到1931年"九一八事变"后的"共赴国难"声浪中，才获恢复党籍。甘乃光从政受到各方面的攻击，但是他的著作得到一致的赞扬。从1924年至1931年，短短数年，著译超过二十种：《春之化石》《先秦经济思想史》《中国国民党几个根本问题》《孙文主义大纲》《星火集》《中国行政新论》等，翻译了《美国政党史》《英国劳动党真相》和《美术摄影大纲》。其中以《先秦经济思想史》最著名，他被誉为"中国研究经济思想史的第一人"。

第二个流失的会员是陈荣捷本人,他这一年7月毕业,获得文学士学位,8月赴美,进哈佛大学,后获硕士及博士学位。1929年返回岭南服务,担任教授、教务秘书和教务长等职。1935年应美国夏威夷大学之邀,前往讲授中国哲学,后升为教授和系主任。1941年珍珠港事件后学校停办,转往汉诺威达慕思学院（Dartmouth College）教授中国文化,1951年任人文学院院长,1966年退休,此后担任过多所大学访问及讲座教授。他的著作有中文单行本七种,英文译著十四种。其中《中国哲学资料书》（*A Source Book in the Chinese Philosophy*）在美国大学广为流行。

与陈荣捷同时流失的会员有司徒宽（1900—1960）,他是美国华侨学生,原籍广东省开平县人。在学时中文系主任是民初名人徐谦（1871—1940）,很赏识他,把女儿徐英介绍给他认识并订婚。他与陈荣捷同年毕业,离校返美后同样进入哈佛大学,攻读经济学博士学位。1926年与来美留学的未婚妻结婚,1927年学成归国,出任过短期的广州财政局局长,随即因为政局动荡被迫再次回美,期间促成梅兰芳获得波莫纳学院（Pomono College）荣誉博士学位。1931年应聘为岭南大学教授。1939年抗战爆发,参加中国远征军入缅甸作战,官至准将。战后获美国联络部主任梅门上校代表美国总统杜鲁门授予总统勋章,表彰他在远征军担任罗卓英译员及编辑《英汉军语辞典》的贡献。1948年他与家人赴美,1960年去世。

在司徒宽之后,梁宗岱于11月离开广州,从香港登船前住欧洲。

一个月之后,轮到分会唯一的教师会员陈受颐赴美,进入芝加哥大学修读比较文学。四年后获博士学位,返回岭南任教于中文系,随即升任为系主任。1931 年受聘北京大学为历史系主任。1937 年起在美国夏威夷大学教授中国文化，两年后转往加州波莫纳学院出任东方学系主任，工作二十六年后退休。他的中文著作已辑成《中欧文化交流史事论丛》一册，英文著述有《中国文学史略》（*Chinese Literature: A Historical Introduction*）。

陈受颐只比梁宗岱年长四岁，名义上有过一年师生关系，又是文学朋友，两人同在 1924 年末离开岭南，同在六年后成为北京大学教授。1933 年，在梁宗岱与何瑞琼离婚案中，陈受颐与胡适站在原告一方，作出不利梁宗岱的供词，他们的友谊因而消失净尽。

一年之间，分会会员十去其五，还要减去一直不在岭南大学的叶启芳。叶启芳（1898—1975）是广东省三水县人，出身工人家庭，七岁丧母，十一岁被送往香港一家私塾当小工。十四岁丧父，私塾主人介绍他到道济会教堂当役工。主持张祝龄神父发现他工余勤奋读书，从十六岁开始送他到东莞的教会学校，从此改变了他的人生路线，叶启芳后来自称"道济会堂的孤儿"。五四运动时，他代表培英参加了广东省会学生联合会工作。中学毕业后进入广州协和神学院，两年后转学燕京大学。1924 年毕业后，他的工作随着动荡的时局不断改变：香港道济会教堂干事、黄埔军校教官、广州培英中学教师及校长、广州市公安局护照处主任、上海商务印书馆及神州国光社翻译、香港《新生晚报》总编辑、中国新闻学院院长、达德学院教授等职。1951 年回广州任广东国民大学董事长，1953 年调任中山大学中文系教授，1956 年兼任图书馆馆长，1957 年划为右派，1971 年退休被遣回三水家乡，1975 年病殁。他早年钟情于西方文学，后来转向哲学，主要作品为翻译，完成于 1930 年前后。另有历史著作《成吉思汗传》，四十五万字，写于四十年代，手稿在"文革"被焚毁，目前只见1946年1月在香港《新生晚报》发表过的序言。

梁宗岱和叶启芳相识于岭南大学，直到1956年才在中山大学重新见面。但是一年后，反右运动的狂飙横扫中国的知识分子：

> 被戴上右派帽子以后，叶启芳感到"自惭形秽"，从此不与许多朋友交往，而以前的一些旧友见了他也是唯恐避之不及。梁宗岱与叶启芳是广州文学研究会时的旧友，1956年他从广西回到广州，担任中山大学外语系教授，与叶启芳隔邻而居。叶启芳成了右派后，梁宗岱也不敢与他往来了。也难怪梁宗岱，他在新社会已经早叶启芳一步经历过一连串磨难，知道人与人之间的交往不再单纯不再美好。（叶新农、夏和顺《叶启芳传》）

这段话教人无言。

到1924年末，文学会成员剩下四人在校内。最年轻的一位是陈受颐的弟弟陈受荣（1907—1986），他跟哥哥一样，在岭南接受小学、中学和大学教育，1927年获文学士学位。此后在中山大学和省立广州女子师范学校教授英语，储蓄留学费用。1929年赴美，进入斯坦福大学英语文学系，半工半读完成学业。1937年获博士学位，接受山东大学聘书回国，船抵上海，中日战事已爆发，被迫折返美国。在美国导师帮助下，进入斯坦福大学工作，从中文讲师开始，数十年后成为亚洲语言系主任和中文日文研究中心主任。他本人兴趣原在中国文学与哲学，但因为工作需要，成为美国现代汉语教育先驱之一。主要著作如《中国国语入门》（*Chinese Reader for Beginners*），《中国国语》（*Elementary Chinese*）和《简明英华辞典》（*A Concise*

English-Chinese Dictionary），在很长时间内是美国大学最流行的教学用书。

比陈受荣年长的汤澄波（1902—1969）是广东花县人，他与陈受颐和甘乃光一样，也是高材生，1925年毕业，留校任教。他身处动荡的民国初期，很早便对政治感兴趣，加上有甘乃光的榜样在前，不久便弃教从政。仕途颇为曲折，充满神秘的暗点。他担任过黄埔军校教官、中山大学讲师、《民国日报》编辑、国民党广东省党部宣传部要员和三十年代南京中央政府各种职务。抗战爆发后，他从香港到南京，1940年出任汪精卫伪政府工商部次长，被国民政府列入通缉名单。1941年到上海担任华中水电公司董事长。1945年抗战结束，他不仅没有被追究，还因为"有功党国"，被指定协助接收上海日本领事馆档案和东方经济研究所珍贵图书。1948年到香港。五十年代至六十年代，草野心平在东京和香港两次和他见面。1974年他在国内从事新闻工作的女儿汤小薇接到通知，"中央对汤澄波问题有了结论"，但此时他已经在港去世。次年，他的夫人薛绩辉（岭南同学）回北京定居，带他的骨灰安放八宝山。

他的主要著译集中在岭南年代短短几年完成。传播最广的有三种。第一种文学研究会出版的《梅脱灵戏曲集》，第二种是美国文学教授培理（Bliss Perry，1860—1954）的《小说的研究》（A Study of Prose Fiction），这是最早从西方引进的小说理论之一，在整整半个世纪时间里，影响了中国现代小说研究。第三种是介绍弗洛伊德的精神分析学说的著作，标题《析心学论略》，发表在1923年《东方杂志》20卷6号上。在新文化运动中，心理学是一个热门议题，著作虽多，但都是纸上谈兵，没有经过实践证明，汤澄波与众不同，文中引用了广州癫狂医院的历年病人调查，以致到了今天还有人误以为他是该院医生。差不多一个世纪后，这篇文章还常被人引用，有学者认为他是这个时期"最为接近弗洛伊德学说的谨慎学者"。

汤澄波的经历，令人想起精通日语的潘启芳，他是至今唯一无法知道他的出身和具体去向的会员。他善诗能文，为草野心平翻译过诗篇。草野心平1956年访问中国后，取道香港返国：

> [在香港]从山顶乘坐缆车下来，走到街上，想坐一下颇具特色的二层巴士。如此便坐了。没有车顶的上层，就像室外音乐室一般并排列着长椅。坐下来，伸手便可摸到道旁的榕树叶。那沙沙声让我一下子禁不住泪水。这让我想起了一张照片。那张照片，正贴在我东京家里的相册中，那是潘启芳的纪念照，1925年7月，在我回日本的几天前，在香港的照相馆拍的。系了领结的我坐在椅子上，他双手扶着椅子前倾，两人的样子一本正经，又满脸寂寞。想起那张照片，我不由得乱想，如今，潘启芳他是在哪里？又在做些什么呢？（《茫茫半世纪》）

可见潘启芳在1925年7月已经离开岭南大学，到了香港。他的名字不在毕业生名录上，因此是中途退学。

最后是刘思慕（1904—1985），他是留在岭南大学最后一位和郑振铎保持联络的会员。1926年1月，沈雁冰来穗参加国民党第二次全国大会，刘思慕以广州分会名义，"在惠爱东路文德路口一家小酒楼上宴请过他一次"（刘思慕《羊城北望祭茅公》）。

刘思慕原名刘燧元，笔名刘穆，出身职员家庭，靠半工半读攒取大学学费。他与梁宗岱相识于新会中学初中一年级，后来又在岭

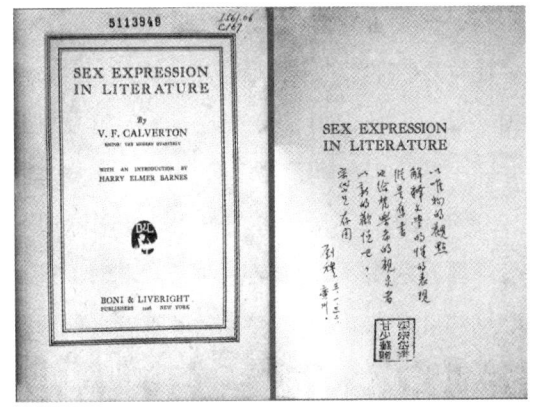

刘思慕（五十年代）　　刘思慕送给梁宗岱的赠书及题辞（1932年）
资料照片　　　　　　广东外语外贸大学梁宗岱纪念室藏

南重聚。由于这段人生巧遇，加上刘思慕是唯一热衷于新诗写作的广州会员，梁宗岱与他特别亲近。1931年，中华书局出版了梁宗岱翻译的瓦莱里《水仙辞》，扉页上印着一句题辞：

献呈

刘燧元

他比我更适宜于翻译这诗的

宗岱

一九二八，夏间。

很明显，这与何瑞琼婚约有关，梁宗岱可能与他商量过解决方法，并且通过他把法国汇款转交给何瑞琼，他不会不知道这位朋友已经和诗歌说再见。从1925年五卅事件开始，动荡的时局把刘思慕的视野从书斋转向社会，他热心阅读理论，参加政治活动，加入了国民党。1926年中途退学，跟随甘乃光到黄埔军校和国民党广东党部宣传部工作，又在省立女子中学兼职。同年冬天，甘乃光通过共产国际代表鲍罗廷，推荐他到莫斯科中山大学，读书兼当英文翻译。一年之后，国共分裂，他因为甘乃光的关系被校方粗暴遣返回国。先后在北京北新书局、上海远东图书公司任编辑，1932年到德国攻读社会学，1933年回国，不久便参加第三共产国际远东情报局工作。1935年身份暴露被通缉，1936年在冯玉祥帮助下逃至日本，在那里重遇草野心平和叶启芳。1937年七七事变后，他回国参加抗日宣传活动，此后长期从事新闻工作，先后担任过印尼《天声日报》、衡阳《力报》、桂林《广西日报》、香港《华商报》、上海《新闻日报》等报刊的主笔或总编辑。他在1957年加入共产党，1960年改任北京国际关系研究所副所长，最后职务是中国社会科学院世界历史研究所所长（1979—1982）。他的主要著作有散文集《野菊集》，翻译《哥德自传：诗与真》，以及多种新闻通讯集和国际问题论文集。岭南大学时期的新诗，他一直没有结集。

梁宗岱与他的政治取向不同，但两人之间的友谊一直保持。1932年在广州重逢时，刘思慕送给他一本卡尔弗顿（V.F. Calverton，1900—1940）的《文学中的性描写》（*Sex expression in literature*），扉页上有一则题辞：

以唯物的观点，解释文学的性的表现。纵是旧书，也给梵乐希的亲炙者以新的欢悦吧。

宗岱兄存阅

刘穆　　三，一，三二 广州

在岭南大学这一年，梁宗岱处于创作低潮。仔细看一下他在广州《文学旬刊》发表的五首诗的写作日期，可以发现没有一首是在秋天开学后写成的。这是因为随着中学学业结束，离开一个生活了五年的熟悉地方，到达一个陌生的新天地，他回首过去，自作总结，发现经历两年狂热奔放诗情之后，开始无以为继：

> 正当弱龄，我已很清楚地意识到：无论情感生活如何丰富，如何蓬勃（而我丝毫不怀疑我当时情感生活之丰富与蓬勃），除非有深厚的艺术修养，纯熟的技巧，正如没有机器的火力，无论如何猛烈，必定飘流消散于大气中，至多能产生一些不成形的浅薄生涩的果。所以在赴欧前一年，我毅然停止了一切写作的尝试。
> （《试论直觉与表现》）

梁宗岱的自我分析可能是对的，但解决办法无疑过于激烈，他真的撂开诗歌，新作数量不多，都是非韵文作品。这个时期他也有诗作发表，但全是旧作。在他进入这个写诗冬眠期的同时，以上海为基地的文学研究会经过多年的努力，赢得卓著的声誉，正在大显身手。1924年初，出版纪念刊物《星海（上）》，庆祝上海《文学》周刊出版一百期，梁宗岱诗歌《太空》入选。到了六月，《小说月刊》15卷6期在"国内文坛消息"宣布一条消息，"文学研究会丛书在一二月内，将更有数种出版"，其中包括梁宗岱的诗集《晚祷》。从这两件事，可以看出文学研究会对他的新诗很重视，不断鼓励他继续努力，这和他本人的踟蹰自诘迥然不同。在梁宗岱的文学道路上，文学研究会确实起了很大作用，既是他的发现者，又是他的支持者。在很大程度上，他的文名是依靠这个文学团体及其刊物而获得的。

《晚祷》的出版是对梁宗岱在新诗领域努力的奖赏。这是他的第一本集子，当文学研究会向他提议结集时，中断了近一年的诗情重新被激发,他在1924年6月1日和2日,连续写成《晚祷(二)》和《游客》两首诗,收入诗集中。其中《晚祷(二)》是他自己认许的"完成的诗",经过时光的冲洗后,已成为他的新诗代表作。不仅中国读者喜爱他的诗,外国人同样理解和赏识。1929年8月,《欧洲评论》刊出他自译该书其中一首《途遇》,瓦莱里看到后立即提笔写信给他,表示赞赏。罗曼·罗兰收到他寄去的法译,在日记中写道,这是"一首漂亮诗歌的翻译"。一首短诗,得到两位文学大师的称许,其价值可想而知。

诗集《晚祷》以标题计算,总共选择了十九首诗(其中《散后》由三十三首小诗组成),写作日期从1921年7月21日至1924年6月2日。作者别出心裁,以一首法文诗作为代跋,但未附译文:

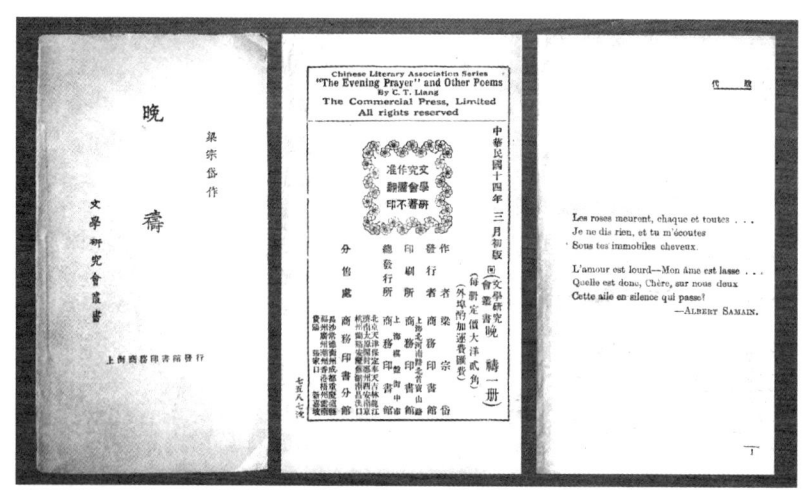

梁宗岱新诗集《晚祷》(1925年初版)
封面　版权页　法文代跋

> *Les roses meurent, chaque et toutes...*
> *Je ne dis rien, et tu m'écoutes*
> *Sous tes immobiles cheveux.*
>
> *L'amour est lourd —— Mon âme est lasse...*
> *Quelle est donc, Chère, sur nous deux*
> *Cette aile en silence qui passe ?*

中译如下：

> 朵朵蔷薇在凋零……
> 我一言不发，你在听，
> 一头青丝悄悄静。
>
> 爱情沉重——心儿疲倦……
> 我的爱，是怎样无声的翅膀，
> 掠过我俩的头顶？（卢岚译）

还有特别之处，这一页不像普通书跋那样放在书末，而是置于书首，紧接目录后，编码第一页。

梁宗岱进入岭南大学才开始学习法文，未足一年，所挑选的作品不是来自古典作家，而是法国新派象征主义诗人阿尔贝·萨曼（Albert Samain，1858—1900），他真的在寻寻觅觅，找寻新的创作源泉。

诗集在1925年上半年印制完成，《小说月刊》16卷9期的广告说："梁君之诗有独具风格，与别的作家显有不同之处，喜欢研究新诗者不可不读。"该书在1927年6月第二次印刷。1932年1月，商务印书馆在"一·二八事变"中遭祝融之灾，损失惨重。8月重整旗鼓，重版各种被毁图书，"日出一书"，"需用较切各书先行复印，其他各书亦将次第出版"，《晚祷》在1933年4月重排出版，其"需用较切"的价值不言而喻。

　　差不多一个世纪后的今天,梁宗岱这部少作依然充满生命力。除了他的真挚感情和认真的写作态度,还得力于他的文字功力,在没有很多前例的情况下,他使用的新文学语言毫不艰涩,至今仍未过时。其次他很重视诗歌的节奏和音乐特性,写的是韵文,而不是散文。题材方面,几乎都是歌咏普世的价值:爱情、友谊、家庭、信仰等:

> 　　如果将梁宗岱的《晚祷》放在中国二十世纪二十年代初期那几年的诗歌创作中来看,我们不得不承认,梁宗岱的诗在美学、诗艺上是达到了一个独特的高度的。胡适的《尝试集》对中国新诗来说,具有开创性的意义,但若从艺术而论,可圈可点的确实是太少了。漠华、雪峰、修人和汪静之的《湖畔》(1922)写爱情大胆直白,但在诗艺上可取的诗作也真是不多。冰心的《繁星》(1923)和《春水》(1923)以及宗白华的《流云》(1923)是当时小诗的代表,梁宗岱的诗放在他们中间其实是毫不逊色的。所以比之"五四"同时期的诗歌,梁宗岱的诗更为强调诗歌本身的艺术创造,这实际上成了梁宗岱后来接受象征主义的客观基础。(陈太胜《梁宗岱与中国象征主义诗学》)

　　《晚祷》出版,完成了梁宗岱十二岁立下的当作家的志愿。然而书未印成,他已经由父亲陪送到香港,登上法国邮船,起程到欧洲游学去了。

第六章

日内瓦一年

二十世纪二十年代，京广铁路尚未建成，前往法国的留学生按照所在地区，采用不同的就道方式。北方学生多数乘火车，穿过东北地区，北上哈尔滨，转接西伯利亚铁路，横越苏联至莫斯科，然后再换车到西欧，连同国内旅程，要花二十多天时间。南方学生乘搭外国轮船，从上海、厦门或香港登船，以一至一个半月时间穿越中国南海、印度洋、红海，经苏伊士运河入地中海，最后到达马赛。

梁宗岱人在南方，选择海路，"在岭大读了一年，觉得不能满足我的要求，我请求父亲送我到欧洲留学，即于是年（1924）冬出国"（《我的简史》）。诗人朱湘收到梁宗岱寄来的莱梦湖明信片后，在1924年12月15日写成散文书柬《致梁宗岱》。当时的邮程与旅程一样，需要一个月左右时间，因此梁宗岱抵达瑞士日期在11月15日以前。他在船上写成的散文《游伴》，文末署写作日期"一九二四，一，一六于印度洋船中"。其中"一，一六"（1月16日）明显误排。查找轮船往来记录，可以确定梁宗岱乘坐盎特莱蓬号（Andre Lebon）客轮，1924年9月29日在香港登船，10月12日至19日穿越印度洋（自科伦坡至吉布提），10月29日抵达马赛。《游伴》的写作日期应订正为"一九二四，一〇，一六"。

轮船进港多数在清晨,留学生下船后立即购买火车票离开马赛,否则要多花一夜旅馆费用。梁宗岱也不例外,但是他的目的地与其他人不同,既不是人人向往的巴黎,也不是留学生热门的里昂,而是瑞士日内瓦。放下行李后第一件事是向家人和朋友报平安,他接到的回信已了无痕迹,现在能知道内容的只得一封,就是前面提及的朱湘以诗歌作答的信束:

梁兄:

接你的明片,有点感触,当天作了一首诗,已经投去小说月报了,文为:

一碧连天的里门湖流;
远帆数点有如闲驶的白鸥;
晚阳射来无数长的金箭;
圆塔的□伦堡昂于青翠的山阪。

美呀!这座欧洲的花园;
幸呀!你得置身于其间。
并且湖水上一片的落叶:
你到的当儿正是灿烂的秋天!

中国也何尝没有名湖?
但如今皆为孽龙所蟠据;
听哪!在云低浪怒的雷雨之夜
暖风中惊起了一片鸿雁的哀呼!

我此世的愿望本来很小：
我只想能够长在湖山间逍遥，
——但这点小的愿望都不能达，
如今的风月只有骨白与狼嗥！

李白呀，你的高蹈我今世已无分，
我但望你骑鲸渡海去慰孤寂的梁君；
杜甫，让我只听你悲壮的□调，
让你冬冬的战鼓惊起我久睡的灵魂！

为人不能在自身取得晏安，
也应当将赤血喷□洪水的狂澜，
将今世的污秽一荡而尽，
替后人造起一座亚洲的花园！（载罗念生《朱湘书信集》，1936年）

这首诗后来没有在《小说月报》出现，改在1925年5月29日《晨报·副刊》发表，以《有感》为题，文字略有不同，前面加一小引：

梁君宗岱自瑞士里门湖畔寄一美术明片来，见之感赋。里门湖便是拜伦《乞伦之囚》（The Prisoner of Chillon）诗中的Lake Lemon（通名Lake Geneve），片中湖边适有一堡，故诗内云云。

他在信内还告诉梁宗岱，"我的诗——共选二十六首，发表的有五六首——也付印了，篇幅较你的更短"。"我的诗"指诗集《夏天》，与梁宗岱的《晚祷》被选入文学研究会丛书，同时在1925年

1月出版。可能由于这件事,两位从未谋面的诗人成为好友。

朱湘的命运与梁宗岱不同,从这首诗里已经露出迹象。一个寻求杜甫的"悲壮",在1933年蹈水自沉。另一个如李白那样高蹈远举。然而,梁宗岱并不比朱湘幸运,当中国在三十年代后进入"孽龙所蟠据"时代,他也没能逃脱悲剧的命运。

梁宗岱在日内瓦停留了整整一年。这个选择是深思熟虑的,"因为听说日内瓦大学专为外国学生设定的法文补习班办得很好"(《我的简史》),"先在乡村租屋住,为了补习法文,专门请教师学习口音,才到日内瓦大学学习法语"(甘少苏手抄稿)。这一切只有一个目的,学好法语。后来的事实证明这个选择如何重要,在一个没有大都会嚣闹的地方潜心学习,打下牢固的法语根基,受用终身。

初到一个陌生的地方,尤其像日内瓦及莱梦湖那样美丽的地区,一切那么新鲜,那么整齐洁净,周围的人那么漂亮,那么友善。梁宗岱虽然初习法语,但能讲流利的英文,瑞士人又是一个多语言的开放民族,交流没有障碍,他很快便适应了新的生活,勤奋用功,在进修法文的同时,开始学习德文。一年后转往巴黎时,已经能够以德语朗诵歌德的《浮士德》诗句。

但是他没有好高骛远,在写作方面仍然使用中文,在这里写成的诗歌《白薇曲》,既是他到欧洲后的第一篇作品,又是他年轻时代的新诗终曲。写作日期在1925年2月20日,离他踏足瑞士只有三个月,过了半年,才刊登在《小说月报》16卷8号上。全诗四节,下面是最后两节:

孟春的柔嫩的星光之下,

我们无目的地夜行于静默的村路。
新开的茉莉闪着羞怯的浓香,
蒨艳幽逸的花梦中,
我给了你白薇这个名字,
更把"我爱你"三个中国字教给你,
我们来回而游戏地说着。
我可觉得有些僭越了,
我实在不能真诚地对你说:
"白薇,我爱你。"

我们不时以眼相凝视,默着,
我们没有接着嫩甜的吻。
曾经醉过人间的欢筵,
曾经啜过醍醐的仙露
而且也正给滋养着的,
实不忍,也不堪再醉的了。
我只虔诚的祝祷,
愿有像初生的晨光般的少年
跪在你的面前,低声说:
"白薇,我爱你。"

  本诗主题与他的新诗创作一脉相承,是一首年轻人歌咏爱情的抒情诗。中文标题下有一个法文副题 *A Anna Zawadzka* (呈安娜·查娃茨卡),一位在瑞士邂逅的女性。除了名字外,她的身世是一个谜,无法知道她是法国人、瑞士人或波兰人。梁宗岱本人从来没有谈及,更不会预料到这首诗后来衍化成一个世俗故事。

这个故事最早也是最完整的版本在《宗岱和我》，部分素材取自甘少苏手抄稿：

一、欧洲留学七年，梁宗岱爱过三个异国姑娘（日本、美国和法国），三人都愿意跟他回中国，曾与其中的法国少女论婚嫁。（手抄稿梁宗岱口述）

二、虽然他深爱法国少女，但是他更爱祖国，要学成归去报效，于是决心和她分手。回国前夕，对方与母亲正在西班牙游览。他写信将自己的决定告诉她们并告别。她回电报，要他等她赶回来再起程。可是他怕被情丝缠住，毅然起程回国。（手抄稿梁宗岱培正中学同学吴耀明口述）

三、这个法国少女名叫安娜，他为她起了一个中国名字——白薇。安娜赶回巴黎时已人去楼空，面对塞纳河失声痛哭。而梁宗岱的内心比她更为痛苦，后来生的第一个女儿就取名为"思薇"。（来源不明）

吴耀明的口述很多细节，但最后一句暴露其不可靠性，"直到宗岱同学未死前，她仍经常把法文文学新书，及其他宗岱需要的书寄给宗岱"。梁宗岱晚年的法国女性朋友，只有法国女作家奥克莱一人。

手抄稿使用"女同学"或"女朋友"来称呼梁宗岱几位外国女友，从始至终没有出现过"安娜"或"白薇"的名字。《岱宗和我》的编写者凭空移花接木，把《白薇曲》两个中法文名字剪接过来，贴到其中一人头上，又虚构了后面连串情节，这是传记最不能接受的小说化手法。

这样处理可能出于好意，想塑造一个既痴情又爱国的梁宗岱，可惜效果适得其反。到达日内瓦便爱上安娜，无间断地热恋了七年，在此期间却出现另外两个谈婚论嫁的第三者，在情在理都说不通。至于以旧时女友的名字为女儿命名，则是一种侮辱妻子的举动，触犯最起码的道德。这样的"爱情故事"一点也不美丽。

在瑞士一年，梁宗岱忙于学习法语，很少执笔写作。除了《白薇曲》外，只有一篇很短的翻译，作者是阿美尔（Henri-Frédéric Amiel，1821—1881）。一位瑞士十九世纪著名学者，日内瓦大学美学及哲学教授，他在二十多年的教学生涯中，发表的作品如凤毛麟角，除了十篇八篇散见于报刊的文章外，只有一本结集《黍子：诗歌与随想》（Grains de Mil, poésies et pensées），几乎可以说无声无息。去世后，人们发现他从十八岁开始写日记，留下一百八十多本日记簿，总共 16840 页。除了日常生活记录，更多是对人生和自我的内心思考。他的一位生前法国友人谢雷（Edmond Schérer，1815—1889）是报纸主编和文学批评家，从日记中挑选出五百多页，以《日记摘钞》（Fragments d'un Journal intime）为书名，分成两册在 1882 年及 1884 年印行。出版后一纸风行，得到很高的评价，连远在俄罗斯的托尔斯泰也被惊动。托尔斯泰从十九岁开始，一直写日记，直到八十二岁去世，数量不比阿美尔少。他很欣赏阿美尔的日记，曾在晚年日记中说过，他案上只有两本书，《圣经》与《阿美尔日记摘钞》。他不仅自己阅读，当他的女儿在 1890 年把日记译成俄文出版时，还亲自写序言介绍给俄罗斯读者：

> 一年半前，我有幸读到阿美尔的《日记摘钞》，深为震动。这本书谈论的题目重要而深刻，思想优美，态度真诚。我阅读的

时候，抄录了印象最深的段落。我的女儿答允翻译出来，便出现了这本《阿美尔日记选》。

梁宗岱挑选这位作者，可能因为阿美尔是本地作家，瑞士的法文老师选用过他的日记作教材，也可能在他到达前一年，一家出版社印行了新编的日记摘钞，呈现出一个更完整的阿美尔形象，引起很多人的兴趣，成为文学界美谈。梁宗岱只翻译了一小断片，寄给《小说月报》。当时的主编是郑振铎，他也很喜欢，用来作为16卷6号的《卷头语》：

每个蓓蕾只开一次花，每朵花只有它的刹那顷的完全的美；这样，在灵魂的园里，每个情绪也只有它的芳菲的片刻，它的炫熳璀灿的刹那顷。

每颗星每夜只有一次经过我们头上的子午线，而在那儿作一瞬的闪耀；这样，在智慧的太空里，每个思想，我可以说，也只有它的霎时的最高点，在那儿它辉煌昭伟地燃照。

美术家、诗人或哲士，不要放过你的意境和情绪于那微妙而悠忽之顷，以凝定而永生之，因为那正是它们登峰造极的时候。前乎此，你只有它们的纷乱的粗形，或模糊的预感；后乎此，你也将只有它们的微弱的忆念，或无力的懊悔；那一刻才是那理想的刹那呵！

这是梁宗岱第一篇法译中作品，文笔清纯优美，一首飘逸的散文诗。他读阿美尔的作品并非单纯为翻译，也从中学习西方的美学和哲学。后来在《论崇高》中，他选译了另一段，用来论证柔性美和刚性美之异同：

静呵，你多可怕！可怕得像那晴明的大海让我们底眼光没入它那不可测的深渊一样；你让我们在我们里面看见许多使人晕眩的深处，许多不可熄灭的欲望，以及痛楚和悔恨底宝藏。狂风吹起来吧，它们至少会把那蕴藏着无数可怕的秘密的水面摇动。热情吹起来吧，它们吹起灵魂底波浪同时也会把那些无底的深渊遮掩。

阿美尔日记中很多警句，公认最著名那句没有逃过梁宗岱的法眼，选译至他的压卷之作《象征主义》中，形象地解释象征的意义：

  Un paysage quelconque est un état de l'âme
  一片自然风景是一个心灵底境界

  梁宗岱所在的瑞士是地球上的世外桃源。瑞士联邦在十七世纪组成后，很早便采取中立政策，但不时被邻近强国入侵，法国大革命时期甚至被强迫改制共和。法国王朝复辟后，在巴黎会议上，瑞士获得列强承认其中立地位，并且收回被法国占领的国土。自此之后，中立的瑞士逐渐成为事实，从十九世纪中叶开始，很多国际组织选择在瑞士成立和活动。第一次世界大战后，凡尔赛条约给予瑞士永久中立国的地位，并且决定把新成立的国际联盟（League of Nations / Société des Nations）总部设在日内瓦。这个组织在1934年达到高峰时有六十多国成员，第二次世界大战开始，欧洲成为战场，国联瘫痪，1946年由新成立的联合国代替，总部迁往纽约，日内瓦改为欧洲分部，下面设有国际劳工组织、世界卫生组织、教科文组织等重要分支机构。

  梁宗岱与国际联盟有过两次接触，这也是他在欧洲仅有的政治活动。第一次在刚踏足日内瓦不久的1925年初：

> 适值国际联盟召开禁烟会议，我国官方（按：应为民间）代表顾子仁因要事回国，找我代他出席，以支持官方代表施肇基公使的一切建议。（《我的简史》）

二十世纪初，毒品泛滥成为世界性问题，引起各国政府关注，公众舆论要求禁毒的呼声日益高涨。1923年，国际联盟的咨询委员会建议召开会议，讨论国际间禁毒合作。消息传出后，在深受鸦片毒害的中国引起巨大反响，上海三十多个民间团体发起组织中华国民拒毒会，通电全国，举行拒毒运动日，游行演讲，募集签名，以表达民众决心。尽管当时处于军阀割据局面，国家四分五裂，但各省民众纷纷响应，成立了数以百计的分会。随着会期日近，运动日见热烈，1924年8月，全国拒毒会正式成立，凭着收集到的4264个团体的签名，代表460多万人，向国联禁毒会议提交请愿书，同时要求北洋政府同意派出拒毒会的民间代表，与官方代表一起出席日内瓦会议，以示举国上下一致禁毒的决心。

会议在1924年11月初开幕，北洋政府派出驻美公使施肇基、驻荷公使王广圻和公使级驻英代办朱兆梓为官方代表，拒毒会则挑选三位身在外国的代表，就近参加。第一位是蔡元培，他因为抗议新任教育总长彭允彝在内阁会议作难，导致曾任北大教授的财政总长罗文干再次入狱，愤而辞去北京大学校长职务，出走到法国。第二位是伍连德医学博士，他是扑灭1910年东北鼠疫的功臣，正在檀香山参加泛太平洋食品保存会议（The Pan-Pacific Food Conservation Conference）。最后一位是顾子仁，他是中华基督教青年会全国协会副总干事，1922年世界基督教学生同盟在清华大学举行的第十一届大会，便是由他一手组织的。到会代表共764位，来自三十二个不同国家，原意推广青年会活动，却在中国引发了一场激烈的教育非教会化运动，最终导致政府在1927年决定收回教会学校教育权，交给华人自办。1924年禁毒大会时，顾子仁正在伦敦参加世界基督教学生同盟执委会会议，在会上当选为副主席。

民间代表虽有三人，但是真正出席会议只得顾子仁一个。1925年元旦，上海英文报《字林西报》登载一篇日内瓦通讯，题为《鸦片战争之健将》，对他会上会下的表现，给予很高评价：

> 其人身材短小，举动敏捷，于深沉锐利之中，具谦恭和蔼之态度。在大会之公共团体代表会中，首先登坛演讲，其英语之流利与发音之清朗，为亚洲各代表所不及。彼于前数日间，曾在各处交际会中演讲数次，听者大半为日内瓦人。有一日内瓦妇人语余云，彼聆顾君演讲四十分钟，觉字字清晰，为从来所未曾遇见云。顾君着蓝色朴素之中国服装，表明其为中国国民之代表，与戴丝帽的外交派不同。彼宣称彼系代表中华国民拒毒会向大会发言，[……] 当顾君言时，慷慨激昂，全场鼓掌。中国政府代表施肇基公使，更起立表示敬意，直至顾君退台后，始复就坐。[……] 盖在上星期间，大会似为各国政府自私的彼此攻讦之空气所充满，前途颇觉暗淡。本星期来，自顾君演讲之后，始渐发生光明云。（转载自《中华国民拒毒会第一年度会务报告》）

文中"攻讦之空气"指各国对中国的围攻。中国本是鸦片的最大受害者，但在二十年代，军阀各据一方，云南、广西、贵州等地政府利用种植鸦片筹集军费和敛财，部分产品运销东南亚。顾子仁在给拒毒会电报中说："此间第一次万国禁烟会对我国讦击甚力，诬以远东鸦片毒害，均由我国产烟贩运深入所致。"无论中国代表如何解释均无效，无论任何提议均被否决。

禁毒会议由两个独立的会议组成。第一个议题是禁止鸦片生产及吸食，参加者是本土及属地生产鸦片或容许吸食的国家。第二个讨论国际合作限制麻醉剂（鸦片、吗啡等）的生产、使用和贸易，所有成员国参加。中国参加了两个会议，但民间代表只在第一个会议有机会发言，顾子仁在11月20日发言后，任务已经完成，不过他继续出席会议，一方面与官方代表密切联系，商讨应对之策，另一方面，不断向拒毒会报告大会情况，提出如何从国内声援中国官方代表的具体建议。在国内民众支持下，施肇基在会上寸步不让，"凡责难中国者，并不与较，只用反攻手段，亦评彼国之短，致各国代表均有不敢正视施君之概"（拒毒会第一年度报告书）。到最后，鉴于最后决议无视中国提议，中国代表团拒不签字，宣布退出会议。退会者不止中国，一直对中国表示同情的美国代表团，也因为美国一个提案未被采纳，步随中国之后退出会议。

梁宗岱何时及如何结识顾子仁，无法知道。他到达日内瓦时，会议已经开始，但会期长达四个月，其间暂替顾子仁一事当为事实。拒毒会与顾子仁来往电报的记录，从12月14日至1月26日有四十多天的空白。这是因为会议预计在圣诞节前的12月20日结束，但各国分歧既多且深，莫衷一是，只得在12月10日宣布休会，1925年1月19日重开。休会期间没有电报是正常的事，但是19日复会后，进入最紧张的决议阶段，顾子仁仍未露面。一个星期后，1月26日他才到场：

> 国际禁烟会争执甚烈，故特重返瑞士赴会。英国提议请列强自即日起，于十五年内采取有效办法，禁绝鸦片。至于何种办法，

始为有效，则由国际联盟另派委员会厘定。（彼等用意乃欲将一九一二年大会之定案无条件禁绝之办法，改为有条件而以委员会居监督之地位。）同人等特提议从速召集人民大会，抗议英代表提案，事机紧迫，幸祈速办。此间盛传闽省乡民因反抗强迫种烟，被军队枪杀二百余人，是否属实，切即电示。目下会务进行如何，并望示悉为盼。顾子仁，一月廿六自日内瓦发。（同上）

这封电报说明，顾子仁会议中途曾因事离开过日内瓦，梁宗岱可能受他的委托，从12月14日至1月26日，代替他出席会议，并且传递相关信息，有点像当助理那样。顾子仁缺席会议的时间至多四十二天。即使有可能"因要事回国"，也无时间实现来回中国一趟的旅程。他去的地方应该是伦敦，因为日内瓦会议原定的会期不长，随他到英国开会的妻子与两位年稚的孩子没有同行，留在伦敦。

禁毒会议暴露了当年中国的各方面弱点，梁宗岱坐在会议席上，

顾子仁（1887—1971）
二十世纪二十年代
www.kosmoschina.org

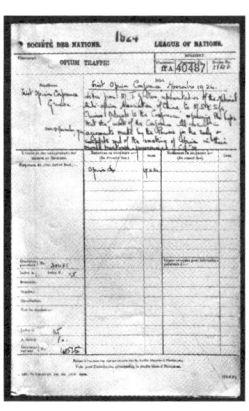

顾子仁致施肇基信
国联档案记录

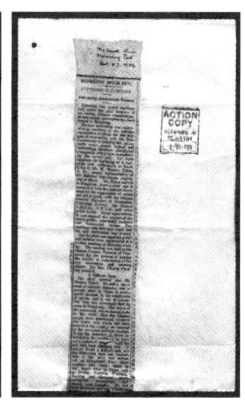

顾子仁致施肇基剪报
现藏国联档案室
www.ungeneva.org

听到多个国家轮番攻击中国，如坐针毡。数十年后，当他想起这件往事，仍在叹息"弱国外交，徒增人愤慨"（《我的简史》）。

2021年，联合国属下的日内瓦国联文献电子平台（League of Nations Archives）发布了1924年禁毒会议的文件，其中有顾子仁致中国官方代表施肇基的两封信函，旁证了上面所述的会议经过内情。第一封写于1924年11月15日，由施肇基转给大会，为顾子仁争取到在11月20日以中国民间代表资格在大会发言。第二封信1925年1月27日，内有一则香港《南华早报》（*South China Morning Post*）关于禁毒新闻的剪报，也由施肇基交给大会，存入官方档案。

国联与梁宗岱实在无缘，这是一个伤心地。不仅一踏足欧洲便经历禁毒会的痛楚，七年之后，1931年，当他准备离开欧洲之际，因为"九一八事变"，又一次在国联经历另一场更沉重的打击，日内瓦这个人间天堂成为他在欧洲游学最痛苦的地方。

第七章

初抵巴黎

1925年秋天，梁宗岱离开日内瓦，第一次踏足巴黎。他对这个城市十分陌生，只从书本上读过一些介绍，以及道听途说的信息。当时巴黎中国留学生集中在两个地方，一个在市内拉丁区，另一个在巴黎近郊Fonteney aux Roses，这个小镇音译封丹奈－奥罗斯，直译封丹奈－玫瑰村，留学生简称为玫瑰村。他选择这里作为第一个居住地点。

法国以封丹奈为名的地方超过十个，因此加上显示本地特点的限定语，以作区分。封丹奈－玫瑰村以玫瑰为号，市徽图案上面排列三朵红玫瑰，如果望图生义，想象成一个美丽的玫瑰园，到身临其境时必定失望而还。在梁宗岱那个时代，这里是一个很朴素的郊区小镇，人口大约5500人，和围绕巴黎数以百计的小卫星市镇区别不大。大部分居民早出晚归，到巴黎上班，生活节奏随着巴黎而变化，这里不过是他们的"宿舍"。仅余的田园风味是一些为巴黎人生产菜蔬的菜地，以及房前屋后的小花园。不过，这个地名没有骗人，历史上这里曾经是著名的玫瑰产地，这是十九世纪以前的旧事，那时的玫瑰除了作为装饰外，还是一种常用的药用植物，全国都有人种植。由于玫瑰村紧贴首都，在供应装饰用的玫瑰方面占尽地理优势，曾经得到独家供应法国议会的特权，因此风光一时。随着时代变迁，玫瑰园慢慢让位给利润更高的葡萄园和园艺业，最后一株玫瑰花在1855年被拔掉，这是不以人的意志为转移的历史演变。

在这里居留的中国留学生未必知道这些历史，他们在这里落脚也不是为了已不复存在的玫瑰园，而是因为这里邻近巴黎，有一条有轨电车线，直通索邦大学所在的拉丁区。虽然愿意分租房子的主人不会是富人，但租金廉宜，拉丁区一间房子租金六百法郎，这里只需三百，家居设备不比巴黎差，对来自贫穷国度的学生来说，毋宁是最好的选择。

但是这个地方留不住留学生。他们安顿下来后，很快便发现交通虽然有选择，但电车速度缓慢，火车班次不足，又有服务时间限制，候车乘车花费很多时间，出入不便利，很多人稍为熟悉巴黎便搬离此处，但新到者或过路客人很快又填补了他们的空缺。

梁宗岱最初在玫瑰村一个工人家庭寄宿，住了一年后，便在1926年秋天迁往巴黎。在瓦莱里1927年约会记事册（Agenda）的地址栏里，可以在L字母下找到他的两个巴黎地址：居约街（rue Cujas）19号与维克多·古辛街（Rue Victor Cousin）4号。第二个地址加上括号，表示这是无效的旧地址。两条小街互相交叉，两个地址相隔只有三四幢楼房，斜对面便是索邦大学的一幢大楼。梁宗岱从1927年3月到1929年6月写的信件，都使用居约街的地址，至今未见使用古辛街的文献。

拉丁区是巴黎最古老的城区之一，街道狭窄，房子鳞次栉比，建筑陈旧，光线不足，没有瑞士那种令人心旷神怡的空间，却有浓郁得化不开的文化气息。法国最有名的大学和中学都集中在这里，触目都是图书馆、博物馆、教堂、小广场、剧场、书店和出版社，还有上议院所在地卢森堡公园，以及文人荟集的圣日耳曼大道。在最高点的先贤祠脚下，小街横巷辐射式散开，在这里漫步，像游走在法国历史教科书里，每一个街角，每一座房子，都在诉说过去。在这里很容易使人产生幻觉，如果有人看到远处的人影仿佛穿着古代的服装，有些还佩着长剑，这是他与历史私语的结果。1927年，巴金初到巴黎：

> 我只是无目的地走着。街上只有寥寥的三两个行人，尤其是国葬院［先贤祠］旁边一段路最清静，而且有点阴森可怕。我走过国葬院前面，走到卢骚铜像的脚下，我抚摩那个冰冷的石座，我差不多要跪下去了。我抬起头仰望那个屹立的巨人，喃喃地说了许多话。这些话的意义我自己也不明白，不过我知道话是从我的心里吐出来的。在这里，在这一个角落里，并没有别人，只有那个手里拿着书和草帽的"日内瓦公民"和我，一直到圣母院的沉重、悲哀的钟声响了，我才踉跄地站起来，向着热闹的圣米雪尔大街的方向走了。（《巴金自传》）

巴金抚摩过的卢梭铜雕像在1889年树立，第二次世界大战时期被熔掉，1952年另立新像，卢梭手臂再没有夹着草帽，变成手持一本书。

拉丁区不只是一个可供凭吊的地方，生活的脉搏也在这里急促地跳动。成群结队的学生，人行路上不期而遇的著名作家、学者或政治人物，营业至深宵的咖啡店，充满人声和音乐的酒吧，车水马龙的大街……

在区内找房子不难，法国最著名的几所大学和中学集中在这里，人数过万，从十九世纪末开始，外省和外国学生纷至沓来，区内民房一幢幢改建成小型旅店。房间设备虽然简约，一窗一床一桌一柜，面积不过十平方米上下，但有人打扫房间，加上区内商店一应俱全，还有大大小小食店，生活十分方便。梁宗岱便是居住在这样的学生旅舍里。居约街19号是一座六层高的楼房，街名纪念法学家居约（Jacques Cujas，1522—1590）。差不多一个世纪后，这家旅舍仍然屹立原地，改建为正式旅馆。拉丁区现在是游客必到的地方，酒店房间虽然十分窄小，却装修得很堂皇，租金水涨船高，再也不是留学生能够落脚的地方了。

拉丁区居约街19号
梁宗岱1925年至1929年居留处
《青年梁宗岱》作者摄

万花楼饭馆旧址
医学院街2号（现为书店）

与其他国家比起来，中国留学生多出一条喜欢拉丁区的理由，这里集中了全巴黎为数不多的几家中餐馆：

中国的饭馆，在巴黎市中共有四家，却［都］在拉丁区。最上等的是万花酒楼，去吃的人大都东方往来的阔人，或是英美的资本家。请一席客，千把佛郎，是平常的事（合中币百余元）。次一等的是中华饭店，去的人是日本商家教习和暹罗缅甸安南的小贵族。一顿饭稍微阔点，须得三四十佛郎。他们店内的装饰，皆是广东式，菜的口味，也是广派，因为他的主人皆是粤人。再次的就是共和和双兴两家。这两处是北方工人已经赚了几个钱的。他们店中，房屋狭小，饭食粗粝，一顿饭也要五个佛郎。这是中国一般学生大嚼之处，最穷的学生，还是不敢问津呢。其外在巴黎附近的哥仑布及比阳谷两个地方，也有二三处中国饭店，那是工人的俱乐部了。（筱功《巴黎岁莫通信》，北京《晨报》1925年12月16日）

中华饭店本是法国最早的中餐馆之一，由勤工俭学发起人李石曾在1914年开设，地址在第六区蒙巴那斯大街（Boulevard de Montparnasse）163号，但是生不逢时，碰上第一次世界大战爆发，两年后便关门。1919年冬，一个广东人与一个比利时人合伙，使用同一店名重起炉灶，地址在第五区学校街（Rue des Ecoles）。勤工俭学运动时期，这里是留学生的活动中心，饭店名字出现在很多文献中。至于万花酒楼，法文名 Restaurant le Lotus，直译"莲花饭店"，在1920年冬出现，位于第六区医学院街（Rue de L'École-de-Médecine）2号，离开索邦大学不到五分钟路程。东主张楠也是广东人，其兄张材在伦敦经营大饭店。万花楼的经营方式走伦敦著名的探花楼的高档路线：

……布置很特别，门前金字招牌，并印有金色古画，这种装饰，在中国不算新奇，在法国不多见了。其中的布置，也非常讲究，歌女奏曲，堂倌往还，很象中国的官座，所用的器具，是中国的古器。（V女士《华人在法经营之各种组织》，北京《晨报》1921年4月3—8日）

梁宗岱一个人生活，手头宽绰，很快便选定万花酒楼作为伙食的地方，请客也不作他想。在规范汉语中，酒楼与酒店同义，指酒馆或旅馆，但在广东方言，酒店是旅馆，酒楼是饭店。留学生或路过的中国人多数来自北方，不熟悉这种分别，自然而然简化为万花楼，梁宗岱也从俗，没料到惹起父亲震怒：

> 我记得有关莲花饭店一件趣事，这家饭店位于现在的拉辛街吉贝尔文具店（Papetier Joseph Gibert）二楼，地下有一个舞场，属于同一个东主。饭店中文名字是万花楼。二十年代，我的哥哥写信给我们，他每天都到那里吃饭，把我的父亲气得大发脾气："什么！他每天都去妓寨！"事实上，在中文里万花楼模棱两可。直译是"一万朵花"，但在中国，"花"有时表示妓女，正经的生意不会以"万花"为名的。（梁宗恒《花都华人》）

梁宗恒1935年才到巴黎，他看到的万花楼已经物是人非。创办人张楠在1927年把生意转售给湖南人姜浚寰，一位第一次世界大战华工，经营小工厂赚了钱。楼下原是西餐部，夜间可跳舞。管理人中有一位账房周竹安，是中共驻法国负责人之一，1939年返国，继续地下工作。1949年后进入外交部，1954年被委任为驻保加利亚大使，万花酒楼在他离开的1939年结业。

巴黎与日内瓦有一个明显差别，这里的中国留学生人数众多，成分复杂。中国学生来法始于清末洋务运动，第一批官费生在1875

年到达，只有五人，其后数度再派。进入二十世纪，清政府弃八股，废科举，兴新学，学校文凭代替金榜题名，学子争相进入新制的小学和中学，到新学源头的西方留学的潮流悄然兴起。

　　1911年清朝被推翻，留学增加一层意义，青年一代看成是"爱国救亡"行动。法国以"自由、平等、博爱"为立国之本，成为很多人向往的地方。但是，欧洲留学费用比日本贵一倍，又没有像美国动用庚子赔款的资助，令人望洋兴叹。就在此时，北京出现李石曾、吴玉章、吴稚晖发起的"留法俭学会"。当时留学法国的起动费用大约1700元，但是只要筹足600元学费和生活费，加上200元购买西伯利亚火车票，便可加入俭学会，动身前往法国，到达后有人接待，安排住宿，入学以至工作。俭学会先后送出三批留学生，共约140人。

　　1919年，乘着新文化运动和五四运动之风，全国各地掀起声势浩大的勤工俭学运动，短短一年半内，1414人到达法国，由法华教育会接待和管理。1920年，中法大学在北京成立，次年由中法两国政府提供资金，在里昂开设海外部。学校法文名L'Institut franco-chinois de Lyon，中国人称为里昂中法大学。这是一家正规高等学校，按照法国制度管理及教育。无论自费生或公费生，都要通过入学考试。

　　梁宗岱到巴黎时，勤工俭学生仍有近400人，加上数目相近的官费生，以及300名左右的自费生，总数超过1000人，分散在巴黎和里昂两个中心。二十世纪初的中国仍然没有摆脱沉重的历史包袱，人性的束缚远远没有解除。留学生到了外国，面对一个风气完全自由开放的社会，很容易从一个极端走向另一个极端，坠入放纵浪荡的陷阱：

　　　　学生自来法后，种种的人都有，所以种种现象也是无奇不有，约分四派。

(A) 公子派。有些学生本来是为读书来的，但到法后，一见法国物质之美，遂被物质化了，什么吃、嗑、嫖、赌都学到了，这路人大半都是有钱的官费生，有钱的富家子弟。有一位老官费留学生，留学十八年，学识不见有什么与众不同，但见儿子都在高小毕业了。

(B) 流氓派。竟有一班恶少年本来无业，游荡性成，来到法后，受物质的引诱，全变坏了，如沪上的拆白党在巴黎又重现出。人不怕曾作恶，就怕甘心作恶，他们就是自甘下流，没有方法可以挽救了，没有别的法子，只好任他们自然淘汰了。

(C) 俭学派。这派学生是好学生，一切费用务求节俭，所以没有一切的过分的欲望。食、住、学三项问题，每月三百方（按：法郎）也可以够用了，学文科的人这样可以够了，但学理科的人得四百方以上，不过也有少数糊涂混过的。

(D) 勤工俭学派。格外的克己，格外的努力，要数这派同学了。勤工不是不可能的事，但来的人不谙言语，不悉工作，又不能吃苦，所以失败了。有些同学真能吃苦的，可以学点东西，不过进步太慢了。据有人说，勤工二年，可以俭学一年。（V女士，同上）

陈学昭（1906—1991）比梁宗岱晚一年半到巴黎，这位快人快语的女作家放下行李才五个月便揭这个疮疤。她的文章专讲前两类人，有点以偏概全，传回法国后，在留学生中引起哗然，有人发传单攻击她，有人扬言要强暴她。1928年她因事回国，以笔名野渠为《语丝》写了多篇《忆巴黎》，其中一篇谈到此事余波：

去年，我曾写了一点文字，登在某杂志上，是将确实的留法学生的一大部分情形说了的。当时有所谓自命为里昂派者，就□大怒，以为我竟敢在泰山顶上动土，这是自讨苦吃，"鸣鼓而攻之"，结果我也真的稍稍受到了些麻烦，因为这个缘故，还连忙逃出巴黎城，到塞纳河边亚村去了的！当时的传单说是要来责问我，谣言说是要来侮辱我一次，以泄公忿！所以要这样对付我的原因是为，怕因我的文字断绝了一般留学生的吹逐与升官发财。
（《沉默着为母亲的英勇》）

陈学昭与郑振铎同船到法国，应该见过梁宗岱。在《忆巴黎》第二篇《有趣的译名》中，她谈到 Notre Dame（圣母院）的中译：

"听说梁宗岱先生在一本译文上，将它译为天后宫，还中国化得很好，不过意义似乎差得太远些了，天后宫是贡奉玉皇大帝的夫人，圣母院教堂却是耶稣的母亲的意思呵！鲁迅先生将它译为'我后寺'，却也十分切字义。其实梁先生的'天后宫'却也很巧妙的！"我说。

梁宗岱已发表的文字没有"天后宫"的译法，可能是在谈天说地时随口说过，在留学生中流传。陈学昭是一位反叛女性，思想激进，1934年回国后，千方百计到延安参加革命。梁宗岱在诗海中遨游，一生没有和政治沾边。两人相识不相知并不奇怪。

梁宗岱到巴黎不久便结识了一些留学生。他们是先到的官费或自费生，没有经济顾虑，但表现与两位女士描述不同，生活正派，这些人中有邵洵美。

邵洵美是浙江余姚人，外祖父是洋务运动时期的实业家盛宣怀，妻子盛佩玉是他的表姐，盛宣怀的孙女。1925年订婚后，他独自到英国剑桥大学攻读经济科，与前来进修的刘纪文共住一房。暑期，刘纪文受命广东省政府，到欧洲大陆考察市政，两人结伴到巴黎。通过张道藩，认识了一批新朋友，不久邵洵美加入了他们的天狗会。这个古怪的名称是用来影射和讽刺刘海粟在上海组织的天马会，主要成员有谢寿康、张道藩、徐悲鸿、蒋碧微、常玉、江小鹣等，小圈子经常在卢森堡公园地铁站附近的咖啡店聚会。梁宗岱此时仍在瑞士，他们无缘见面。1926年2月，邵洵美第二次到巴黎，逗留了约三个月，这一次他见到了梁宗岱，对他保留一个深刻印象，十年后把他写进《儒林新史》：

> 我不记得，梁宗岱是不是老谢介绍认识的。有几个朋友都叫他"青年会诗人"，因为他每天要做健身体操。他的两只臂膀，要是弯转了用一用劲，我们便可以看得出他的肌肉。他住在巴黎近乡一个工人家里，天天读着歌德的浮士德，他说他是用法文的译本对照了德文原文读的；德文原文里有几行他可以很响亮地读出来。他对于他自己读诗的音调极端赞美。他说有一个晚上有月亮，他便约了几个法国朋友，一同坐在小花园里的喷水池边的石地上，看着喷水池里月亮的影子；他朗诵了一二十首漱玉词，竟然感动得这些完全不懂中文的法国朋友，一个个都掉下眼泪来。

《儒林新史》是邵洵美以幽默笔法写成的回忆录，一直没有写完，最主要原因是"这部戏里的角色百分之九十都是我们天天可以碰见的朋友，说错一句话会使他们受到相当的影响；或则好意的叙述会使他们疑心到是恶意中伤；同时太顾虑了又会使真实打折扣。这都是我当前的困难"（《儒林新史》）。写成部分由上海《辛报》

在1937年6月18日至8月3日连载,梁宗岱出现在第21节《青年会诗人》和第22节《一种的热情》里。

撇开幽默的色彩,作者的描写相当传神,把一个入世未深、满腔热情的青年诗人绘画得活灵活现:

> 宗岱除了他那臂膀用了劲便会有的两块肌肉以外,的确浑身是诗人模样。那得意时潮湿的嘴,那看见了好东西便会爆裂开来的眼睛,那没有一忽肯休息的手,那最迁就自己理想的念头;再加上他特有的一种热情,合起来,便是一个十足的梁宗岱。宗岱所特有的一种热情要呼作沸情才适宜。这是事实。他谈话到了热烈的时候,吐沫真好像是滚沸的。滚沸到了顶点的时候,连真实都会被他焚毁掉。我可以讲一段关于他的故事。
>
> 原来老谢在把他夹袋中的那些诗人介绍给我的时候,里面也有几个画家,也有几个音乐家。我对于音乐,兴致比较少,而且这许多音乐家大半是制谱的,所以我很少和他们接近。平常的诗人不容易做朋友,所以我和他们也没有什么密切的来往。天天在一起的,除了老谢,差不多全是画家。江新和我会了一面便回国了,回国以后他便用江小鹣来署名。常玉和我是住在同一个客栈里的:有一个时期,早饭中饭夜饭我们全在一起吃。不多时他回他的老家四川了,把他的情人马姗留在巴黎盼望他。后来我也动身了,她和老谢、道藩、碧微、宗岱等送我上火车。到车站去的时候,马姗、宗岱和我,带了几件重要的行李,乘一辆汽车。快到车站了,她忽然哭得气都回不过来。我明白她是想到了常玉,哪里晓得我们的"青年会诗人"竟然有了奇异的幻想。光是幻想倒也算了,他却热情冲动起来,一壁拈着马姗的肩膀,

一璧却忸怩地劝着她。我仔细听时，他已讲到了最后一句："……不要伤心，他早晚会回来的。"马姗听到这里，立刻拭干了眼泪，很尊严地说："梁先生，你弄错了，我和洵美是极好的朋友，可是你须明白，我们的交情是平常的。"这时候我方才知道，他讲了好久讲些什么。不过马姗虽然这样讲，宗岱却一些也没有听懂；他仍是得意地望望我，又望望她，好像完成了一件伟大的工作。

马姗是一位法国女郎，现在通译马素。她的原名很长，Marcelle Charlotte Guyot de la Hardrouyère，1904年出生，当时与画家常玉同居不久。徐志摩1925年3月第二次路过巴黎停留期间，一位名叫严庄的朋友介绍他认识天狗会的一些成员。回到国内后，在12月写成《巴黎的鳞爪》，第二部分"'先生，你见过艳丽的肉没有？'"，全部用来描写常玉居住的"在一条老闻着鱼腥的小街底头一所老屋子的顶上一个A字式的尖阁"，称之为"艳丽的垃圾窝"。马姗没有出现，可见她在徐志摩离开后才与常玉同居。不久，1926年，常玉返上海，交代天狗会的朋友照顾她。这时候，梁宗岱到巴黎才几个月，刚开始结识天狗会成员，来不及弄清楚各人的关系，以为马姗是邵洵美的密友，闹出误会。

两年后，徐志摩在1928年6月第三次路过巴黎，回国后在1930年4月25日致函人在法国的刘海粟时说，"常玉家尤其是有德有美。马姑做的面条又好吃，我恨不得伸长了一张嘴到巴黎去和你们共同享福"，这位"马姑"便是马姗，在徐志摩路过前两个月，和从中国回来不久的常玉结婚。但仅仅三年之后，1931年，两人宣布离异。

差不多七十年后，台湾常玉专家衣淑凡女士经过多方努力，找到马姗的下落，两人在2000年会面。在她编著的《常玉油画全集》

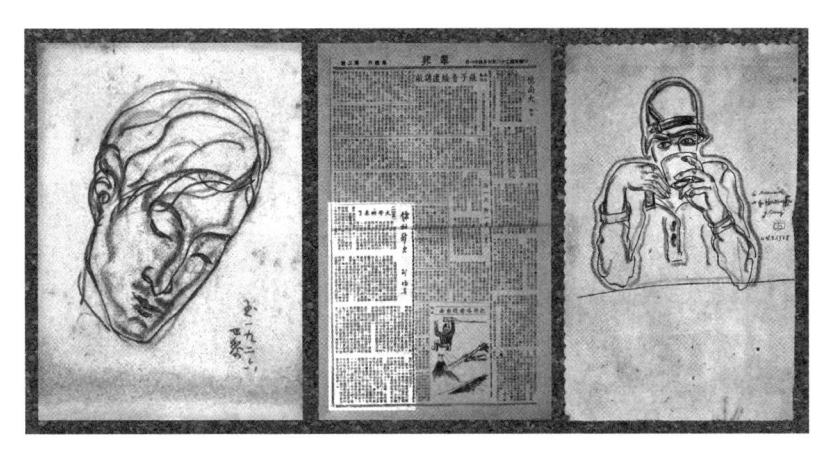

• 邵洵美像　素描　常玉（1926年）　原刊《图画时报》1927年1月第338期
• 上海《辛报》连载邵洵美《儒林新史》（1937年6—8月）　资料照片
• 常玉夫人马素像　常玉绘（1928年）　原刊衣淑凡《常玉油画全集》第一册

第一册，记载了马姗回忆常玉的谈话。2004年，巴黎纪美博物馆举办"常玉——身体语言"（*Sanyu, l'écriture du corps*）画展，衣淑凡女士到会，与马姗一起参加开幕式，合影的照片收入《常玉油画全集》第二册（台北财团法人立青文教基金会，2011年）。一百岁的人瑞，虽然坐着轮椅，却脸孔红润，神采奕奕，笑得像一朵鲜花。

就在邵洵美在巴黎乐不思蜀的时候，5月，"家里却来了一封信说，我们仅有的一笔房屋着了火，三十多宅屋烧掉了一大半；款子的来源势必要受影响。我听到这个消息，一些也不迟疑，马上整理了行李回剑桥，又和道藩约定在五天后再来巴黎，接了他一同回国"（《儒林新史》）。梁宗岱送行，陪他到车站，还送了一册精装的卢梭《忏悔录》法文版给他，在扉页上以钢笔写下几句题词：

　　洵美由英归国，道经巴黎，以此持赠，并藉以寄我火热的相思于祖国。宗岱一九二六，五，二一　法京抗日战争爆发后，这本书不知如何流出邵洵美的书房，出现在重庆一家旧书店的货架上，凑巧被巴金看见，他们两人同为朋友，卢梭又是他最崇拜的思想家，毫不犹疑买下来。1993年，九十二岁的巴金吩咐家人清理书架，捡出4000多册外文书，全数捐给上海图书馆，这本书是珍贵赠品之一。（陈子善《宗岱、洵美和巴金》）

邵洵美此后再没有回过欧洲，但是保持与梁宗岱的友谊。1936年，他创立的上海现代图书公司出版新诗库丛书，梁宗岱的译诗集《一切的峰顶》被选为第二种。同年，邵洵美在《人言》周刊3卷2期发表《诗与诗论》，反驳梁实秋责备象征主义诗歌是"一部分堕落的外国文学"的言论，在文中大力推崇梁宗岱，"对于'象征主义'，我国有专家梁宗岱先生的大著《诗与真》（商务出版），读了我们可以明白象征主义原来是艺术的最高的理想，她非特没有堕落，并且还过于高超"。梁实秋不以为然，在《自由评论》上连续发表两则书评反驳，第一篇评邵洵美诗集《诗二十五首》，第二篇评梁宗岱评论集《诗与真》。邵洵美的书出版不久，拿来评论有理，后一种已面世两年多，现在才评论不过是借口。梁实秋站在传统诗歌立场上，使用攻击性的词句，来意不善，迫得梁宗岱不得不应战，写了一篇《释象征主义》，刊登在天津南开大学《人生与文学》1936年第三、四期上。差不多八十年后，谁是谁非已泾渭分明。以法国诗人兰波为例，梁实秋在文中非难梁宗岱对他的高度评价，而法国文学史不断提升兰波的重要性，到现在已经把他和波德莱尔并列，视为古典诗歌向现代诗歌演变的世纪诗人之一。

邵洵美回国不久，新文化运动重要人物胡适（1891—1962）来到巴黎。1925年3月,英国国会组成英国庚款咨询委员会,英方八人,中方三人:丁文江、王景春和胡适。1926年8月初在英国开会,胡适坐西伯利亚火车,经欧洲大陆到伦敦,开了十天会后,利用休会时间在8月21日到巴黎,主要目的在于搜集禅宗重要人物神会和尚的资料。他在回到伦敦当晚的日记写下总结:"在巴黎住了卅四天,游览的地方甚少,瑞士竟去不成;然在图书馆做了十几天的工作,看了五十多卷写本,寻得不少绝可宝贵的史料,总算不虚此一行。"其余时间都花在官式和私人互相拜访,多次与汉学家伯希和会面,会见一些闻风而来的留学生,参观名胜、博物馆和观剧等。

在他的日记中,提得最多的一个名字是孟真。孟真是傅斯年(1896—1950)的字,这位北京大学学生是时代的弄潮儿,积极参与新文化运动和五四游行,一度成为叱咤风云的学生领袖之一。1919年秋季,山东省招考本省籍官费留学生,傅斯年参加考试,名列第二,于12月赴英留学,攻读实验心理学,并旁听物理化学等课程。1923年转往德国柏林大学,改读比较语言学,兼修地质与经济。回国后,先任广州中山大学中文和历史两系主任,后任中央研究院历史语言研究所所长、北京大学校长和台湾大学校长,1950年死于脑溢血,得年五十五岁。他在北京大学时并非胡适的学生,但是在胡适刚进北大担任教师,受到国粹派猛烈攻击时,他与一班同学组织新潮社,出版《新潮》月刊还击。两人的年纪仅差五岁,经过这场风暴成为挚友。胡适在巴黎时,经常与他促膝长谈至深宵。

在胡适的日记中,傅斯年的名字第一次在1926年9月1日出现,"傅孟真来,我们畅谈",此时他刚从柏林到巴黎,准备回国。梁宗岱的名字要等两个星期,到9月14日才出现:"……见着孟真、梁宗岱、郭有守诸君，一同吃饭。"梁宗岱显然在这两星期内结识了傅斯年，然后由他引见胡适。这是第一次见面，但在培正中学时期他曾经与胡适有过远距离的文字呼应。1909 年，正在北京中国公学读书的十八岁胡适，在 1 月 12 日《竞业旬刊》第 39 期发表了美国诗人朗费罗的《黎明》（*Daybreak*）的译文，标题易为《晨风》：

晨风海上来，狂吹晓雾开。

晨风吹行舟，解缆莫勾留。

晨风吹村落，报道东方白。

晨风吹平林，万树绿森森。

晨风上林杪，惊起枝头鸟。

风吹郭外田，晨鸡鸣树巅。

晨风入田阴，万穗垂黄金。

冉冉上钟楼，钟声到客舟。

黯黯过荒坟，风吹如不闻。

1921 年，同是十八岁的梁宗岱在广州读书，在《学生》杂志 12 号发表了同一首诗的翻译：

一阵风从海上吹来，

　　说，"啊雾儿，做房子给我吧。"

它招呼那些船儿，叫道，"驶进前，

　　你水手们呀，黑夜已经跑了。"

它对树林说，"喊哟！

　　把所有你的叶旗都挂出来哟！"

它触着木鸟儿的折叠的翅膀，

　　说，"啊鸟儿，醒来歌唱吧。"

又经过农地,"啊公鸡儿,

　　吹你的号筒,白天近了。"

它对田上的禾低声说,

　　"鞠躬,敬礼这将临的清晨。"

它呼喊而过钟楼道,

　　"啊钟儿!宣告时刻哟。"

它经过坟场带着一声叹气,

　　说,"还未呀!静悄悄地卧着吧。"

一首律诗,一首新诗,前后相距十二年,作者年龄也相距十二岁,见证了时代的演变。

胡适的译文附有简介:"朗菲罗氏为美国第一诗人,其诗如吾国之陶潜,秀淡幽咽,感人最深。今译其短歌一篇,以见一二。惜余不文,不能传其神韵耳。己酉正月译者附记"。两人不约而同喜爱朗费罗与陶潜,会面时必定有意无意流露出来,谈起话就会觉得投契。从9月14日第一次见面到23日胡适离开巴黎,前后九天,他们见过五次面,作为新交,颇为频密。

第二次在认识次日,胡适日记:"下午与孟真、有守、宗岱同去游 Bois de Boulogne(按:布罗涅森林公园),地方极大,风景很好。回来时,他们到我寓中闲谈。宗岱喜欢研究文学。有守虽专治经济,而读文学书很多。我们乱谈文学,很有兴趣。"郭有守(1901—1978)也是北大学生,四川资中人,公费留学法国,天狗会成员。1929年回国后在政府教育和外交部门工作,1978年去世。

第三次见面的日期有待落实。胡适日记在18日那页后面,夹着一张传单,没有任何说明,候至1930年12月31日,才作补记:

这一张"传单"是有人在巴黎万花楼上散发的。有一晚上我同孟真等约了在万花楼吃晚饭,我偶然被一件事担误了,去的很迟。我在门口碰着万花楼老板张楠,他低声说:"楼上有人发传单骂你。我特为站在门口等你。你不要进去了吧?"我大笑,说:"不要紧,我要吃饭,也要看看传单。"我上了楼,孟真、宗岱等人都在候我吃饭。我留心四望,竟看不见一张传单。我就不提起此事。吃完了饭,我们走到对街一个路角咖啡摊,坐下闲谈。我才问他们看见传单没有。他们说,他们把传单全收起了,怕我生气。我说,我决不生气。他们把几张传单交给我,我保存了一张在这里。当时我每天写几千字的读书日记,没有工夫记此等事。今天翻开此册,补记于此。

适之

一些史家根据传单在日记的位置,把"有一晚上"订为18日。但是18日已有记载:"晚上与M. Margonlies〔M. 马戈里斯〕同饭;他是M. Pelliot〔伯希和〕的学生,俄国人,年廿二,通中国文字,并能说话。他的博士论文为'中国古文'及'赋'两种。"之后一天的19日也不可能,他与弗里格曼小姐(Miss Fliegelman,哥伦比亚大学同学)和沈星五夫人晚饭。剩下只有之前的16日或17日。这两天都没有吃饭记录,内容都是长篇读书笔记,符合胡适所说"当时我每天写几千字的读书日记,没有工夫记此等事"。

这张"警告旅欧华侨同胞"的传单第一句是"请注意孙传芳走狗胡适博士来欧的行动!",全句加着重号,最后署名是"中国旅欧巴黎国民党支部"。胡适回到英国后,把传单寄给政治学教授张慰慈(1890—1976),接到回信说:"走狗这名称怎会加到你头上,这真是莫明其妙的笑话。听说在君近来非常利害，封了十五个国民党的机关，大概你的新名称是靠了在君的福得到的。"在君是庚款咨询委员会中方成员丁文江（1887—1936）的字，他在开会前三个月，接受了军阀孙传芳的任命，负责在上海整顿市政。为此，他没有前往伦敦参加会议，留在上海。但动手仅仅一个月，广州国民政府开始北伐。这张传单散发时，北伐军正与孙传芳军队在江西血战。丁文江的不合时宜举动，惹怒了很多人，连傅斯年也无法理解，在巴黎时多次向胡适表示，回国第一件事就是杀掉丁文江。胡适因为与丁文江同为庚款委员，遭遇这场池鱼之灾。

第四次见面在 9 月 22 日，"……晚上梁宗岱约我吃饭，与我和孟真饯行，在万花楼"，次日的日记记载了最后一次见面："上午收拾行李，十二时离巴黎。许楚僧夫妇、邓季宣、梁宗岱来送。"

从这些简短的记载，可以看出年轻的梁宗岱当时的激动心境。胡适和傅斯年都是新文化运动和五四运动的风云人物，是整整一代年轻人的偶像。五四运动时期，梁宗岱狼吞虎咽阅读新文化刊物，主要就是以胡适为主将的《新青年》，以及傅斯年创办的《新潮》。他十七岁在培正中学写成《快乐论》，文中引用的两种刊物就是《新青年》和《新潮》，引用两位当代人物的言论就是胡适和傅斯年。现在有机会与他们直接接触，可以说圆了他的一个少年梦。他很热情招呼他们，陪同游览，一起晚餐，设饭局饯行，车站送别，表现得有点相见恨晚。

傅斯年与胡适同一天离开巴黎，胡适折返伦敦，傅斯年前往马赛登船回国。四年后，1930 年 5 月，梁宗岱从巴黎写信给他：

斯年我兄：

　　前几天曾奉上片函，但因来信英文住址由上海商务转，竟寄往上海去了。今晨重读来书，始悉兄意原指天津，恐该函不能达，现在再述一番。

　　你的书，前数月因AE公司要拍卖，我已费了五百方领出来。又因久贮地窖里，恐发霉，所以冒昧将箱子打开，分插书架上。前本想先由邮寄奉关于历史研究一部分的。一则此中有一两本太大，邮局不肯收。二来国内战祸又起。现决意再装箱。一俟兄回音，即寄出。（能同时汇五六百方来更妙，因寄书先付钱，我囊又不□□）究竟战事于你们有影响否？

　　我回国日期，至早须明秋。暑假后拟到德意各住数月，然后首程。但家里连年受军事影响，经济颇窘，能否实现此计划，还是问题。回国后如有大学用的着我，当然乐就，何况更能常追随兄左右呢！不一。

　　　　　　　　弟　宗岱　　一九三十，五，二五

　　顷抄住址时，始悉由上海商务转，若此则言语集一部分书籍可于日内寄出。法国最近出版书目亦等同时寄上。Picont仍可买书，如要什么书籍，祈示知可也。

　　又及。

　　购书是傅斯年的癖好，"大战后因德国马克正低，这些书呆子就转到德国去，大买德国的各种书籍，有的终日连饭都不好好地吃，只想买书，傅斯年大约是其中的一个"（杨步伟《杂忆赵家》）。梁宗岱也是爱书之人，写信时离暑假只有三个月，他已准备好离开

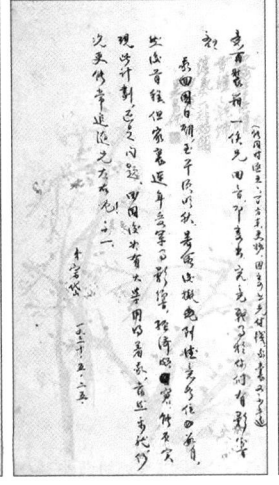

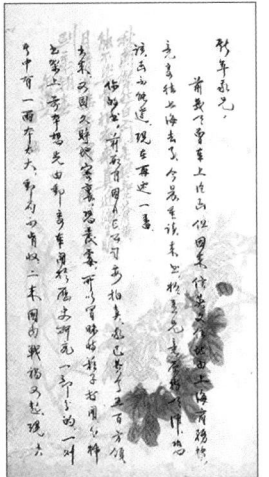

梁宗岱1930年5月25日致傅斯年信
资料照片

巴黎到柏林学德文，所以赶紧替他处理存书。他们分别四年，梁宗岱已经享有一定的文名，仍然热心尽责办理这些杂务。

1931年，梁宗岱接到北京大学聘书，回国担任法语系主任。当时的文学院院长是胡适，对他很器重，为了等他回来，让这个职位一直空置。当他到达北京后，胡适热情欢迎，"记得那时梁宗岱先生住在胡适家中的一个独门独户的偏院"（罗大冈《回忆梁宗岱》）。但是这种近距离的接触不仅无助于他们友谊的加深，反而令他们迅速疏远。两年后，发生了何瑞琼官司事件，两人彻底分手。

第八章

瓦莱里与索邦大学

梁宗岱到巴黎是为了进大学，他选择了巴黎大学（Université de Paris）文学院。一般史书说这所大学在十二世纪开始成形，由多间大大小小私塾式神学校组成。几百年间，成员和结构经过多次变化，大革命时期甚至一度消失。现在一般人称之为索邦大学（La Sorbonne），因为主校区位于其中一个成员索邦神学院的旧址。这家学院由神学家索邦（Robert de Sorbon，1201—1274）在十三世纪创立，办得很成功，路易十三的宰相黎塞留未发迹前担任过院长。大权在握后，他大举重建和扩张，里面的建筑物至今仍是巴黎大学的主要地标。校园在十九世纪末再次改建，之后便定型下来，一个世纪后，梁宗岱见到的大学面目和当年几乎没有两样，古色古香。

由于中央集权的历史传统，全法国最著名的教授都被收罗在里面。学校在欧洲赫赫有名，因为从一开始便向外国学生开放，而中国留学生要等到二十世纪才在这里出现。法国教育当局承认中国的毕业文凭，与法国学生待遇相同，读完中学者可进大学，大学毕业生可读博士，不必通过入学试关卡。注册轻而易举，只要先到中国公使馆办理"生辰证"，请使馆人员把中国文凭翻译成法文，然后向大学递交"呈请书"及相关证件，一两个星期后便会接到入学通知，只有医学、药物等个别专业例外。梁宗岱大学肄业,报读大学一年级毫无困难。

大学分为文法理医四个学院,梁宗岱报读文科,专攻法国文学。中国留学生很少走这条路,一来必须具有与法国学生不相上下的法语水平,二来毕业后出路远不如法律或政治。有关这段经历,梁宗岱本人在《我的简史》中只得几句:

> 翌年(1926)(按:应为1925)冬天,转赴巴黎,入巴黎大学文科。觉得考取学位要穷年累月埋头钻研一些专门的但狭隘的科目,不符合我的愿望,决定自由选课,自由阅读,以多结交外国朋友,尽可能汲取西方文化的"菁华"为主。

这几句话过于概括,省略了中间的具体经历,给人印象他一开始便决定放弃文凭。

中国留学生不追求文凭,并非始自梁宗岱。像同时期的傅斯年,他在英德留学七年,从心理学到自然科学,从地质学到哲学,真真正正的"自由选课,自由阅读",到最后没有参加任何学位考试便回国。梁宗岱到巴黎第一年结识他,有过多次接触,不会不知道他的情况。傅斯年也可能谈及好朋友陈寅恪,不久前还在柏林攻读东方古文字学和中亚古文字,一年前才回国。这位大学问家1904年和1918年两次放洋,在美国和欧洲勾留超过十年,同样没有报考任何文凭。不过,他们的留学方式并非人人都能模仿,如果没有深厚的修养,很容易变质,染上"吃嗑嫖赌"等恶习。而且有些事情"阎王做得,小鬼做不得",傅斯年和陈寅恪都是官费留学生,家庭没有一文钱投资在他们身上,出国前已是名满京城的人物,声誉和人际关系保证他们不必担心回国后失业。

梁宗岱不会不羡慕他们的潇洒，但是他出身小商家庭，留学费用来自父亲辛苦赚来的钱。当年放洋留学被视为"镀金"，"金"就是文凭，空手而归不啻是一件很不光彩的事情，既有愧于父母和家人，又难找一份好差事。事实上，他原先准备考学位，凭他的资质，要获得文凭不会太困难。在巴黎五年，生活基本上按照学校节奏进行，规规矩矩，该上课便上课，该放假才放假，到外地游玩总在假期，从来没有半途离开过巴黎。即使文艺创作和翻译，也像在培正中学时期那样，集中在寒假和暑假。后来改变主意放弃文凭经历一个过程，这是相当晚的事情。

法国国家档案局有一个索邦大学文学系的学生档案总汇，保存了梁宗岱的注册表。他从1925年至1927年，连续三年注册。填报名字Liang Tchong Tai，与后来使用的拼写Liang Tsong Taï不同，可能这是护照用名。像其他外国留学生那样，他选择攻读自由硕士学位，只要拿到四张学科考试文凭，便算取得学位。1925年第一年最用功，上半年通过英语文学考试，下半年现代哲学；1926年第二年报考法国文学，花了一年工夫通过；1927年第三年，选择法国古语文（philologie），这是最后一张所需文凭，但是注册表上没有填写交费收据号码，与前三张记录不同，表示没有参加考试。

从一个勤奋的大学生到不参加最后一场金榜题名考试，梁宗岱经历了人生的一场大变化。他抱着"吸取西方文化的'菁华'"愿望而来，认定能够在索邦大学得到收获。但是踏入课堂后，老师讲授的内容与他的期待有相当距离。法国大学教育与中国系统没有连接，尤其文学系，法国学生在中学已经熟习了法国语言和文学，拥有丰富的

第八章 瓦莱里与索邦大学

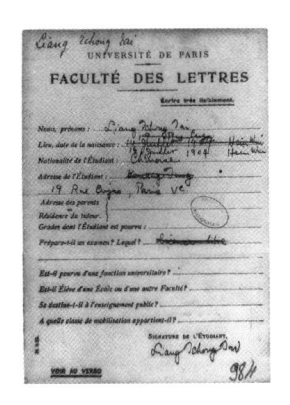

巴黎大学
文学系

姓名：梁宗岱

出生地及日期：1904年7月14日新会
学生住址：巴黎第五区居约街19号
报考科目：自由硕士（删除线）

学生签名：梁宗岱

学期注册

签名人梁宗岱，其身份在本表正页
申请报考高级文凭：英语文学
巴黎，1925年11月14日
签名：梁宗岱
地址：车站街26号
收据号码：9689

同上，报考高级文凭：现代哲学
巴黎，1926年3月19日
签名：梁宗岱
地址：沙蒂永火车站路26号
收据号码：2991

同上，报考高级文凭：法国文学
巴黎，1926年11月17日
签名：梁宗岱
地址：玫瑰村勒德吕-罗林街14号
收据号码：6214

同上，报考高级文凭：法国古语文
巴黎，1927年10月24日
签名：梁宗岱
地址：巴黎第五区居约街19号
收据号码（空缺）

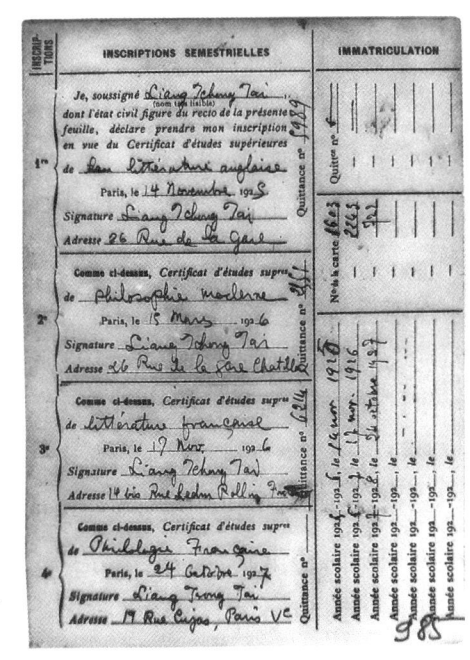

梁宗岱索邦大学文学院注册表（1925—1927年）
法国国家档案局藏

感性知识，梁宗岱仍须努力去认识去熟习语言，就像一棵接穗嫁接到砧木上，必须经历一个艰苦的适应过程。他希望继续走文学创作的道路，成为作家，大学课程却偏重理论和分析，学校不乏知名教授，但不可能出现诗人或小说家老师，文人墨客与学院派几乎水火不相容，这是足以令人气馁的事情。幸好索邦大学校园的学生生活十分活跃，有点像新文化运动期间的中国情况，学生会经常组织活动，文学系同学很多是文学喜爱者，课前课后，校外聚会，谈笑风生，按照各人的兴趣组成小圈子活动，梁宗岱如鱼得水，乐在其中，暂时忘记了失望。

命运之神没有给他太多折磨，很快便让他结识了著名诗人保罗·瓦莱里（Paul Valéry，1871—1945）。

瓦莱里出生在地中海边的小城塞特（Sète），很早便表现出对艺术和文学的兴趣。他按部就班读完小学与中学后，像他哥哥那样，进入蒙伯利埃大学（Université de Montpellier）攻读法律。在校期间，结识了后来成为作家的皮埃尔·路易斯（Pierre Louÿs，1870—1925），在他创办的杂志《号角》（*La Conque*）发表了最早一批诗歌，包括梁宗岱后来翻译的《水仙辞（少年作）》（*Narcisse parle*）。1892年10月，他刚得到法律硕士学位，到热那亚度假，在一个雷电交加、暴风狂雨的夜里，他经历了一场激烈的思想危机，第二天早上，他决定抛弃一直以来崇拜的文学和爱情偶像，献身于"纯粹的没有私利的知识"。他后来把这一天定为他的"精神生活"的起点，文学史则形象地称为"瓦莱里的热那亚之夜"。1894年他到巴黎，考进国防部任文员，由此时开始至1945年去世为止，他每天把自己的哲理思考和文学探索记录下来，总共写满了 261 本笔记本，后来命名为《笔记》（*Cahiers*）。1900 年，他转到哈瓦斯通讯社，担任东主的秘书，一直至 1922 年为止。在这段时间内，他的工作不忙碌，有很多空闲时间，除了研究数学和哲学外，继续与文学界朋友保持密切来往，发表过两篇讨论美学和人生哲学的长篇论文，但再没有沾手诗歌，1900 年后完全搁笔。1917 年，第一次世界大战方殷，伽利玛出版社突然出版了他的长诗《年轻的命运女神》（*La Jeune Parque*）。作家纪德是他的青年时代好友，两人一直保持密切往来。纪德在出版社工作，五年前提议把他的少作诗歌结集出版。他多次推辞后答应，准备写一首四十行左右的诗附在集后作说明。然而"这二十余年的默察与潜思，已在无形中，沉默里，长成为茂草修林了；只待一星之火，便足以造成辉煌的火底大观了。那原定四十余行的诗丝，乃一抽而不能复断：虽在欧战的枪林弹雨之中（那时他正在前敌某机关任职），他还是一样地在他的心灵的幽寂处苦思经营了四年，终于织就了一个五百余行的虹色的幻网"（梁宗岱《保罗·梵乐希评传》）。为了感谢此书的促成者，他把这部长诗献给纪德：

呈安德烈·纪德

诗艺荒废已有年

现尝试潜心此道

谨书此试作奉上

1917 年

长诗一出，在法国诗坛引起极大回响。瓦莱里的诗情被激发起来，诗篇继续面世，1922 年结集为《幻美》（*Charmes*），在此之前一年，他被文学杂志《知识》（*La Connaissance*）选为"法国今日最大诗人"。1922年,哈瓦斯通讯社东主去世,瓦莱里失去秘书职务,再没有固定收入,决定以文学为生。除了不断发表文章外,还到处演说,积极参加作家组织活动,很快便被人封为法国的"官方诗人"(Poète officiel),得到一个作家所能得到的所有官方荣誉。

梁宗岱在瑞士已听过瓦莱里的名字,读过他的诗,到达法国时,正值他的文学声望如日中天,索邦文学系的学生视他为偶像,整天把他的名字和诗句挂在嘴边。梁宗岱很快遇到一个千载难逢的机会:

> 时巴黎大学文科学生会正展开一个关于诗的辩论会,一个美国同学约我一起去访问法国当代最著名的诗人梵乐希(Paul Valéry),听取他的意见。我是带着战战兢兢的心情去按门铃的。出乎意料之外,一坐下他便对我们(特别是我)娓娓不绝地大说他对中国文化的观感。(《我的简史》)

• 瓦莱里在写字桌前(约1930年)　资料照片
• 瓦莱里木刻像　(法)L. J. Soulas　原刊《瓦莱里致路易斯十五封信》(1927年)

他的紧张心情是可以理解的，一个来自异国的留学生，面对法国诗歌大师，无法预测对方的反应。但是他意识到这个机会的重要性，事先抄好一些英文和法文写成的诗歌，一坐下来便大胆呈交给大师，请他指点。这个举动本身并非不寻常，对瓦莱里来说也是司空见惯的事情，他每天都接到诗歌作者类似的请求。但是这一次，梁宗岱的诗歌触动了他，他很欣赏诗句的音乐性。加上他"为人极温雅纯朴，和善可亲"（梁宗岱《保罗·梵乐希评传》），因此才会"娓娓不绝地大说他对中国文化的观感"。

这次会面固然留给梁宗岱不可磨灭的印象，对这个来自文化传统完全没有亲缘关系的东方青年，瓦莱里同样产生强烈的友好感情。三年后，他为梁宗岱的法译《陶潜诗选》（*Les Poèmes de T'ao Ts'ien*）作序，把这次见面的细节详细回忆出来：

> 我认识这个种族的第一个人是梁宗岱先生。一天早晨，他出现在我的家中，年纪轻轻，风度高雅，操一口十分清晰的法语，有时比习惯用法稍嫌精练。
>
> 他跟我谈诗带着一种热情，一进入这个崇高的话题，就收敛笑容，甚至露出几分狂热。这种罕见的火焰令我喜欢。（卢岚译文）

梁宗岱醉心文学和艺术，达到如痴如狂的地步，可以不分场合，不分说话对象，随时随地口若悬河，滔滔不绝。巴金是另一个证人：

> 和朋友D［按：岱］，一起从木下走到逗子车站，时候不过八点多钟！但在我却仿佛是深夜了，［……］天覆盖下来，好像就把我们两个包在那星的网里面。
>
> "好一天的星呵！"我不觉感动地这样说。［……］
>
> 这时候正在起劲地谈着贝多汶，谈着尼采，谈着悲剧与音乐，

谈着梦与醉的D，也停了他的滔滔不绝的谈话，把头仰着去看天空了。（巴金《繁星》）

梁宗岱当年面对瓦莱里，大概也同样一发不可收拾，也不管对方不仅是诗人，而且是诗学家，其纯诗理论超出国界和时代。这种表现多少有点冒险，很容易暴露自己的浅薄。幸好他除了"几分狂热"外，还带来实在的诗歌习作，瓦莱里稍作浏览，很快便作出结论：

我的喜悦很快变成诧异，我将他递过来的纸页一读再读，有英文诗，也有法文诗……我觉得前者相当好，但不敢下结论，因为我不敢相信自己。至于法文诗，质量毋庸置疑。

[……]

我很惊诧，几乎被弄糊涂。比起大部分请我或勒令我读诗的人，他的诗的确拔类出群。我从中找到别人没有的东西。这些短诗明显受到四十年前法国诗人的影响而写成。当年在巴拿斯派和象征主义之间，出现过一种企图把极度严谨和极度自由协调起来的探索。这种把这派人的建筑原理和另一派人的音乐结合起来的努力，导致热衷此道的人发明或繁殖出各种技巧，其中不乏神来之笔。

尽管梁宗岱先生是中国人，并且初习我们的语言，他在诗歌和谈话中，似乎不仅精通，而且热衷于这些相当特殊的精美，运用和谈论起来都出奇地好。（法译《陶潜诗选》序）

出自大师笔下的评语那么斩钉截铁，等于给梁宗岱颁发一张诗人证书，鼓励他投身到文学中。瓦莱里本人精通英文，十九世纪九十年代曾在伦敦工作过。至于法文诗，他的判断并非来自刹那的观感，而是有其理论根据，他很喜欢梁宗岱诗歌的音乐感。

这次会面的细节很清楚，但是没有日期。梁宗岱晚年回忆是"1926年春结识法国当代最大的诗人保罗·梵乐希"（梁宗岱简历残稿两页），这也是一般传记的说法，如果确实，他进入巴黎大学才几个月。但是他晚年的回忆出现好些明显的日期错误，还须与其他文献对照印证。前面提到，1926年5月，邵洵美见到他的时候，他"天天读着歌德的浮士德"，1926年8月胡适来巴黎，日记中没有任何他谈及瓦莱里的记载。

按道理，这么重要的日期，梁宗岱不会不记得的。细心看一下他的文字，可以发现最早在1936年写的《忆罗曼·罗兰》里，已经记载了这个关键日期：

> 正当到欧后两年，就是说，正当兴奋底高潮消退，我整个人浸在徘徊观望和疑虑中的时候：我找不出留欧有什么意义。直到他底诗，接着便是他本人，在我底意识和情感底天边出现。"像一个夜行人在黑暗中彷徨，摸索，"我从柏林写信给他说，"忽然在一道悠长的闪电中站住了，举目四顾，认定他旅程底方向：这样便是我和你底相遇。"

他在1924年冬到瑞士，"到欧后两年"便是1926年冬。"文革"时期撰写的《我的简史》更简捷了当，"翌年（1926）冬天，转赴巴黎，入巴黎大学文科"。因此他们的见面日期当在1926年10月后，也就是大学第二年开学不久。

这次愉快的会面成为梁宗岱文学生涯的最大契机，他很快便决定翻译瓦莱里的诗作《水仙辞》，"1927年，我利用课余翻译了瓦莱里的长诗《水仙辞》"（梁宗岱《译事琐话》）。陈占元在1927

年3月到巴黎，目击他已经开始翻译。

法国国家图书馆手稿部的资料证实这一点，瓦莱里在记事册最早提到梁宗岱是1927年3月14日，梁宗岱到他家来，请他外出进餐（雅雷第《瓦莱里传》）。以他当时的社会地位，带给他数之不尽的应酬，几乎没有个人自由时间。他愿意挤出时间接受邀请，说明两人已经来往了一段时间，更大可能是与他的作品翻译有关。

这件事在索邦文学院引起小小轰动。差不多一个世纪后，我们在索邦大学图书馆的发黄旧杂志里找到一篇文章，出自文学系一位女学生手笔，她是梁宗岱的同班同学，名叫玛丽－玛德兰·马蒂诺（Marie-Madeleine Martineau），发表文章时略去玛丽，简称玛德兰·马蒂诺。她在1908年出身一个文学家庭，父亲亨利·马蒂诺（Henri Martineau，1882—1958）本业医生，但酷爱文学。在1909年创办了小型文学期刊《长沙发》（*Divan*），两年后放弃医生职业，全家移居巴黎，专心期刊业务。为了支持生活和出版，开了一家书店，以商养文，一直坚持到1958年才结束，这一年也是他生命最后的一年。他尝对人解释对这本杂志的感情："一个人一生，必须包养一个舞蹈女郎。我不去咖啡店，《长沙发》便是我的舞蹈女郎。"

马蒂诺有这样一位文学父亲，幼受庭教，喜爱写作。她曾在《长沙发》发表过诗歌，这篇文章则刊登在《法兰西诗神》（*La Muse française*）上。这是一本历史久远的诗歌刊物，1823年创刊，发起人包括当时初露头角的雨果和维尼，曾经被视为浪漫主义诗歌的大本营。此后一个半世纪，这本杂志好像一面大旗，经历了一场又一场风雨，从这个人的手传到另一个人的手，多次倒下去，又多次重新竖起来，最后的掌旗人是老牌出版社加尼埃（Librairie Garnier），1940年德军入侵被迫结束。

1930年12月10日，《法兰西诗神》第9年第10期出版了《瓦莱里专号》，全部文章都以瓦莱里为题。马蒂诺文章题名《瓦莱里先生与索邦大学》（*Monsieur Paul Valéry et La Sorbonne*）：

> 随着岁月令我加深对自我的认识，我对瓦莱里先生的评价更高。但于我而言，他的名字将永远跟索邦大学的一些记忆分不开。在那里，我这个年轻的女孩子已经喜爱他，跟一群志趣相投的同学，一起赞颂他。大家都刚出中学校门，大家都发现了他。

> 事实上，我不打算在这里探讨瓦莱里先生跟索邦大学的种种关系，也非像评论家有能力做的那样，去研究他对不同的学生小团体作出的影响，亦不是要列出索邦大学的讲座清单，曾经谈及瓦莱里的，或者他本人曾经讲过话的。我只想唤回一小群人的共同记忆——那个年代，我们每三个句子就有两句提及我们的偶像，我们引述他的诗句语录，滔滔不断朗诵他的作品，甚至编成打油诗，当我们找不到语言来描述阅读他的作品所激起的热烈感情，我们便舒畅地长叹一声。

> 这个说："啊！《海滨墓园》（*Le Cimetière marin*）！真美！"

> "在《欧帕里诺斯》（*Eupalinos*）里，有一个和大海有关的句子，'海水淹没赤足，浸透，越过，再回落到上面'，你们可记得？"

> 所有人的脸孔都因为激赏而红光四射。另一个人从室外气喘吁吁跑进来，在明亮的课堂里高声喊叫：

> 你终于闪耀着了么，我旅途底终点！

今夜，像一只麋鹿奔驰向着清泉，

直到他倒在芦苇丛中方才停喘，

狂渴使我匍匐在这盈盈的水边。

（按：诗句来自《水仙底断片》，梁宗岱译文）

上课了，先来一条语录才开始。下课时，有时来一首打油诗：

啊，沉闷长课后犹流荡着的温柔，

课上完了，邻座之爱亦溜走！

呵欠几许，倦怠无力，但填满了

温柔地被压成一团的学识……

（按：原诗句子的梁宗岱译文：

啊，日力消沉后犹流荡着的温柔，

当他归去了，终于给爱灼到红溜，

慵倦，缠绵，而且还暖烘烘地炙手，

此中蕴蓄着无量数的宝藏……）

又有一天，另一个学生俯首在一杯清水上面，虔诚地诵读：

芳泉，我底泉，冷清清平流着的水。

《水仙底断片》（Les Fragments du Narcisse）得到这么样特别的宠爱，可能是因为我们的朋友梁宗岱正好在翻译，要介绍给中国的读者认识。

听他［用中文］朗读《水仙辞》的时候，真使人感到好奇！他使用一种跳跃的声音，抑扬顿挫，清脆奇异，像铃声颤抖，穿透出一种青柠檬的微妙酸味。

怎么就听出这是饱含柔软与温暖的瓦莱里音调！而梁宗岱信誓旦旦，说在汉语里，同样非常悦耳。

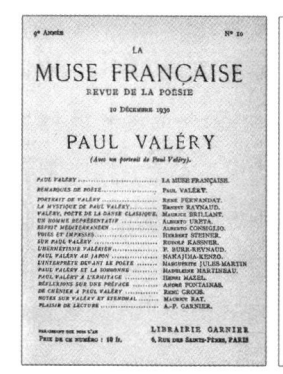

《法兰西诗神》封面　　　　瓦莱里像（1930年）　　　马蒂诺杂志文章一页
1930年12月号　　　　　　　题赠给杂志专号　　　　描述梁宗岱翻译时的热情
　　　　　　　　　　　　《青年梁宗岱》作者藏书

仍然是他，为一个金头发高个子年轻人下定义："一个了不起的家伙，能够从头到尾背诵《年轻的命运女神》。"他又提到另一个人："他不够聪明，再说他不喜欢瓦莱里。"

马蒂诺在文章开头，摆出一副老气横秋的样子，但很快便露出年轻人面目。她写文章时不过二十二岁，离开大学不久。整篇文章满溢青春气息，不是一个曾经沧桑的人能写出来的。寥寥几笔，勾勒出一个活鲜的梁宗岱形象，让我们知道他不仅像法国大学生那样上课，而且是校园文学活动的积极参加者，属于崇拜瓦莱里的学生圈子。她笔下的梁宗岱正是我们所熟悉的梁宗岱，一个自信、直爽、开朗的诗人。同时也旁证了他翻译《水仙辞》并非一蹴而就，而是白天黑夜都放在心上，挂在嘴边，不管人家是否懂汉语，只顾高声朗读琢磨自己的译文，其成功自有因由。

接着她描述当年大学生中的"瓦莱里热":

然而,这些表现不过是一种"瓦莱里热"(crise de Valérisme)发作的外部迹象,我们每个人都深刻地感觉得到身上这种热。我们阅读他的作品,一读再读,深思苦索,几乎全部吸收过来,语录和打油诗一样,来自同一个源泉。为了描述自己的思想情绪,他心爱的词语不断回到我们的嘴边:纯粹,秘密,寂静。他的诗歌对我们真是无孔不入。

使我们特别赞叹的是,他如此透彻地进入激情深处,在字词认识方面走得那么远。在那些玄妙的领域里,似乎只有音乐才能诠释的地方,他却游刃有余。他的诗歌逮住了感觉最微妙和最丰富的精细变化,一如它逮住了最抽象思维的暗示。

华兹华斯认为每一种感觉都值得写进诗歌,泰纳(Hippolyte Taine,1828—1893)谈到他这句话时说:"我们每个人,只有三四件事值得叙述。"瓦莱里不断回到他所关心的三四件事,从不同的情感角度和强烈程度来入手,我们以为这些是最重要的事,也最令人入迷。寻找认识自我,寻找观察感情和思想如何在自己身上产生,如何互相纠缠碰撞,以及从这种寻求中产生出来的自然道德观,对年轻脑袋的贪婪求知渴望,还有什么东西更具有吸引力的呢!

然而我们毕竟年轻,比起大师缺少练习,比如这些对感性的深入自我分析,或者这种令人晕眩的学识飞腾,我们既没有跟他同样丰富的学问,也没有同样的思考储备,我们不时迷失在陌生的光线里,但还未能登堂入室。

我们就像年轻的诗人济慈那样,一个尚未开垦的思想的房间向我们打开大门，里面有很多阴暗的角落。于是我们争论，我们求索，我们在把握不定的探索中互相带领。

梁宗岱厕身在这群热爱文学的大学生中，一起沉浸在"瓦莱里热"中，单凭这种经历已经能够学习到很多文学的奥妙，何况他比其他同学多出一个优越条件，能够亲炙瓦莱里的身教言传。马蒂诺文章最后叙述索邦"瓦莱里热"的最高潮：

> 我们胜利欢乐的日子，是居斯塔夫·柯恩先生在索邦大学讲解《海滨墓园》那一天。这有点像一出压轴戏，我听到教授以他的美丽而低沉的声音开始朗读：
>
> 这片平静的房顶上有白鸽荡漾。
>
> 它透过松林和坟丛，悸动而闪亮。（卞之琳译文）
>
> 这时候，我不知道是怎样的一种颤栗占据了自己。绝对的静寂，比起我们最专注听课的时候更甚。这是一种既沉思又激动的静寂。只有一个声音，一个饱满的声音，不断把我们沉浸在这首熟悉的诗歌里，它的崭新面貌使我们惊愕。正如我们听同一首交响乐，从来不会有两次相同那样，这首诗朗读得那么出色，跟我们一样带着虔诚的崇敬来朗读，在这座梯形教室里突然获得了一种簇新的色调和宽广度。
>
> 讲解对我们有帮助，但我们对这首诗足够熟悉，不至于在某些细节上完全认同讲课者的意见，这让我们后来非常开心地互相之间你争我论。
>
> 瓦莱里本人在课室里，我们认出他在听众之中，像一个听话的学生，专心听人家解释他的诗。我们偷偷地看他，他跟普通人无异，心中当然感到惊奇。然而，他的出现为我们的欢乐增加了

一种十全十美的圆满属性。我们所处的状态，是极度的狂热。

柯恩先生讲解之后，瓦莱里先生发言了。

他从座位一下子站起来，对教授表示感谢，对解说给予好评，阐释了一个难点，或者不如说提出自己的看法。他对我们说，他的诗一经发表，便不再属于他本人，任由我们以个人气质去理解，将我们想要的东西放进去。我们要在自己的身体内，去吸收他送给我们的这件礼物所包含的内容。

我们青少年时期就养成爱上这些诗歌，毫无疑问，随着感性变得更有自我意识，这些诗歌一定呈现出更深刻更珍贵的意义，事实已经是这样。还是济慈这么写道："我们阅读美文，在没有到过作者到过的地方之前，永远不会完整地领会。"我们能否指望走过瓦莱里走过的所有道路？他在路上撒下敏锐非凡的智慧。有谁知道呢？此时此刻，我们仍在寻寻觅觅，醉心于困难的事物，像太司特先生（按：M. Teste，瓦莱里笔下人物）的创造者那样。

这次演讲会很有名，居斯塔夫·柯恩（Gustave Cohen，1879—1958）是一位文学史家和评论家，1925年起在索邦大学任讲师，1932年被任命为教授。演讲会在1928年2月24日星期五下午举行。这是一次文学系课程，在最大的黎塞留梯形教室（Amphithéâtre Richelieu）举行，有九百个座位。瓦莱里以普通听众身份静悄悄出现在学生席上，但很快便被人认出。他的出现是一个谜，他的传记作家雅雷第教授（Michel Jarrety）提出两个解释。一是他事前接到柯恩的邀请，但这样一来，作为嘉宾，他没有理由坐到学生中间去。另一个解释是他在前一天晚上，曾经到过同一个梯形教室，参加一个政要名士群集的研讨会，由国防部长主持，讨论欧洲合作问题。

可能在进出的时候，看到课程告示牌，一时好奇，第二天私下跑来参加。

马蒂诺当时还年轻，又是瓦莱里迷，由开始到结束，只是一味感到兴奋，却不知道瓦莱里心中百感交集，回到家里在日记写下感想。他说自己当时好像分裂成两个人，一个活着，另一个已经死亡，活着的人坐在学生席上，聆听讲坛上的老师讲解死去的人的作品。他结束讲话时，引用了《海滨墓园》的一句诗："我在这里吸吮自己未来的烟云"（Je hume ici ma future fumée）。柯恩的演讲经过整理后，次年一月刊登在《新法兰西杂志》上，1933年再印成单行本，瓦莱里为他写了一篇序言，仍然坚持"任由读者理解"。

马蒂诺的文章没有提及梁宗岱是否在场，既然他是文学系学生，又在翻译瓦莱里的诗篇，没有理由会错过这样的盛会。

这篇文章让我们知道，梁宗岱在索邦得到的文学浸淫，对他的文学成熟起了决定性作用。如果把他的文学生涯比喻为一架飞机，他在广州培正中学和岭南大学几年所写的新诗，相当于飞机在跑道上开始滑行，其文名止于文学研究会范围，尚未突破同时代的青年诗人的圈子。真正的起飞是在索邦大学，第一架"飞机"便是瓦莱里提供的《水仙辞》。瓦莱里的名声不是虚假的，传媒对他的报道无分巨细，梁宗岱把《水仙辞》译成中文的消息，不消多时便传到学校外边。一位报刊独立记者跑到他那里采访，写了一篇《汉语瓦莱里》（*Valéry en Chinois*）：

> 他们可能会满不在乎反驳说："多此一举，大家已经当这是中国货"，"至少，我不觉得有需要译成中文"。一些人心怀恶

意，另一些人愚不可及，他们要吹响已经破裂的挖苦小号！吹吧，不停地吹吧！

面对这道从西方射向东方的悠长光芒，人们到底会感到惊奇的。瓦莱里肯定不会否定印度神秘主义和中国哲学的某些真理，这些真理不是无足轻重的。中国人面对瓦莱里，难道还有比知道他们的反应更使人感兴趣的吗？

为了先一步知道，我拜访了幸运的翻译家。梁宗岱——既然要说出他的名字——是一位前途无量的年轻中国诗人。《欧洲》杂志在让·普雷沃提议下，发表了他的一首诗《回忆》，以及王维的短诗《酬张少府》的译文。

梁宗岱怎么样翻译起瓦莱里的作品呢？有点出于偶然，也像经常发生的那样，有更深层的原因。三年前，他还在瑞士学习法文，一位同学向他揭示了瓦莱里，而这位未来译者马上对他的诗歌狂热崇拜起来，《水仙辞》在他脑袋里歌唱。

梁宗岱喜欢瓦莱里的诗歌，更甚于散文。他告诉我，这是因为在诗歌里，瓦莱里的思想与形式连结最紧密。他又说："如果想通过瓦莱里的诗来分析他的思想，就会缩小他的思想。"梁宗岱跟我说，他在《水仙辞》里感受到的这种恬静，这种纯粹，令瓦莱里必然更接近某些中国诗人，因为里面包藏着一种令人不安的虚无主义。比如王维，他的诗如此理性，又如此感性，还有已知的中国第一位诗人，著名的屈原。后者甚至表现出惊人相似之处，尽管及不上瓦莱里。他年轻时代写下的三十八行的《橘颂》，正是瓦莱里《棕榈树》的中国对称诗篇。橘树象征屈原，就像棕榈树象征瓦莱里。

只不过，中国诗人有一种道德观点，我们的诗人瓦莱里完全没有。那就是有一天，屈原这样回答渔父："举世皆浊我独清"。有谁知道新近某一天，特司太先生不曾这样回答过舍提（Sète）的渔父呢？

作者鲁佐（Maurice Rouzaud）也是年轻人，1907年才出生，但出道很早，未到二十岁便成为文学记者一颗新星。除了书籍和作家评介外，他从1928年开始，撰写了系列性的作家访谈录，请他们发表对文学批评的观点。他的文章风格新颖，叙述生动，与一般的访问记大不相同，很受读者欢迎。尽管他是新人，但很多大作家都愿意接受他的访问，其中包括瓦莱里。访谈录陆续发表在《文学艺术科学消息报》（*Les Nouvelles littéraires, artistiques et scientifiques*），报纸名字太长，一般人取前面部分，简称为《文学消息报》，从1956年起，该刊也从善如流改用此名。

访谈录系列连载至1929年下半年结束，鲁佐把文章结集出版，题名《批评往何处去？》（*Où va la critique ?*）。此书具有重要的文学史价值，至今仍经常为学者和专家引用。鲁佐对梁宗岱所作的访问记，不是收在这本集子中，而在早几个月出版的《思想体育》（*Sport des idées*）里，有关梁宗岱那篇是六篇访问记之一，原先发表在1928年5月12日《文学消息报》第五版。为了找寻这篇访问记，笔者先在旧书摊觅得《思想体育》，后来才在图书馆看到报纸初刊的真面貌。

《思想体育》有一张钢笔素描的鲁佐肖像，作者是科克托（Jean Cocteau, 1889—1963），著名的诗人、戏剧家、小说家和画家，1955年当选为法兰西文学院院士。他画笔下的鲁佐温文尔雅，一个

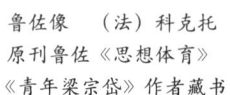

鲁佐像　（法）科克托
原刊鲁佐《思想体育》
《青年梁宗岱》作者藏书

《文学消息报》1928年5月12日第一版
鲁佐《汉语瓦莱里》刊第五版
法国国家图书馆藏

二十岁出头的美男子，一种对未来充满信心的神气。作者也的确雄心勃勃，书中附有他的著作表，已出版的书只有一本诗集，"准备中"（En préparation）却有十种。可惜天不假年，两年之后，1931年4月，报纸突然刊登他的去世消息，死因没有透露，只说他得年二十四岁。

　　他留下这篇《汉语瓦莱里》，提供了《水仙辞》翻译时期梁宗岱的第一手信息。访问记有一句话需要解释一下，"一种令人不安的虚无主义"。瓦莱里从来不是虚无主义者，也没有专文论及虚无主义，更没有提倡，可是法国文学史却有"瓦莱里虚无主义"（le nihilisme valéryen）的说法。这是评论家创造的词组，有其特定的内容，使用时多少带点贬义。梁宗岱不会认同这种说法，也不会这样回答，这句话应当是访问者自己的话。

在索邦大学期间，梁宗岱与其他中国留学生来往密切，单是每天到中国饭店吃饭便提供了无数见面机会。他又是一个爽朗开放的人，无所不谈，因此他结识瓦莱里及翻译《水仙辞》的消息很快便传遍留学生和路过的中国人。

任何人见到他，立即发现他整天把瓦莱里挂在嘴边。1927 年 6 月 26 日，郑振铎（1898—1958）到巴黎次日中午，第一次在路上见到他，晚上再相遇：

> 夜，遇敬［隐渔］君，请他在万花楼吃饭，用四十佛郎。又遇梁［宗岱］君，同到他家里坐了一会。他买了不少的书，都装订得很华丽。他说，他的生命便是恋爱与艺术。而他近来有所恋，心里很快活。他比从前更致力于诗；他所醉心的是法国现代象征派诗人瓦里莱（Paul Valéry）。这个诗人便是在法朗士（A. France）死后，补了法朗士的缺而进法国学院（L'Académie de France）的。他是现代享大名的诗家，梁君和他很熟悉。所以受了不少他的影响。（《欧行日记》）

陈占元（1908—2000）是广东南海县人，1919 年至 1924 年曾在培正中学附小与岭南大学附中求学，与梁宗岱先后同学，异域相见，来往相当多：

> 我在 1927 年春天到巴黎后和梁宗岱认识。他正在翻译保尔·瓦莱里（他当时译作古雅的梵乐希）的《水仙辞》和写一篇介绍这位诗人的论文。这篇论文的内容成为我们谈话的核心。他谈到瓦莱里的时候十分兴奋，滔滔不绝，我难得有插嘴的机会。（《雨果与梁宗岱》）

这段回忆有两个细节须说明，《小说月报》1929 年 1 月发表梁宗岱的《水仙辞》译文时，瓦莱里的名字译为哇莱荔，到1931年中华书局出版单行本时才改为梵乐希。另外，"介绍这位诗人的论文"在翻译基本完成才开始，成文于一年多后的1928年6月2日。

陈占元这时才十九岁，长兄般的梁宗岱对他热烈讲述瓦莱里，给他留下极为深刻的印象。在他晚年写的回忆文章中，瓦莱里和梁宗岱的名字多次出现。他一直保持与梁宗岱的友谊。1934年回国后从事翻译和出版工作，抗战期间在桂林主持明日社，曾替梁宗岱的华胥社著作担任发行工作。1946年，他受聘为北京大学法国文学教授，2000年去世。

结识瓦莱里，翻译《水仙辞》，很多人都会羡慕梁宗岱的好运气。然而，和瓦莱里那样的大师交往，翻译这本连法国人也视为天书的《水仙辞》，单有运气还不够，还要求一个人的全部才能。这不是一条鸟语花香的漫步小径，这是一条荆榛满途的山路。

梁宗岱与马蒂诺、鲁佐、陈占元都是瓦莱里的崇拜者，但他们不会料到这位大诗人后来成为法国抗敌大旗之一。1940年，纳粹德

戴高乐将军亲自主持国葬仪式
电影纪录片《瓦莱里去世》（1945年）

国葬仪式以阅兵结束
法国国家视听档案馆（INA）藏

国入侵法国，一年后扶植贝当元帅建立维希伪政权，法兰西文学传统上为军人保留一个席位，贝当在 1931 年当选为院士。此时有院士提议以学院名义，祝贺这位同僚出任"国家元首"。瓦莱里拍桌起而反对，当年贝当入选与他在第一次世界大战中勇战德军有关，负责宣读欢迎词的院士正是瓦莱里。其他院士纷纷站到瓦莱里这一边，文学院竖起了知识界最高的抗敌大旗。戴高乐将军极为赞赏瓦莱里的爱国精神，他在 1945 年 7 月去世后，为他举行了隆重的国葬。

第九章

中译《水仙辞》

所有接触过瓦莱里作品的人,都知道他的思想不仅深沉,仿如哲学,文字同样深不可测,难以一眼读懂,非要反复咀嚼,仔细寻味。就以他为梁宗岱法译《陶潜诗选》所写的序言为例,梁宗岱在《诗与真二集》收入北大学生王瀛生的中译,卢岚读后尝试重译一些句子,却发现这篇表面平淡无奇的散文,没有普鲁斯特式的千字超长句子,也没有现代派的自造古怪词语,每个单词都熟悉,但要弄通其真正含义,找到让读者也明白的中文表达,所花的时间和脑力,比任何作家的文章都要多几倍,甚至几十倍。她最后自我挑战,重译了全篇序言。梁宗岱精通法文,翻译过瓦莱里的作品,但他在提及瓦莱里开山作品之一的《达文奇方法导言》(*Introduction à la Méthode de Léonard de Vinci*)时,也曾感喟:"原文思想太浓密,字句太凝练,译出来颇不易解。"(《论崇高》注解)戴望舒是翻译界翘楚,他的译诗集(湖南人民出版社,1983年)只有瓦莱里一首十四行诗《消失的酒》(*Le Vin perdu*),非不为也,实难为也。

然而瓦莱里的论著以言之有物著称,含意深刻,往往寥寥数句,就足够评论家发挥成一篇长文。诗歌也一样,朗读起来,那么悦耳,那么协调,意境那么深邃完美,即使听者未必立即明白含意,已经觉得是一种享受。可以说，瓦莱里的作品令人既爱且恨。

梁宗岱初识大师，心情兴奋，一下子便决定翻译他的诗作。他选中《水仙辞》。这不是一本独立诗集，而是从两本不同诗集选出来的两首同主题诗的结集。水仙（Narcisse）是瓦莱里酷爱的写作题材，在他一生五十多年的创作中，至少发表过八次相关的作品，其中几篇是未定稿。真正完成的有三首，第一首 *Narcisse parle*（《纳喀索斯之语》），发表于 1891 年，收入诗集《旧作诗谱》（*Album de Vers Anciens*，1920）；第二首 *Fragments du Narcisse*（《纳喀索斯断片》），由三节组成，分别作于 1920 年及 1922 年，收入诗集《幻美》（*Charmes*，1922）。第三首 *La Cantate du Narcisse*（水仙大合唱），1938 年写成，由女作曲家塔耶费尔（Germaine Tailleferre，1892—1983）谱成女声四重唱。梁宗岱翻译时，最后一首尚未面世，只翻译了前面两首。

两诗都以水仙临流自鉴为场景，但互相间没有直接关系，各自独立，可以从多种角度去探索。到了今天，在法国大学里仍是热门的学位论文题目，在中国也开始有人研究。法语并非梁宗岱的母语，成年后才开始学习，首先在岭南大学选修一年，然后在瑞士读外国人语言班一年，进巴黎大学不过一年多一点，其语言感性认识尚有待丰富。瓦莱里说他"操一口十分清晰的法语，有时比习惯用法稍嫌精炼"，意思就是他的口语尚有书面语言痕迹。在这个基础上翻译瓦莱里深奥的诗歌，困难不少。他当然可以像一般译者那样，查阅字典，寻找参考书，与法国同学和朋友讨论，然后冥思苦想，也可以向原作者请教某些特别的难点。在这上面，他的运气非常好。

瓦莱里认为作品一旦发表，作家的任务便完成，从来不解释自己的作品。然而梁宗岱获得特殊待遇，1928年7月12日写成的《水仙辞》译后记，有具体的记录：

> 去年秋天一个清晨，作者偕我散步于绿林苑。木叶始脱，朝寒彻骨，萧萧金雨中，他为我启示第三段后半篇底意境。

绿林苑是梁宗岱为巴黎西郊布罗涅森林公园（Boulogne）起的中式名字，瓦莱里的住所在巴黎十六区维勒朱斯特街（rue Villejust）40号，离这里很近，步行只需十来分钟。他的寓所在一座四层高的楼房里，原属印象派女画家莫丽索（Berthe Morisot，1841—1895），在1883年建造，曾经一度成为印象派画家聚会地点。1902年莫丽索的女儿出嫁，与她的表妹同时举行婚礼，表妹的丈夫便是瓦莱里。婚后两家人分住这座楼房，瓦莱里住在四楼，最上面一层。

散步那天晚上，梁宗岱给瓦莱里写了一封信：

> 亲爱的大师：
>
> 今早离开后，禁不住不断思索大师启示我的水仙结局主题。如此美丽，如此真实！倘若不写成诗句，流传后世，实在是诗歌的一个重大损失。
>
> ……水仙底水中丽影，在夜色昏瞑时，给星空替代了，或者不如说，幻成了繁星闪烁的太空：实在唯妙唯肖地象征那冥想入神底刹那顷——"真寂的境界"，像我用来移译"Présence Pensive"一样——在那里心灵是这般宁静，连我们自身底存在也不自觉了。在这恍惚非意识，近于空虚的境界，在这"圣灵的隐潜"里，我们消失而且和万化冥合了，我们在宇宙里，宇宙也在我们里：宇宙和我们底自我只合成一体。这样，当水仙

凝望他水中的秀颜，正形神两忘时，黑夜倏临，影像隐灭了，天上底明星却一一燃起来，投影波心，照澈那黯淡无光的清泉。炫耀或迷惑于这光明的宇宙之骤现，他想象这千万荧荧的群生只是他底自我底化身……

　　这便是我回家时的思考。如果我误解大师的思想，敬希原恕。

梁宗岱

　　这封信中间的主要部分，梁宗岱曾经自译成中文，用于《水仙辞》译后记中，本书作者续貂补译了一前一后两小段。三者并列，显得很不协调。梁宗岱的中文如此华丽夺目，和他翻译《水仙辞》的风格完全一致，无法模仿。然而，文字完全忠实于法文原文，逐字对照，一字不差，只增加了"正形神两忘时"几个字，这是为了语气转折更自然。他没有刻意去美化译文，信函的法文同样使用形象丰富的文学语言。

　　这封信原件现存法国国家图书馆，写于1927年9月7日。信中没有提到"散步于绿林苑"，但是瓦莱里的约会记事册提供了一些旁证。这些记事册每三个月一本，保留得很不完整，剩下不足十本。因为很少使用，大部分页面都是空白的，即使有记录，也只是随手写下两三个字，所以没有刻意保存。现在能看到的几本，刚好有1927年第三季记事册（7月至9月），也就是梁宗岱所说的林中散步时期，但是9月7日那页完全空白。倒是三个星期前的8月17日写着"到林中散步"（promener au bois）几个字。在1930年第一季记事册（1月至3月）里，2月8日那页写着"十一时，梁君"，下面另有三个人名，分别冠上时间三时、四时及六时，明显是约会时间，梁宗岱独占上午。这三个日期有一个共同点，都是星期六。由此推想，周末是瓦莱里的休息日，用来散步，以及在家里接见客人，记事册其他一些记录也证实这一点。因此，1927年9月7日，星期六，瓦莱里把梁宗岱带到布罗涅森林，在宁静的湖水与参天蔽日的古木之间漫步，向他解说《水仙辞》，这实在再适合不过。

译者得到原作者的指点是罕有运气，但不能代替自己的工作。巴黎文艺沙龙聚会时，时常请人朗诵诗歌，玛格丽特·茱尔-马丁（Marguerite Jules-Martin）是当时最有名的一位。她为《法兰西诗神》的"瓦莱里专号"写过一篇文章《面对诗人的朗诵者》（L'interprète devant le poète），解释如何理解瓦莱里的诗歌：

> 为了真实表达一首像《棕榈篇》（Palme）这样的诗篇，必须抛弃自己的个性，顺之从之，一读，二读，三读，不要考虑明确的东西，沉醉在诗句中，在优美的诗句中，等待奇迹……纱幕逐渐扯开，一切清楚了然，这时诗节除了悦耳，还有真正的涵义。你感觉到天才的灵活乐器，一种伊奥利亚式竖琴。千万不要追求效果，顺之从之！没有什么快乐能比得上这种顺从。
>
> [……] 当你处于完全顺从状态时，你和诗人紧密联结在一起，你变成好像获得灵感的人，这时轮到你来创造，或者更确切地说，再创造。

我们不知道梁宗岱是否采用这个方法，但是知道他很喜欢高声朗诵诗歌。瓦莱里的诗歌有一个特点，音乐性特别强。《水仙辞》第一首诗在1891年春天发表在《号角》创刊号上，著名诗人马拉美击节赞赏，写信给瓦莱里："《水仙辞》令我入迷"，"你要保持这种罕有的调子"。

梁宗岱对诗歌的音乐感十分敏感，下过功夫研究：

譬如法文诗本来最忌"T"或"S""Z"等哑音连用，可是梵乐希《海墓》里的

L'insecte net gratte la sécheresse

却有无穷的美妙，这是因为在作者底心灵与海天一般蔚蓝，一般晴明，一般只有思潮微涌，波光微涌，因而构成了宇宙与心灵间一座金光万顷的静底寺院中，忽然来了一阵干脆的蝉声——这蝉声就用几个T凑合几个E响音形容出来。读者虽看不见"蝉"字，只要他稍能领略法文底音乐，便百不一误地听出这是蝉声来。这与实际上我们往往只闻蝉鸣而不见蝉身又多么吻合！（《论诗》）

翻译《水仙辞》时，他不仅极力去理解作者的意图，从中国传统中去寻求对应的象征，使用大量典雅词语，以求重现瓦莱里的文字风格，而且在音节和诗韵方面，力图保持原诗的音乐和节奏。最后得出来的中文诗，并不是逐字对译，而是经过再创作，把全诗清凄美艳意境，原本地传达给读者，好像瓦莱里用中文写作那样，有一种说不出的魔力。读者一开始朗读，便立即被吸引，变化多端的词汇，优美的旋律，一句接一句，刹那间便把人带进诗神的迷魂阵，尽管没有立即理解诗句的全部含意，却不由自主沉醉到一种近似心荡神怡的状态。这种境界在听音乐时有时会发生，诗歌却很少见：

哥呵，惨淡底白莲，我愁思着美艳，
把我赤裸裸地浸在你溶溶的清泉。
而向着你，女神，女神，水的女神呵，
我来这百静中呈献我无端的泪点。

> 无边的静倾听着我,我向希望倾听。
> 泉声忽然转了,它和我絮语黄昏;
> 我听见银草在圣洁的影里潜生。
> 宿幻的霁月又高擎她夐古的明镜
> 照澈那黯淡无光的清泉底幽隐。

不必理会内容,单是听这一连串抑扬顿挫的悦耳声音,便是一种享受。回头再看文字,便知道第一节写水仙临流自鉴,第二节月亮升起。

当然,这种翻译风格并非人人都认同。铃木信太郎是《水仙辞》日文译者,1920年毕业于东京帝国大学法语文学系,1925年到法国留学,一年后携带大批法国象征主义书籍回国,开始翻译这一派诗人的作品,瓦莱里是其中之一。战后1945年获得博士学位,论文以马拉美为题。1934年梁宗岱与沉樱在叶山居留期间,与他邂逅。三年后,他在《梁君去来》一文中,回忆这段经历:

> 时值一九三四年(昭和九年)盛夏。我闲居在湘南海滨,眺望着在湛蓝的海中玩水嬉戏的少女度日。太阳灿烂时带着孩子们到海边去,趁着阳光未弱带他们回家,这时候,总会和前来海边游玩的外国人,还有穿着颇有异国风情的男女擦肩而过。每日如此,虽然不曾打招呼,却也认得他们的容貌。
>
> 有一天,我遇到一个奇怪的人。我远远看着他与众不同的身影,在一条小道上朝我走来。他在烈日下光着头走路,身上随便披着一袭衣裳,像一件白色的长睡袍。走近再看,这是一个中国人,脸孔阔宽,头发不浓密,随意梳向后面。他穿的袍子似乎是

黄色的茧绸布料。大家迎脸而过，我扭头回望，这时瞥见他的背部中央，有一个我们绊缠常有的圆形图案，直径大约三十厘米。但这不是普通的印花图形，而是以同色丝线绣成的一条龙。

"好漂亮！"我的孩子说。我不禁想起中国清朝大官的称呼"满大人"（Mandarin）。

三四天后，我半醒半睡，俯卧在海滩热沙上，沉湎在牧神梦中。有人走来在我旁边坐下，他是我的哲学家朋友下田弘，身边站着那个中国大官，身穿一条黑短裤。我非常惊讶，跳起身，我像他一样穿得很少。下田君向我介绍：这位是梁先生，中国诗人。

梁先生不是大官，而是诗人，这种职业可以说比大官更高贵，他不谙日语，以法文和我交谈。

Ryan Tsontai，Ryan Tsontai，我像念咒那样喃喃念着他的名字，茫无头绪。问他汉字怎么写，他在沙上写出"梁宗岱"。"原来是梁宗岱！我知道。你是把瓦莱里《水仙断片》译成中文的诗人，以《水仙辞》为书名。"我认识这些事令他有点惊奇，同时也让他感到得意。（赖子轩译文，下同）

次年五月，梁宗岱到东京，与下田弘一起去拜访铃木信太郎，回国前再见过一次面，获赠印数五百册的珍本书《译诗集》，内有日译《水仙辞》。他们的友好交往并未妨碍铃木信太郎批评梁宗岱的《水仙辞》译文。他在上述文章里提到，曾以自己的译文去比较："我翻译的原诗，被分割得七零八落，散落在梁君翻译的各处，但不时也有一致的地方。梁君真不愧是生在文字之邦的诗人，文辞优美的诗句，安排得比法语还要难懂。"文章在1975年收入全集时，他加上一段附记："自昭和十年见过梁宗岱之后，再也没和他通过书信，不过我还是不时

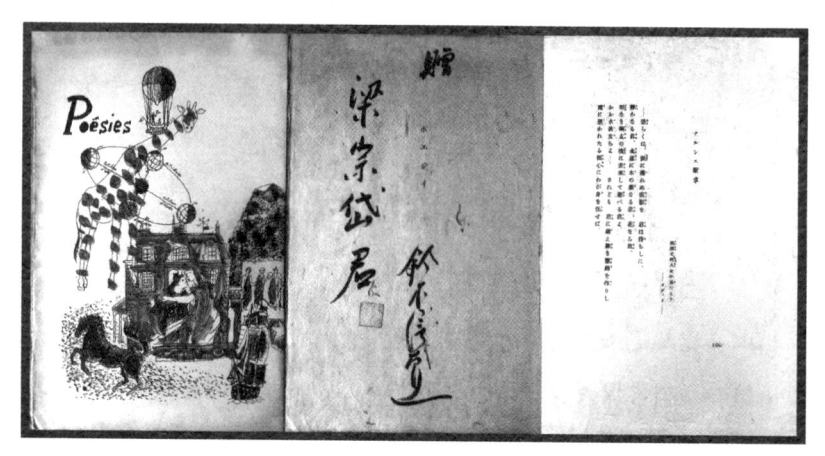

铃木信太郎题赠给梁宗岱的《译诗集》 内有瓦莱里的《水仙辞》日译
©广东外语外贸大学梁宗岱纪念室

沉醉地重读他的《水仙辞》。说不定,在这篇《水仙辞》中,梁君改写的诗句'你终于闪耀了么,我旅途底终点',也是为了他而准备的。"既然"不时沉醉地重读他的《水仙辞》",等于承认梁宗岱译文的魅力。

在中国也一样,《水仙辞》出版后,曾引来类似的批评。但从来没有人敢尝试重译。直到1990年,第一次出现新译,结果不如意,第一句便教人望而却步:

原文:Ô frères ! tristes lys, je languis de beauté

梁译:哥呵,惨淡底白莲,我愁思着美艳

新译:娇慵的百合呵,我的兄弟,我那弱不经风的玉体不胜姣美

现在又过去三四十年,仍没有出现其他译文。

梁宗岱翻译《水仙辞》的工作分三阶段，1927年冬天，译完第一首《纳喀索斯之语》；1928年6月，完成第二首《纳喀索斯断片》以及《保罗·梵乐希评传》；7月，为单行本撰写《译后记》。

两诗最先在《小说月报》部分发表，中译标题与原作不同。1929年1月20卷1期原诗第一首《水仙辞（少年作）》和《保罗·梵乐希评传》，1931年1月22卷1期原诗第二首的第一部分《水仙辞（晚年作之一）》。单行本在1931年2月由中华书店出版，书名《水仙辞》，第一首题名《水仙辞（少年作）》，第二首《水仙辞（近作）》，后者原诗共三节，只翻译了前面两节。等到1935年4月，第三节译文才出现在《人间世》第26期上，题名《水仙辞——第三断片》：

> 这《水仙辞》底第三之断片，原是数年前与其余各段同时译就的。当时因为原著还未终篇，也因为译得比较更不满，所以始终未发表。最近偶然抽出来看，觉得比其余两段译文，不过五十步与百步之差耳。因略加修改，以献给《水仙辞》底爱读者。
>
> 译者附识。

1936年，上海时代图书公司出版译诗集《一切的峰顶》，收入全部译文，并且恢复使用原诗的标题，第一首《水仙辞》，第二首《水仙底断片》。这是最完整的版本，《水仙辞》中译至此才算最后完成。

《水仙辞》在《小说月报》发表以及单行本出版，经历了一个曲折过程，拖延了两年多时间，牵涉到两位姓徐的新朋友。第一位是1927年6月与郑振铎同船抵法的徐元度（1907—1986），这位湖北阳新县的文学青年，有一个很多人熟悉的笔名徐霞村。他在上海出生及长大，1920年到北京读中学和大学，十六岁起以写作赚取学费。1927年去法国勤工俭学，郑振铎知道后，聘请他担任《小说月报》驻欧洲通讯员，每月报酬三十元。他6月到达巴黎，进入索邦文学院修读文学史，与梁宗岱同时在学。由于两人爱好相近，同属文学研究会刊物作者，很快便相熟起来。他写的第一篇"文坛消息"就是《保罗哇莱希进法兰西学院》（1927年6月18卷6号）。但不到半年，1927年10月，他因为结核性胸膜炎，肺部积水，手头拮据，决定返国。回上海后从事翻译及出版社工作，1947年应聘为厦门大学教授。由于经历了反右运动和"文革"的折腾，1986年去世。他的作品以译作最出名，《菊子夫人》和《鲁滨孙飘流记》被认为是一时佳译。

徐元度回国时，尽管乘搭最便宜的四等舱，仍不够钱买船票。梁宗岱知道后解囊相助，帮他解决了这个难题。（徐小玉《霜叶红于二月花》）他知道徐元度与《小说月报》的关系，把《水仙辞（少年作）》译稿托他送去发表。原先估计最迟在1928年4月份可刊登（梁宗岱致莫诺信，1927年12月27日），但一直不见动静。到了6月，他完成瓦莱里评传，7月写好单行本"译后记"，陆续寄给徐元度，委托他找出版社。但事情进行得不顺利，两个月后，梁宗岱写信给瓦莱里：

> 前将《水仙辞》手稿交托一位朋友，现接来函，正在上海与中国最大两家出版社之一接洽。他们觉得要求过高，我已复信改动。估计最晚明春能出版。另外，早在全本书稿之前，我把一篇关于大师的评传和《水仙辞（少作）》寄给一家文学杂志社，相信不久会登载。（致瓦莱里信，1928年9月8日）

信内所说的出版社是商务印书馆。大约一个星期之后，正当梁宗岱焦急之际，第二位徐姓的新朋友飘然而至。他是著名诗人徐志摩（1896—1931），在此之前，他已经到过巴黎两次，1922 年和 1925 年。本来梁宗岱 1925 年已到欧洲，但在瑞士学法语，两人失诸交臂。这一回，徐志摩再次漫游，经过美、英、德后，在 1928 年 9 月中旬踏足巴黎，停留三天，再到马赛登船去印度寻访泰戈尔。就在这三天中，梁宗岱终于与他会面。1931 年 3 月 21 日，梁宗岱从德国海德堡（Heidelberg）写信给他，信末写道：

> 你还记得么？两年前在巴黎卢森堡公园旁边，一碰头便不住口地罗唆了三天三夜，连你游览的时间都没有了。这封信就当作我们在巴黎的一夕谈罢。（《论诗》）

短短一句话，道尽两位知音一见如故的表现。"巴黎卢森堡公园旁边"可能是邵洵美在《儒林新史》提到的"别离咖啡店"，位于地下铁车站出口处，中国留学生经常在这里流连。徐志摩对梁宗岱的印象很好，9 月 20 日回国前一天，写信给胡适：

> 自英去函谅到。欧游已告结束，明晚自马赛东行。巴黎三日，故侣新知，共相欢叙，愉乐至深。《新月》重劳主政，待归再来重整旗鼓。此行得友不少，得助亦不少，谢寿康、周太玄、梁宗岱皆允为《新月》撰文，宗岱与法当代大诗人梵乐利（梁译"哇莱荔"）交往至密，所作论梵诗文颇得法批评界称许，有评传一篇，日内由商务徐元度送交兄处，希即刊载《新月》，稍迟再合译作出书。……

新月社 1923 年便创建，但要等到 1927 年新月书店成立，才在 1928 年初出版《新月》月刊，由徐志摩、胡适和梁实秋主持。徐志摩外游，月刊工作便由胡适暂代。他在信中提到"梁译哇莱荔"，可知梁宗岱曾把评传给他看过，他以敏锐的文学触觉感到这些文字的分量，虽然梁宗岱已寄给徐元度，仍热心向他索取稿件。

梁宗岱委托徐元度联系出版社受挫，译文拖了一年多未刊登，打算让徐元度把最新写成的评传转交给《新月》。然而此文最后没有在《新月》出现，徐元度最终交给《小说月报》，与《水仙辞》第一首同时刊登在1929年1月第20卷1号上。尽管如此，梁宗岱和徐志摩保持很友好的关系，时有书信往还。

1929年3月，徐志摩的好朋友刘海粟抵巴黎，认识了梁宗岱并成为朋友。《水仙辞》出版条件虽经修改，商务依然不同意，单行本出版陷入僵局。刘海粟知道后出主意，提议梁宗岱向徐志摩求助，转交给中华书局。7月8日，徐志摩从北京复信：

> 梁宗岱兄常来函，称与兄甚莫逆，时相过从。此君学行皆超逸，且用功，前途甚大。其所译梵乐利诗，印书事颇成问题。兄不有信来言及交中华印乎？两月前我交去中华，伯鸿亦允承印。但左舜生忽作梗，言文词太晦，无人能懂，且已见小说月报何不交商务云云。坚不肯受，以致原稿仍存我处，无法出脱，为此颇愧对梁君。今尚想再与伯鸿商量，请为代印若干部，如有损失，归我个人负担，不知成否？见梁君时，希婉转为述此意，迟早总可印成也。

原以为文化事业文质彬彬，想不到也是同行如敌国，剑拔弩张的。中华书局是商务的竞争者，左舜生当时担任中华编辑所主任，"文词太晦"显是托词。幸好徐志摩善于打交道，加上中华老板陆伯鸿首肯在前，过了差不多一年，《水仙辞》单行本终于在1931年2月面世。

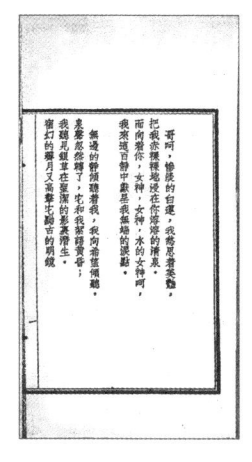

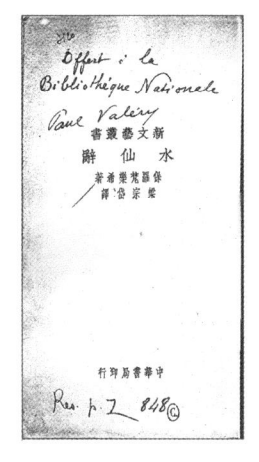

瓦莱里题赠法国国家图书馆的梁宗岱中译《水仙辞》(1931年)
法国国家图书馆藏

中华书局到底是一家大出版社，接受出版后便用足心思，洋诗汉译，竟然采用中国传统的线装书形式，古风盎然，甚为精美。梁宗岱本人很满意，1931年6月22日从意大利寄出两册样书给瓦莱里，信中写道：

> 我在同一邮件中寄上两册中文《水仙辞》。其余接着到来（大约一个月以后）。版本相当不错，但是我今冬或明春回国后，将出版更漂亮的一本。

瓦莱里收到梁宗岱送来的样书后，亲笔签名一册送给法国国家图书馆，此书和法译《陶潜诗选》一起，双双选入"珍本库"（Livres rares）。这家四百多年历史的图书馆，藏书以千百万计，能进入"珍本库"的著作只得二十万册，包括禁书在内。读者要参考库藏，必须先申报理由，获得批准后才能拿到限次阅读证。笔者2000年去的时候，还能触摸到《水仙辞》与法译《陶潜诗选》的原书，但已不能影印，一年后再去，干脆连书的影子也看不到了，只能通过阅读机屏幕看微缩胶卷。

徐志摩在给刘海粟的信中，还提到他离开巴黎前，梁宗岱陪他去买礼品：

> 前托梁君代买廉价小绸帕，但不知如何？梁君忽寄来红丝绒一块，且尺寸过小，不能成衣。小曼仍要绸丝帕 Don Marche 的，上次即与梁君同去买，可再请兄再为垫付百方，另买些小帕子寄来。小曼当感念不置也。

"Don Marche"见于众多徐志摩书信集中，想必来源一致。但抄录者看来不谙法文，致误录一个字母，以致后世编选者有注解为"为当时丝绸帕的品牌"者。其实正确的写法应为"Bon Marché"，这是巴黎历史最悠久的商店之一，创建于1852年，是法国首家现代化大百货公司。有研究者说，左拉小说《妇女乐园》（*Au Bonheur des Dames*）的灵感便是来自这家公司。至于中译名，是一个难题，这家商店销售高级商品，名字直译却是"平价市场"。该公司官方网站有中文网页，也没有妥善办法，只使用法文原文，没有中译店名。

在中国近代翻译史上，《水仙辞》是一部路标性的作品。在新文学起步初期，西诗中译仍在萌芽阶段，有人硬译、直译，结果中文西化，如读天书；有人滥用意译，文字流畅，却远离作者原意。处于两者之间的佳作如凤毛麟角，难得一见。《水仙辞》尽管深奥高超，由于得到原作者的解说，译者敢于脱离原文框套，不少地方使用了增添或意译的手法，某些句子几乎是再创作，比他后来转为谨守原文的风格自由潇洒得多。梁宗岱对原作心融神会，默与契合，笔墨淋漓尽致，译到好处时，中法文浑然一体，令人一读难忘。《水仙辞》无疑是百里挑一的佳译，令人难以相信出自一位到达欧洲才三年的二十四岁青年之手。

《水仙辞》中译的出现，为中国读者打开了认识西方现代诗歌，尤其象征主义的大门，梁宗岱也因此为文学界所广泛认识。在未来的知名作家中，中国社会科学院外国文学研究所研究员罗大冈（1909—1998）的回忆具有代表性：

> 如果我记忆正确，梁宗岱先生翻译法国诗人梵乐希（瓦雷里）的《水仙辞》，发表在《小说月报》上那年，我还是个高中学生。《水仙辞》原诗高超的意境，梁先生译笔的华丽，当时给我很深的印象。后来，我选择了法国语言文学作为学习的专科，和梁译《水仙辞》的艺术魅力给我的启迪多少是有关系的。
>
> 梁译《水仙辞》的发表，不但对于像我那样一个普通中学生曾经产生不小的影响，而且在当时中国文艺界也是一件引起广泛注意的事。从此，梁宗岱的名字渐渐地为国内爱好外国文学的青年们所企慕。（《梁宗岱印象记》，1984年）

罗大冈在1932年见过梁宗岱，当时他在中法大学读三年级。与他一起去的卞之琳（1910—2000）则是北京大学英文系学生，1952年后也像他那样在中国科学院哲学社会科学部任研究员。北大英文系要求学生至少多学一门外语，卞之琳选修过梁宗岱的法语课，但他在此之前已读过《水仙辞》：

> 我在中学时代，还没有学会读一点法文以前，先后通过李金发、王独清、穆木天、冯乃超以至于虞赓的转手——大为走样的仿作与李金发率多完全失真的翻译——接触到一点作为西方现

代主义文学先驱的法国象征派诗,只感到气氛与情调上与我国开始有点熟悉而成为主导外来影响的十九世纪英国浪漫派大为异趣,而与我国传统诗(至少是传统诗中的一路)颇有相通处,超出了"五·四"初期"拿来"的主要货色。但是它们炫奇立异而作践中国语言的纯正规范或平庸乏味而堆砌迷离恍惚的感伤滥调,甚少给我真正翻新的印象,直到从《小说月报》上读了梁宗岱翻译的梵乐希(瓦雷里)《水仙辞》以及介绍瓦雷里的文章《梵乐希先生》(今见《诗与真》合集新版,页7—25)才感到耳目一新。我对瓦雷里这首早期诗作的内容和梁译太多的文言词藻(虽然远非李金发往往文白都欠通的语言所可企及)也并不倾倒,对梁阐释瓦雷里以至里尔克的创作精神却大受启迪。(《人事固多乖:纪念梁宗岱》)

卞之琳在北大念书时与哲学系的何其芳(1912—1977)过从甚密。1936年他们与李广田一起出版过三人合集《汉园集》。两人又曾在1938年连袂到延安,卞之琳停留了一年后,按计划返回四川。何其芳留下,在鲁艺任教,两年后提升为文学系主任,从此成为文艺领导干部。1953年后,他在中国科学院文学研究所工作,先后担任副所长和所长职务。他本人留下的文字从来没有提及梁宗岱,但是四川西南师范大学外语系主任方敬(1914—1996)是他的同乡,与他小学同学,又同一时期在北大念外语,他记得何其芳当年与梁宗岱有过往来:

> 其芳通过戴望舒的诗,感受到十九世纪下半叶兴起的法国象征派的诗味。他努力接触象征派的诗。最先吸引他的是后期象征派诗人保罗·梵乐希(现译名为保尔·瓦雷里)。他读了梁宗岱

写的《保罗·梵乐希评传》（后改题为《保罗·梵乐希先生》）这篇评介长文和他译的梵乐希的名诗《水仙辞》和《水仙的片断》。这对他是个偶然的新发现，他惊喜异常。中华书局把《水仙辞》等篇用线装本精印出版，一本很雅致的书，其芳爱书又爱书中的诗，讽诵不已。他觉得诗很美，是一种纯粹的诗，像清泉似的澄净莹澈。他常念着这样的诗行："无边的静倾听着我，我向希望倾听；倾听夜草在圣洁的影里潜生。"不过这时法国象征派的诗他能读到的还很少。

[……]

其芳上大学后，由于喜爱法国象征派的诗，想直接从法文阅读法国诗和其他文学作品，选了法文作为第二外语，用功学习。他甚至一度曾想转到法语系。梁宗岱当时是系主任，很赞赏其芳写诗的才华。他曾约其芳到他家里去谈，还让其芳参观了他的藏书。那些豪华本的法国文学书籍，使其芳欣美不已。其芳在法文班上读了一些法国选诗，感到不满足，于是，从西单法文小书店美大书屋买来巴黎法兰西水星社版三卷集诗选《今日之法国的诗人》自己选读。他曾对班纳斯派精雕细琢的艺术形式有过好感。但最使他入迷的是象征派诗人斯台凡·玛拉美、保尔·魏尔伦、亚瑟·韩波等。他偏爱玛拉美的精致、和谐与圆融，后来还试译过他的几首诗。（《忘不了的往事》，1987年）

方敬不知道一件事，梁宗岱约何其芳到他家，不仅让他参观藏书，还选了一册《浮士德》法译本送给他，在扉页写上法文题辞：À Qi Fun / Bien affectueusement / Liang Tsong Tai / Sept. 1933（送给其芳，亲切致意，梁宗岱赠，1933年9月）。这是很特殊的举动，因为书从法国带回来,相当珍贵。由此推测,他与何其芳很谈得来,两人有共同的文学语言。

何其芳成为文艺领导干部后,这种对西方诗歌爱好再无存在的理由。然而,三十年代便认识何其芳的罗大冈,在另一篇纪念文章中,揭开了这位诗人晚年鲜为人知的心灵一角:

> 大约在一九七四年或一九七五年,我前后接到其芳同志三、四封信。信中不谈别的事,只是把他翻译的法国抒情诗,法国十九世纪末叶象征派诗人马拉梅等人的著名诗篇,让我核对原文给他提提意见。他每一封来信,我都答复了。
>
> 同时听说他也在整理以前陆续翻译的英文诗与德文诗。似乎他准备出一本译诗集。在那时期,"文化大革命"还没有完全结束,我们这些人都前途茫然,命运未定,中国文艺工作的命运未定,中国的命运也未定。何其芳同志有闲情逸致,搞他毕生喜爱的抒情诗,可能也是苦闷的一种表现,因为他决不是一个脱离实际生活的超现实主义诗人。其芳同志到他生命道路的最后一段时间,终于回到他喜爱的诗歌工作上,使我不禁感慨万分地回想起三十年代在北京沙滩大丰公寓的斗室中,夜夜朗诵《女神》的青年何其芳。
>
> 我们要死了,
> 熊熊的烈火把我们烧成灰烬。
> 但我们将从灰烬中再生,
> 更加美好的世界等待我们去创建。(《小兵与将军》,1987年)

梁宗岱的《水仙辞》和论文把法国现代诗歌的种子撒落到诗人

心田，无论干旱，水淹，或者火烧，只要春风一吹，又再生长。

梁宗岱受到瓦莱里赏识。这是他的运气，但不要忘记，反之亦然。瓦莱里这么早被介绍到中国，为那么多人所赏识，梁宗岱功不可没。

通过《水仙辞》翻译的直接接触，梁宗岱和瓦莱里互相深入认识，他们的友谊以"忘年交"来形容毫不过分，一个文学小青年，一个文坛祭酒，地位相距十万八千里。但两人相处融洽，来往密切：

> 我，一个异国底青年，得常常追随左右，瞻其丰采，聆其清音：或低声叙述他少时文艺的回忆，或颤声背诵廉布（按：即兰波）、马拉美及他自己底杰作，或欣然告我他想作或已作而未发表的诗文，或蔼然鼓励我在法国文坛继续努力，使我对于艺术底前途增了无穷的勇气和力量。（《保罗·梵乐希评传》）

这段不平凡的经历决定了他的文学道路，"梵乐希影响我底思想和艺术之深永是超出一切比较之外的"（《忆罗曼·罗兰》）。在他的作品中，不管论文或翻译，都能找到瓦莱里或近或远的影子：

一、《诗与真》和《诗与真二集》共有十八篇论文，其中十四篇提到瓦莱里其人或其诗歌理论。

二、瓦莱里出身象征派，年轻时期的导师是象征派大师马拉美。梁氏对象征主义作过深入研究，所写的论文《象征主义》被认为是他的代表作。他也翻译过象征派另一位大师魏尔仑的诗歌。

三、梁宗岱是路易斯和里尔克作品的中译先行者，这两人都是瓦莱里的好朋友。

而在瓦莱里方面，他赏识梁宗岱，不识中文，但相信自己的感觉和判断：

> 毫无疑问，诗人的艺术内涵在翻译中几乎尽失；但我相信梁宗岱先生的文学意识，它曾使我如此惊奇和心醉，我相信他从原作里，为我们提取出语言之间巨大差距所能容许提取的东西。（法译《陶潜诗选》序）

他像对入室弟子那样关心梁宗岱，不放过任何机会鼓励他努力。除了见面，还不时写信，先后共十三封（甘少苏手抄稿）。每有新书出版，都送一本给他。梁宗岱对这一切视若瑰宝，小心保存。1934年他与沉樱远适日本，拍了几张书房照，墙上就挂着瓦莱里签名的肖像照片。可惜这些珍贵物品未能逃过"文革"浩劫，瓦莱里的照片和信件都被烧毁，只有他的赠书仍有二十多册保存下来。这是一个奇迹，因为这些书的扉页毫无例外都有瓦莱里的亲笔题辞及签名。他的书法工整流畅，题辞变化多端，总是以朋友称呼或自称。有几册题辞比较简单，这是些演讲词，或者由他作序的作家选集，他认为不重要的著作。有两册的题辞也很简短，但使用"岱"来称呼，以法国风俗来说，只有家人或亲近朋友才直呼其名，这比千言万语更能显示他们两人的熟络关系。其他题辞别具心思，不落俗套，让我们能够了解他们交往的一些具体内容。

> Exemplaire de Monsieur Liang Tsong Taï, le poète, mon ami et traducteur (*Lettre à Mme C...*)

> 送给诗人、朋友和译者梁宗岱的书。（《致C夫人信》）

这本书的出版日期是1928年，离他们相识已有一年多，互相间已有比较全面的认识。"诗人"的称呼出自一位诗论家笔下，分量特别重。

> à Liang Tsong Taï, ces oscillation de l'aiguille (*Rhumbs*)

> 这些罗盘针摆动送给梁宗岱。(《罗盘针上之诸点》)

瓦莱里无论作品或形象,都与幽默无关。这么轻松的题辞,如果不说明,没有人能猜出他是作者。另一本书更明显:

> à Liang Tsong Taï, Prière de ne pas traduire en chinois, amicalement (*Réponses*)

> 送给梁宗岱,请不要把此书译成中文,致友好问候。(《回答》)

这本书不是普通著作,瓦莱里经常接到出版社或杂志的信件,查询某些问题,或者希望得到他的意见,他把一些有内涵的回信结集出版,不是为了赚钱,而是避免日后出现只有一面之词引起争论的局面。这类著作外国读者不会感兴趣,梁宗岱不会不知道,瓦莱里故意吩咐,像是朋友间谈笑。

在所有赠书中,只有两册加上日期,其中一册是《水仙辞》原文所在的诗集《幻美》:

> Je voudrais, mon cher Liang Tsong Taï, vous écrire en langue mandarine quelques mots sur cet exemplaire de Charmes où se trouve le Narcisse que vous avez traduit. Mais j'attends de savoir le chinois.
>
> juin 1927 (*Charmes*)

> 亲爱的梁宗岱,我本想在这本《幻美》书上题几个中文字,书中有你翻译的《水仙辞》,但是——我仍在等候懂得中文。
>
> 1927年6月 (《幻美》)

题辞的日期证实了《水仙辞》翻译在1927年6月之前已经开始。

巴黎一家出版社在1926年重版孟德斯鸠的《波斯人信札》，限量265册，请瓦莱里写序言。这是法国职业作家常见的工作，稿酬特别优厚，作者也用心认真，篇幅一般较长。瓦莱里这篇长序，在该书出版后抽印过两次，一次印数43册，另一次100册，后者全数交给作者分配，连国家图书馆也没有收藏，梁宗岱接到那本编号32，在收藏家眼中属珍本之列：

à mon ami Liang Tsong Taï, en attendant que j'écrive les lettres chinoises（*Au Sujet des Lettres persanes*）

送给我的朋友梁宗岱，希望他日我写作《中国人信札》。（《论〈波斯人信札〉》）

送书时正是梁宗岱就《水仙辞》与瓦莱里来往最频密的时期，因此后者才会从《波斯人信札》联想到《中国人信札》。

梁宗岱回到国内后，瓦莱里仍继续赠书，尽管题词没有日期，至少可以确定有四本在1935年后才收到，因为除了签名，还盖上中文篆书体"梵乐希印"。唯一使用阴文图章那一册，题辞另写在空白扉页上：

à Liang Tsong Taï, avec mon amitié （*L'Âme et la Danse / Eupalinos*）

送给梁宗岱，致意。（《灵魂与舞蹈》及《建筑家》）

其余三册使用阳文图章，按照中国传统，盖在题辞签名下方：

Exemplaire de Monsieur Liang Tsong Taï, dont j'aime l'esprit si ouvert et si littéraire（*M. Teste*）

送给梁宗岱先生的书，我喜欢他的头脑如此开放，如此具有文学才华。（《太司特先生》）

à Liang Tsong Taï, en souvenir de son amabilité et en hommage reconnaissant au traducteur du Narcisse (*Propos sur l'Intelligence*)

送给梁宗岱,怀念他的友情,并对《水仙辞》译者致谢意。(《论智慧》)

最后一本题辞最简单,也最别出心裁:

à Liang Tsong Taï

  s

  o

  n

  a

  m

  i

Paul Valéry (*Variété*)

送给梁宗岱

他的朋友,保罗·梵乐希(《杂论集》)

瓦莱里在这里模仿中文直书。这不是第一次,早在拥有这对图章之前,1931年,《水仙辞》样书到达后,他赠送一本给挚友莫诺,在封面以法文写了一句题辞:à J. P. Monod, son ami chinoisé, Paul Valéry(送给莫诺,他的中国化朋友瓦莱里)。为了表现"中国化",不按法文那样水平书写,而是仿照中文直写,中法文纵横交错,颇为美观。

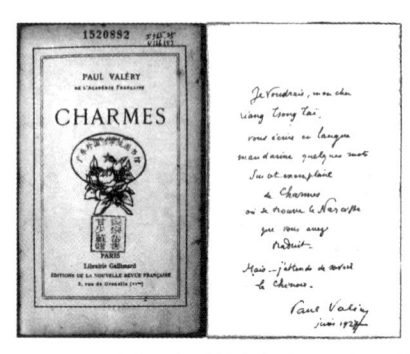

瓦莱里题赠梁宗岱的《幻美》（1927年）和《杂论集》（1934年）
广东外语外贸大学梁宗岱纪念室藏

图章能够确定年份，因为这是梁宗岱回国后才送给瓦莱里的礼物。他疏于书信，偏爱人与人之间的直接接触，写给瓦莱里的信件数量已经不多，1931年回国后，由于种种原因，数量更少。现在能见到的只有三封，1932年7月，报告回国后自广州到北京的简况，1934年9月到日本后，叙述离婚案经过和出版计划，1935年5月准备离日返国，把未来计划告诉瓦莱里。信的数量虽少，但每一封都很长。

在1934年9月20日的信中，他曾通知瓦莱里，请一位准备到法国留学的北大学生，捎上"一对图章，请一位相当出名的艺术家刻上大师的中国名字。还有一本木刻水印信笺，那些水印画是专门用来装饰信笺的图章"。但是一年之后，5月10日，他写第三封信，一开头便询问瓦莱里有否收到图章，显然之前没有接到消息。后来才知道，捎图章的北大学生临时改变计划，没有去法国，刚好盛成有欧洲之行，便自作主张把梁宗岱的托付交给盛成。盛成虽然在1934年11月动身，但到达后首先跑了好几个欧洲国家，直到1935

年3月才见到瓦莱里:

> [1935年]三月下旬,我去看瓦莱里。当时徐悲鸿托我带了一幅画送他,是经亨颐的水仙。还有梁宗岱带给他的两方图章,一阴一阳。(盛成《旧世新书》)

瓦莱里十分喜欢这两枚中文图章,除了赠书给梁宗岱时使用,还不时加盖到笔记簿或手稿的封面上。

瓦莱里的小儿子法朗索瓦(François Valéry,1916—2002)曾任法国驻联合国科文教代表团团长,他去世后,他的家属在2007年12月拍卖一部分瓦莱里收藏。预展那天,我们曾向拍卖师查询中文图章。对方听后说:"怪不得!我们一直不知道为什么有些图画和手稿上盖着红图章。"他领我们到一个玻璃陈列柜前,里面果然有几份文献盖上中式方形图章,朱砂印泥很鲜艳,但使用不得法,一大片红色,很像使用了阴纹图章,文字模糊,无法辨认。

这对图章也引起一些外国研究者的注意,日本恒川邦夫(Kunio Tsunekawa,1943—)教授在1996年为此写过一篇文章,追查图章来历。他的推理很简单,盛成把瓦莱里译为瓦乃李,梁宗岱的译名梵乐希与图章相符,因此可能性最大,但仍不敢肯定。在文章中,他透露了一个信息,瓦莱里的儿媳罗宾逊-瓦莱里女士(Judith Robinson-Valéry,1933—2010)曾跟他说:"瓦莱里使用图章的用意与终结符(Point d'arrêt)一样,表示一件正在进行的工作修改完成。在这点上,使用图章完全符合他总结自己智力作品要点的倾向,这种倾向从1943年以后变得更为频密。"这与中国人使用图章的心理和传统不谋而合。梁宗岱送章时担心瓦莱里不会使用,在信中特别叮嘱:

请转告莫诺先生，留意图章的用法，我的学生（我猜他的年纪可能甚至比我大）会向他示范，以免使用时颠倒了位置。无论如何，我没有怀疑大师的非凡智慧会指导自己。（致瓦莱里信，1934年9月20日）

瓦莱里不仅会用，而且超出梁宗岱想象的范围。

前面多次提到莫诺，这是瓦莱里的挚友，梁宗岱与他有过密切来往。莫诺（Julien Monod，1879—1963）本是银行家，在岳父家族的东方财务公司（Société financière d'Orient）任经理，家境富裕。他的后辈有两位1930年同年出生的名人，一个是孙子热罗姆·莫诺（Jérôme Monod），政府高官，大企业总裁，2000年至2007年担任希拉克总统顾问。另一个是外孙戈达尔（Jean-Luc Godard），电影"新浪潮"（La Nouvelle Vague）开山祖师，领导整整一代人的潮流。

莫诺本人酷爱文学，对瓦莱里尤其崇拜，1924年通过一位记者介绍认识。1926年，作家路易斯去世后一年，他的家属拍卖私人信件，其中包括青年时代好友瓦莱里的书信。眼看隐私公开，瓦莱里十分烦恼，莫诺得知后在拍卖会全部购下，送回给他，两人此后结为莫逆之交。瓦莱里精于思考写作，不善处理日常事务，他请求莫诺帮忙，莫诺有求必应，逐渐把所有杂事承担下来，最后连财务、稿费、出版社合约也包揽下来，部分信件由他作答，两人几乎每天都见面。1945年瓦莱里去世，他代表大师亲属，和戴高乐将军的助手安排国葬事宜。

莫诺的忠诚完全没有条件，只有一个愿望，收集他的偶像所有作品的版本，以及来往书信和传媒评论，建立一个博物馆，传之后世。

数十年后，博物馆没有建成，但他收藏的文献如此丰富，超过一万两千种（一种可能包括数件或十数件文献），成为研究瓦莱里的无价之宝，学术界无人不知。他在1963年去世前不久，把全部文献转让给著名的美国博林根基金会（Bollingen Foundation），因为美国人告诉他，将连同其他法国文学文献，全部赠送给法国国家图书馆。这个诺言在1966年实现，文献回到法国，莫诺的收藏交给巴黎索邦大学圣日纳维芙图书馆，保存在附属的杜塞文学图书馆（Bibliothèque littéraire Jacques Doucet）里。这个地方的阅读室高雅清静，成为瓦莱里研究者必到之处，他们把莫诺文献库称为"瓦莱里典藏室"（Valeryanum）。

在收集过程中，莫诺曾向梁宗岱提出请求，希望能得到《水仙辞》中译的手稿和一册独一无二的孤本。梁宗岱很乐意去做，在1927年12月19日致莫诺信中写道：

亲爱的莫诺先生：

很高兴接到尊函与瓦莱里大师的照片，谨致无限谢意。

很早便从瓦莱里先生和报刊得知阁下对诗人的深挚仰慕。这种仰慕转过来令我产生一种仰慕式的嫉妒，因为我也爱戴诗人，仰慕诗人。

拙译《水仙辞》估计最早在明年四月出版，因为书信来往费时。大约两个月前，我请代理出版的朋友找寻一种中国纸张，一种现在已很少见的纸，为阁下印制一册独一无二的孤本（un exemplaire unique）。希望他能找到。在此之前，我愿意抄写一份手稿，能够为阁下的瓦莱里博物馆作出贡献，即使微不足道，也是一种快乐。如不介意，日内将来拜见一次，谈谈此事与诗人的肖像照片。

　　此致敬意。

梁宗岱

　　从信中看出，"孤本"指以特选纸张印刷的书，只得一本，没有第二本。这个计划最终没有实现，因为在莫诺的收藏中，只有一册中华书局《水仙辞》初版本，由瓦莱里题赠。这本书的封面深米色，和现在仍然流传的初版书一样。但是法国国家图书馆珍本室收藏的瓦莱里赠书封面不同，鲜艳的深蓝色，高贵大方，纸张也比较雪白和厚韧。笔者曾经在2000年看过，到目前为止，还没有发现相同的另一册。然而，梁宗岱1931年从意大利寄送样书给瓦莱里时，信函中没有孤本之说，无法肯定珍本室那一册是否独一无二。

　　孤本是收藏家的至爱。两年后，法译《陶潜诗选》准备印制之前，莫诺也向出版社要求特制一册，这一次得偿所愿。

　　至于《水仙辞》手稿，梁宗岱以手抄本代替。他放弃钢笔，改用毛笔，放弃行书，改用隶书，这种书法需要聚精会神，一笔不苟。梁宗岱的毛笔书法很秀丽，抄写进行得比预计慢，全稿三百余行，用了差不多两个月时间。1928年2月9日，他终于寄出这份与众不同的手稿：

亲爱的莫诺先生：

　　近况可好？

　　随信寄上拙译《水仙辞》手抄本。非常高兴能够以译者名义，为阁下的瓦莱里博物馆作出贡献，以及向我们的诗人致敬。

　　此致敬意。

梁宗岱上

手抄本选用白色洋纸，按照中式抄书簿方式折叠，单面直行抄写，从右到左，每页大约七行，总共四十八页。在抄写过程中，他以钢笔改动个别词语，出版单行本时，这些修改全部采用。虽然不是大改动，但他的苦心经营由此可见。

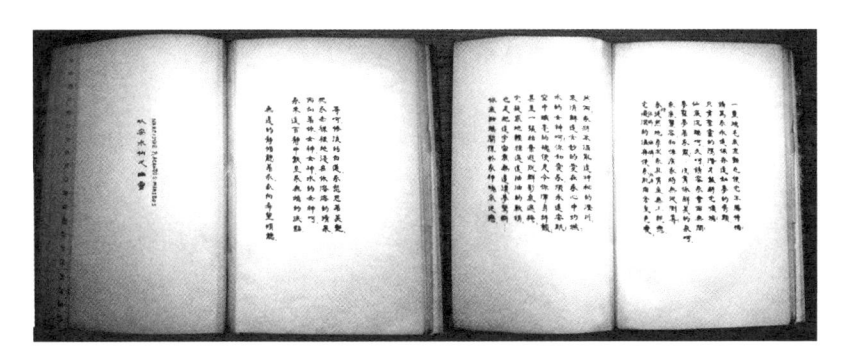

梁宗岱赠送给莫诺的中译《水仙辞》手抄本（1928年）
法国巴黎杜塞文学图书馆藏

莫诺收到抄写稿后，与其他相关文献一起装订为一册，硬质精装，封面浅粉红色带金色杂斑，书脊写着几个法文字：*Etude pour Narcisse — Traduction en chinois par Liang Tsong Taï*（《水仙辞》研究——梁宗岱中译）。手抄本放在最前面，接着是前面提及的两封信函原件，以及一张梁宗岱的名片，上面简单地印着他的法文名字，没有地址，大概这是登门拜访通传后留下的，因为紧接着是一张没有日期的访客登记表，上面写着他的名字。文件夹里还有几张散页，包括两张明信片，日期都是1931年，以及一封1935年从日本给瓦莱里的信，装订好后补进的。莫诺不是一个满足于赏玩私欲的收藏家，他做的一切完全没有功利目的，为瓦莱里留下大量历史见证，为后世研究者提供最可靠的原始资料。

每想起梁宗岱的个人文献在生命最后阶段损失殆尽，而在一万里外，一位与他没有任何利害关系的人，在差不多一个世纪前便替他这么细心收集和整理，后来又有那么多不相识的人这么认真保存，在兴叹之余，更令人敬佩莫诺和他的接班人。

第十章

与普雷沃的情谊

在梁宗岱的文学道路上，1927年是一个重要年份。他不仅在这一年完成了《水仙辞》的中译，而且开始尝试以法文写作和翻译中国古诗古文。我们不知道他与瓦莱里的见面次数，但他很少写信，可能面谈已足，毋需笔谈。现在能看到他致瓦莱里的信件，最早的一封是1927年6月22日：

亲爱的大师：

我遵照指点，改动了十四行诗几个句子，随信附上改稿。请问觉得如何？

明天是法兰西文学院欢迎典礼，很遗憾未能参加。但将在报纸阅读大师的演说。而且，不久便有机会见到大师，对吗？

再见大师，此致最高敬意及最亲切的思念。

梁宗岱

这封信的主题是预祝瓦莱里参加法兰西文学院欢迎会。这家学院遐迩闻名，院士固定四十人，固定席位，固定编号，终身荣衔，一人去世，才补选另一人代替，故有"永生者"（Immortel）之称。新当选院士进院时，必须在欢迎仪式上发表演说，颂扬席位的原主人。瓦莱里的前任是法郎士（Anatole France，1844—1924），1921年诺贝尔文学奖获得者。

这一天的仪式盛大隆重，可是瓦莱里演说结束后，四座皆惊，几乎闹成丑闻。原来他从头到尾没有提过一次法郎士的姓或名，而是使用各种词语代替："诸位的伟大同仁"（Votre grand confrère），"享有盛名的故人"（un illustre défunt），"享有盛名的我的前任"（mon illustre prédécesseur），"我的未来前任"（mon futur présecesseur）。这个消息也传到中国：

> 在两年前继法郎士选入学院的保罗哇莱希（Paul Valéry），今年已被学院正式接收。哇莱希是法国现代象征派大诗人之一，著名的诗集是 *Charmes* 和 *La Jeune Parque*（按：《幻美》和《年轻的命运女神》）。他的诗都是深刻而美丽，因为难懂，流行很少，一般人都以为他的散文，如同 *Variétés* 和 *Eupalinos*（按：《杂文》和《欧帕里诺斯》）之类，比他的诗好。
>
> 虽然如此，在行接收礼的时候，到会的人反非常多。他的演说也是漂亮而精致，虽然人们仍旧不懂。有人说他的演说是专对法郎士下攻击的，于是全社会都惊动起来。
>
> 其实，这也无足怪的事，在学院里面，最出名的会员就最容易在死后受继者的批评的。雨果的继者里素（Leconte de Lisle, 1818—1894，通译勒孔特·德·李勒）曾骂过雨果，在里素死了以后，他也被小仲马攻击了一场。在法郎士作批评的时候，他曾对象征派树过敌，所以哇莱希现在来报复一点私怨而已。（徐霞村《保罗哇莱希进法兰西学院》，载《小说月报》1927 年 6 月号）

瓦莱里从来没有透露动机，徐霞村的猜度没有错，法兰西文学院的官方网页说得更直接："据说他无法原谅法郎士在1874年拒绝把马拉美的《一个牧神的午后》（Après-midi d'un faune）收入《现代巴那斯山》（Le Parnasse contemporain）。"《现代巴那斯山》是一套象征主义诗集，先后出版三册，1866年、1871年和1876年，法郎士是第三册的编委之一。马拉美是瓦莱里青年时期的精神导师，《一个牧神的午后》是他的代表作，也是象征主义的图腾之一。但是瓦莱里性格温和，从不树敌，为了一件与己无关的半个世纪前的小事，竟然破了多年道行，这件事只能是一个永远解不开的谜。

根据梁宗岱的信，他无缘于这次欢迎会，看来他曾向瓦莱里表示过热切参加的愿望。无奈这次仪式特别哄动，冠盖云集，一柬难求，瓦莱里爱莫能助。但是陈占元回忆说：

> 瓦莱里进入法兰西学士院的仪式是巴黎文化界和社交界的一次盛会。事后宗岱兴高采烈地和我谈到这次集会的经过，就像他和我谈到瓦氏其他的社会活动那样。（陈占元《梁宗岱与雨果》）

在他笔下，梁宗岱似乎曾身历其境，而这又是有可能的事情。欢迎仪式次日，巴黎各大报刊都作了报道，异口同声说多年未见这般盛况，会场挤得密不透风，掌声从头到尾不断。参加大会者除持有官方请柬的嘉宾外，还有购票入场的公众。《高卢人日报》记者说，开会时间在下午二时，但上午十一时便有持票的听众陆续到达，等候入场。这时出现几个黄牛党，以一百五十法郎的高价兜售黑市票。如果梁宗岱在场，一定不会吝啬这笔开销。只是他的位置不在嘉宾席，而是挤在公众中，如果迟来，甚至只能站在拥塞的梯级上。

梁宗岱给瓦莱里的信，附上一首自己写的法文十四行诗，请瓦

瓦莱里院士装照片（1927年）
资料照片

梁宗岱法文诗《怀念》（1929年）
《青年梁宗岱》作者藏书

莱里指点。手稿没有诗题，只有一行题赠"——To Frances Valensi"（呈弗朗西丝·瓦兰西）。他们的交流越出翻译范围，不再限于作者与译者的关系，更像诗人与门生。瓦莱里愿意指导他，证明了梁宗岱的法文写作已达到相当高的水平。我们不知道瓦莱里有无复信，但是 1929 年 2 月文学小杂志《鼓》发表这首诗的时候，作者除了加上标题 *Nostalogie*（怀念）外，一字未改，可以认为这首诗得到瓦莱里的认许。

梁宗岱这时期很热心尝试以法语写作，既创作法文诗，又把中国诗译为法文。这是很可以理解的，法国文坛的语言是法语，他在瓦莱里引导下，正在慢慢踏入这个新天地。如果只有中文作品，无法与人交流，将会寸步难行，法文作品成为不可或缺的名片。

他的中文造诣可以说已达到得心应手的水平，非母语的法文于他来说仍是一件新工具，有待熟悉。尽管他有外语天分，勤奋好学，但诗歌创作涉及语言最精微的成分，不是一个外国人一朝一夕就能掌握。在这种情况下，向法国人虚心求教是必经之途。瓦莱里当然是理想人选，但以他的身份，能够高屋建瓴指点一下已属难得，谁都明白把他降格为语言教师会有什么后果，何况他认为"拼写与语法搭配是出于纯粹虚荣心的清规戒律，并不会损害文章的真正意义，与精神的真谛毫无关系，只有最没有出息的人才会看重"（法译《陶潜诗选》序）。法国人中不乏围绕外国留学生找生活的人，多数是中小学退休教师，替留学生修改习作及论文，也有等而下之的专业"枪手"，什么体裁的文章都可以用金钱换取。梁宗岱当然不会和这些人打交道，他需要的也不是语言老师，请教的问题也不是语法或生词。刚好在这时候，他结识了一位法国年轻作家，他对古今东西的文化都感兴趣，又是写作多面手，其中包括诗歌翻译。

他的名字叫让·普雷沃（Jean Prévost），1901年出生于北部诺曼底一座小村庄，中小学时期随着当小学校长的父亲在外省度过。十七岁到巴黎，报考著名的亨利四世中学（Lycée Henry IV），念大学文科预科班（Khâgne），人在中学，实际已是大学生。预科班的目的是报考"大学校"（Grande école，或译"高等大学"），一种比正式大学（Université）更高一级的专门学府，文理工农科都有，专门培养高级人才。学校通过严格的入学试，从预科班和大学毕业生招取学生。他们的老师与大学教授相比，不遑多让，普雷沃的老师中就有二十世纪法国著名哲学家阿兰（Alain, Emile-Auguste Chartier, 1868—1951）。1919年，普雷沃考进著名的"大学校"巴黎高等师范学院（L'Ecole normale supérieure de Paris）。这所学校创办于法国大革命时期的1794年，百多年来人才辈出，1931年毕业的蓬皮杜在1962年当选总统，还有众多的著名作家和学者，其中十二位获得诺贝尔奖，包括世界闻名的罗曼·罗兰和萨特。这些特别杰出的学生人数有限，大部分毕业生选择参加中学高级教师资格考试（Agrégation），取得中学高级教师文凭，便可保证获得一份安稳而受人尊重的职业。

普雷沃没有走这条康庄大道，他热爱文学，1922年毕业后投身写作，同时替报纸杂志撰稿。当时最重要的文学刊物《新法兰西杂志》《欧洲》《文学新闻报》《欧洲评论》等，先后或同时约请他撰写书评，介绍电影及戏剧。1926年，他以二十五岁的年纪出任文学杂志《银船》（Le Navire d'argent）主编，经手发表了小说《飞行员》（l'Aviateur），这是日后以《小王子》名闻世界文学史的圣埃克絮佩里（Antoine de Saint-Exupéry, 1900—1944）的处女作。他们两人年龄相若，志趣相投，成为很要好的朋友。

普雷沃是运动健将，尤爱拳击，海明威当时旅居巴黎，两人常在一起练习。1933年，海明威的小说《太阳照常升起》法译本（Le soleil se lève aussi）出版，这是他的第一部介绍到法国的作品，撰序人就是普雷沃。这位以"烈汉子"性格闻名文学圈的青年人，快人快语，坚持己见，曾令不少大作家尴尬和生气，但没有人怀疑他的诚恳和好意。

他博闻强记，又是一支健笔，1940年巴黎被德军占领之前，已经出版了二十六本书，包括小说、评论和随笔等体裁。第二次世界大战初期，他应召入伍，在法国北部的军事电讯部门服务。由于战局逆转，疏散到北非，但很快便返回尚未被德军占领的里昂，一面替当地报刊工作，一面攻读博士学位。1942年取得里昂大学颁发文学博士学位，论文《论司汤达的创作》（*La création chez Stendhal*）获得1943年法兰西文学院的文学大奖（Grand prix de littérature）。

同年末，他参加抵抗运动，首先在文化界的抵抗组织里活动，参与出版地下刊物，接着拿起枪杆，进入阿尔卑斯山南部的维尔戈尔（Vercors）山区，成为游击队战士，以父亲家乡的名字作为代号，称为"高德维尔上尉"（Capitaine Goderville）。他领导一支小分队，多次参加战斗和破坏行动。第二次世界大战结束前夕，德军垂死挣扎，加紧围攻游击队。1944年8月1日凌晨，他和战友在转移途中遇伏，不幸牺牲。说起来难以令人相信，在此之前几小时，他的好朋友《小王子》作者圣埃克絮佩里也在一次飞行任务中献出了生命，好像两

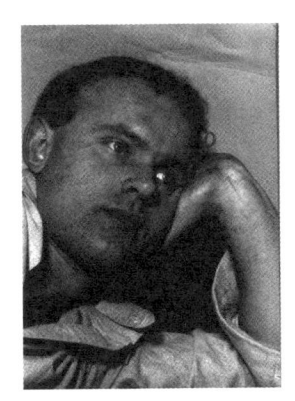

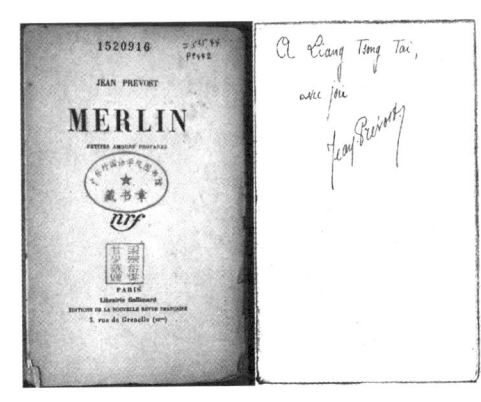

普雷沃赠梁宗岱《梅林》及献辞（约1927年）
广东外语外贸大学梁宗岱纪念室藏

人事先相约那样。

普雷沃的作家光芒，长期以来被抗德烈士英名所遮盖，不仅中国读者陌生，法国人也要等到七十年代后，才重新发现这位多才多艺的作家，重印他的作品，为他立传，举办展览和研讨会。

1927年，二十四岁的梁宗岱结识了比自己年长两岁的普雷沃，两个年轻人性格爽直，热爱文学，迅速成为挚友。梁宗岱的身影经常出现在普雷沃家中，他们的友谊远远超出君子之交式的普通文友关系。

梁宗岱当时沉醉在诗歌海洋中，整天诗不离口，和普雷沃的交流离不开这个主题。他把自己的法文诗歌拿出来讨论，其中有自己创作的，更多是中国古诗文的翻译。可是普雷沃不懂中文，又不是汉学家，不认识一个汉字，按理至多替梁宗岱纠正语法错误和润色一下文字，这也是留学生与外国朋友来往最常见的现象。但是普雷沃能够和梁宗岱高谈阔论中国诗翻译，因为他本人是一位"小林琴南"。广义地说，所有不直接根据原文语言转译出来的作品，都可称为林琴南式翻译，在中外文学史上并不罕见。中国新文学时期，很多人从日文和英文转译德文、俄文、古希腊、拉丁文等著作，其中不乏文学大家，例如鲁迅、周作人、郭沫若等。如果没有这些"林琴南"，中国人认识外国文学会推迟好多年。不过，普雷沃和林琴南有两点区别。一是他本人通晓多门外语，希腊文、拉丁文、英语、德语和意大利文，也翻译过这些语种的诗歌。另一方面，他以写作为主，翻译工作只是一个小括号而已。

转译能否为读者接受，关键在于质量。普雷沃在这点上无懈可击，这与他的翻译方法有关。在认识梁宗岱之前，他已经翻译过西班牙语诗歌，这是一种他从未学过的语言。他敢于犯难，因为他的太太马塞尔·奥克莱（Marcelle Auclair，1899—1983）精通西班牙语。奥克莱虽然在法国出生，但七岁随家人移居智利，在那里接受教育，到二十四岁才独自返回法国发展，后来成为著名的作家和翻译家。她在杂志界赫赫有名，1937年参与创办女性杂志《玛丽·克莱尔》（*Marie Claire*），这本刊物不仅存在至今，而且发展到在三十五国出版，十八种语言，年销数超过五千万册。单是中文版便有三种：《嘉人》（北京）、《美丽佳人》（台北）和《玛丽嘉儿》（香港）。她和普雷沃在1926年结婚，两人都从事写作和翻译，平时互相交流讨论，再进一步，普雷沃涉足西班牙语诗歌翻译，也就不足为奇了。

1959年11月，奥克莱在文艺月刊《法兰西信使》（*Mercure de France*）第1155期发表了一篇长文《热爱翻译》（*L'Amour de traduire*），其中一节回忆普雷沃当时的翻译情景：

> 译者应该熟识自己的语言和所翻译的语言，可是我知道一个例外，给人印象深刻，值得一提。这位译者只谙自己的语言，但极为精通。他就是让·普雷沃。
>
> 他在《诗歌爱好者》（*L'amateur des poèmes*）一书中，翻译了拉丁文、希腊文、意大利文、德文和美国文的诗歌，这些是他完全掌握的语言。但他也翻译了西班牙文，甚至中文，这是一种没有人能够责怪他不懂的语言。
>
> 他翻译加西亚·洛尔加（Federico Garcia Lorca，1898—1936）、洛佩·德·维加（Lope de Vega，1562—1635）和其他卡斯蒂利亚大诗人，以及民间"四行诗"（coplas），一种看似

无法翻译的诗歌，他却完全准确表达出来，不仅字面准确，精神和难以捉摸的韵致也天衣无缝。他是这样进行的：

我替他把诗歌逐字直译，然后朗诵原文给他听。这样，他就明白意义，听到声调、节奏和色彩。他这样做，比起不时想借助辞典，即使是蒙眬的念头，可能更加感觉敏锐。所得结果是旁人无法能及的，我相信没有人曾经及到过。他翻译加西亚·洛尔加的作品绝对精确，从今以后，《月亮谣》（La romance de la lune, lune）、《摇篮曲》（Berceuse）、《血姻缘》（Noces de sang）在法国文学中有其地位。一如《七圣诗》（Les Sept Psaumes）和《仿效基督》（l'Imitation de Jésus-Christ），全靠高乃依，成为法国的重要诗歌。

奥克莱本身是西班牙语翻译家，她不避亲嫌赞扬普雷沃的林琴南式译诗，证明这些作品真的达到很高的水平。

她提到的普雷沃译诗集《诗歌爱好者》出版于1940年，收入了历年翻译的外国诗文，来自七种不同的语言，分为九章，每章开头有一段简短的说明。中国诗文放在最后一章，总共六篇：陶渊明《归去来辞》（La Chanson du retour），柳宗元《愚溪诗序》（Préface aux poèmes du Ruisseau Stupide），欧阳修《醉翁亭记》（Le Pavillon du Vieux Buveur），陆游《邻水延福寺早行》（Chant du retour）和苏轼两首《赤壁赋》（La Falaise Rouge）。在本书全部语言中，数目并非最多，但引言最长，标题《试谈我对中国的无知》（Essai sur mon ignorance de Chine）。开篇第一句便出现梁宗岱的名字：

十二年前，我认识了梁宗岱。这是一位完美的中国文人。他熟识英语，法文说得几乎跟我一般好。我们的古典诗和自由诗，很快便对他无秘密可言。他很年轻，一副孩子脸孔，最严寒的天气，只穿一件开领衬衣和一条长裤，加上一件单薄的短外套。他把寒冷看成是感觉官能的错误，并且以自己的理性去判断，不受其束缚。

我们结为朋友后，他不时带来一首诗歌，用他的语言给我诵唱，为我即兴翻译，我既赞叹又不安。诗歌很完美，梁宗岱的翻译和学者马古烈斯（Georges Margouliès，1902—1972）的译文互相吻合，还多出一种优雅和措辞用字的火焰。我们很快便着手修改，他说这些即兴翻译，以及学者的译文，只缺少一样东西：原文的极度简洁精炼。我们于是试图把每个译句浓缩，原来的长句子，变成数量不多的和谐单词。在这种练习中，我学到很多东西。

梁宗岱重视译文的简洁，并把这作为修改的重点。另一重点是译文的音乐性，如何模仿原文的高低抑扬的声调：

> 梁宗岱和我讨论得最多的是苏轼。我们不止一个晚上精心地为《赤壁赋》润色再润色。我们把译文搁置一旁，然后我找到一个更短的句子，只有两个单词，但更能保持原有的细腻，而他朗诵汉语片断时，突然希望为一个已译好的句子，找寻一个更柔和或更高音的单词。（同上）

朗诵似乎是修改译诗的最好工具，奥克莱也是这两位朋友讨论翻译的见证人，半世纪后，她还记得梁宗岱朗诵的陆游诗句：

> 这种方式也用来翻译柳宗元、苏轼和其他中国诗人，普雷沃

在他的诗集引言《试谈我对中国的无知》中陈述过。他提起的图景在我的回忆中仍新鲜如昔。[……]我又看到梁宗岱，掀开一个摇篮的纱帐，向一个对着他摇手发笑的小人儿朗诵他的诗歌。小人儿像他父亲那样，感觉到这些异国的音乐。普雷沃以清晰的法语翻译了"桃花应笑客"，小人儿则以自己的方式翻译，发出咕哝咕哝的声音。（奥克莱《热爱翻译》）

中国与法国分属两个不同的文化系统，距离很远。对普雷沃来说，中国诗比西班牙诗更难理解。但是翻译的前提是要弄清楚诗歌的内涵，因此他曾一度感到困惑：

> 我真想学汉语，但必须忘记我为了生计花了七年工夫读预科班的苦心。我只好认命，透过纱幕来猜度中国。
>
> 我阅读法国汉学家的书，他们很快便令我相信，我没有权利享受这些诗歌。译文带给我的一些平庸乐趣是虚假的，因为每个思想都隐藏着三个有出典的暗喻。对自然最微小的观望，虽然以完美的词语翻译过来，却隐藏着奥秘和宗教意义，无法确切翻译。
>
> 我有时这样究诘梁宗岱：中国文学和中国思想是否离我们太远，以至根本不可译？他答道："在西方各有差异的心灵中，法国与中国最相似。在法国各有差异的心灵中，都兰区最能令人想起我的国家的思想。"
>
> "但是那些奥秘的意义呢？"
>
> 他说："你不能够把[圣经旧约]《雅歌》（*Le Cantique des Cantiques*）当爱情诗歌读吗？人家也说它有很多奥义。那天你为我翻译贺拉斯的《将进酒》（*Maintenant il faut boire* [*Nunc est bibendum*]），与罗马的宗教仪式有关，但是这杯酒，虽然

按照宗教礼仪喝掉，难道就失去酒的滋味吗？"

我们又回到诗歌上头，我再也不敢推却我的乐趣。（《试谈我对中国的无知》）

普雷沃出身巴黎高等师范学校，该校毕业生以学识广博、善于思考出名，不会满足于一知半解。虽然他基本上被说服，但遇到具体问题时，困惑依然出现，翻译《赤壁赋》就是这样：

我向两位诗人盘诘，一位是我们正在翻译的已去世的诗人，另一位是活着的诗人，我想探索这些美妙传说的意义。我以柏拉图的神话，以赫拉克利特的"万物俱动"（fuyant devenir），以"永恒的形体"（Formes immuables）来评论。我的朋友提醒我，在西方世界，没有人比柏拉图遭受更多的评论，他也抵挡不住人家强加于他的神秘学说或独传之秘的意义的重压。唯一对策是不把无知放在心上去着手。这首《赤壁赋》第一部分便是这样完成。

（同上）

梁宗岱在岭南大学时，曾经精读《雅歌》，在广州《文学旬刊》第8期发表过一篇《雅歌的研究》，也可能读过柏拉图的作品，对西方文化有深入了解。和普雷沃这样的人打交道，知识和水平稍有不足，就无法支撑两人的对谈。

梁宗岱挑起普雷沃对中国文化的兴趣，在他主导下，两人讨论了一批中国文学作品及其翻译，互相间有过密集的交流。如同瓦莱里一样，普雷沃也被梁宗岱的诗歌激情所征服，他刚受聘为《欧洲》杂志编辑不久，在他推荐下，《欧洲》杂志发表了梁宗岱的自译诗《回忆》，以及王维诗《酬张少府》法译。这是梁宗岱作品第一次出现在海外刊物上。

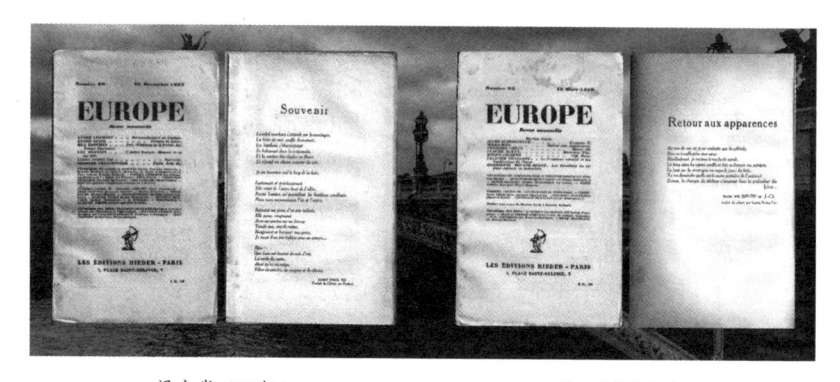

梁宗岱《回忆》　　　　　　王维《酬张少府》
刊《欧洲》1927年12月号　　刊《欧洲》1928年3月号
《青年梁宗岱》作者藏书

梁宗岱感谢普雷沃的好意，在1931年出版法译《陶潜诗选》时，书前插入一则献辞《呈让·普雷沃》，以纪念这段美好的日子。这种深入法国诗歌写作的磨炼，反过来也影响了日后的法译中工作。十年后，他陈述自己的翻译原则：

> ……我有一种暗昧的信仰，其实可以说迷信：以为原作底字句和次序，就是说，经过大诗人选定的字句和次序是至善至美的。如果译者能够找到适当对照的字眼和成语，除了少数文法上地道的构造，几乎可以原封不动地移植过来。我用西文译中诗是这样，用中文译西诗也是这样。有时觉得反而比较能够传达原作底气韵。（《一切的峰顶》序言）

这里面有瓦莱里严格的诗歌理论教训，也有与普雷沃一起磨炼的心得。

1931年秋梁宗岱回国，从此和普雷沃参商永隔。可是他惦念对方，1934年9月从日本写信给瓦莱里，请他代候的几位共同朋友中，就有普雷沃的名字。普雷沃也没有忘记他，一年后，1935年冬，普雷沃为一本杂志主编中国专号，梁宗岱的名字出现其中，放在突出的位置。

这本杂志的全名叫《法兰西艺术与奢侈品产业复兴》（*La Renaissance de l'art français et des industries de luxe*），简称《法兰西艺术复兴》或《复兴》，创刊于1918年，最初的出版周期是月刊，1933年后频率不定，有时两期合刊，最后变成季刊，至1939年大战前夕结束。这是一本高档文艺刊物，大开本，大图片，印刷精美，售价昂贵。

这期中国专号并非杂志社老总心血来潮，而是1935年11月伦敦举行盛大的中国艺术国际展览会（London International Exhibition of Chinese Art），宣称网罗了中国三千多年历史的艺术精华，上达公元前十七世纪，下至公元后十九世纪，展品来自十多个国家的王室、博物馆，以及个人收藏，总数三千件。北京故宫博物馆的藏品第一次出国参展，数量785件。展览会组织者专门派出一个专家组到北京挑选展品，法国汉学家伯希和（Paul Pelliot，1878—1945）是专家之一。他的代表身份在中国惹起过一场争论，有人指责他在敦煌考古时盗宝。这与三年前情况完全不同，1932年底，伯希和曾经来华购书，在北平停留了近四个月，受到学术界的热烈欢迎。一个接一个的宴会和讲演会，梁宗岱出席过其中一次：

"……那是三十年代初北平一次热闹的宴会上，聚当时旧都名流学者于一堂，济济跄跄，为的欢迎著名汉学家、东方学家法国伯希和教授。除伯希和外,参加者还有其他欧美人士,因此交谈语言有中法英三种,我躬逢其盛,担任义务口译。席上有人问伯希和当今中国历史学界,你以为谁是最高的权威?伯希和不假思索地回答:我以为应推陈垣先生。我照话直译。频频举杯,满脸春风的胡适把脸一沉,不言不笑,与刚才判若两人。"(转引自戴镏龄《梁宗岱与胡适的不和》)

展览会在英国皇家艺术学院(The Royal Academy of Arts)举行,轰动了整个欧洲,各国王室名流纷至沓来,盛极一时。1936 年 3 月闭幕时统计,入场观众超过四十万人次。

为配合展览,《复兴》杂志社出版了一期双月合刊(1935 年 11/12 月号),题名《中国及伦敦展览会专号》(*Numéro spécial sur la Chine et l'Exposition de Londres*)。内容分为两部分,一部分谈中国历史和艺术史,另一部分介绍中国文学,由普雷沃负责组稿和编辑,杂志的目录为此加上醒目说明:"本期首次发表四十四张插图和十篇中译,由普雷沃汇集及挑选"。

普雷沃按规矩写了一篇简短的引言:

呈梁宗岱

亲爱的朋友:

你回中国去了,留给我几篇翻译,我拿到这里发表。

你没有治好我对中国的无知,但是你让我的无知心醉神迷。你敬重考古家和社会学家的努力,他们揭示了中国极为独特的东西。不过,你认为艺术和诗歌能够让我们认识中国的人性,你跟我说过,"中国和法国最为相似,而在法国,都兰区最相似"。

中国的艺术和思想为人类的进展增光,在金属刚硬上面突屹而立，但是，当西方的艺术和思想（除了几位雅典派），要在我们身上增加世界及世界以外的负荷时，中国画家和诗人的毛笔却减轻这种负荷。

伦敦展览会让我想起你翻译的王勃诗句：

纤歌凝而白云遏。睢园绿竹，气凌彭泽之樽……[穷且益坚，]不坠青云之志

我对中文经典作品只能够间接地认识，最通常借助你，我由此所知只有你们国家的思想，但是像我这些对中国的无知者，艺术能够提供对其风格最直接的接触。

作为专号引言，标题《呈梁宗岱》无疑独创一格，也令人立即想起梁宗岱为法译《陶潜诗选》写的献辞《呈让·普雷沃》，两者形式完全对称。因此可以认为，这篇引言也是一篇献辞，普雷沃把

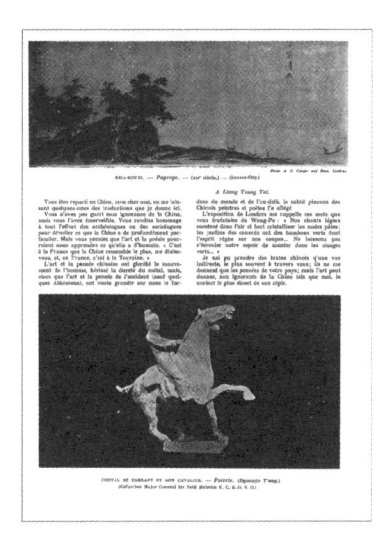

普雷沃《呈梁宗岱》献辞（1935年）
原刊《法兰西艺术与奢侈品产业复兴》杂志中国专号　法国国家图书馆藏

专号献给梁宗岱。

在文人相轻的圈子里，这种礼尚往来的君子作风殊为难得。尤其梁宗岱并非专号的主要作者，虽然引言说他留下几篇翻译，但发表的十篇译文中，只有一篇《前赤壁赋》（*La Falaise Rouge*（1））署名"梁宗岱"，其余译者均为普雷沃，两人合共六篇。1940年全部收入《诗歌爱好者》，其中《归去来辞》标题改为 *Hymne du retour*，《前赤壁赋》再没有署梁宗岱的名字。

这段共同讨论中国诗歌翻译的日子，留给普雷沃深刻的印象。1930年，尚比翁出版社（Edouard Champion）出版了他的小书《总结》（*Faire le Point*），印数仅得206册，以读者俱乐部方式征订发行。书的内容一如书名，为文学创作七年作总结及展望。在第一章"我的阶段与债务"（*Mes étapes et mes dettes*），他回顾了自小学以来的经历，列举出所有曾经给他教益的人，包括各个时期的老师、教授、以及出版界人士，到了最后，他写道：

> 我最后一笔重大的债务，外界对我的最后的影响，来自中国，全部经由翻译作品。我在马古烈斯的选集里领略到古文，尤其是通过和我的朋友梁宗岱的交谈和他的翻译，欣赏到陶潜和苏轼。这种离我们既近且远的文艺手法激发文思，我将另处再谈。

普雷沃为了生活，身兼数职，一直抽不出时间深入研究中国文化。1940年的《诗歌爱好者》为每一首诗作简介，仍然只能以西方的诗人及作品来作比较。他对此深以为憾：

> 无论瓦莱里，梁宗岱曾翻译过他的作品，无论我自己，都再没有他的消息。每读起这些诗篇，新的怀疑向我袭来。我冒险收

入这里，只当作我的无知的幻象。

[……]

中国和无知是两个言之不尽的主题，但是我到此为止，亲爱的梁宗岱，我等待你的归来。（《诗歌爱好者》）

这位万里外的朋友从心底里发出"何日君再来"的召唤，要是梁宗岱当年听到，两人重逢，该是何等美好。可是如今，一位壮烈牺牲在法西斯的子弹之下，另一位带着"文革"深刻的伤口离开了这个世界，在他们之间留下永无尽期的遗憾，也留下这一声永不消逝的友情呼唤。

普雷沃去世后，奥克莱完成了他的愿望。这对夫妇虽然在1939年分手，但保持友好关系。1978年，她的女儿弗朗索瓦丝·普雷沃（Françoise Prévost，1930—1997）和她合写《对话回忆录》（*Mémoires à deux voix*），问起父母亲对中国特别感兴趣的原因，奥克莱回答说：

我们认识了一位年轻的中国人梁宗岱，大约在1928年至1930年间，他在这方面起了很大作用。他有罕见的文化修养，年方二十，他把瓦莱里作序的法译《陶潜诗选》题献给让·普雷沃。

[……]

但他必须离开法国，回去和家庭在他童年时代便订亲的一个少女结婚。我们再没有他的消息，他的国家处于战火中，我们的国家也一样。

梁宗岱回国的理由不准确，可能当时没有理解清楚。但是她一直惦记梁宗岱，当第一个机会来到，便设法打听他的下落：

1955年，我去中国，我不会用中文说他的名字，更写不出来。但是，我向北京大学打听是否认识这个人：没有回音。中国人寡言少语，更不轻易相信人。我没有追问，担心做出蠢事，梁宗岱和欧洲人有联系这件事可能被人非难。

过了几年，你的弟弟在联合国教科文组织的一位同事从中国回来，跟他说："中山大学有位教授向我打听你父母的消息。"他说不出他的名字。但我试着写信给梁宗岱教授，果然是他！从此，我们就不断书信往来。

[……]

另一件事。他在二次大战时采集药草，发现一种新型的盘尼西林，成分有五十多种植物。他告诉我医院采用了他的药物。这封信有一句附言："我刚把莎士比亚十四行诗译成中文。"

最后这句话显示，他们大约在1960年左右重新联系上，梁宗岱的莎士比亚诗译在1963年至1964年由香港《文汇报》连载。

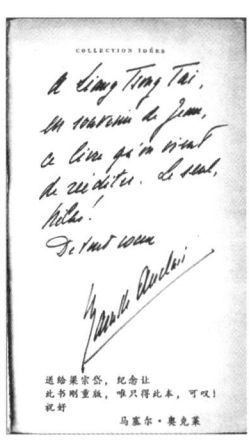

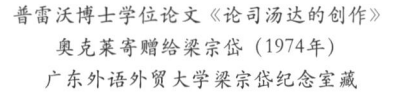

普雷沃博士学位论文《论司汤达的创作》
奥克莱寄赠给梁宗岱（1974年）
广东外语外贸大学梁宗岱纪念室藏

奥克莱与大女儿《对话回忆录》
封面照片（1978年）
《青年梁宗岱》作者藏书

两位老朋友，互相报告近况，互寄礼品。"文革"爆发前三天，梁宗岱还收到她寄来的三本法国草药书（《宗岱和我》）。当中国再一次陷入疯狂的政治运动，他们的通信仍然持续了一段时间：

> 有一段时间奥克莱想通过我们驻法大使馆赠送一批书给宗岱或宗岱所在的学校，但宗岱哪里敢接受？"文革"期间，"里通外国"的帽子不是好戴的！爱书如命的宗岱只好忍痛回函谢绝她的一番美意。（黄建华、赵守仁《梁宗岱》）

运动逐步升级，他们的联络再度中断。"文革"刚结束，又立即恢复通信，时间至迟不晚于1978年。奥克莱的回忆录在这年出版，提及接到梁宗岱最近的来信，告诉她"正在编写法汉词典"。这部词典名为《新简明法汉词典》，由当时的广州外国语学院法语专业部分教师编写，1974年动工，1983年出版，梁宗岱主要负责全词典法语谚语（proverbes）的中译。编辑组长是梁宗岱的学生黄建华，1961年毕业留校任教，同事多年。梁宗岱"文革"后不久健康转坏，黄建华1978年应聘到巴黎联合国教科文组织秘书处当译审，刚好普雷沃的长子米歇尔·普雷沃（Michel Prévost，1927—1996）在同一机构任职，通过他找到奥克莱，两次登门拜访，为他们传达消息和礼品。奥克莱曾向他兴致勃勃回忆起当年的友情，并且希望她的好朋友能再到巴黎，看看老相识和离开了半个世纪的城市现貌。可惜时不我待，两位朋友同在1983年去世。

梁宗岱向普雷沃夫妇道别已经超过八十年，当一切逐渐从时空淡去时，2012年10月，一本编号17的法译《陶潜诗选》突然出现在香港一个艺术品拍卖会上。这本书，正是梁宗岱当年赠送给普雷沃那一本，扉页上写着他的题辞：

  à Jean Prévost,

    bien affectueusement

      Liang Tsong Taï

  送给普雷沃，

    亲切致意。

      梁宗岱

但是下面有另一题辞，出自普雷沃手笔：

Jean Prévost endosse

  pour Geneviève et Raymond Leibovici

    ce chèque poétique

      Jean Prévost

普雷沃背书

  这张诗歌支票

    送给热纳维耶芙和雷蒙·列波维奇伉俪

      让·普雷沃

列波维奇是谁？法国文坛从未听过他的名字。普吕杜（Emmanuel Bluteau）是法国作家和出版家，普雷沃之友协会（Les Amis de Jean Prévost）秘书长，专门研究普雷沃及他的抵抗运动战友的历史，他提供了初步的资料。列波维奇（Raymond Leibovici，1901—1982）是罗马尼亚犹太裔移民第二代，一位有名气的外科医生，1940年开始参加法国共产党领导的抵抗运动，负责组织"医生全国阵线"（Front National des Médecins），出版地下报纸，提供医疗服务等。战后获国家颁赠抵抗运动勋章和第二次世界大战十字勋章。他和普雷沃相

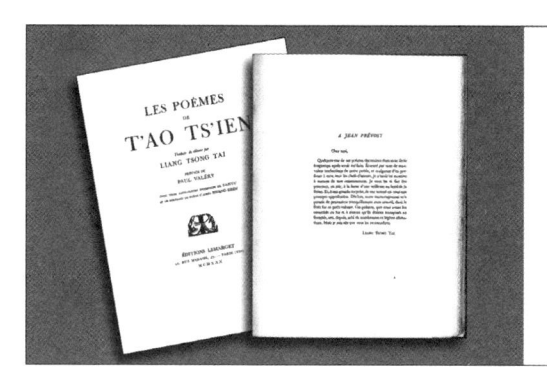

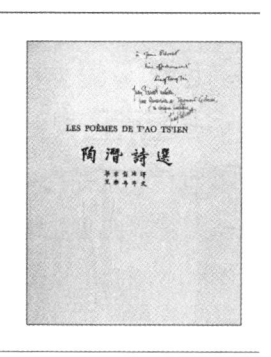

• 梁宗岱《呈让·普雷沃》献辞（1930年）
原刊法译《陶潜诗选》　《青年梁宗岱》作者藏书

• 梁宗岱题赠普雷沃法译《陶潜诗选》原书
上方为梁宗岱题辞　下方为普雷沃转赠列波维奇题辞
原刊香港天成国际拍卖有限公司2012年10月目录

识于战前，有共同的作家和医生朋友，而且普雷沃第二位妻子也是犹太裔医生。但是他们参加的抵抗运动组织政治取向不同，没有他们在战时曾经见面的记录。

普雷沃为何转赠这本著作？这是一个谜。从字面推测，"支票"似指以书代债。但是在商言商，尽管是有收藏价值的书，商品价值仍然有限，债主也不可能接受这样坦率的题辞。普雷沃把这本书称为"诗歌支票"，说明在他心目中，这本书的价值是非物质的，无可估量的。列波维奇是一位文学艺术爱好者，普雷沃偿还的不是普通的钱债，而是精神和感情的债，一种不能以金钱衡量的东西，这让人联想到治病救人方面。

这本书在香港出现，令人坠入时光隧道，回到梁宗岱与普雷沃在守夜灯下朗读诗歌的塞纳河边，回到第二次世界大战犹太人被抄家的巴黎。八十年间，这本书经历过不止一人的手，见证过不同命运的悲欢离合，现在出现在万里外的香港，恍若普雷沃提着守夜灯，远涉重洋，来寻找梁宗岱那样。这是一个谜，要等待历史海洋在某一天，把谜底冲上海面才能揭晓。

第十一章

法译《陶潜诗选》

经过与普雷沃一起磨炼,梁宗岱的中译法技巧迅速纯熟,加上文学和语言天分,很快便能写作出色的法文诗歌。他除了尝试十四行诗,选译诗集《晚祷》,更多精神集中于中国古典文学作品的翻译。

在与普雷沃切磋过程中,他介绍过的中国作家至少七人:陶潜、王维、柳宗元、苏轼、陆游、欧阳修和王勃,挑选的文章有诗歌和散文,风格各异,这跟很多人独尊唐诗不一样。在这些作家中,他最喜欢陶潜,这不是心血来潮,而是从培正中学开始就崇拜这位田园诗人,他的同学都知道,"吾国之陶潜、王维,尤君之所爱者也"(《培正一九二三年级同学录》)。

1928年,他利用寒假翻译了陶潜代表作十二篇诗歌和散文,然后花了近一年时间修改,在这年11月15日,把译稿寄给瓦莱里:

亲爱的大师:

奉上十二首译诗,这是上次谈话提及的诗人的作品。在汉语里,他的诗既简洁自然,又浑厚雄健,宛若维庸(François Villon),也令人想起拉封丹。很遗憾,我担心在这些优点中,拙译只保存得第一点。如果大师认为值得,将继续多译四、五首,以及一些较长的作品。

敬候回音，并向大师致以最亲切的敬意。

梁宗岱

这封信写得不是时候，瓦莱里接信后不过几天便身体不适，右肩臂剧痛，不能刮胡子和穿衣，医生以红外线替他治疗，一个月后才算缓解。接着又患上支气管炎，被迫足不出户，到次年一月中旬才慢慢恢复正常生活。梁宗岱没有立即接到回信，也没有机会和他见面。就在这段时间里，他产生另一个新计划，把罗曼·罗兰的新作《悲多汶：他底伟大的创造时期》（*Beethoven : les Grandes Epoques créatrices*）译为中文。一月初，他写信给罗曼·罗兰，顺便附上几首陶潜译诗，作为自我介绍。罗曼·罗兰很欣赏他的翻译，在回信中表示《欧洲》杂志愿意刊登。这本来是一个很多译者求之不得的回复，但最后没有成事。梁宗岱曾经解释原因：

> ……但同时梵乐希，我一切习作都交给他评定的，也很爱这些翻译，劝我把它们印单行本，并答应为我作序。我便把这情形回复罗曼·罗兰。（《忆罗曼·罗兰》）

由此看来，在罗曼·罗兰答复到达之前，他便从书信或会面中得到瓦莱里的建议。在大师的鼓励和支持下，他一面继续翻译，一面和出版社接洽。1929年3月20日，他写信给瓦莱里：

亲爱的大师：

请恕我不得不一直打扰到你的度假地。

中国诗的译文已交给阿韦林先生的继承者勒马日出版社审阅，他们告诉我很感兴趣，但是认为这不过是一本诗集（诗人职业不易为也），以一篇大师的序言介绍给公众较为明智，即使短柬一封也好。

要是需时不多，要是随信附上的手稿阅后，译文未显得过于低劣，大师能否在赐我良多之后再赐此恩惠？期待答复，以便与勒马日进一步落实细节。此外，勒马日期待有幸出版大师任何美文。

此致最真心的诚意和最亲切的敬意。

梁宗岱

阿韦林（Claude Aveline，1901—1992）本是作家，二十一岁改行，成立出版社，号称"法国最年轻出版人"。1930年前后回头专心写作，把出版社转让他人。勒马日出版社（Editions Lemarget）在巴黎拉丁区，以出版高级图书为主要业务，活跃于1930年前后。

在洽商过程中，为了说服出版社，梁宗岱一定曾经透露他与瓦莱里的密切关系。瓦莱里惜字如金，出版社知道他的文学和商业价值，尽管序言须另付稿酬，但能保证书籍销量。何况在当时，能够印行他的文字是出版社求之不得的荣耀。

瓦莱里正在南部度假，很爽快答应了梁宗岱的请求，于是这本书的序言和出版有了着落。但是这一年，瓦莱里的声誉正在高峰上，众多的工作和应酬教他应接不暇，梁宗岱迟迟未接到序言。到了9月，瓦莱里的太太腹部剧痛，他日夜陪伴，一个月后确诊为卵巢囊肿，接受了手术割除，休养至次年2月才最后离开疗养院。瓦莱里每天都去看望她，刚好他的好朋友纪德和贝格逊也患病入院，他花了很多时间探病。

梁宗岱这一边，接到新结识的瑞士朋友阿琳娜·瓦朗让的邀请，8月初前往阿尔卑斯山一间古堡度假，逗留了两个多月。10月下旬才回来，刚好碰到瓦莱里为夫人住院忙得一塌糊涂。他耐心等待了一个月，经不起出版社多次催促，不得不在 11 月 13 日写信给瓦莱里：

亲爱的瓦莱里大师：

尊夫人贵体好些吗？

前蒙惠允为陶渊明拙译撰一信柬序言（lettre-préface），为此再次打扰，深以为歉，尤其大师目下内外交困。然而图书印刷即将告竣，只候尊函便可在十二月十五日前印就。尚望早日赐寄。

此致亲切敬意。

梁宗岱

此信发出后大约一个月，12 月 19 日，梁宗岱收到这篇等待已久的序言。他本来只满足于一封信，现在得到的却是一篇真正的序言，写作认真，远远超出他原先的期望。更出乎意料之外，作者用了不寻常的词语，赞扬他对诗歌的热情和他的英法文诗水平。以瓦莱里当时的名声和权威，这如同一张法国文坛通行证。梁宗岱受宠若惊，过了几天才定下神来，写了一封感谢信，并且附上一件礼品表示谢意：

亲爱的瓦莱里大师：

上星期四雷惠兰夫人把序言美文交给我。迟迟未致谢函，皆因德重恩弘，无言以谢。

这些挂屏（panneaux）虽然平平无奇，却是一位美丽的中国姑娘路过时留给我的。我相信她会很高兴知道，这些挂屏到了一位对中国友好的朋友，一位醉心中国艺术的爱好者手中。

梁宗岱敬上

雷惠兰夫人是瓦莱里好友，她主持的文学沙龙在巴黎很有名气，梁宗岱经瓦莱里介绍，经常出入她的沙龙。序言没有直接寄给他，而是托她转交，这是事出有因的。梁宗岱 8 月份去瑞士度假，离开了居住多年的学生旅馆房间，瓦莱里只知道他不在巴黎，且没有新地址。8 月 6 日，他写过一封信给梁宗岱，由于地址不详，也是由雷惠兰夫人转交，拖了二十多天才到达瑞士。梁宗岱 10 月回到巴黎后，写信给瑞士友人道谢，使用万花楼餐馆作为通讯地址。随后一段时间，瓦莱里内外两忙，梁宗岱除了陶潜诗译的出版，周围又群集几位旧识新知的中国朋友：司徒乔、刘海粟、朱光潜、傅雷……都是三十岁左右的年轻精英，每天论文说艺，争论不休。两人各有所忙，没有机会见面。直到 11 月梁宗岱写信，瓦莱里才知道他已搬离拉丁区，住到玫瑰村去了。推算时序，序言早已在此之前完成，不仅交给了雷惠兰夫人，而且也送到《交流》（Commerce）杂志，与陶潜《自祭文》的法译，一起刊登在 12 月冬季号（总第 22 期）。梁宗岱回巴黎后，没有及时与雷惠兰夫人见面，才有催序之举。

《交流》是一本纯文学刊物，创办于 1924 年，每期扉页都印着三位主编的名字：瓦莱里、法尔格（Léon-Paul Fargue，1876—1947）和拉尔波（Valéry Larbaud，1881—1957），不过他们挂名而已，有人戏称为"灯塔"，真正主编是创办人卡埃塔尼女士（Marguerite Caetani，1880—1963）。她出身于美国一个富有家庭，父母去世后独自一人到巴黎学声乐，与一位意大利指挥家结婚。由于丈夫是王族，朋友都称她为巴斯阿奴亲王夫人（Princesse de Bassiano）。她醉心于文学，结识了很多法国和欧洲作家，热心帮助他们。她有两位得力的志愿业余助手，一位是在外交部任职的年轻诗人圣琼·佩斯，未来的诺贝尔奖获得者（1960 年），另一位是著名的《新法兰西杂志》编辑波朗（Jean Paulhan，1884—1968），能写能编，以善

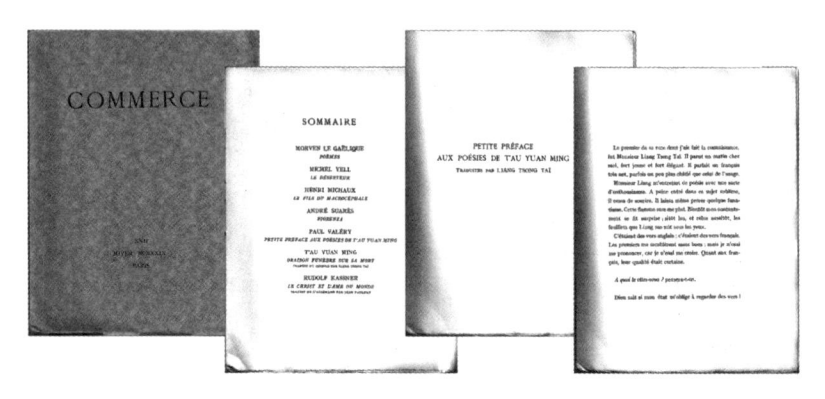

法译《陶潜诗选》瓦莱里序言刊登在《交流》杂志1929年冬季号
《青年梁宗岱》作者藏书

于发现新进作家出名。在他们协助下，这本杂志很快打开一片天地。尽管走高级路线，售价比同类杂志贵四倍，但发行量相当可观，最高峰时接近三千册，远销至欧美十八个国家，成为一本国际性杂志。八年间出版了29期，1932年，巴斯阿奴亲王夫人随丈夫返回意大利定居，杂志宣布停刊。

瓦莱里序言在杂志刊登时，使用标题《梁宗岱译陶渊明诗选小序》（*Petite préface aux poésies de T'au Yuan Ming traduites par Liang Tsong Taï*），与单行本的书名法译《陶潜诗选》（*Les Poèmes de T'ao Ts'ien*）不符合，很可能梁宗岱在瓦莱里面前一直使用陶渊明这个名字，到结集时才改用陶潜，又没有及时把改动告诉瓦莱里。这至少显示了他们有一段时间没有会面，才会出现这种不协调的现象，也说明序言到达杂志编辑部的时间，早于到梁宗岱手里，否则还来得及更正。

瓦莱里是著名的序言作家,热心为新进作家作序,为了生活也不时接受"订单"(sur commande),有人诟病他滥写。这篇序言的标题也有人攻击过,认为 T'au(陶)拼写错误,应为 T'ao。对于这些批评,瓦莱里淡然置之,因为序言于他只是一种写作借口,他不会被作者或作品本身所限制,而是从中找出一个主题,加以发挥,成为一篇真正的文艺理论文章。这篇序言后来入集《艺术散论》(*Pièces sur l'art*,1934),重新命名为《中国诗篇》(*Poèmes chinois*)。

序言一开始叙述梁宗岱给他的印象,然后对他的英法文诗给予很高评价,随即自问自答理由:

你从何看出?你会想。

天晓得是否我的身份规定我要看诗!人家每天将诗送到我这里,好像作过诗的人就有责任去评判!毫无疑问,从前存在过某些"真理"或共同原则,某些相当多人接受的明确要求,令到有一种诗学之类的东西存在,让人能够筛选诗歌及给予作者忠告。对于技巧微妙之处和某些关键性困难,大家意见一致,有一个常规来分辨好与坏。但现在所有艺术都是自由的,谁也不比谁更内行。古老的好坏区分被取替了:天才或者不是天才?

我对此毫无异议。只觉得这个时代相当不同凡响,可以说它以技术作为主宰,几乎奉为偶像;它把力量消耗在组织、连接、按节奏运行、分解和再组合各种生产行动,只讲求控制、测验、标准、专业和专家。可是在文学和艺术工业中,它刚好相反,扬弃所有可以传授的方法,所有共同尺度,所有公认的比较条件。不过,在现代人眼里,艺术与必须发之于情的成见或者某种革命精神主义结合得那么紧密,以致一部作品不散发出一点天晓得的叛逆和捣乱的味道，就会被视为没有意思。说到头来，这不过是一种常规，另树一帜的，没有公约数的，取代了古老的一套，但比前者更胜一筹：简单而独一无二。

然而，评判的传统还是存在的，它属于那些本身作用消失后仍然存在的习俗和礼仪之列。

没有规矩如何评判？还有，假如只屑于把判断建立于一时印象之上，如何评价一部作品？

因此，必须自定一种简单而常恒的规则。毫无疑问，它的原则必定是按个人喜恶决定的，但一旦选定，就不要改变。它按照作品的特点调节，这些特点必须存在于所有作品中，同时尽量不以个人感情用事。

我采用的方法是在必须由我评判的文章中，首先观察它们的文字本身及其和谐。我并非为干巴巴的语法修改操心，拼写与语法搭配是出于纯粹虚荣心的清规戒律，并不影响文章的真正意义，与精神的真谛毫无关系，只有最没有出息的人才会看重。拼写是偶然的产物，语法搭配无关宏旨，很多民族不管这一套。然而，文字给人一种重量和力量的感觉，句法的功能有一种像器官那样的深刻支配作用，形式的连贯、文章单位的调配及构成它的遣词造句有一股气味：在作品中觉察出这些东西，等于看到一个作家的前途。

如果涉及诗歌，音乐是绝对的条件：要是作者不重视音乐，不在上面花心思，要是发现他的耳朵迟钝，要是在诗的结构中，节奏、音调、音色没有占重要的地位，跟意义平起平坐，不要对这个人抱以期望。他想唱歌而无唱歌的迫切感，他使用的词语令人联想起其他词语。

这种简单的方法能够让人相当快捷而合理地下结论。如果在一部作品中发现作者有意识地留意语言的资源、作用及发音，同时察见成功的音乐布局，就可以认为作者身上有足够的感性，以及构建和组合能力，可以考虑成为一个诗人而不算荒唐。

这一大段引文没有任何删节，因为属于瓦莱里诗歌理论一部分，具有重要的参考价值。序言还提及梁宗岱作品同时具有严谨的巴那斯派和极端自由的象征主义的双重特点。

序言交给出版社后，未如梁宗岱预料那般迅速出版。根据该书最后一页所示，半年后，到 5 月 30 日才完成印刷，后面还有一系列工作要做。他的焦急可想而知，因为一早便安排暑假到德国学习德文，动身时间近在眉睫。莫诺是这本书的第一位购买者，预先向出版商订购。"瓦莱里典藏室"收藏的购书发票，日期是 1930 年 7 月 21 日，贴近新书的上市日期。梁宗岱此时已不在巴黎，"一九三〇年秋，我在柏林。我底法译《陶潜诗选》出来了"（《忆罗曼·罗兰》）。

笔者在 2000 年第一次看到本书实物，出版社送给法国国家图书馆收藏的样书，设计典雅大方，印刷精致漂亮，大开本，25.5 厘米宽，32.5 厘米高，法文封面只有书名 *Les Poèmes de T'ao Ts'ien*，随后是中法文封面，法文下面三行横印中文，由梁宗岱本人以毛笔书写：

陶　潜　诗　选
梁宗岱法译
梵乐希序文

法国国家图书馆藏梁宗岱法译《陶潜诗选》（1930年）
扉页题辞"出版者致意　1930年10月18日巴黎"

书名扉页红黑双色印刷，除了常见的书名，译者和序言作者的名字，以及出版社字号外，还有小段文字说明："附常玉三张铜版画原作及根据黄慎绘制的作者像"。黄慎（1687—1772）是清代"扬州八怪"之一，书中的陶潜全身像笔法豪放，可能是根据他的《陶令重阳饮酒图》改画，以古琴代替了酒坛。画家常玉（1901—1966）为书中的《五柳先生传》《乞食》和《桃花源记》绘制了三张插图。常玉1921年到巴黎学画，由于家境富裕，没有后顾之忧，取了一个法文名字Sanyu，在艺坛上自由游荡，直到1925年和1928年才有两张作品先后入选巴黎秋季沙龙，但没有引起画评家注意，默默无闻。梁宗岱却独具慧眼，看中他的艺术。随着时间的推移，常玉的独特画风得到愈来愈高的评价，成为法国人最熟悉的留法中国画家之一。

巴黎纪美博物馆举办《常玉——身体语言》画展（2004年）时，副馆长戴浩石（Jean-Paul Desroches）写了一篇文章《从人体画到风景画：漫无目的或既定路线？》（*Du nu au paysage : errance ou itinéraire ?*），其中论及法译《陶潜诗选》的插图，认为在常玉的艺术发展过程中占有重要位置：

常玉在十八首诗中选择了三首刻制铜版画,其中两幅(按:《五柳先生传》《乞食》)运用中国传统,地貌构图属倪瓒(按:元代画家,1301—1374)的风格流派,第三幅(按:《桃花源记》)则引入一种曲线手法,令人想起马蒂斯的现代派视野。这第一次大胆的尝试预告了他的进取决心。

庞薰琹(1906—1985)在 1925 年至 1932 年间留学巴黎学画,认识常玉,在回忆录中谈及这本书的插图:

> 有一次,一个出版商请他为一本陶渊明诗集法文译本,搞四幅铜版插图,他接受了。可是拖了好久没有搞。后来出版商了解到他没有钱买材料,于是给他送去铜版,可是他没有工具,又拖了好久,后来实在需要钱用,他想出一个办法,他弄到一把旧修脚刀,把插图搞出来了,那时我已经回国。据说这四幅插图很精彩,德国一个出版商还为这四幅插图,出了一本单行本。(《路是这样走过来的》)

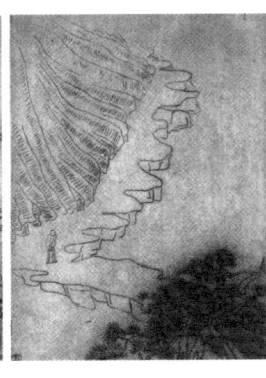

《五柳先生》　　《乞食》　　《桃花源记》
常玉法译《陶潜诗选》版画插图(1930年)
《青年梁宗岱》作者藏书

庞薰琹和梁宗岱同期在法国，两人都与刘海粟、傅雷等人有来往，他们不会缺少相识的机会。至于修脚刀的传说，这是常见的"神来之笔"故事的变种，但其中说常玉拖了很久才完成插图，却能够解释这本书为何迟了近半年才出版。

根据珍贵书籍的规矩，该书限量印刷，每书编号，印刷页详细说明纸张规格：编号 I 使用珍珠母色日本纸（Japon nacré），内有插图两套，灰色及褐色；编号 II 至 VI 使用皇家日本纸（Japon impérial），同样有两套插图；编号 VII 至 XVI 使用格尔德直纹荷兰纸（Hollande van Gelder），一套插图；编号 1—290 使用犊皮纸（Vélin d'Arches à la forme），一套插图。总印数 306 册。法国国家图书馆藏书的编号是 89，属于普通纸类。笔者当时很希望能看到其他规格的成品，对编号 I 尤其感兴趣，想知道是否梁宗岱为自己特别印制。十多年后见到真本，才知大谬不然。谜底仍在"瓦莱里典藏室"，这里收藏的法译《陶潜诗选》特别丰富，竟然有四册。第 I 号就在这里，其余为 II、X 和 58。对照印数页说明，每个号码分属不同类别的纸张规格，一种不漏。

这类高档艺术书，收藏家一般都请技师重新装订，此时会放弃原有封套，改为烫金字的牛皮硬封面。但莫诺没有这样做，四本书都保留原状，因为收藏的目的是保存历史真相，而非他的个人爱好。

这些书保存在硬纸套里，一本一硬套。第 I 号那本夹着一叠信，其中有梁宗岱的两张明信片。第一张是圣诞卡，收信人瓦莱里，图像黑白印刷，圣诞树、蜡烛和一朵五瓣花，1930 年 12 月 18 日寄自柏林。第二张的图像是巴黎铁塔，也是黑白两色，寄信日期 1927 年

12月25日，答复莫诺的约会邀请：

  亲爱的莫诺先生：

    感谢亲切来信，将依约在12月29日星期四到府上。很高兴即将见面的快乐。

    亲切问候

梁宗岱

  其余还有七封信，都是出版社和莫诺的通信。读完信件，才知道编号 I 不是梁宗岱的主意，而是莫诺通过他向出版社订购，要求特别印制的独一无二孤本，出版社欣然同意。书出版后，他增订两种高级纸张版本，编号 II 及 X。至于最后一本编号 58，属于印数最多一类，很可能是梁宗岱所赠。在这些信件中，夹着一张当年的征订广告，上面没有编号 I 的售价，代之为"已预订"（Souscrit），其余三种价钱为 475、300 及 180 法郎，以货币恒值计算，约合欧元 260、165 和 100。至于编号 I 的价钱，我们从出版社的发票里知道，625 法郎（约 360 欧元），相当于三本普通纸本，十分合理。这本诗集印数很少，但是装帧高雅，令人爱不释手。加上瓦莱里的序言，很受图书馆和文学爱好者重视，现在已成为藏书家的珍品。与印数相比，流传下来的藏书，比例相当高。

  法译《陶潜诗选》收入十五首诗：《形影神》，《归田园居》，《和郭主簿》二首之一，《移居》二首之一，《责子》，《乞食》，《饮酒》四首，《拟古》二首，《咏贫士》五首之二，《读山海经》十三首之一，《归去来辞》，另有三篇古文《五柳先生传》《桃花源记》和《自祭文》。梁宗岱采用自由体翻译诗歌，其中《责子》标题改为《醉酒辩》（*Apologie pour son ivresse*），联章诗《饮酒》和《拟古》总共选译六首,标题重复,使用法译第一句代替。例如《饮酒》二十首之五改为《结庐在人境》(*Je construis ma hutte au milieu des hommes*)。

书中没有作者序,代之以一篇献辞(*Dédicace*),放在最前面:

呈让·普雷沃

亲爱的朋友:

  这些诗其中一部分翻译好后,在抽屉里躺了很久。我对我们诗歌有那么多拙劣的翻译很反感,生怕轮到自己糟蹋杰作,所以从不敢示于相识。然而一天晚上,在塞纳河畔,在一盏守夜灯下,我让你读了。出乎意料之外,立即得到你的称许。此后,你的鼓励使我心情平和地继续工作,成果就是这部小书。这些诗陆续移译成法语,我们一起读过,后来我作过许多细微润色,但我相信你仍认得它们。

梁宗岱

这种致谢文友的方式殊不多见,多数人缩减为在序跋中夹上只言片语的谢词,有些干脆装聋作哑。梁宗岱与文友交流一向抱着虚怀若谷的态度,他在《水仙辞》有"献呈刘燧元君"一页,自谦这位岭南大学好朋友比他更适宜翻译此书,其实刘燧元(即刘思慕)没有读过法语,只不过梁宗岱欣赏他的诗歌才能,同时感谢他协助自己去国前处理何瑞琼读书一事。现在这篇献词强调与普雷沃的深厚友情,以及感谢他的鼓励。没有料到竟然引起罗大冈的误会:

  本世纪三十年代,我在法国留学时,曾经读到梁先生和法国作家若望·普来伏斯特(1901—1944)合译的陶渊明诗选,精装一大册，有法国诗人瓦雷里（即《水仙辞》的作者梵乐希）的序言。这部法译陶诗，是我见到过的法译中国古诗中，质量比较好的。（罗大冈《回忆梁宗岱》）

把 Prévost 译为普来伏斯特有点出人意外，-st 在这里不发音，不能译为斯特。中世纪时期古法语的拼写混乱，法兰西文学院自十七世纪起致力整顿，但规范时只改动普通名词，没有触及人名及地名。外国人学发音时都会听过老师讲解这段历史，而且普雷沃这个人名在法国并不罕见，文学史上有过一位同姓的作家普雷沃神父（Antoine-François Prévost，1697—1763）。

罗大冈说这本书两人"合译"更出人意外，全书没有一字提及普雷沃是作者之一，如果把献词中的"我让你读了"理解为"合译"，而不是文友间的切磋，那么这个误会不难解开。梁宗岱的法译《陶潜诗选》有《归去来辞》，普雷沃的《诗歌爱好者》也有。两相比较，全诗六十行，只有一句完全相同：*Le monde et moi nous nous quittons*（世与我而相遗），其他句子的结构与表达方式差距很大，不是只差一两个词的孪生子。以最后两句为例：

聊乘化以归尽，

乐夫天命复奚疑！

普雷沃译文：

Profitant de ce que tout change

Pour retourner dans le néant,

Je rends grâce aux décrets célestes !

Comment hésiter maintenant ?

顺着万物的变化

回归到乌有虚无，

我感谢上天意旨！

如今为何要彷徨？

梁宗岱译文：

J'accomplirai ainsi mes destins, réjoui

Du décret du ciel, le cœur libre de soucis.

就这样完成我的一生

乐于天命，心无牵挂。

这两句诗的译文反映了两人翻译方法的差别。普雷沃不谙中文，像对待西班牙文诗那样，由梁宗岱逐字释义和朗读，然后移译成法文。结果相当理想，翻译紧扣原文，却又是纯粹的法文诗，音节韵律都很悦耳。但是为了忠实于原文，不惜两句变四句，脱离了原诗的结构。梁宗岱反而没有逐字翻译，采用意译把诗句涵义传达给读者。为了押韵，使用了西方诗歌特有的跨句结构。两人译文各有千秋，大家利用自己的长处，把诗译到最好。在各自的译文中，只有互相交流探讨的痕迹，而无"合译"的影子。

在法国第一位向读者介绍这本法译的评论家是名重一时的封登拿（André Fontainas，1865—1948），他的文章刊登在历史悠久的文学杂志《法兰西信使》月刊1931年1月第782期的专栏里。文内除了引述瓦莱里对梁宗岱的赞语外，并从自身阅读的感觉，认为"他挑选和翻译的诗歌，组成一个风格高雅的卓越整体，既简洁，又动人，有时带着一丝对自我和时乖运舛的嘲讽，这是一种深刻的精微，甚至没有在其他中国诗人中见到。可惜《自祭文》篇幅太长，无法在此引述，而节录任何一段都会违背其含义，降低效果。但这里有一首短诗，很能表现我感觉到这种艺术的魔力"，这首诗是《饮酒》二十首之五（栖栖失群鸟）。他最后得出结论，与十九世纪著名汉学家德理文（Marquis d'Hervey de Saint-Denys，1822—1892）的"有趣但很苍白"的唐诗法译相比，梁宗岱的译文远远超过，属于法国文学遗产之列。

接着他大段引述了瓦莱里在序言里关于诗歌音乐性的阐述，作为介绍另一部诗集的楔子。这部诗集的作者是女诗人缪拉（Amélie Murat，1882—1940），名为《孤独》（Solitude）。他认为女诗人表现出一定的诗歌才能，诗作有节奏，音韵和谐，"可是在最好的时候，缪拉小姐没有超过中规中矩和差强人意。人们可以对她表示好感，甚至一定程度的赞赏，但不是非读不可"。这种写法和评论，多少在和梁宗岱作比较。梁宗岱经得起与法国本土诗人比较，不是一件容易的事情。尤其这位女诗人已经颇有名气，两年后获得荣誉军团骑士称号，五年后获得法国文人协会的贝格逊奖。

普雷沃要等到1931年夏天，才在《新法兰西杂志》7月号第214期发表评论：

法译《陶潜诗选》

在瓦莱里和梁宗岱之后，谈论这些诗歌是一件困难的事情。前者基本上表达了一个有文化的欧洲人面对中国的感想：惊讶，然后对理智的高度运用感到亲切，最后是赞叹这么多中庸之道与精微之处。这些短小完美的作品，同时包含了诗歌与智慧，译者梁宗岱在评论时，指出了陶潜的本质：他超越了斯多葛主义。

余下来，只要看看他如何超越。斯多葛主义包含了克己捐弃，一种以爱比克泰德（Epictète，50—约125）为象征的故作反诘，一种面对世界及其财富不断进行心灵修炼，提升到脱离虚荣心的高度，一种自我作主、平静面对死亡的态度。但是斯多葛主义到底严酷，害怕纯化感情，因而摒除了人类文化很多东西，它看来比雅典派更接近斯巴达克派。最后特别要提及，斯多葛派实践的见解自律，消除威望，这一切都是负面的。斯多葛派惧怕想象力，企图消灭想象力。

陶潜刚好相反，他利用想象力，驯服想象力，来达到他的高贵目标，获得美感的欢悦。他在哲人欢悦之上，加上梦想，加上与梦共乐的艺术，却又不眷恋，也没有眷恋过。东方智慧超越我们之处，正是这种艺术，去掉想象力的个人色彩，清除普通人用以滋养想象力的追求和激情。

在这方面，陶潜是大师。他的行为是斯多葛派，他有怀疑主义者的轻松笑容和满不在乎，他怀疑自我，接受诸子百家，接受世界美丽事物。他的逻辑温和而富创造性，意象纯粹，有如秋天的树林。他的思想和诗歌浑然一体。像雨果吗？可是雨果的思想只是诗歌。像卢克莱修吗？卢克莱修的诗歌不过是一种伟大的思想要抓住真实的激烈行为。陶潜倒是让我们想起柏拉图的空想，如果他没有这种对宏大和无限抱有怀疑的话。这是中国古典作家和印度的不同之处，令他们更接近我们，却又令我们感到困惑，因为这是我们本身没有的习性。

至于译文，我自然无法判断其准确性。我看过翻译工作如何进行，细心缜密，千方百计扣紧原文，反复润色，我因此知道这是一部带着真诚与爱意完成的作品。法语译文显示出一种对语言微妙之处的辨识力，以及外国人极其罕见的悦耳音调。

发表时间距离诗集出版差不多一年，这时梁宗岱已经离开法国，在德国逗留了一年，转往意大利游学。按道理，法译《陶潜诗选》题献给他，他不应该等那么久才作出反应。原来书籍印讫前一年，1929年3月，他向英国剑桥大学申请法文教师职位，同年6月接到聘书出发，逗留了两年，陶潜诗出版时人在英国，1931年夏天返巴黎，一回国便写成这篇文章。

书评不长，作者仍然借用自己熟悉的西方文化来比较，虽然这是他的好朋友的作品，但没有吹捧，只在文末高度评价译文的质量。应该说，不懂汉语的法国人赞扬译文质量，可能比汉学家更具分量，因为他们只就法语水平判断，不受汉语原文干扰。

封登拿在第一篇书评发表后一个月，又在1930年《费加罗报》的文章《我们所知的中国诗歌》（*Ce que nous connaissons de la poésie chinoise*）中，再次提到法译《陶潜诗选》，这次谈到译文的质量。他在列举了已出版的中国诗歌法译后说：

> 一般人认为唐朝是中国文学，尤其诗歌的最辉煌时代。可能是这样。然而，最近出版的一本法译，介绍了一位更早期的（起码早300年）诗人陶潜，生活在公元365至427年，我不知道有谁能及他那么光彩夺目。梁宗岱先生，听说是英文和中文诗人，同时也以法文写作，事实上，他的译文证实这一点，他对我们语言之精通，令人惊讶。

《生存者杂志》（*La Revue des Vivants*）是一本文学综合月刊，自称为"战争一代喉舌"（Organe de la génération de la guerre）。1930年11月号文学专栏，刊登了评论家拉卢（René Lalou, 1889—

1960）的介绍，他这样评价：

> 梁宗岱以婉转诗意的文字翻译这些诗篇，表现了对我们文字资源的娴熟掌握。这本书有一篇精美的序言，瓦莱里介绍这位青年作家给法国读者，他解释说梁宗岱如何因为是中国人，所以要"把这些微妙的方法变成自己所有。这些十分珍贵的反复使用，把没有价值的语言转化成精美工作的原料"。

至于精通汉语的汉学家，对他同样不吝称赞。马古烈斯是伯希和的学生，1922年得博士学位，1926年胡适欧游时，曾与他两次见面，9月20日的日记有记录：

> 饭后我到图书馆续抄书。M. Margoulies（M. 马戈里斯）来看我，送我他的论文二册。此为博士论文。法国博士分两种，一为大学博士，一为国家博士。前者甚易得，后者甚不易得。然这种论文亦不过翻译了几篇文章而已，未免太容易了。

胡适的话有点轻率，他不了解马古烈斯的语言造诣。这位俄裔汉学家精通俄、法、英、德、西、中六种语言，1926年至1939年在巴黎东方语言学校任教，1930年法国政府派他到中国考察教育和讲学，曾经重会胡适。1945年至1966年在联合国翻译处工作，在最早的十二位翻译专家中，他是唯一能够通译联合国的五种官方语言（中、英、法、俄、西），包括同声翻译。1948年，他出版了《中国文学萃选》（*Anthologie raisonnée de la littérature chinoise*），在序言中，他提到以前同类作品的翻译质量：

> 但正如我们所指出的，那些选集的尝试并非真正追求具有代表性。如果不是一些只有几首诗的小书，完全没有具有代表性的野心，便是毫无例外地专注传达中国文学的异国情调。这种情况

令广大读者到现在仍在怀疑，中国除了这些纯粹笔墨游戏的异国情调外，是否拥有名副其实的文学。已有的翻译不仅数量稀少，而且传播不广。这是很遗憾的事情，尤其是一些很优秀的翻译，例如梁宗岱的陶渊明和王维译诗。

两位译者没有同行如敌国，而是惺惺相惜。在梁宗岱从法国带回的图书中，有一本马古烈斯所赠的《中国韵文演变史》（*Évolution de la prose artistique chinoise*），扉页题辞：

À mon ami M. Leang Tsong Taï, écrivain et poète,
　témoignage, non seulement d'estimes littéraires, mais
　　encore de sincère amitié
　　　de L. Margoulies (Seceau chinois)
　　　　Paris 1931

送给我的朋友梁宗岱，作家与诗人
　不仅表示文学敬重，更表示真挚友谊
　　马古烈斯（篆书图章：马宣波）
　　　一九三一年巴黎

最后还有罗曼·罗兰的评判，1929年，他在接到梁宗岱第一封信后，在回信中说："你翻译的陶潜诗使我神往，不独由于你底稀有的法文智识……"这不是客套话，在他的日记中也有类同的记载，"我觉得他纯熟掌握法国语言"（Il me paraît posséder remarquablement la langues française）。1931年秋，他写信给在柏林的梁宗岱："我已经收到你那精美的法译《陶潜诗选》，我衷心感谢你。这是一部杰作，从各方面看：灵感，移译，和版本。"（《忆罗曼·罗兰》）

法国汉学虽然着人先鞭，执欧洲牛耳，但中国古诗翻译起步很晚，撇开像俞第德《白玉诗书》（*Livre de Jade*）那样的改写"翻译"，在梁宗岱之前只有下面五种：

　　1862 年：德理文，《唐诗》（*Poésies de l'époque des Thang*）

　　1886 年：安博—于阿尔（Camille-Clément Imbault-Huart, 1857—1897），《十四至十九世纪中国诗选》（*La poésie chinoise du XIVe au XIXe siècle*），收入刘伯温至曾国藩的诗作

　　1896 年：传教士顾赛芬（Seraphin Couvreur，1839—1919），《诗经》（*Cheu King*）

　　1919 年：葛兰言（Marcel Granet，1884—1940），《中国古代节日和歌谣》（*Fêtes et chansons anciennes de la Chine*），内有《诗经·国风》

　　1923 年：乔治·苏利埃·德·莫朗（George Soulié de Morant, 1878—1955），《宋词选》（*Florilège de la poésie des Song*）

梁宗岱的法译《陶潜诗选》是第一本作者专集，对中国文学在法国的介绍和传播作出贡献。

　　抗战期间，这本法译诗集让他意外结交了两位文友。一位是英国作家白英（Robert Payne，1911—1983），另一位是风云人物冯玉祥将军，这件事记载在白英 1945 年发表的《重庆日记》（*Chungking diary*）里。白英年轻时在英国、德国和法国读书，后来成为造船工程人员。1939 年到新加坡工作，珍珠港事件后，在 1941 年 12 月到重庆，曾短期为英国《泰晤士报》当通讯记者。1942 年至 1943 年受聘复旦大学教英文，1943 年转往昆明西南联大，工作至 1946 年离开中国，前往美国定居，以教书及写作为生，至 1983 年去世，骨灰送

回中国撒放在长江。他勤于写作，作品包括传记、小说、报道和翻译等，总数超过110种。他在1942年与熊鼎（Rose Hsiung）结婚，1952年离婚。岳父熊希龄（1867—1937）在袁世凯时期曾任总理兼财长职七个月，他曾在书中自夸"娶到中国总理的女儿"。

冯玉祥在回忆录《我的抗战生活》有一段提到白英：

> 有一位英国人，中国名字叫白英，有三十多岁，在复旦大学当英文教授，个儿不很高，瘦瘦的，很有精神，最好帮助穷苦的先生和学生。他常常在北碚街上，手里拿着一个馍馍且吃且走，他对一般穷苦的人们很同情。他很努力工作，每天把他所见所闻所想的事，都用打字机打出来，常常到两三点钟才睡觉。我有个做饭的，他没有看过什么叫打字机，听见黑夜老扑打扑打那么响，第二天他对人说，这个外国人一夜都发无线电报，这可是一件不得了的事。后来告诉他说，那是打字机，他才明白了。
>
> 白英先生的父亲在造船厂里负责任，我给他写过一篇字，他写信来表示非常的感激。为了英国人的一顿饭运动，我画了两张小画参加展览，由白先生寄去。后来，由英国回来的朋友对我说，他站在小画底下还照了一个相。卖门票的时候是五块美金一张。可见英国人，他们对于义举有很多的好办法，这真是应当效法的。
>
> [……]
>
> 白英同熊二小姐两个人结婚找我证婚，我说："很好。"没有惊动什么人，马上就成功了，这真是平民化，也真是革命化。

1942年4月，冯玉祥政治处境困难，加上三女儿与父母吵架后自杀身亡，心情苦闷，带几个随从和一个手枪班上缙云山隐居，住在缙云寺附近的楼官亭，读书写字，与寺中老道交谈，不问世事。

他出身贫家，自幼失学，戎马一生，却爱好诗歌书画，经常与文人墨客来往。缙云山在重庆北碚，复旦大学就在山脚下。5月25日，冯玉祥派人送信到复旦，请几位教师吃午饭，消息由梁宗岱传达。白英是其中一位，他在日记中详细描述了冯玉祥的金刚外形，看来这是他们的第一次见面。这顿午饭吃了很长时间，冯玉祥"很满意他住的茅屋，并且引用陶渊明的诗句。席上一位诗人问他最大愿望是什么，他答道：'和平'"。这位诗人便是梁宗岱。

陶潜明显拉近了冯玉祥与梁宗岱的关系。7月17日，冯玉祥再次发出邀请，这次只请他和白英两个人，并让他们在山上小住。19日，他们两人一同出发，"梁宗岱穿着皮制凉鞋，短裤，他的手臂像活塞那样挥动"，两人边走边看风景，结果迷了路，这时梁宗岱说：

"中国有些村庄被世人遗忘，可能这个村子也一样。中国大诗人陶渊明以前写过，一位渔夫发现一个村子，所有人穿着前朝服装，所有人都很快乐。但他回头再去，村子不见了。我知道广东有些村子，从来见不到税务官，因为位于高山上。可能这个村子也一样。"（白英《重庆日记》）

这天晚上，三人坐在月光下谈诗：

冯玉祥问："大学里的年轻人真的读我的诗？"

梁宗岱老实地回答："他们很欣赏，不过他们尝试写的诗种类不同。"

将军继续说："我的诗只是一个老兵的诗，我不自命为诗人。"

梁宗岱答道："你已经创造出一些从来未有过的东西，你创造的诗反映了大众的感觉。"

将军对这个回答很感满意。（同上）

他们后来到冯玉祥住处，看他写诗和听他唱歌，夜深始散。白英下榻在望月楼（The Pavillon for Regarding the Moon），梁宗岱住在缙云寺。第二天早上，冯玉祥去了北温泉，梁宗岱带来法译《陶潜诗选》，白英和他一起对照着中文原诗阅读：

> 梁宗岱认为中国四大诗人是屈原、陶渊明、杜甫和李太白。我们提议把他们都翻译出来，但目前先从陶渊明着手［……］努力工作了一个早上，太阳已晒进望月楼，我们翻译了六首诗。（同上）

这六首诗是《饮酒》二十首之五（结庐在人境）、《读山海经》十三首之一（孟夏草木长）、《咏贫士》五首之二（凄厉岁云暮）、《饮酒》二十首之九（清晨闻叩门）、《饮酒》二十首之十三（有客常同止）和《归去来辞》，都曾收入法译本。白英1938年入读巴黎大学，谙法语，梁宗岱节省了很多解释原文的时间。他们在山上住了十三天，8月2日下山。

梁宗岱对陶潜的喜爱持续一生，他的学生卢岚在《心灵长青——怀念梁宗岱老师》文中回忆说：

> 1959年，大学一年级，我和一位同学在校园散步，走经他家门前，让他叫了进去。那时他住在中山大学外语系西区一座两层小楼里，一走进客厅，迎面壁上两幅国画吸引了我。冷不防他来到我身边，指着其中一幅问我是什么意思。我脑袋里浮起陶渊明的诗句，随口回答说："抚孤松而盘桓。"他又指着另一幅，我想了想说道："宇宙一何悠。"他眼睛一阵发亮，望着我微微笑，好像若有所得。

>我感到他看的不是我的脸庞,而是看到我的脑瓜里头去。他又似乎已经在我身上捕捉到一点什么,他捕捉到的是啥东西,我一点也不知道,只是隐约感到那东西属于我个人所有。

梁宗岱从培正中学到索邦大学,接受了十多年西方文化的熏陶,到法国留学也是为了"摄取西方文化的'菁华'"(《我的简史》)。但他扎实的国学根底,以及在五四运动中培养起来的爱国心,令他没有变成一个盲目崇拜西方文化的人。相反地,他通过陶潜诗歌的翻译,把自己最心爱的中国诗人介绍给法国人,让他们认识中国文化的菁华,扩展他们对中国古典文学的视野。在一个西方列强看不起中国的时代,书店里塞满描写中国落后面貌的游记和回忆录,这是一个书生能够为中华民族尊严作出的最好贡献。

第十二章

巴黎文艺生活

第一次世界大战结束后,巴黎成了世界文学和艺术现代派的大洪炉,十分热闹,一种"八方风雨会中州"的气象。很多美国文艺青年或新进作家跑来享受自由空气,其中一批人后来晋身美国文学史,除了众人皆知的海明威外,还有菲茨杰拉德、多斯·帕索斯、庞德、肯明斯、福特·麦道克斯·福特、马尔科姆·考利等人。

在众多美国人中,有一位青年人萨伦逊(Harold Salemson,1910—1988)。他到巴黎的理由与其他人不同,不是自己的主意,而是出于父亲的决定。他生于芝加哥,父亲从事医生职业,认为"一个人懂两种语言等于两个人,懂三种语言等于三个人",要求子女多学外语,并且坐言起行,1921年举家移居巴黎,萨伦逊才十一岁。1923年全家到德国短期居留,学习德语,然后返回美国,萨伦逊的父亲在1924年去世后,母亲又带着全家搬回巴黎。1928年,他完成法国中学课程,返回美国念大学,进入威斯康辛大学实验学院。但只读了几个月,老师发现他的经历,知道他曾经向法国文学报刊投稿并获发表,认为他已有足够的语言本领,鼓励他不要留在美国浪费时间,重返法国闯天下。

他听从劝告,回到巴黎。父亲留给他一小笔遗产,原意是供他念大学的，他醉心于文学，决定用来办杂志，办小杂志。小杂志法文 petites revues，英文 little magazines，这是一种实验性刊物，最先出现在法国，时为十九世纪中叶，到二十世纪初，成为文学现代派作家的战斗武器。因为面对主流文学，新派处于下风，为了宣传自己的主张，趁着印刷及造纸技术进步，出版成本降低的机会，以小本钱出版小杂志，绕过保守派垄断的传播机制，直接让公众认识他们，这个做法后来证明行之有效。在巴黎的美国文艺青年迅速把小杂志潮流带至美国，有人干脆在欧洲印制出版，然后寄回美国销售，因为第一次世界大战后德国通胀如脱缰野马，欧洲各国货币跟随贬值，美元汇率出奇地高，出版费用显得特别廉宜。萨伦逊曾向访问记者说，杂志小本经营，开销有限，编者就是自己一个人，作者不收稿费，真正要掏口袋的是印刷费，每期大约八十至一百美元便足够。《小评论》(*Little Review*) 是美国颇有名气的小杂志，1914 年创刊，1918 年率先刊登乔伊斯的《尤利西斯》，也在 1923 年搬到巴黎，直到 1929 年终刊。

萨伦逊创办杂志时年仅十九，却办得有声有色。刊物取名《鼓》(*Tambour*)，来自瑞士裔法国诗人桑德拉斯 (Blaise Cendras, 1887—1961) 的诗句："我的眼睛是两只鼓"(Mes yeux sont deux tambours)。他一开始便定位在现代派立场上，《发刊词》对此毫不讳言，但同时强调没有宗派成见：

> 了解过去便是表达现在，表达现在便是创造未来。
>
> 任何一种表达方式，过去、现在或未来，不管其倾向如何，都是可以容忍的。只有辨别它的艺术运动是向前或退后，才能找

出它的意义和价值。只有吸取过去的教训，才能构思未来方向。

在艺术和文学方面，思想、信仰、种族和类别完全融合为一体。无论我们来自何方，无论持有何种信念，我们走在一起进行强大无比的探索，都是为了艺术的最终目标——美。

我们将搜集所有类别，所有倾向，让读者自行评判。

而我们将敲起鼓，宣布新到来的步伐。

巴黎美国侨民办的小杂志，一般面向美国读者，只使用英语。《鼓》另树一帜，既刊登美国作家作品，又向法国作者开放，保留来稿的原始语言，变成英法语言共冶一堂，互相争鸣。这样一来，不仅有美国读者，也吸引了为数不少的法国文化人，萨伦逊甚至在法国杂志上刊登征订广告。他尝对人说，《鼓》的印数每期1500册左右，订户却超过700人。这个比例很高，令人惊奇，但完全可信。因为当年的订户卡仍在，尽管部分散失，经过研究者整理，资料完整的订户数目已经超过550人，与700之数十分接近。订户中不仅有大学图书馆或文化机构，还有一些法国作家或学者，足证这本杂志相当成功。

萨伦逊在1929年2月创立杂志时，梁宗岱正热衷于法文写作，《欧洲》月刊已经发表过他的两首诗，这是踏进法国文坛的第一步，发表更多作品是他的愿望。《鼓》新创办，双语并用，需要多方面的稿件，梁宗岱能英能法，这是编者求之不得的理想作者。创刊号采用了他的四首诗，英法各半。两首英文诗放在前面，像最早的法译那样，来自诗集《晚祷》。第一首 *Vespers*（晚祷（二）），保留原有副标题"——呈敏慧"，补上姓氏"钟"，体裁改用散文诗。

第二首 *Eventide*（暮），逐字对译，一字不差。

随后两首法文诗，第一首 *Nostalgie*（怀念）纯粹是新作，使用了西洋十四行诗体，写于 1927 年 6 月，曾经寄给瓦莱里请教：

怀念
——致弗朗西丝·瓦兰西

今夜，月亮把凄凉苍白的光线
洒在和风抚弄的小青草上。
在涟漪颤动池塘的紫色里
盛开的桃树对着银波自得地顾盼。

静在战栗，清澈，半透明
还有阴影中的睡莲发出蓝光……
一股贞洁的幽香喁喁细语，消失无踪……
晶莹的竹叶露水正在失去光芒……

但在你心爱回忆的奇妙湖泊中
沉静的水在呜咽，变暗，
我的灵魂像倦于远飞的天鹅焦急回还

快速无声地挥一下翅膀，
为求虔诚死去，在遗忘暗影中凝思的佳人
面对谎言的黄昏晕厥地上……（卢岚译）

梁宗岱回国后，在 1930 年代后半期尝试过中文十四行诗，1944

年的《芦笛风》收入了六首。但是法文十四行诗,这是已知的唯一作品。这首抒情诗与他的新诗写作风格一脉相承,其意境有象征派的影子。本诗题献给弗朗西丝·瓦兰西(Frances Valensi),这是一位女性名字,至今未能找出其人身份。单从姓名推测,可能是一位美国女士。

第二首法文诗标题 Lotus(莲),来自由小诗集成的《散后》其中两句,"莲藕因为想得清艳的美花,不惜在污湿的泥泞里过活",经过改写和发挥,以散文诗出现:

你为何留在这里,叶子搁在水面上,根子陷入污湿的泥泞里,啊,我挚爱的莲?

为了我的灵魂在歌声和花开季节来临之时,开放洁白、清芬、喁喁低语的花朵。(卢岚译)

《鼓》的出版周期两至三月,第二期在 1929 年 4 月,又刊登了梁宗岱的翻译,这一次是散文,*Lettre à Pei-Ti*(王维《山中与裴秀才迪书》)。

《鼓》创刊号(1929年)
刊登梁宗岱英法文诗四首　《青年梁宗岱》作者藏书

从第三期起，直到杂志停刊，再没有他的作品发表。这是否意味他不过是一个普通的投稿人呢？不是的。1930年6月，《鼓》出版到第八期，在第一页宣布"暂停出版"，因为主编要回美国，"不久后复刊"，不过，这个承诺后来没有兑现。在同一期的"文坛动向"里，有一栏"本刊特约撰稿人（collaborateur）新书"，其中列出：

> 梁宗岱：法译《陶潜诗选》，梁宗岱译自中文，瓦莱里序（勒马日出版社）

既然是特约撰稿人，交情便不限于一般投稿人与编者的关系。《鼓》近水楼台先得月，成为最先报道这本书出版消息的刊物之一。

再浏览一下其他期的内容，可见另一旁证。1930年4月《鼓》第七期发表了萨伦逊长文《再没有冒犯文学的罪名》（*Il n'est plus de crimes de lèse-littérature*），文章以法文写成，篇幅很长，占去十页位置，该期连广告不过八十页，即八分之一篇幅，这是主力文章。

标题下有一个副题，"呈梁宗岱"（*A Liang-Tsong-Taï*），这可能表示把文章献给对方，也可能与对方进行一场文学对话。从内容看，应属后者。作者以雄辩的口吻滔滔不绝，认为现代艺术流派（绘画，雕塑，音乐）被社会承认和接受，必然导致重新评价文艺的公认价值。过去的名作家、画家和音乐家不再神圣不可侵犯，大家有权各抒己见，自由批评："如果有人把兰波摆在拉辛之上（对我来说，这种比较并不存在），现在再没有理由引起反感。我认为，新艺术已经废除了'冒犯文学罪'。"可是全文由头至尾，没有提及梁宗岱的相关见解。

梁宗岱当然有自己的立场，萨伦逊也不会不清楚，刚好相反，他们在这个问题上一定存在分歧，产生过争论。而按照梁宗岱的好辩性格，一旦争论起来便劲头十足，十分激烈，好胜心会使他非要压倒对方不可，以至萨伦逊要借助长文反驳。如果真的那样，这篇文章不是为现代派鸣锣开道，而是一篇"自辩词"，呈给"法官"梁宗岱，有关罪行不是"冒犯文学罪"，而是"冒犯瓦莱里罪"。

尽管这是主观臆测，并非没有根据。他们两人在同一年为文介绍瓦莱里，萨伦逊抢先一步，1928 年 4 月，在芝加哥纯文学月刊《诗》（*Poetry*）33 卷 1 期发表了《保罗·瓦莱里的诗》（*The Poetry of Paul Valéry*）。这本杂志创办于 1912 年，是英语世界最老资格的诗歌刊物，至今仍在出版。至于梁宗岱，他的《保罗哇莱荔评传》与《水仙辞》中译一起，1929 年 1 月出现在上海《小说月报》上。由于他认识瓦莱里，来往密切，瓦莱里是他这个时期至高无上的偶像。萨伦逊不同，他写文章时只得十八岁，还没有创办杂志，正准备回美国进大学，文章为美国刊物撰写。他的文章比梁宗岱的简短，但出奇地老练，夹叙夹议，既介绍了瓦莱里的生平，也评论了他的作品。他对瓦莱里的总体看法和梁宗岱的如出一辙：

> 梁宗岱：[他的作品] 使法国的文学界知道他们今日不独具有法国有诗史以来五六个最大的诗人之一，并且具有法国光荣的散文史上五六个最大的散文家之一。

> 萨伦逊：毫无疑问，瓦莱里是法国当代诗歌最伟大的诗人，某些评论家认为他是古往今来最伟大的诗人之一。

萨伦逊不认识瓦莱里，更没有师徒或朋友关系，以局外人的眼光去阅读和观察，以独立评论家的立场去下笔，把自己的观点和盘托出。在介绍瓦莱里前期作品时说：

> 但是他有一个缺陷，很明显的——他的诗是哲学，而他的哲

学是诗。正如他看不起法郎士那样,他也将会受到攻击(他已经开始感觉了),来自那些一定要把哲学和诗歌分开的人。

[……]

从时序上来说,《旧作诗谱》是第一部,但也是三部中最不重要的,它来自一个二十岁年轻人的脑袋,受到马拉美影响力直接的笼罩。这本集子收入的十四行诗相当平淡,里面缺少诗人日后的诗歌技巧,我觉得即使作为少作,也没有多少可观之处……梁宗岱刚刚完成《水仙辞》中译,第一首诗正是选自《旧作诗谱》,在他的眼中,萨伦逊这些文字足够构成严重的"冒犯瓦莱里罪",当他读到或听到这种言论时,发生争论便不可避免。看来梁宗岱占了上风,因为瓦莱里炙手可热,任何批评声音都会被立即掩盖,萨伦逊在自辩文中避谈瓦莱里便很可以理解,何况他是受委屈的,他无意冒犯瓦莱里,只是重申评论家有权不同意正统的意见。

争论归争论,友谊归友谊,梁宗岱与萨伦逊是两个热爱文学的青年,共同点多于分歧。《鼓》第八期在报道法译《陶潜诗选》出版的同时,也刊登了萨伦逊的新作《眼睛共产主义》(*Le communisme de l'œil*)的广告。这是一本现代派新诗集,里面有多幅插图,由年轻画家图沙格(Louis Touchagues,1893—1974)绘制,他后来成为有名的插图画家、舞台设计家和壁画家。

诗集以法文写成,到目前为止,只知道几间美国大学图书馆有收藏,法国主要公共及大学图书馆都不见踪影。但是很幸运,笔者在1999年便见到这本书的实物。当时为了搜集《梁宗岱文集》资料,曾经到过广东外语外贸大学图书馆的梁宗岱赠书室(现已搬往新馆,改名梁宗岱纪念室),在尘封杂乱的书架上,见到一排排精装洋书,

萨伦逊在巴黎（1929年）　　　萨伦逊赠梁宗岱《眼睛共产主义》及题辞（1930年）
www.darcymoore.net　　　　　广东外语外贸大学梁宗岱纪念室藏

中间夹着一本可怜巴巴的小册子，纸张发黄，装订濒于崩溃，小心抽出来一看，只得二三十页，开本比普通书短一截，打开再看，扉页有作者写给梁宗岱的题辞。当时不清楚此书的来龙去脉，作者名字萨伦逊陌生得像外星人，更加不会想到与梁宗岱的英文和法文诗有关，只是被生动的题辞吸引，直觉两人是文学好友。想不到这本身世不明的小书如此珍贵，萨伦逊的题辞意味深长：

À mon vieux Liang Tsong Taï,

　　　ces quelques pages, dans l'espoir qu'il voudra bien les lire avant de les condamner,

　　　　　son copain buddy Harold Salemson

这几页书送给梁宗岱老兄，

　　希望他能够读完才定罪。

　　　他的老友萨伦逊

这里有两个词语特别惹人注目，第一个 condamner（定罪）可以证明两人时有激辩，第二个 copain buddy（老友），显示他们互相赏识，互相尊重，不存芥蒂。他们在同一年离开巴黎，1930 年，萨伦逊返回美国，这一走，再没有回过巴黎长住。回国后，他的兴趣焦点转向新兴的电影艺术，一年后跑到好莱坞去发展，做过多种工作。虽然继续为美法两国的文艺杂志写文章，双向介绍和评论两国的影片，但已完全放弃了文学。七十年代，他回头从事翻译工作，也与文学无关。

《鼓》是小杂志，但水平之高，比正规文学杂志不遑多让。梁宗岱在《鼓》发表了两次作品后，改向"大杂志"投稿，一开始便寄给风云一时的《欧洲评论》。这本杂志在 1923 年创刊，由人马星座出版社（Editions du Sagittaire）挂名，实际后台是一位富翁作家热尔曼（André Germain，1882—1971）。他的祖父是里昂信贷银行（Le Crédit lyonnais）创办人之一，本人除了写作，还不遗余力支持文化出版事业。《欧洲评论》是一本高级文艺月刊，编委会由知名的作家及编辑组成，每期页数 100 页左右，大开本，除了刊登大作家（如普鲁斯特、瓦莱里、纪德）作品外，同时向新潮流文学和外国文学开放，超现实主义作家布勒东、阿拉贡等在这里发表过作品，外国作者包括托马斯·曼、泰戈尔、里尔克、高尔基等名家。在当时与《新法兰西杂志》《欧洲》和《交流》并驾齐驱，1931 年 7 月停刊。

梁宗岱寄去一首诗尝试，《欧洲评论》立即采用，刊登在 1929 年 8 月号上，放在全卷最前面。瓦莱里读后，大为赞赏，立即写信鼓励他：

亲爱的梁君：

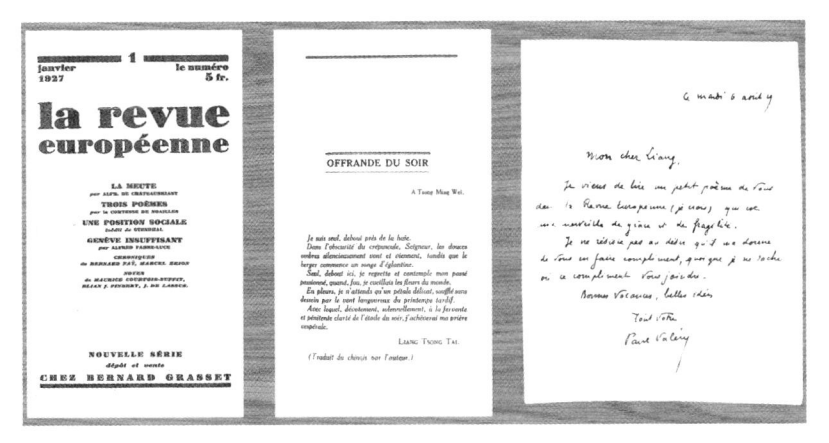

- 《欧洲评论》创刊号（1927年） 法国国家图书馆藏
- 《欧洲评论》1929年8月号 刊梁宗岱法译《晚祷（二）》 法国国家图书馆藏
- 瓦莱里致梁宗岱信（1929年8月6日） 广东外语外贸大学梁宗岱纪念室藏

刚在《欧洲评论》（我相信是这本杂志）读到你写的一首短诗，这是一篇雅致轻巧（de grâce et de fragilité）的佳作。

我抵挡不住由此产生的要称赞你的愿望，尽管不知道你会在何处收到此信。

假期快乐，文思优美。

瓦莱里

这首诗是《晚祷（二）》，法文标题 *Offrande du soir*，像英译那样保留副标题，瓦莱里的称赏证明了这首诗本身是一首特别出色的好诗。《晚祷》诗集有《晚祷（一）》和《晚祷（二）》两首同名诗，梁宗岱当年以篇名为诗集命名，他心目中的篇名应是《晚祷（二）》。

能够得到大师赞赏不是一件容易的事，尤其这是自发主动来信，何况写信人连新地址也不清楚,更见此信的分量。信写于 8 月 6 日,辗转到达正在瑞士度假的梁宗岱手上,已经是 8 月 25 日:

亲爱的瓦莱里大师:

大师的珍贵美言由雷惠兰夫人费神转送到这个温柔僻静的地方。

谨向大师致谢,尽管回复太晚。每次重读,都令我产生新的喜悦。

亲切问候。

梁宗岱

法译《晚祷(二)》投寄《欧洲评论》前半年,梁宗岱曾把副本寄给罗曼·罗兰。对方是大忙人,每天收到大批书信文件和刊物,日记所载都是重要事情及思考,梁宗岱的信和诗稿不属这一类,但他仍记载下来,同样给予好评,"寄来一首自己写的美丽诗歌的翻译"。

《欧洲评论》编辑部的评价和两位大师一致,后来接连两次发表他的作品。首先在 1930 年 5 至 7 月合刊登载了四首诗,第一首是 *Sur l'Album de Ly Bryks*(写在丽·布雷克斯纪念册上)。第二首 *L'instant entre la nuit et le jour*(夜与昼之交),这首诗的中文版首见于 1935 年 2 月 10 日出版的《水星》月刊 1 卷 5 期,晚于法文版。比较两版文字,完全吻合,无法判断孰先孰后。第三首 *le Lotus Blanc*(白莲),与《鼓》第一期的 *Lotus*(莲)是同一首诗,只改动了标题。第四首 *Soir*(暮)译自诗集《晚祷》。

最后一次发表在 1931 年 1 月号,总共两首。第一首 *la Boîte Magique*(魔盒),新创作的散文诗:

梦里你给我一个魔盒。

> 手指一碰，盒子颤动，奏出轻快微妙的乐音，像五月节日早晨教堂的悦耳钟声。
>
> 我高兴地屏息谛听，直至光线太强，魔法像葡萄那样突然爆裂。
>
> 我睁大双眼，发现沉浸在金色的晨曦里，百雀千鸟在齐鸣。
>
> （卢岚译）

第二首 *Paysage du soir*，翻译自中文《晚情》，逐字逐行对译。

从这些已知的文献，可以看出梁宗岱对法文写作非常认真小心，从翻译入手，采用极为严格的逐字对译，这是与普雷沃交流时采用的方法。不像某些人那样，一下子便直接以外文写作。与此同时，他也创作一些法文诗，由于自我要求甚高，作品数量稀少。回国后，环境完全改变，他放弃了外文写作。

1937年6月2日《大公报》文艺版发表了梁宗岱的《〈从滥用名词说起〉底余波》，文中有一段话：

> 留学巴黎的几年，又侥幸深入他们底学术界，目睹那些学术界第一流人物——诗人，科学家，哲学家——虽然年纪都在六十以上了，但在茶会中，在宴会席上，常常为了一个问题剧烈地辩论。他们，法国人，平常是极礼让的，到了那时，却你一枪，我一剑，丝毫也不让步，因为他们心目中只有他们所讨论的观念，只有真理。而当对方底理由证实是充足的时候，另一方面是毫不踌躇地承认和同意的。我羡慕他们底认真，我更羡慕他们底自由与超脱。我明白为什么巴黎被称为"新雅典"，为什么法国各种学艺都极平均发展，为什么到现在法国仍代表

欧洲文化最高的水准。

这段话可能令人困惑，他虽然是瓦莱里的弟子，但以一个外国青年留学生身份，才几年工夫便敢说"深入他们底学术界"，还参加一流人物的茶会和宴会。由于他本人从来没有谈过任何细节，难免有人怀疑他虚张声势。然而，通过近年新发现的文献，梁宗岱笔下的个人经历，正在陆续得到证实。事实上，他不仅没有自我吹嘘，反而有时故意低调。例如这里提到的茶会，实际上就是著名的巴黎文艺沙龙。

文艺沙龙是西欧独特的文学现象，最早出现于法国，这是有其历史背景的。十七世纪初叶，法语仍是一种成长中的语言，无论语法或拼写，没有公认的规则，各师各法。哲学家蒙田（Michel de Montaigne，1533—1592）身历其境，曾经在著作中坦言，担心后世人看不懂他的著作。不久后，由于绝对君主制度日渐加强，中央集权为了提高施政效率，需要统一国家语言。路易十三的宰相黎塞留枢机主教在1635年创立了法兰西文学院，主要目的便是规范语言，让法国人不分阶层，不分南北，使用同一种文字。

行政命令的更改可以迅速体现在书面语言上，但贯彻到普通人生活却非易事。经历多年的内战动乱，社会流行说话鄙俗、行为粗野的风气，不是几条语法规则就能匡正。文艺沙龙便在此时产生，创办者期以优美谈吐和高雅举止改良社会。历史学家认为，文艺沙龙起过正面作用，但是后来过于强调抛弃"低鄙语言"，创造"高贵语言"，以致出现偏差。有些人为了自示高人一等，自造矫揉造作的词语。例如"活动的美女"（手），"亲爱的受苦者"（脚），"静寂的火炬"（月亮），"体内沐浴"（喝水），莫里哀的喜剧《可笑的女才子》便是嘲讽这种现象。文艺沙龙虽然被人非议，但没有消失。

最早的沙龙主持人都是公侯贵胄的夫人，十九世纪下半叶起增加富豪巨贾的太太。她们除了有良好的文学及艺术教养，还要家财万贯，交游广阔。因为不是请来宾喝杯清茶，吃些点心便了事，作家或艺术家多是阮囊羞涩之人，常常要在经济上支持他们，开销不菲。就算送钱也不容易，要找出种种名堂，以保持双方面子。最常用方法是设计一些不用坐班的工作，变相地让受益者支取干薪。

而客人方面，也不是谁想进去就能进去。对一位文学青年来说，能够深入其中毋宁是一个难得的经历，如果是外国青年，更加难上加难。

在甘少苏手抄稿中，有一段梁宗岱自述巴黎文艺沙龙的记录：

> 我在巴黎时，每星期都在法国最有名律师家度过，因为他与国家打官司，是为了一个医生被冤枉入狱十年，政府判这个医生（是个名医）谋杀妻子，其实她为美容，吃美容膏过多死的。律师为了给医生申诉，费了许多精神才找到售美容膏这个印度人。原来美容膏内含有砒霜，国家打败官司，赔偿给律师十万法郎，又赔医生损失费十年。所以律师请当时在巴黎的第一二流的学者、艺术家、画家等度星期天。我是托瓦雷里之福，有幸被邀请的。

这件事至今没有他证，里面的官司赔偿不符合法国国情，但是梁宗岱参加巴黎文艺沙龙的活动却有其他人的见证，一位法国作家留下亲眼看到的生动场面。他写的文章书信体，收入 2004 年出版的通信集《天色已变》（*Le ciel a eu le temps de changer*）里。书名来自内文一句话"从这页纸这头到那头，天色已变"，含有"世事无常"的意思。作者是上世纪二十年代两位文学青年，相约把通信作为文章来写，这是属于法国传统的书信体随笔。第一位塔尔狄尔（Jean Tardieu，1903—1995）后来成为诗人，另一位厄尔贡（Jacques Heurgon，1903—1995）是著名的拉丁文学者。

有关梁宗岱出入文艺沙龙的信出自塔尔狄尔笔下，日期是1930年2月2日，篇幅相当长。第一部分谈论个人近况，第二部分叙述参加一位朋友的订婚仪式，在描述这些活动之后，笔锋一转：

> 有人将我介绍给雷惠兰夫人，她邀我第二天参加瓦莱里的每月例会，还说她非常喜欢我的诗，让瓦莱里读过，这令我充满自豪。（至于瓦莱里的看法，天晓得！我不想冒险，只是心中默念："没有意见就是认许！"）

雷惠兰夫人（Noémie Révelin，1872—1953）是一位铸造工业家的女儿，继承了家族遗产。十八岁下嫁非洲探险家班热（Louis Gustave Binger，1856—1936），三年后班热被任命为法属刚果第一任总督，他们的独生女儿是二十世纪创建结构主义哲学家罗兰·巴特（Roland Barthes，1915—1980）的母亲。1900年她离婚再嫁，丈夫路易·雷惠兰（Louis Révelin，1865—1922）是一位左倾知识分子，曾任《人道报》主笔。雷惠兰夫人很早便开始沙龙活动，在巴黎文艺界中无人不知。她对瓦莱里十分崇拜，每月在家中举行一次聚会，以他为主宾。她对来参加沙龙的文学青年十分友善，前面已经提过，她曾经两次替瓦莱里把信件转送给梁宗岱，又主动向瓦莱里推荐塔尔狄尔的诗歌。

> 次日，我去先贤祠广场，到雷惠兰夫人家里。瓦莱里已经在

那里，没有戴单片眼镜，靠近桌子。雷惠兰夫人以几句动听的话把我介绍给他，然后让我们单独在一起。瓦莱里望着地板，而我感到这块地板正在我身体内升高，就像毒药在苏格拉底双腿里上升一样，一个无法逃避的荒谬场面。不过，你留意，我要说的是尽管毒药发作，我却突然变得聪明。这时候，我开腔了，我说："嗯，我们已经见过面，几年前的事，在哈里逊女士家。"他猛然抬起头回答说："雪弗斯街。"然后又垂下脑袋。我想，"他已经评审过我了"。不过，他友善地努力降低身份俯就我："呀，你写诗哩。这是一门很困难的职业（注意：职业），这是我的职业（注意：我的）。"我傻头傻脑表示同意。他又挤出一句："写过这些诗后，还做了什么？"我背书似的答道："我服完兵役，目前正在找一个……"今回他的表情显得感兴趣，接过话题，"……找一个社会地位？呀！是这样吧！我呀，我还在找呢！"

这时候，爱米尔·博雷尔来搭救我了，他是物理学家，以前当过内阁部长。他拿着一个小馅饼突然出现在面前，就像在一出预先写好又排练得当的喜剧里那样，他问瓦莱里怎么看某人的文章……是关于光线性质的。我终于能够不必听懂了！真是赏心乐事！不用走开我就消失无形。我听见博雷尔追问黑色的概念定义，瓦莱里很机智以某位院士的权威作为依据，提出一个说法：黑色是一个洞。瓦莱里——越发像瓦莱里了——又说："这是带有洞的颜色的某种东西。"

哈里逊女士（Jane Ellen Harrison，1850—1928）是英国剑桥大学教授，著名的希腊文学专家。第一次世界大战期间来法定居，至1926年返英。塔尔狄尔曾为她补习法文，以及修改法语文稿。博雷尔（Emile Borel，1871—1956）是法国科学院院士、教授，曾短期入阁担任海事部长。塔尔狄尔的文字十分生动，但带着明显的嘲讽味道。接下来梁宗岱出现，他的笔触变得更尖刻：

> 不久后，梁宗岱来了，这位年轻的中国诗人——"瓦莱里的中国人"，他是瓦莱里认为唯一能及得上自己的人。他得意扬扬，神气活现，我以前在索邦大学和约瑟夫·巴鲁兹家里见过他，当时他还相当腼腆的。现在好像自视为在他的主子之后，他是雷惠兰府邸的第二根支柱。且不知他出于怎样的卫生考虑或者要独树一帜，隆冬季节，穿着一件衬衫，丹东式的开领翻到短外套上边。我非常喜欢梁宗岱，他以前把一首可爱的小诗朗诵给我听，这是他从中文翻译过来的，后来在《欧洲评论》发表了。
>
> 与他交谈，比起跟瓦莱里更加没有灵感。我对他说，我在他的国家某个省份旅行过，但他神态自若，毫不惊奇，还比不上他跟我说，自从上回见面，他到过塞纳—瓦泽省（按：巴黎北郊地区）那样令我惊奇。他不晓得如何回答我，说了一句绝妙的话："云南那边的政治局势好像相当混乱。"
>
> 再说他像磁针找回磁极那样急急忙忙要抽身离开，因为瓦莱里在邻室已经开始滔滔不绝说话，围着他的人越来越多。梁宗岱像奔向母猫怀里的小猫，肩肘并用，很快钻到他的磁极左边，然后动也不动了。他听着，表情好像在说"这个位置属于我的"。
>
> 我也在听，拉劳大声大气的插话妨碍了我，他是唯一说话的听众，在他对面的瓦莱里，声音低沉快速，几乎听不清。他提到马拉美，提到诗歌。说得有点翻来复去：舞蹈、技术……我们都知道我们的瓦莱里是什么样子。当他反复说他坚信诗歌的高超技

巧，却又听见他补充说，好像旁白那样："技巧以外，还有些东西。"

我一早告辞，因为要赴华尔特夫妇的晚餐，跟艾美莉·努勒重会，这是两年多来第一趟。雷惠兰夫人指给我看，她特别为我把[1927年]9月27日那期的《新法兰西杂志》摆在客厅桌子上，并且邀请我以后再来。我很感动，但不知是否会回去。我自我感觉那么暗淡无光，思路迟钝——又这么不善交际！

人名不少，巴鲁兹、华尔特、艾美莉·努勒都是写信人青年时代的文学好友。拉卢是英语教授、翻译家、著名的文学史家和批评家，他和哈里逊女士、博雷尔都是瓦莱里的朋友，也是巴黎沙龙的常客。

塔尔狄尔笔下似乎流露出一股怨气，开头好像只针对瓦莱里或是梁宗岱，处处和他们格格不入，到最后连雷惠兰都成了发泄对象，这就必须了解他写信时的背景。

这位文学青年与中学时期的好朋友厄尔贡，都有志于文学创作。厄尔贡得到中学希腊文教师的赏识，把他们先后引进巴黎文学圈子，结识了一批文友。塔尔狄尔对诗歌的热情愈来愈高，1924年干脆放弃读了一半的法律系课程，转入文学系。梁宗岱也是在这个时期从瑞士来到法国，两人就在索邦大学认识。

1927年9月27日，《新法兰西杂志》刊登了塔尔狄尔三首诗歌。这是一本法国最重要的文学杂志，能够在上面发表作品，等于一只脚踏进了文坛。然而，他刚在此时完成大学课程，按规定要服兵役两年，被派往法国殖民地河内，这也是他后来有机会踏足中国云南的原因。由于环境变化很大，他中断了诗歌创作，只断断续续翻译了一些德国诗。1929年服完兵役回国，他的未婚妻父母提出条件，找到一份稳定的工作才能成婚。他唯有放弃诗歌，在信中向厄尔贡诉苦，"我已犯下'向诗歌道别'的恶行"。他努力找工作，朋友也不吝帮忙，但命运弄人，屡试屡败，心情十分低沉。可是在雷惠兰沙龙里，瓦莱里和梁宗岱都不知道他的境遇，结果言者无心，听者有意，一些很平常的话，很平常的表情或动作，都变成射向他的利箭。因此，他在这封信里的描述与其说是尖酸的讥讽，不如说是一种苦涩的自嘲。

他到底是一位有文学才华的年轻人，和诗歌道别的时间持续不长。1932年找到工作，实现了结婚的愿望，仅仅一年之后便写出第一本诗集。雷惠兰夫人曾经把排印样本拿给瓦莱里看，瓦莱里说喜欢其中一首《隐藏的河流》（*Le Fleuve caché*），这本集子出版时就以此诗题作书名。塔尔狄尔一直把瓦莱里的鼓励记在心中，二十多年后，1945年，瓦莱里去世时，他已经有一定文名，阿拉贡邀请他参加《法国文学》周刊（*Les lettres françaises*）7月28日纪念瓦莱里专号，他写了一首散文诗《保尔·瓦莱里之墓》（*Pour un tombeau*

雷惠兰夫人油画像(1913年) （法）Ernest Laurent 绘 法国奥赛美术馆藏

法国作家塔尔狄尔 （三十年代） 资料照片

塔尔狄尔通信集 《天色已变》（2004年） 本书作者藏书

de Valéry），文情并茂。第二次世界大战后，塔尔狄尔继续诗歌创作，并旁及戏剧等，先后得到很多文学奖，其中包括法兰西文学院诗歌大奖（1972年）和法国文人协会大奖（1986年）。他被认为是法国二十世纪一位重要诗人。

梁宗岱没有机会和塔尔狄尔结为文友，但是他们有一个共同点，热爱唐代诗人王维。梁宗岱在法国发表的第二首法文诗，是王维的《酬张少府》。塔尔狄尔在1993年出版的《被照耀的镜子》（Le Miroir ébloui）有一个副题，"从艺术翻译的诗歌（1927—1992）"。这本书颇有创意，不是描述图画，或者发表自己的观感，而是要把图画转换成诗句，包括画面、颜色等所有构成部分，有点像以模拟方法把音乐转换成电波那样。打开书，第一页便说：

尽管十分奇怪，我首次尝试把图画"模特儿"转换成诗歌，不是根据一张西方作品，而是一位古代中国的大画家和大诗人。那时我二十四岁……

这位中国大诗人便是王维，塔尔狄尔写的散文诗标题 Wang Wei ou la disparition bienheureuse（王维——真福的隐逸），完成于1927年12月。

梁宗岱在沙龙中引人注意，塔尔狄尔称他为"瓦莱里的中国人"，不是自己独创，其他人也这么叫法。因为记住一个中国人的法文绰号比记住中文姓名容易得多，梁宗岱经常跟随瓦莱里出现在文学圈子，这样的称呼很快便成为他的雅号。半个世纪后，1987年，伽利马出版社刊行了瓦莱里的亲密女友波兹（Cathérine Pozzi，1882—1934）的日记，在1927年5月31日最后一段有一句关于"一个中国人"：

> 一个中国人，在蒙伯利埃车站看见他，寄给他一些关于他丧母的诗歌，这个中国人心中认为"痛苦是一首国际歌……"。

编者看到"一个中国人"，立即想起梁宗岱。注释中写道："指梁宗岱，陶渊明诗歌译者，瓦莱里曾为此写了一篇《小序》，刊在《交流》杂志（1929年冬季号第22期）。"其实"一个中国人"是盛成。这条注释要等到2005年重版时才改正过来。但是，"瓦莱里的中国人"这个称呼，仍然属于梁宗岱。

甘少苏手抄稿还有其他类似沙龙经历的"海外传闻"，因为难以求证，最初搁置一旁，直到真的有传闻被证实为历史，才明白这是重要的找寻线索，没有亲历其境的人胡诌不出来。在这些传闻中，有一个迟迟没有答案，成为我们挥之不去的顽念：

> "第一流画家给我画了一张全身像，不幸在'文革'被烧了，据说还有放大的一张油画有丈长，现在还挂在巴黎博物馆。"（甘少苏手抄稿）

这句话移植到传记《岱宗和我》，变成"著名画家哈烈，在沙龙里为宗岱画了一张速写（全身像）"。我们花了很时间在哈烈身上追查，结果一无所得。这位瑞士名雕塑家，一辈子献身雕刻艺术，从未从事过油画创作，作者应该另有其人。由于信息太少，耐心等待是唯一的办法。

这一等就到了2017年，开始动笔撰写《九人：罗曼·罗兰与中国留学生》一书，第一章的主要人物是盛成，按照习惯首先通读他的全部作品。依照写作时序翻阅，最后一种是1995年在法国出版的法文诗集《诗（1966–1979）》（*Poèmes 1966-1979*），第一卷《狂年吼》（*Cycle D'Avignon Mai 1966 – Avril 1968*），有一首短诗《悼梅拉·穆特》（*Elégie à Méla Muter*），诗题附带作者注解：

> 梅拉·穆特是雷蒙·勒菲弗（Raymond Lefebvre，1891—1920）的妻子。我在1928年6月初认识她于巴黎。6月19日，《我的母亲》出版前六天，我到她的画室让她画像。这张肖像画由阿维农市马斯坎医生收藏。

梅拉·穆特（1876—1967）是波兰犹太裔法籍女画家，她的名字以前略有所闻。2008年，盛成的肖像画不知何故离开医生的收藏，流进拍卖场，成交价二万一千欧元。2015年再次拍卖，价钱升至四万五千欧元，两次买家都是波兰人，可见她在波兰享有很高的声誉。

法国人选择她制作的盛成油画肖像作为诗集封面，显示她在法国不是无名之辈。她善绘风景和静物，但最受画评家称许的是肖像画，因为风格独特。虽然技巧和风格属于后期印象派，但别出蹊径，善于挖掘人物的内心世界。在她的画笔下，观者看到的不是美或丑的外形，而是人性的心声。偏偏她钟爱描画的对象都是作家、艺术家或政治人物，一群常怀千岁忧的人士，因此画中人几乎都苦脸迎人，有人称她为"痛苦脸孔的画家"。她摆设模特儿的姿势，不为悦目美感，只为陪衬整体的压迫紧张气氛，加上笔触粗犷，充满棱角，色彩泼辣，缺少悦目赏心的美感，与古典派的圆融优美的人像画刚好相反，个别批评家说她在创造"丑陋"（laideur）。但是很多名人都愿意当她的模特，其中有前总理克列孟梭、作家巴比塞、雕刻家彭蓬（François Pompon，1855—1933）等。

看完题注后，无法不联想起梁宗岱的油画像，几年前编辑《梁宗岱早期著译》时，遇到过梅拉的名字，那是梁宗岱 1934 年 9 月 20 日从日本致瓦莱里信中的一句话：

  大师有时见到雷惠兰夫人、艾蒂安、梅拉·穆特、拉芳、巴鲁兹兄弟、普雷沃和其他朋友吗？有机会时请代向他们致意和问候。每想起（我经常想的）在巴黎的幸福岁月里，法国知识界对我的友好慷慨欢迎，我不能不充满谢意，感情激动。

  重新琢磨这句话，感到谜底不会太远，梁宗岱问候的好朋友中，只有梅拉·穆特是画家。到电子资料库搜索她的生平和作品，结果是一张长长的列表，其中一条同时出现他们两个人的名字，这是一本艺术月刊，刊名《家具与装饰》（*Mobilier et Décoration*），1932 年 11 月出版。文章标题短得无可再短，《梅拉·穆特》（*Méla Muter*），作者德里斯（Gaston Derys，1875—1945）是一位作家。打开杂志前心中默祷，只要里面有梁宗岱三个字便心满意足。谁知翻到文章第二页，眼前跳出一张油画像，啊，中国人，我们熟悉的梁宗岱！画家好像怕我们不相信，除了左上角签上自己名字梅拉外，右上角居然有三个直式中文字的标题"梁宗岱"，隶书体，我们见过梁宗岱为莫诺手抄《水仙辞》译文的原件，就是使用同一字体！像中人在油画上签名已很罕见，中文签名更是至今独一无二。面对电脑荧光屏，不敢触摸键盘，生怕这一切都是幻象，一碰就消失，过了好一会才定下神来鉴赏。

  这是一张全身坐像，参照画家的同类作品，高度应该在一米至一米四之间，大于盛成六十厘米的半身像，属于大型画作。梁宗岱身穿丹东式翻领衬衣，手持一本打开的中国线装书，左脚搭在右腿膝

•法国女画家梅拉·穆特自画像（右上）　资料图片
•梁宗岱肖像（油画）　（法）梅拉·穆特　阿尔及尔美术馆1931年收藏
•《家具与装饰》1932年11月号刊登梁宗岱肖像　《青年梁宗岱》作者自藏

上，头往侧望。比较特别的是没有戴眼镜，后来与一位画家朋友谈起，他说眼睛在人像画里很重要，眼镜能免则免。

仔细欣赏之后，产生观看原画的愿望。到底这张画现在何方？答案就在图片下方的说明里："梁宗岱肖像（阿尔及尔美术馆）"。

真的在博物馆！但如何会跑到地中海对岸的阿尔及利亚？法国国家图书馆收藏着1936年的《阿尔及尔国立美术馆绘画和雕刻展品目录》（*Catalogue Des Peintures et Sculptures Exposées dans les galeries du Musée National Des Beaux-Arts d'Alger*），编者在序言里回顾了美术馆的历史。

十九世纪的阿尔及利亚作为法国殖民地，吸引了数十万法国人到该地定居和开发，数十年间，经济迅速发展，文化艺术需求日渐增加，原有的阿尔及尔美术馆既小又简陋，地方政府在1927年决定另址建设新馆，预备1930年阿尔及利亚建政百年纪念时开幕。为了充实展品，拨出专款，从法国请来文化官员、大学教授、卢浮宫和卢森堡美术馆馆长等专家出谋献策。这些人都是一时之秀，不仅搜罗古典派和学院派的作品，也购入印象派及其他流派的现代绘画。挑选工作从1927年开始，持续了三四年，选中四百九十多件作品，梅拉·穆特的《梁宗岱肖像》名列其中，开幕初期曾经展出，引人注目，所以法国杂志才会挑出来亮相。

从那时到现在已经过去近一个世纪，阿尔及利亚经历了翻天覆地的变化，《梁宗岱肖像》的命运无从知晓。但我们幸运地从一家德国旧书店收藏到《家具与装饰》的原件，对我们来说，其价值与原画不分轩轾。

梁宗岱的"海外传闻"，又一个被证实是历史。

第十三章

瑞士假期

1929年初夏，一位外文名叫Sam Chi Kwong的中国留学生从瑞士苏黎世来到巴黎。同行是一位瑞士女士，名叫阿琳娜·瓦朗让（Aline Valangin，1889—1986）

瑞士作家康贝尔（Peter Kamber）是阿琳娜传记《两个人的故事：罗辛格姆与阿琳娜》（*Geschichte zweier Leben : Wladimir Rosenbaum & Aline Valangin*）的作者，他向我们提供了写作时搜集到的关于阿琳娜中国朋友的原始资料，其中有数页来自阿琳娜的未

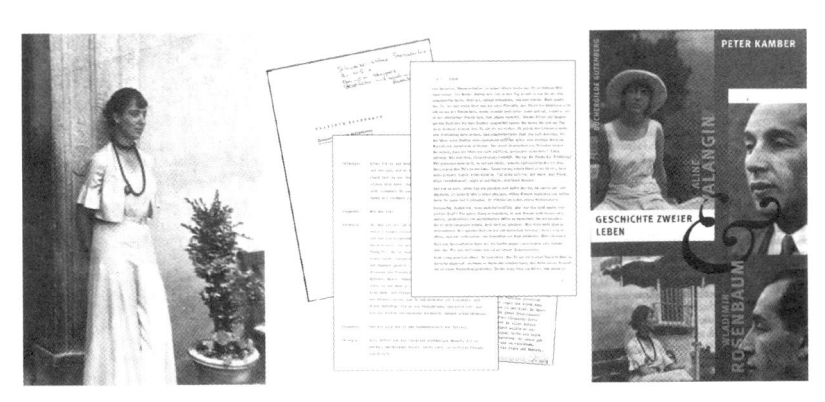

•瑞士女作家阿琳娜·瓦朗让（约1933年）　康贝尔藏
•瑞士作家康贝尔提供的阿琳娜回忆录原件
•康贝尔《两个人的故事：罗辛格姆与阿琳娜》（2002年）　《青年梁宗岱》作者藏书

刊德文手稿《回忆录》（*Erinnerung*）。

我们从中知道 Sam Chi Kwong 的父亲是广州富商，几个兄弟全部入读教会学校，毕业后分别到欧美留学。他本人选择苏黎世联邦工程学院（ETH — Eidgenössische Technische Hochschule），攻读化学博士学位，后期兼任助教。取得学位返国后，他和阿琳娜的书信联络持续至抗日战争爆发终止。沿着这条线索，我们在袁同礼（Tung-Ii Yuan）的《1907–1962年欧洲大陆中国留学生博士论文指南》（*A Guide to Doctoral Dissertations by Chinese Students in Continental Europe* 1907–1962）里，找到他的正式名字，中文邝善祁，外文 Sham Chi Kwong。阿琳娜把"Sham"写成"Sam"，这是听音记录的小错误。

阿琳娜的身世清澈如泉，她原姓杜科曼（Ducommun），瓦朗让是后来取的笔名。祖父埃利·杜科曼（Elie Ducommun，1833—1906）是瑞士名人，从事过教师、新闻记者、报纸出版人等职业，担任过政府高官和伯尔尼私营铁路公司总经理，又是诗人和翻译家。十九世纪末，他出于和平主义者的信念，不遗余力推动欧洲各国友好来往。1890年，负责组织国际和平局（International Bureau of Peace），这是全世界第一个民间性质的世界和平机构，一直存在至今。1891年成立时，他出任义务总干事之职。由于这些活动，1902年与另一位瑞士人获得诺贝尔和平奖。

阿琳娜是他的孙女，自幼爱好音乐，毕业于洛桑音乐学院，从事钢琴教师职业。但不久因为右手指关节受伤，被迫放弃。1915年，她到苏黎世师从著名心理学家荣格,成为心理分析师。这时期,她结识了正在大学攻读法律的罗辛巴姆(Wladimir Rosenbaum, 1894—1984),这是一位俄国出生的德裔犹太人,1903年跟随俄罗斯母亲移居瑞士。两个年轻人不久结成夫妻,出于共同的文学艺术兴趣,经常在家里接待作家和艺术家朋友,把寓所变成文艺沙龙。1923年,罗辛巴姆考取律师资格,专门接办刑事案件,由于经常打赢官司,很快便成为名律师,收入丰厚,生活条件迅速改善。1929年,他们在瑞士南部一个山村购下一座古老大宅"船堡"(Barca,意大利文)。罗辛巴姆的工作地点在两百里外的苏黎世,周末才回家,但阿琳娜不愁寂寞。由于大宅地方宽敞,有多余房间,客人可以在这里住宿或度假,不仅老朋友继续来访,附近的艺术家也闻风而至。这对夫妇有默契,互不干涉对方的隐私,结婚后数年便开始各自丰富的感情生活。

1928年,一位画家介绍她与邝善祁结识,结成好友,过从甚密:

> 对我来说,邝善祁是一个奇迹,一个意外。
>
> 布雷克斯(Bryks)与这个中国人交往很多,把他打发到我们家来。于是从那时候起,我们一起外出,上电影院,看戏,听朗诵会。
>
> 他吝于说话,但操一口地道的德语,人非常聪明,尤其善解人意。有时他问我是否愿意与他一起去中国,我很感兴趣,而且他说,我在沿海城市很快就能找到很多钢琴课,收入很好。(《回忆录》手稿,陈宁译,下同)

1929年,邝善祁的论文 Zur Kenntniss der Farbevorgange(色彩工艺知识)通过考试,取得博士学位,像其他留学生那样动身回国。

"他返回中国的时候,我有很长时间感到空虚,好像内心完全被掏空了",阿琳娜依依不舍陪同邝善祁到巴黎,准备前往柏林,转乘西伯利亚铁路火车。在巴黎,他们停留了两个星期,邝善祁介绍她认识了梁宗岱,阿琳娜没有交代他们两人的关系,也没有说是新朋友或旧相识,只记得三个人一起玩得很开心,到处游览,参观博物馆和美术馆:

> 我是通过邝善祁在巴黎认识中国人梁宗岱,和他一起度过了两周,总是到中餐馆吃饭,白天黑夜都处在一种神魂颠倒的状态中。
>
> 我邀请梁宗岱和他的朋友司徒乔到我那里度夏,这是出于对邝善祁的怀念,我要寻回那种让他超越常人的人情味。(《回忆录》手稿)

就这样,暑期一来,梁宗岱和司徒乔便动身去"船堡"度假。这个地方位于瑞士南部,靠近意大利边境,在翁塞尔诺内(Onsernone)山谷的尽头。村子悬挂在科莫洛尼奥山峰(Comologno),海拔1117米,背靠山巅,房屋上下左右零散展开。前面的大峡谷深不见底,瑞士人真的有本事,尽管山岭陡直,硬是把公路从山脚筑上来,让居民可以以车代步,上山下山。

这是一个理想的度假胜地,梁宗岱安顿下来不久,便给瓦莱里写信:

> 亲爱的瓦莱里大师:
>
> 到此地后,天气一直明亮晴朗。本地人告诉我们,这种天气还会持续好些时间。因此我有一个想法,要是大师不太忙,可以来我的居停主人家里作客一段时间。

这里海拔一千一百米，在一座十八世纪的古堡里，有足够的现代起居设备。男女主人罗辛伯姆夫妇两人都很亲切好客，他们向我表示，很高兴能够接待大师。故冒昧书此，期待首肯。

谨致问候及敬意

梁宗岱

这封信的日期是8月6日，说也凑巧，也是在同一天，瓦莱里在《欧洲评论》看到梁宗岱的法文诗《晚祷（二）》，自发写信给他表示称赏，两信在路上交错而过。梁宗岱向瓦莱里推荐这个地方，因为"船堡"是瑞士阿尔卑斯山区名宅之一，单是建筑物的历史本身就引人入胜。第一位主人雷蒙达（Guglielmo Antonio Maria Remonda）是当地传奇人物，生活在十八世纪，年轻时走南闯北做生意，到了法国，在拍卖会上冒险以贱价购入三艘被认为已经遭海难的商船，结果船队没有沉没，连同货物平安抵达目的地，他因而致富。这是传说，但他的家族徽号真的有一艘帆船图案，他兴建的大宅也命名为"船堡"。他有一个儿子名为夏尔（Charles François Remonda，1761—1843），职业军人，法国大革命期间，瑞士在1798年被法国占领，成立共和国，军队由法国人指挥。夏尔追随拿破仑左右，南征北战，1808年晋封为伯爵，成为法国贵族。

1760年，"船堡"在这个人口不过250人的山村建成。瑞士国家博物馆保存着一批二十世纪三十年代的历史照片，一张接一张引导我们走进这座瑞士名宅。大楼主体三层高，面对一座人工砌成的平坦花园，相当广阔，中央一个长方形水池，池边摆着一尊艺术铜铸雕刻，一个少女人像，张手后仰。屋内长廊和楼级间，可以见到起伏有致的哥特式拱顶，古色古香，线条悦目。客厅与寝室四面墙

• "船堡"所在村子悬挂在阿尔卑斯山科莫洛尼奥山峰　资料照片
• 通往古堡阳台的雕花铁门　康贝尔藏
• 挂着十九世纪中国六角宫灯的古堡房间　瑞士国家博物馆藏

壁连同天花板，全部饰以名贵的雕花或镶嵌的木板，其中一间吊着一盏中国六角宫灯，唯一的东方饰物，十分突出。全屋的家具华丽古雅，都是十七、十八世纪的法国风格，从法国舶来。这是一间外表古朴而内部豪华的现代化大宅。

梁宗岱很喜欢这里，流连了两个多月，到10月中旬才离开。他给阿琳娜留下很深刻的印象：

……梁宗岱[跟邝善祁]完全不同，跟司徒乔也不同。梁宗岱是诗人，讲得一口流利的法语。他是瓦莱里的一位朋友，瓦莱里为他的一本中国古代诗人的译诗写了一篇含意深长的序言。

梁宗岱是一位自信的批评家，按照欧洲人的标准，远比邝善祁更有教养。从来没有见过他手里不拿书卷。他把里尔克译成中文，熟知法兰西文学的一切，拥有的词汇量大而高雅，对所有与语言有关的东西都充满激情。

他拿着诗歌追在我后头,总是要为我朗读一首特别优美的诗。有时我没有时间,有时他的执拗让我精疲力竭,但他毫不让步,强迫我阅读和理解瓦莱里、阿波里奈尔、波德莱尔,还有新人如茹夫和勒韦迪。他的教与学的热情教人无从躲避。

一大清晨,他就站在那儿守候,跟着我穿过房子,走进花园,怎也摆脱不掉。《卑列提斯之歌》(Chansons de Bilitis)这本诗集,他能够凭记忆背诵,尽管他不看重。当我对这本诗满怀热情时,他便取笑我。他与我游戏,要激起我对诗艺的热情。他成功了,纵然直至那时我只用过极少的时间来阅读诗歌。(《回忆录》手稿)

这里提到两位法国新诗人的名字,茹夫(Pierre Jean Jouve, 1887—1976)第一个在法国把心理分析用于诗歌创作,勒韦迪(Pierre Reverdy, 1889—1960)被视为超现实主义诗歌的先行者。梁宗岱对诗歌流派兼收并蓄,并非为了模仿,而是热爱诗歌的表现。他的热情很快传染给阿琳娜:

他对我施了法,那是魔法的力量,我一下子像他一样充满了强烈的兴趣,他与我之间开始了一段果实累累的时期。我们互相了解,乃至更多。

我甚至开始写诗,但没有给他看,因为他不会认可我的风格,他醉心于正确的形式。但是通过他,我体会到一种可能性,那就是把在我们内心深处存在和活动之物,以词语向自己宣晓。

这些诗,很久以后我拿给森逊看,他很惊诧,觉得非常好,高兴得拥抱我。从那时起,他修改我的东西,作为导师为我做了最重要的工作。然而,我最该感谢的人是梁宗岱。

他从科莫洛尼奥出发,去了佛罗伦萨六个月,回头稍作勾留,又去了德国旅行，在那里学习德语，就像学意大利文一样快速。他打算翻译但丁与歌德。

他胸怀宏图大志，确信日后立身扬名。他许诺让人时常听到他的声音，然而他沉默了，百般查询也毫无线索。

下落不明？（同上）

森逊（Jean Paul Samson，1894—1964）是法国作家，青年时代写诗，1917年因为反战移居瑞士，以翻译为生。1953年参与创办文艺杂志《见证》（*Témoins*）并任主编，阿琳娜后来在该刊发表过诗作。

这段回忆录文字不长，描绘出一个很多人熟悉的梁宗岱形象，同时清楚交待了阿琳娜如何开始文学创作。她每天与文人艺术家来往，活到四十岁，对自己的写作才能却一无所知，让其处于睡眠状态。直到梁宗岱的出现，拿着诗歌对她"穷追不舍"，反复"进攻"，才把她的天赋从沉睡中唤醒。当作家的心扉豁然打开，著作便源源出来。经过几年酝酿后，她在1936年发表了第一部作品。这是一本微型法文诗集《听写》（*Dictées*），由巴黎智慧出版社（Editions Sagesse）印行，全书只有八页，大32开本，里面仅得三首诗，她为自己取了一个笔名阿琳娜·瓦朗让。瓦朗让是瑞士西北部一个小镇名字，十六世纪宗教战争，原居法国南部的阿琳娜祖辈逃避兵戎之祸，转辗流亡到瑞士，瓦朗让是他们的第一个落脚点，阿琳娜因此对这个地方怀有特别的感情，从此她以这个笔名代替原本姓名。

她第一次发表诗歌时已经四十七岁，属于大器晚成之列。她以法德双语写作，两年后出版的第二部著作是德语故事集《山谷故事》（*Geschichten vom Tal*）。一生总共创作了四本法文诗、四本德文诗及八本德文小说集，其中一些作品至今仍在重印。

她在瑞士是一位名人，不仅因为她后半生的作品，还因为她一生的社会活动。三十年代正值德国纳粹势力膨胀时期，逃避希特勒迫害的难民流亡到瑞士日多，阿琳娜夫妇伸出慷慨援手。罗辛巴姆从苏黎世回家时，不时带来一些向他求援的无家可归的难民，让他们在"船堡"暂居，联系到亲友后才离开。他们夫妇以积极行动参加反对法西斯主义，不料因此惹祸。1937年，罗辛巴姆被牵连进一宗偷运武器支持西班牙"人民阵线"事件，被警方在"船堡"截获，虽然瑞士外交中立，但这种行为触犯了法律，结果被判短期入狱，律师资格被注销。出狱后，他被迫改行，迁至小城阿斯科那（Ascona）改业古董。1940年，两人结束二十三年夫妻关系，和平分手，"船堡"也告易手。

两人后来分别再婚，阿琳娜第二位丈夫是小提琴家和作曲家沃格尔（Wladimir Rudolfowitsch Vogel，1896—1984），也是一位俄裔犹太人，1918年到柏林进修音乐，学成后在音乐学院任教。由于与前卫艺术界来往密切，1933年他的作品被纳粹诬为"堕落艺术"（Entartete Kunst），被迫流亡国外。最初几年往来西欧各国之间，尤其巴黎和伦敦，以演奏小提琴为生。阿琳娜在1934年和他结识，由于爱好音乐，两人成为好朋友。1939年大战爆发，沃格尔正好在瑞士，羁留下来。他没有瑞士国籍，拿不到工作证，不能举行音乐会，除了私下替学生补习，主要靠朋友资助。阿琳娜是这些忠心朋友之一，她在离婚后便与他共同生活，除了继续写作，还重新开始心理分析师工作。1954年，沃格尔取得瑞士籍，两人正式结婚，白头偕老直到去世。

梁宗岱的出现改变了阿琳娜的人生方向，最后令她成为作家。反过来，"船堡"这个充满诗意的地方，也在他的创作中产生震荡，留下回响。他在《诗与真二集》开卷文章《谈诗》中记载了其中细节：

我第一次深觉《登幽州台歌》底伟大，也是在登临的时候，虽然自幼便把它背熟了。那是在法国夏尔特勒城（Chartres）底著名峨狄式的古寺塔巅。当时的情景，我已经在别处提及。

我现在却想起另一首我癖爱的小诗：哥德底"一切的峰顶……"。这诗底情调和造诣都可以说和前者无独有偶，虽然诗人激悟的感喟被裹在一层更大的寂静中——因为我们已经由黄昏转到深夜了。

也许由于它底以"u"音为基调的雍穆沉着的音乐罢，这首诗从我粗解德文便对于我有一种莫名其妙的魔力。可是究竟不过当作一首美妙的小歌，如英之雪莱，法之魏尔仑许多小歌一样爱好罢了。直到五年前的夏天，我在南瑞士底阿尔帕山一个五千余尺的高峰避暑，才深切地感到这首诗底最深微最隽永的震荡与回响。

我那时住在一个意大利式的旧堡。堡顶照例有一个四面洞辟的阁，原是空着的，居停因为我常常夜里不辞艰苦地攀上去，便索性辟作我底卧室。于是每至夜深人静，我便灭了烛，自己俨然是脚下的群松与众峰底主人翁似的，在走廊上凭栏独立：或细认头上灿烂的星斗，或谛听谷底的松风，瀑布，与天上流云底合奏。每当冥想出神，风声水声与流云声皆恍如隔世的时候，这雍穆沉着的歌声便带着一缕光明的凄意在我心头起伏回荡了。

"船堡"听云阁
"船堡"六层　听云阁在最后一层　一千一百米深的阿尔卑斯山谷一览无遗
中间为古堡结构图　　www.swisscastles.ch

"意大利式的旧堡"就是"船堡"，梁宗岱很喜欢高山的环境和气氛，私下为古堡起了一个中式名字"听云阁"。他在小阁灭烛冥想，仰观星斗，俯听松涛，不是为了参禅修道，而是要取得翻译诗歌的灵感，歌德的两首《流浪者之夜歌》，便是在这里翻译完成，1931年出版的《华胥社文艺论集》第一次刊登：

流浪者之夜歌

（一）

你降自苍穹

来抚慰人间底忧伤与创痛，

把灵芝底仙芬

加倍薰陶那加倍苦闷的魂：

唉！我已倦于扰攘和奔波！

何苦这无端的哀乐？

甘美的和平啊，

来，请来临照我心窝！

(二)
一切的峰顶
无声，
一切的树尖
全不见
丝儿风影。
小鸟们在林间梦深。
少待呵：俄顷
你快也安静。

上面两首同题的诗，不是一气作成的。第一首作于一七七六年二月十二日之夕，经一度家庭口角之后。诗成，哥德立刻寄给他一生最倚重的女友石坦安夫人。第二首是一七八三年九月三日夜间，用铅笔写在伊门脑林巅一间猎屋底板壁上。一八三一年八月二十六日，哥德快八十二岁了，距他底死忌仅数月，他再一鼓作气直登伊门脑林巅，重见他三十八年前写下的诗句，不禁潸然泪下，反复沉吟道：

等着罢：俄顷
你也要安静。

二九，八，二四夜　译者识于瑞士哥摩洛峰之听云阁

这是梁宗岱最钟爱的歌德名篇之一，1936年汇编第一本译诗集时，撷取第二首第一句"一切的峰顶"作为书名。1942年夏天，他

在重庆复旦大学教书，和英国同事白英一起攀上缙云山，会见隐居在那里的冯玉祥将军。根据白英的《重庆日记》所述，他们在山上住了十多天，下山的时候，梁宗岱高声朗诵这首歌德的诗，不是德语原文，而是他的中译。

1930年底，徐志摩创办《诗刊》季刊，向梁实秋约稿。后者寄来《新诗的格调及其他》，全盘否定新生的新诗。徐志摩意识到此文之爆炸性，回信时说："你是个到处发难的人，只要你一开口，下文的热闹是不成问题的。"文章在1931年1月《诗刊》第一期刊出，徐志摩寄了一册给梁宗岱，他当时正在德国海德堡游学。这位新诗诗人，怎能容忍他人轻易否定新诗，挥笔写了一篇万言长文《论诗》反驳。这是他离开学校后的第一篇文艺批评，他指责梁文"只有两句老生常谈的中肯语，其余不是肤浅就是隔靴搔痒"，对新诗的嘲讽"简直是废话"。他针对"写自由诗的人如今都找到更自由的工作了，小诗作家如今也不能再写更小的诗了……"两句话，提出质问："难道诗小就没有艺术底价值？"随即举出一些中国诗人的著名短诗，然后提到外国小诗，所举例子便是《流浪者之夜歌》第二首，推崇为"给我们心灵的震荡却不减于悲多汶一曲交响乐"。评价很高，却是深思熟虑，这是"船堡"恍如仙境的静夜让他深入到诗歌的深沉意境中。梁实秋没有亲历其境，感受大不相同，他以《诗的大小长短》（《新月》1931年7月第3卷第10期）作自辩时说："若是说这首诗便是哥德的'毕生的菁华'，我不信，我所认识的哥德不仅仅是一个写'小诗'的哥德。"两人讨论相同的诗句，但心中各有所本。一个以"心灵的震荡"为圭臬，另一个奉诗篇长短为衡器。谁是谁非，大半个世纪后，1984年，冯至写过一篇文章《一首朴素的诗》，介绍这首诗的来龙去脉及中译，文中提到：

> 歌德的《漫游者的夜歌》短短八行，它的声誉并不在一万二千一百一十一行的《浮士德》之下。1982年歌德逝世一百五十周年时，西德文化界征求群众关于歌德诗歌的意见。公认《夜歌》是歌德诗中最著名的一首。本世纪20年代统计，《夜歌》被作曲家谱成乐曲，就超过了二百多次。

梁宗岱的文学眼光与判断显然高一筹。

和梁宗岱一起去"船堡"的司徒乔，自中学开始便是梁宗岱的好友，但是两人性格刚好相反，一个外向，一个内敛。他在"船堡"十分安静，从未掀起任何波澜，除了散步便是绘画，但是留给居停主人一个十分奇特的印象。不是因为他的中国画或西洋画，也不是语出惊人，而是他每天充满神秘感的散步。他沿着古堡内一条通道来回走动，一边不停喃喃自语，时高时低。主人家听到觉得很奇怪，出于礼貌，没有直接查问，只是私下向梁宗岱打探。后者哈哈一笑："他在诅咒！"人家多次追问，他最后说出一个难以置信的故事：司徒乔爱上一位同乡少女，她的家人却把她许配给一个富家子。那人去美国留学，把她带在身边。司徒乔对他恨之入骨，要以咒语把他咒死。虽然西方的唯理主义在笛卡儿提倡下，在十七世纪便深入人心，但是迷信是人类天性，两位主人听了很惊讶，半信半疑。

一年后，梁宗岱再度来到"船堡"，身边不见司徒乔，瑞士主人追问下落，梁宗岱的回答同样难以置信。司徒乔回巴黎不久，接到消息，那个富家子果然暴卒，他立即购买船票去美国，准备找回自己的爱人，共结同心。对瑞士主人来说，这件事变得更不可思议，无论阿琳娜或她的丈夫，都在回忆录中留下司徒乔咒语散步的记载，他们说这件事教他们从另一个角度去思考命运。

梁宗岱所说的故事是真是假，当事人全部去世，再无求证可能。不过世事就那么凑巧，他在讲这个故事的时候，还不知道已经当了红娘，在司徒乔动身前往美国之前三个星期，梁宗岱带了一位新到巴黎的女留学生介绍给他认识，她就是司徒乔的未来太太冯伊媚。

梁宗岱在 1929 年 10 月中旬离开"船堡"，先到日内瓦，10 月 17 日到莱梦湖边首次拜访罗曼·罗兰，次日晚上乘夜班火车返回巴黎。抵达当天晚上，他写了一封感谢信给阿琳娜：

亲爱的夫人和挚友：

一列快捷的火车今晨把我平安送抵巴黎。巴黎！一个雾霭弥漫与光彩耀目的都会，这里的一切，灵与肉，都在轰轰地燃烧，这里的人，被人和机器的轰鸣声纠缠困扰，击为碎片！无论我多么高兴想到快要跟我的男女朋友们再见面，我不得不深切地怀念刚刚离开的有益身心的谧静，怀念你那温柔而亲切的倩影，两个多月来我已经惯熟了——太温柔了，太亲切了，像我这样的坏男孩配不上。

我在日内瓦收到你的手书和照片。写字人那张尤其使我喜欢。原来这样趁人不备偷拍的！从今以后，我叫你做调皮的歪莲娜（Maline Malicieuse），照片小偷，意下如何？

我暂时住在原来那家旅馆。今天下午，当我躺在世俗床铺上休息时，混沌的思绪从心底里纷沓升起。什么思绪？噢，调皮的歪莲娜……

　　我的陶潜诗选翻译将是一本很漂亮的书。

　　你的米兰之旅收获如何？代我恭敬地问候你的丈夫先生，问候凯泽医生（Keiser）和布雷克斯（Bryks），也代我拥抱一下钦斯（Tins）。

　　深情致意。

梁宗岱

阿琳娜一直保存这封信，她去世后，她的女儿整理她留下的个人档案，其中一部分赠送给卢加诺州立图书馆（Biblioteca Cantonale di Lugano）的档案馆，命名为"阿琳娜·瓦朗让文献"（Il Fondo Aline Valangin）。在三十八箱文献中，与梁宗岱有关的除了这封信，还有一张小照片。这是档案部主任吕埃施女士（Diana Rüesch）的新发现：

　　我现在看到在梁宗岱的宗卷里，有一张很小很小的黑白图片（我忘记了的），裁剪成一个约莫的椭圆形（一定是从一张更大照片剪成）。图像是一个人的脸孔，我想是梁宗岱本人。如果我把这张照片的复印也放进信封，我相信你会喜欢的。我认为照片不是信柬的附件，尽管写信人提到被人"偷拍"。无论如何，这张照片……"飞来飞去"，不过限在这个宗卷里。你一定会了解照片与信件的背景有没有关联。（吕埃施电邮，2012 年 9 月 4 日）

她的意思十分明显，这张椭圆形照片是"偷拍"的。影像不算清晰，但可辨认出是梁宗岱，没有戴眼镜，肩膊也看不到衣服，的确不像摆姿势拍摄的。联系到道谢信中他给阿琳娜起的绰号"歪莲娜"，

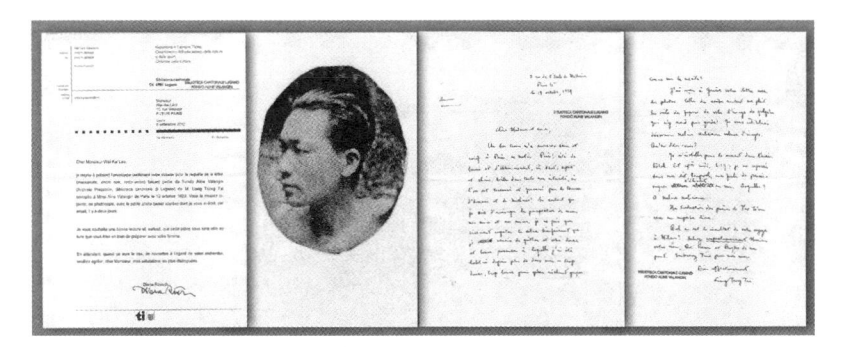

•瑞士卢加诺州立图书馆吕埃施女士致本书作者信（2012年9月6日）
•阿琳娜偷拍的梁宗岱头像照片（1929年）　瑞士卢加诺州立图书馆藏
•梁宗岱致阿琳娜·瓦朗让感谢信(1929年)　瑞士卢加诺州立图书馆藏

梁宗岱的假期一定过得很开心，他们成为很熟络的朋友。这也是为什么一年之后，梁宗岱在前往德国柏林途中，绕道重临斯处。

既然有"偷拍"照片，按道理也有"明拍"的照片。梁宗岱的个人档案在"文革"遭劫，书信全部被焚，只有零散照片夹在书籍或其他地方，逃过大难。欧洲背景的照片尚存十来二十张，现藏梁宗岱纪念室。经过与瑞士方面的资料图片仔细对照后，发现其中有两张正是"船堡"照片。第一张三人合照，并排站立，互相勾着手臂，笑得阳光般灿烂。梁宗岱与阿琳娜在左方，右方是一位不知名的男士，地点在"船堡"平台上。第二张是个人独照，衣饰与三人照一模一样，西装，蝴蝶结领带加上贝雷帽，坐在山头草地上，背景是一间古老大屋的屋顶。这两张照片逃过"文革"浩劫，真是奇迹，可能冥冥中有一种力量，不让梁宗岱的瑞士文踪泯灭。

梁宗岱瑞士"船堡"度假留影（1929年）
梁宗岱　瑞士女作家阿琳娜·瓦朗让　俄籍犹太裔画家布雷克斯
广东外语外贸大学梁宗岱纪念室藏

　　由于照片没有任何说明，不知道照片第三者的身份。看他们一起那么亲热，那么开心，一定是梁宗岱在古堡结识的新朋友。阿琳娜传记中有很多人名，经过逐一对照，初步推测是道谢信提到的布雷克斯。这是一位画家，全名阿瑟·布雷克斯（Arthur Bryks，1890—1970），出生于波兰南部的法乌库夫（Falkow），1918年波兰复国之前，这里由俄国瓜分管治，因此他是波兰裔俄国人。他出身富有的犹太家庭，年轻时遵从父命攻读神学，不久放弃，改习音乐，毕业后在歌剧院任歌唱演员。这时他发现绘画才是自己的真正兴趣，于是在1915年进入巴塞尔美术学院。1916年与音乐学院小提琴班同学薇娜·威曼（Vena Weimann）结婚，迁居到苏黎世。苏黎世是瑞士文化艺术中心，1916年又是达达主义在这个城市诞生的一年，尽管这种前卫文学与艺术潮流持续时间不长，四五年后便四分五散，也没有出现多少大艺术家，但布雷克斯身处其中，日夕来往，受到影响，后来在美术创作中带着强烈的现代派色彩。从1920年开始，直到1940年世界大战爆发前夕，他在西欧和世界各地举行过多次画展。他的妻子也在三十年代初放弃音乐，进入柏林雷曼学院（Schule Reimann）学习艺术设计。

1927年，布雷克斯与德国画家阿尔文斯莱本（Werner von Alvensleben，1889—1962）和瑞士雕刻家贝尔纳斯科尼（Mario Bernasconi，1899—1963）创立了博尔萨艺术协会（La Porza），这是一个非牟利的互助组织，目的在于为艺术家与作家提供廉价的住宿服务，让他们在一个和平安静环境中创作。由于符合很多人的愿望，发展得很快，德国会员超过一千五百人，法国两千多。但是踏进三十年代，德国马克贬值加速，协会经济来源迅速萎缩，法西斯日益嚣张，人心惶惶。1938年后，协会再没有活动，名存实亡。

从三十年代至大战结束这十多年时间内，布雷克斯积极帮助来自欧洲各地的流亡艺术家与作家，冒险参加过拯救犹太人的秘密任务。战后，布雷克斯在五十年代移居以色列，1966年重返意大利北部湖区安度晚年，1970年去世。

要确定相中人是布雷克斯，还须找到其他佐证。刚好在梁宗岱的法文诗里，出现过另一个布雷克斯的名字，《欧洲评论》1930年5至7月号发表他的四首诗，第一首标题是《题在丽·布雷克斯的纪念册上》（*Sur l'album de Ly Bryks*）：

你来自蔷薇之宫吗，孩子？
你晶莹的肤色是蔷薇的花瓣，
你生气的泪珠带着花刺的无邪。

你来自松柏之邦吗，孩子？
你的脸庞散发翠绿的清香，
你的金发如同黄色的嫩芽，
你的明眸像浓叶深处嬉戏的阳光。（卢岚译）

从内容看来，这首诗写给一位名叫丽·布雷克斯的小女孩，如果她与画家布雷克斯有血缘关系，更能说明梁宗岱和他的友好关系。经过多次努力，终于在2013年春天联系上布雷克斯的外孙，一位名叫里维奥·尼格里（Livio Negri）的意大利全媒体与活动制作人（All Media & Events Producer）。他接到我们电邮后，当天便证实丽·布雷克斯就是他的母亲，画家的女儿。两星期后，他专程回去瑞士一趟，让他的母亲鉴别我们提供的照片，以及向她询问当年情况：

家母证实，那首诗是梁宗岱特别为她写的，当时家人居住在巴黎。他们在1930年到巴黎，停留了两年。迁居的主要理由是布雷克斯妻子是纺织品设计师，她独立工作，同时也替某些大时装公司装计。

家母记不起如何认识梁宗岱，只记得他常到巴黎家里来。家里的中国朋友不止一个。

家母清楚记得梁宗岱这首诗写在她的纪念册上。有客人到访，她都要求客人在册子上写点东西，或画点画。她在1926年出生，梁宗岱写诗的时候，她大约四五岁。很可惜纪念册已经丢

•六岁的丽·布雷克斯（1931年）　尼格里藏
•中国留学生郑鋈鋈（素描）　布雷克斯绘（1923年）　尼格里藏
•布雷克斯保存的中国留学生郑鋈鋈与吴秀峰照片（1926年）　尼格里藏

失。她记得册子里有一张照片，梁宗岱抱着她坐在膝上。她也记得有一本很大很漂亮的书，里面刊登了这首诗，但也不见了。（尼格里电邮，2013年3月4日）

一位八十七岁的老人，记忆仍那么清晰，十分难得。画家布雷克斯与中国留学生来往密切，在梁宗岱之前已认识邝善祁，在邝善祁之前已认识好几位中国留学生，曾经为他们作过速写。在他的档案中，有三张中国人赠送的照片。他的中国朋友肯定不止这些人，他的女儿特别记得梁宗岱，显然与诗歌有关。尼格里寄来她在1931年拍摄的一张照片，与梁宗岱诗歌同一时期。这是一位清新可人的小女孩，纯洁的笑容，正是这首诗最传神的写照。

她的视力不好，我们写给她的信需要儿子朗读，在辨认"船堡"

照片第三个人物时,她认为年龄和姿态符合,但相中人脸部被帽子掩盖一部分,鼻形也不够清楚,只敢肯定"95%"。与我们原先不敢肯定的理由不同,在瑞士报纸找到的一张老照片,布雷克斯戴着一副眼镜,梁宗岱收藏的照片却没有。现在他的家人寄来的生平简介附有他的四张照片,全部没有眼镜,因此疑问再无存在理由。

　　瑞士假期不过两个半月,在梁宗岱一生中只占极少位置,却充满这么多温馨的欢乐,这么浓厚的文学艺术气息,这是他的欧游最美丽回忆之一。

第十四章

罗曼·罗兰日记

在所有法国作家中，没有一个人像罗曼·罗兰那样，在生时能在中国得到那么崇高的地位，他的人格及作品的影响那么深远而长久。在徐志摩心目中，他是一位英雄，"我去年（按：1925年）到欧洲完全是一次'感情作用的旅行'，我去是为泰谷尔，顺便我想去多瞻仰几个英雄。我想见法国的罗曼·罗兰，意大利的丹农雪乌（按：邓南遮），英国的哈代。但我只见着哈代"（《谒见哈代的一个下午》）。在中国留学生眼中，罗曼·罗兰是一个偶像。汉学家鲁瓦（Michelle Loi，1926—2002）在《罗曼·罗兰与中国人》（*Roman Rolland et les Chinois*，载《欧洲》1982年1月号）一文中写道：

> 在我们找到的书信（1925—1927）中，罗曼·罗兰对写信求助的中国青年表现得很照顾和慷慨。须知他当时在中国很有名气。这些青年人一到法国（一般到里昂）或者瑞士，便赶快写信求见。下面这封信便是一例，1925年4月25日（按：原信日期1929年9月28日）由一个名叫阎宗临的人寄出，他住在弗里堡市犹斯定教会宿舍："我将很高兴前来维勒奈夫拜访，就像年轻的德富健次郎拜访托尔斯泰那样。我相信将得到父亲之爱。请指导我，请教会我如何生活。请待我如儿子。我有志气，但不知如

何运用……"

梁宗岱没有这样做，既没有一到法国便写信，也没有迫不及待请求见面。这是因为他到巴黎不久便结识了瓦莱里，但是他很尊敬罗曼·罗兰。1936年，大师七十岁诞辰，中国文坛热烈庆祝，他写了一篇《忆罗曼·罗兰》，刊于《大公报》1936年6月17日的文艺版，详细回忆了与大师的两次会面，包含很多珍贵的历史资料，能够与新发现的文献互相印证和补充。他这样定位罗曼·罗兰：

> 在精神或道德方面（d'ordre moral），罗曼·罗兰也给与我同样不可磨灭的影响。而且，在一意义上，我和他接触是比较早的。（《忆罗曼·罗兰》）

他说的接触不是通信或见面，而是通过作品认识。早在培正中学期间，罗曼·罗兰的作品还没有被翻译到中国来，梁宗岱已经阅读过英文版的《约翰·克利斯朵夫》。他在文中详细描写过和司徒乔及草野心平两位朋友，在岭南大学学生宿舍一起朗诵的情景。

罗曼·罗兰在见到梁宗岱前，也读过他的作品。他创办的文学月刊《欧洲》杂志，选用了梁宗岱最早的两篇法文作品：

> 我在一九二七年和一九二八年之间曾经先后在《欧洲》杂志上发表过两首法文诗和一首王维底译诗，据该杂志编辑部同人说颇得罗曼·罗兰底赞许。（同上）

"两首法文诗"一语似为笔误，该刊只发表过他的《回忆》（1927年12月），以及王维短诗《酬张少府》的译文（1928年3月）。

瓦莱里与罗曼·罗兰两人在法国文坛各据一方，他们的文艺观点和政治取向各自不同，没有来往。梁宗岱身为瓦莱里弟子，本来应该把作品先交给瓦莱里主编的《交流》季刊发表才合理，答案在于他说的"编辑部同人"。1927年《欧洲》编辑部改组，看中当时在出版界初露头角的普雷沃，聘请为执行编辑（Secrétaire de rédaction），梁宗岱当时正与普雷沃讨论中国诗翻译，这两篇作品经他推荐给杂志社发表。

罗曼·罗兰与瓦莱里一样，有写日记的习惯，但方式不同。瓦莱里清晨起来，第一件事打开日记本，把自己的哲理和文学思考写下来，他称这是"精神生活"，每天一小时，然后才开始"世俗生活"。因此他的日记极少人间烟火味，只有放在桌面的约会记事册才有只言片语的记录。

罗曼·罗兰则相反，晚上写日记，把当天或近期发生的事情记录下来：书信、来访、出游等等，其中不乏阅人论事的感想和意见，写得很诚恳，很坦率，不时使用春秋笔法，可以说，他在书写历史，为历史作证。

这两种风格各异的日记成为二十世纪法国文坛源源不尽的源泉。法国国家科学研究中心（CNRS）有一个研究小组，专门探讨瓦莱里的每日记录，但不称为日记（journal），而称笔记（cahier）。罗曼·罗兰的文学作品现在已很少重印，有关他的研究著作和论文却层出不穷，这是因为他的日记、书信，以及本人生前整理的专题档案提供了丰富的主题和内容，早已超出他的作品范围。

梁宗岱第一次写信给罗曼·罗兰时，到达欧洲已经四年多，离开《欧洲》月刊发表他的法文诗也超过一年半时间：

这时我刚好在寒假期内把陶渊明底代表作（十几首诗和几篇散文）译成法文，原是为了一时的高兴，丝毫没有把它们发表的

意思。后来一想，为什么不寄给罗曼·罗兰看，使他认识我自己所最爱的一个中国大诗人呢？（同上）

他的信写于1929年1月15日，除了介绍陶潜诗译，还请求翻译罗曼·罗兰最新的贝多芬系列作品：

尊敬的先生：

我在懂得法语之前，已经被《约翰·克里斯朵夫》的英译本深深感动。若非一种对这部作品的敬重阻止我，恐怕已鲁莽地从英语翻译过来。

我在开始学习法语那年，得知我的同胞敬隐渔先生已经开始了这个重任。自此之后，除了《约翰·克里斯朵夫》第一二卷外，中国还出现了《贝多芬传》的两种译本。至于我自己，不时练习法译中，以及中译法。我主要翻译过保罗·瓦莱里先生的《水仙辞》和《太司特先生》，还有一个中国古代诗人的诗篇，随信附上几个样本。

和一九二九年升起的太阳一起，世界被另一个太阳照耀着：一个新的贝多芬！同样的一个英雄人物——但是增加了怎样的宽度、广度和深度呀！阅读的时候（我正在第二次阅读），每个字都在跃动，深入到内心，一如瓦莱里先生文字的光芒和响亮。（因为在我心里，您和瓦莱里先生，是这个世纪思想的两大潮流，代表了精神的力量和飞跃。）随着阅读的深入，我无法抵抗译成母语的愿望的推动。这一回，我想我可能担当得起这件工作。你允许我做这件事吧？

尊敬的先生，请接受我最崇高的致意和最热烈的钦羡。

梁宗岱

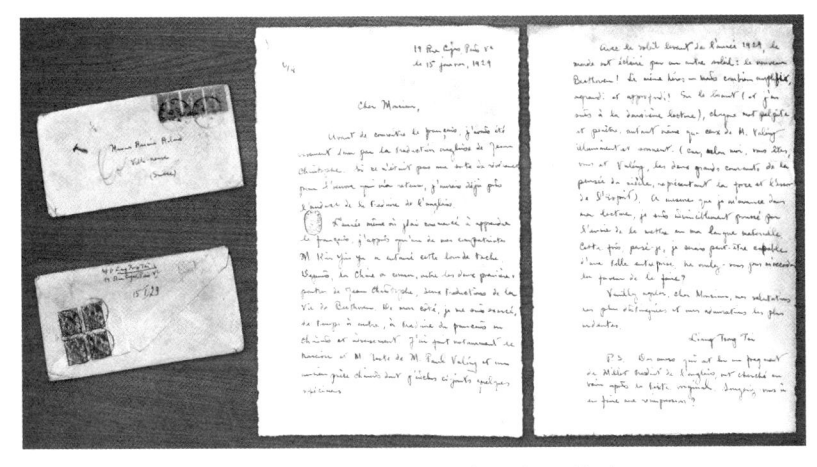

梁宗岱致罗曼·罗兰第一封信（1929年1月15日）
法国国家图书馆手稿部藏

又及：有些朋友看了从英语翻译过来的《米勒传》片断，想看原作而遍寻不获。请告有无重印打算？

"新写的贝多芬"指罗曼·罗兰系列《悲多汶：他底伟大的创造时期》（*Beethoven : les Grandes Époques créatrices*，梁拟译名）的第一卷，题名《从〈英雄〉到〈热情〉》（*De l'Héroïque à l'Appassionata*），1928年初版。梁宗岱附寄的"几个样本"是法译《陶潜诗选》三篇打字稿：《陶潜简介》与译文《归去来辞》《自祭文》，这三份原件现存法国国家图书馆罗曼·罗兰档案（Fonds Romain Rolland）。

这封信引起罗曼·罗兰的注意，日记中第一次出现梁宗岱的名字：

一个巴黎中国青年梁宗岱向我请求翻译新写的贝多芬，他寄来一位四至五世纪的中国古代诗人陶潜的一些译诗。这些诗的情感很接近我们法国的乡土哲人，接近我们的忧郁的伊壁鸠鲁主义者。我觉得他出色地精通法语。

罗曼·罗兰不是每天都写日记，也不是每次注明时间。这段日记没有日期，其位置介于1929年1月19日至2月20日之间，也就是信件到达日子期间。他立即回信，没有记载内容，梁宗岱收到的回信原件已被焚毁，幸好他写作《忆罗曼·罗兰》时，翻译了部分内容：

　　信去后接到罗曼·罗兰底回信说："你翻译的陶潜诗使我神往，不独由于你底稀有的法文智识，并且由于这些歌底单纯动人的美。它们底声调对于一个法国人是这么熟习！从我们古老的地上升上来的气味是同样的。"接着便问我想不想把它们在《欧洲》杂志上发表，说这杂志是随时都愿意登载我底文章的。

罗曼·罗兰显示出一个爱护年轻人的前辈形象，热情洋溢，乐于助人。他再次像日记所记，赞扬梁宗岱的法文，印证了这不是敷衍应付的客套话。在《欧洲》月刊发表陶潜译诗是一个很诱人的提议，也是很多作者和译者求之不得的梦想，但是梁宗岱最后没有选择这条路，因为在此之前，他接受了瓦莱里的建议，准备出版单行本。这是一个明智做法，杂志篇幅有限，只能发表少量翻译，而单行本却能完整收入，更能引起读者和批评家的注意。

半年之后，梁宗岱的名字第二次出现在罗曼·罗兰日记中：

　　一位住在巴黎的年青中国人梁宗岱有意翻译我新写的贝多芬。他写信给我，法文很好，同时寄来一首自己写的美丽诗歌的翻译。

这是罗曼·罗兰在日记和书信中第三次称赞梁宗岱的法文，事实上，他的法文基本上找不出语法或拼写毛病。但有一个奇怪的例外,他写到罗曼·罗兰姓氏时,不止一次漏掉中间一个字母l,把Rolland写成Roland。现存的书信和明信片,无论信封或信文都这样误写,只有1929年1月25日第二封信正确。虽然法国也有Roland这个姓氏,但以罗曼·罗兰的名气,混淆的可能性很低。何况中国人传统上十分重视老一辈的名字,这是一个永远无法解开的哑谜。

日记位置在1929年6月5日至17日之间,内容和上一段很接近,但所记是梁宗岱1月25日寄来的第二封信:

敬爱的罗兰大师:

蒙允翻译大作贝多芬,铭感至深。初次阅读时,对于中国读者能否欣赏这部书曾把握不定。但经过思索后,我得出正面的结论。

多少世纪以来,古老的中国在艺术上热衷于精巧和纯粹,现在似乎想返回力量和严谨。莎士比亚,贝多芬,约翰·克里斯朵夫的作品,甚至他们的生平,对我们是一种真正的新发现。中国青年被热情所推动,狂热地寻求近距离认识大师们的面目。这个新贝多芬不就是使我们密切地既认识到这位音乐家的灵魂,又认识到克里斯朵夫的灵魂么?

另一方面,我们中间有好些人,他们也醉心于西方音乐。这部作品对他们将有很大的帮助,因为他们鲜有机会听到这种音乐令人满意的演奏。一位看过这本书的法国女友跟我说,她从里面学会理解许多奏鸣曲。

说到头来,书内的评述本身就是一些可以独立来朗读的诗句。跟乐曲那样,它们直接带引我们深入到英雄的灵魂——英雄们的灵魂里,即使强烈程度不一样。就我而言,对音乐的和声一窍不通，却连续两次把全书一口气读完。

　　当然，作为翻译者，我对音乐应该有更多了解，这是全书的核心本身。两年以来，我产生学习和声的打算，以便更好地享受音乐。这不是一个强制自己的好机会么？在此之前，如果大师允许，我将翻译《歌德和悲多汶》，这篇刊登在《欧洲》杂志上的美文。

　　我还要感谢大师把我介绍给《欧洲》朋友的好意。我乐于从命。况且该刊物于我一点不陌生，在让·普雷沃的提议下，我曾两次为它撰稿。只候大师通知，我便去见盖埃诺和罗伯法兰斯先生。

　　敬隐渔今夏考取中法大学。他离开巴黎时没有跟我道别，现在大概在里昂。

　　随信附上一首诗译，这是写于二十一岁那一年的诗，也就是说，已有数年。直至如今，仍是我最后写作的两首诗之一。

　　敬爱的大师，请接受我最热情的致意。

梁宗岱

信末所说的"一首诗译"是《晚祷（二）》的法译，这一年8月发表在《欧洲评论》上。罗曼·罗兰这么晚才在日记提及此信，因为他为了整理印度主题的第二本书，从2月20日到5月23日停止日记，直到6月初书稿寄出后，才回头记录这段时间的来往信件。

　　这时候离开他们第一次会面已经不远。这一年暑假，梁宗岱与司徒乔到瑞士朋友的古堡度假。9月30日，他写信给罗曼·罗兰，"我来这里已经两个月，准备十月中旬到巴黎，可能路经日内瓦住几天。

如果大师有小小空闲时间，允许我前来拜访么？"

罗曼·罗兰居住的峨尔迦别墅（Villa Olga）在莱蒙湖边的维尔纳夫，距离日内瓦约 100 公里。罗曼·罗兰不是别墅主人，只是长期租客，1922 年入住，1938 年迁回法国。会面日期在 10 月 17 日，罗曼·罗兰留给梁宗岱一个十分完美的形象：

> 谁只要见过他一面会永远忘不了他那颀长的微拱的身躯，他那晴蓝的目光底明确，他那低沉的微哑的声音底魔力，以及他那稀疏的手势。态度是冷静中带着和蔼。谈话底开始有几分踌躇；但越过了照例的寒暄，一经触着我们兴趣和理解底共通园地之后，他便热烈，爽直，滔滔不竭起来。
>
> [……] 于是我们底谈锋便转到法国文坛，中国文坛，哥德底诗，巴赫和悲多汶底音乐……上去。梵乐希而外，我很少在谈话中有过一个这么丰富的盛宴底印象。内容呢，如果我不能在这里一一缕述出来，那是因为它们已经融化在我心灵底血液里了。

（《忆罗曼·罗兰》）

罗曼·罗兰的蓝眼睛在法国文坛很有名，令人一见难忘。奥地利诗人里尔克 1913 年 3 月给罗丹的信说："第二天，我（例外地）和他（按：比利时诗人维尔哈仑）一起午餐，在座还有罗曼·罗兰，这个人真是好学不倦，读书万卷，眼睛好像读书太多用旧了，不时重新漆上全新的蓝色。"

在畅谈文学之前，罗曼·罗兰向梁宗岱提出一个问题：

> 他首先问我敬隐渔底消息，得了我不知道的回答之后，他便告诉我最近敬隐渔曾给他写了不少的信，但一封比一封令人焦虑。从他那微微颤抖的声音我感到他底关怀是多么深切。"这完

全是巴黎毁了他，完全是巴黎毁了他！"他终于结论似的气愤愤说。（同上）

敬隐渔是第一个和罗曼·罗兰通信的中国人，1924年6月3日从上海写信；第一个翻译罗曼·罗兰小说《约翰·克利斯朵夫》，连续三期发表在1926年《小说月报》上；第一个上门拜访罗曼·罗兰，1925年9月10日，甫抵里昂，便直奔瑞士，后来写成《蕾芒湖畔》记述；第一个向法国人介绍罗曼·罗兰在中国的地位，《欧洲》月刊1927年9月号刊登了他的《中国文化复兴及罗曼·罗兰的影响》（*La renaissance chinoise et l'influence de Romain Rolland*）；第一个在罗曼·罗兰帮助下，把鲁迅作品《阿Q正传》译成法文，1926年5至6月在《欧洲》月刊连载。

罗曼·罗兰很钟爱这位中国青年，除了精神上加以鼓励，还慷慨提供金钱援助，在日记中称他为"得意门生"（mon protégé）。1926年7月，他离开里昂到巴黎，进入索邦大学读心理学，成为梁宗岱的同学，两人都是文学爱好者，同在文学研究会刊物发表文章，因此互有来往。1927年6月郑振铎到巴黎，第一次遇到梁宗岱时，见他与敬隐渔一起在路上。

很不幸，敬隐渔在离开上海前染上性病却不知情，到法国后没能及时治疗，到了繁华的巴黎后，开始出现性幻想症状，不久发展到对异性的好奇和欲念近乎失控的程度。罗曼·罗兰从他的来信发现他的变化，曾经加以规劝，他充耳不闻，书信越来越少。1928年夏天他考取中法大学，11月中旬离开巴黎到里昂后，一直没有给罗曼·罗兰写信。当他在1929年7月21日重新执笔时，却是向罗曼·罗兰紧急求救，借钱偿付度假酒店的房钱。接下来两个月，他连续写了五封长信,由于身心已被疾病严重损害,开始出现言无伦次、狂躁谵妄的表现。罗曼·罗兰十分焦虑。

他向梁宗岱打探消息,得不到要领,更加担心。梁宗岱一离开,他立即写信向里昂中法大学打听。代理校长何尚平11月5日回信说,敬隐渔行为出轨,在外头消费不付钱,以致校方被债主追债,又写信给女子中学寄宿生提议私奔,被学生的校长投诉,带给学校诸多烦恼。里昂大学医学院为他检查,诊断为精神失常。学校决定中止他的学籍,购买船票送他回国,何尚平在信中请求罗曼·罗兰运用他的影响力从旁协助。

回信未到,罗曼·罗兰已经迫不及待,在11月4日自费把敬隐渔送进里昂近郊一家私家精神病院。他准备了三千法郎,估计可供三个星期治疗之用。但是敬隐渔病情已深,一星期后,医院承认无能为力,中法大学也在此时派人到院把他带回学校。11月27日,校方人员陪他到马赛登船回国,到了里昂火车站,他突然逃上开往日内瓦的火车。

到瑞士后,他没有去找罗曼·罗兰,而是闯进1925年作过演讲的国际女子学校,他的失常言谈和举止,令女校长大惊失色。把他送到一间医院暂时收留。12月30日,中法大学理事会主席雷宾(Jean Lépine, 1876－1967)致函罗曼·罗兰,表示学校接受他的建议,改变初衷,保留敬隐渔学籍,但要求他立即回校,并接受治疗。

敬隐渔回到里昂后,迅速在1930年1月10日被校方送到马赛登船。人到上海,被视为瘟疫,无人理睬。他顽强地活下去,翻译出版了巴比塞小说《光明》。1932年后,他在上海的踪影完全消失。传说蹈水自尽,如果属实,罗曼·罗兰日记的担心不幸言中。他不知道这个悲痛传言，直到 1934 年傅雷来信时，仍念念不忘追问敬隐渔在上海的下落。

除敬隐渔外，这次会面还提到另一位中国留学生：

> 四时半他妹妹出来请我们吃点心，席间无意中问我认识不认识一部中国人做的什么"××××"底作者。罗曼·罗兰不待我回答，便插进来说："哼！这家伙，他是很能干的！（Celui-là il est très habile !）他这部书也曾要求我作序，我拒绝了！不意梵乐希竟替他做了！真可惜！"我立刻感到这位新英雄主义使徒是，正如我们在《詹恩·克里士多夫》所瞥见的一样，和我们同样富于人性，同样近人情的：他那公正的意识使他在一个陌生的异国青年面前也抑压不住他底嫉恶如仇的心。于是我为他解释梵乐希作序的动机完全出于怜悯和同情心，因为该书底作者曾经给他写了许多呼吁的信……（《忆罗曼·罗兰》）

罗曼·罗兰口中的 habile 有多重意义，梁宗岱采用了正面的"能干"来翻译，舍弃了负面的"随机应变，钻营有术，机灵狡猾"。他没有披露"这家伙"的名字，最后说"梵乐希作序的动机完全出于怜悯和同情心"，暗示这个人当时的处境值得同情，不仅为瓦莱里解释，也为这个人请求谅解。稍为知道一点这个时期中国留法学生情况的人，都知道文内"××××"指《我的母亲》（*Ma Mère*），作者盛成（1899—1996）。他本人曾在回忆录《海外工读十年记实》（中华书局，1932 年）中以三章的篇幅详细叙述与罗曼·罗兰和瓦莱里的交往，他的说法与罗曼·罗兰日记和莫诺收藏的盛成书信颇多出入。

盛成在 1919 年到法国读书，1920 年进入南部蒙伯利埃大学读蚕科。在所有留学生中，他最早写信给罗曼·罗兰。第一封信的日期是 1920 年 8 月 23 日，以"亲爱的同志"（Cher camarade）开头。他的名字在 1927 年 1 月 13 日写在罗曼·罗兰日记中：

与一个中国年青人盛成的来往书信

盛成在舍提市生物研究所工作。人聪明，但时常糊涂，激情思想和理智思想乱作一团，宽容与顽固的偏见互相冲突，他爱自己的短处更甚于长处。和日本人相比，我和认识的中国人更谈得来。日本人是酸味和半甜半淡的混合物，感觉得出缺少古老的文化，缺少沉着与和谐。

我拒绝为他的一本民粹主义小册子作序，他在里面侮辱基督教，故意是非不分，无视我拒绝的真正理由，我用大字给他回信：

"我拒绝为你的小册子写序言，因为其中表现了一种对基督教的狭隘无知，夹带着仇恨。因为我的意见没有令你改变初衷。

"我不受任何宗教或非宗教的信仰约束，但我要求尊重西方或东方的高度精神价值。我拒绝助长排斥异己，拒绝助长亚洲的无知，它与欧洲的排斥异己和无知同样有害。"

小册子题名《和平中国》（*La Chine pacifique*），本来是一篇演说词，1926 年 5 月在当地世界语工人团体开会时宣读过。罗曼·罗兰在日记中抄录回信文字是不寻常的做法，他要为历史留下见证。这封信没有中断盛成继续来信，同年 8 月，他在罗曼·罗兰帮助下，参加了国际妇女争取和平自由联盟（Ligue internationale de femmes pour la paix et la liberté）的学习夏令营（Cours des vacances）。会议在瑞士莱蒙湖边召开，罗曼·罗兰到会演说，这是两人唯一的一次见面，但没有单独交谈。

9月初夏令营结束，盛成到巴黎，修改完成《我的母亲》。他先寄给罗曼·罗兰，只收到他的妹妹代书复信，建议去找《欧洲》月刊出版商利爱德印书局（Rieder）。他知道这是变相拒绝，于是转向瓦莱里求助。因为这年5月，瓦莱里回家乡料理母亲丧事后，从蒙伯利埃返巴黎，盛成在车站瞥见他，自发地寄了一首诗给他作为吊唁。瓦莱里按礼节复了一封信，盛成一直带在身边。

瓦莱里的挚友莫诺整理过一本资料集 *Etude pour Ma Mère*（《我的母亲》研究），里面搜集了盛成有关《我的母亲》的来往书信、自撰生平，瓦莱里序言手稿、打印稿和排印稿，以及报刊评论剪报等，一套十分完整的原始文献。

根据这套资料，盛成的第一封求助信写于9月20日，直截了当请求出书。莫诺代为复信，漫而应之。盛成锲而不舍，一次又一次来信，既写给瓦莱里，又写给莫诺，以"我的母亲""阁下的母亲""天下人的母亲""阁下母亲在天之灵"之名苦苦哀求，又提议翻译瓦莱里的作品。11月4日寄来一首诗，悲叹陷入绝境，没有吃，没有喝，没有钱交房租，最后呼喊"精神万岁！打倒物质！"（Vive l'esprit！À bas la matière！）。这一次触动了瓦莱里的恻隐之心，在11月21日第一次以自己的名字复信（打字信），责备他"你在信中强迫所有打扰你的声音停下来，好让你听到自己高呼'精神万岁'的叫声"，然后好言安慰，建议他自行去找出版社，并在附言中教他去见《新法兰西杂志》主编，希望能采用一些章节。12月1日，盛成写信报告所有道路都不通，第一次提出请瓦莱里作序，很明显，这是他接触过的出版社的主意。瓦莱里考虑后，在12月5日表示同意，21日接见盛成，序言尚未动笔，亚丁阶印书局（Edition Attinger）便在

31 日与盛成签订出版合约。

梁宗岱经瓦莱里介绍认识盛成，但无法知道他是否有机会看过这些信，他形容这是一些"呼呼的信"，印证了莫诺收藏的信件内容，而他认为"梵乐希作序的动机完全出于怜悯和同情心"是正确的。数十年后，这件事已写入历史，雅雷第教授在《瓦莱里传》的结论和梁宗岱一样："这一次，这篇序言不属于那些他心甘情愿大量撰写的序言，为了应酬，或者为了糊口（besognes alimentaires）而作出牺牲，而是一个真正的友好举动。"

《我的母亲》在瓦莱里序言加持下出版，名噪一时，得到很多传媒报道。盛成在签订合约次日，写了一封古怪的贺年信给罗曼·罗兰：

今天，我再没有无声的愤怒。

我的沉默把那些平庸的人，但受过"高等教育"的人的轻蔑和不快埋葬在我心底[……]

我是冬天里的春天，黑夜里的白天，沉默里的音乐，阴影里的光明……

两年后，1929 年，盛成完成续集《母亲与我》（*Ma Mère et Moi*），面世后却鸦默雀静，因为再没有瓦莱里序言开路。这一年 12 月 8 日，罗曼·罗兰会见留学瑞士的阎宗临，在日记后附有一段话：

〔我在所有人身上，都遇到同一种瞧不起盛成的看法，他是一个显而易见的江湖郎中（charlatan）。他们为自己的国家在西方被这个轻浮（sans sérieux）的小青年所代表而痛苦。〕

这段日记比他向梁宗岱说的话要严厉多了。

梁宗岱到访之前，罗曼·罗兰在日记本里作了一个与中国留学生通信的小结,篇幅很长,一口气从第222页写到第230页。里面提到的留学生名字按顺序为:梁宗岱、阎宗临、汪德耀、李家齐(李又然)和敬隐渔,独缺盛成。梁宗岱的名字放在第一位,显示这篇日记写于他到访之前,因为紧接着便是他的访问记载,他是罗曼·罗兰会见过的第二位中国留学生:

十月十七日——梁宗岱来访。他从德欣州(Tessin)来,到巴黎去。他二十四五岁,法语说得很出色,甚至完全没有口音。和欧洲人相比,中国人学习欧洲语言多么容易,尽管他们对我们的一些字母完全陌生,例如r,但是梁宗岱做到像巴黎人那样以小舌发出颤音。

到今年十二月,他到法国五年。他自己决定来的,可能自费,没有通过中法大学,也没有像他的国家到西方来的年轻人那样通过考试。

他的家境一定特殊而优越。他在广州附近一个城镇出生,十四五岁便因为在报纸杂志发表诗歌小有名气。他坚持置身任何文学或政治派系之外,不过他说,他赞成作为孙中山信徒的中国国民党的主张。

他在法国专攻哲学,文学批评,尤其诗歌。他与瓦莱里来往相当密切。他具有相当的活动能力(毫无疑问也相当有钱),有本事过几个月便创办一本中文季刊,在中国出版,他已经得到国内和欧洲的重要中国作家同意合作。他打算在最早几期中的一期发表我的《歌德与贝多芬》。

他表现得思想成熟,清醒地谈论中国目前陷入的知识界混乱情况。年轻人明显摒弃中国过去的一切,狂热地投向欧洲文学,东碰西撞。他们没有导师，而且到达他们手上的欧洲作品都经过翻译，质量很差，最通常是根据拙劣的日文译本，或者根据英文（对法文或德文作品）。卢梭的《忏悔录》很流行，过去十年出过四五种坏透了的译本。同时还有歌德的《少年维特之烦恼》和《茶花女》，最令中国读者感动和狂热，发行数量以千千万万计。

读书的人极多，书的价钱便宜（相对地）。政局动荡从未中断过出版运作。三个主要中心在上海、广州和北京。戏剧在上演。但总体水平不高，杂乱无章。

我问他，对《少年维特之烦恼》的入迷，是否因为中国要通过浪漫主义和感伤悲情，来完成年轻人的第一次发泄。但他回答说，中国完全没有需要经过这个阶段，因为这是存在已久的天生爱好。高人雅士的文学故意不屑于感伤悲情，但大众和市民的作品总是塞得满满。因此，可以这样想，这些思想的阶层太高兴找到欧洲名人来为他们的爱好作担保。当然，他们没有人知道歌德的真正人格代表什么，也不知道文学作品和欧洲价值观的等级分类怎么回事——这种分类现在很重要，梁宗岱有意在这方面努力。

他表现对美国很反感——似乎更倾向于英国。美国化对年轻的中国造成很大伤害，中国只学会最物质化和最追求物质享受的一面。我记得泰戈尔访问中国时，这种现象令他十分反感。但是梁宗岱说，一个理想主义运动正在青年中出现。像其他地方一样，中国最好的东西并非显而易见，只有广场市集的声音才让人听见。

梁宗岱向我打听现代印度的情况，以及神秘主义与行动能否调和。——然后他说："中国缺少的，就是神秘主义。中国需要一种神秘主义。"——我说："中国有一种潜在的神秘主义。这个历史悠久的伟大民族，曾经表现出如此的生命力，如此的耐心，如此的牺牲精神，这是拥有未为人知道神秘力量的活生生证明。必须去探索，去发掘。伟大人物的职责在于察觉这种力量，并且交还给他的人民。"

〔很奇怪，梁宗岱最近才发现雨果。他视雨果为法国最伟大的诗人之一，同时也是全世界最伟大的诗人之一。他尤其喜爱《世纪传奇》（*La Légende des Siècles*）和《山神》（*Le Satyre*）。〕

罗曼·罗兰对梁宗岱的友善态度，除了梁宗岱本人的卓越表现外，也由于那个时期的法国知识层精英，仍然保留从十七世纪流传下来的对中国古文化的敬仰。他对中国未来的期望，实际是鼓励梁宗岱投身政治，像他那样做一个行动知识分子（Intellectuel engagé）。正如罗曼·罗兰观察那样，梁宗岱"思想成熟"，他尊敬这位大师，但没有听从他走上这条道路。

梁宗岱返回巴黎后，继续忙于陶潜诗译的出版。八个月后，1930年夏天，他按计划到德国学习德语。10月30日从柏林写信给罗曼·罗兰：

敬爱的罗兰大师：

此信于大师是否像另一个世界的回音？

我真的不可饶恕，自去夏大师赐我难忘的交谈之后，一直疏于请安。归巴黎后，生活忙碌而散漫，多次在国内旅行。精神紧张持续，不断变换地点，完全无法静心执笔。

然而，我阅读大师的作品，翻译大师作品贝多芬，不就是经常跟大师接触么？

如大师所见，我现在自柏林写信，打算在此地停留到明春，再往德国南部，然后去意大利，同样在那里停几个月。所以明年夏天，可能再路过瑞士。

我的法译《陶潜诗选》，经过长时间踌伫不前后终于出版。离巴黎之前请出版商奉上一册，未知已否收到？

贝多芬的翻译正在进行，尽管进度不快。我可能先在一本杂志上发表一些章节。

敬爱的大师，请接受我恭敬的致意和深切的思念。

梁宗岱

罗曼·罗兰很快便回信，梁宗岱的《忆罗曼·罗兰》翻译了部分内容：

一九三〇年秋，我在柏林。我底法译《陶潜诗选》出来了，寄了一本给他（按：罗曼·罗兰）。不久，他给我一封极恳挚的信说：

我已经收到你那精美的《陶潜诗选》，我衷心感谢你。这是一部杰作，从各方面看：灵感，移译，和版本。

那奇迹，对于我，在这样一部作品里，就是它和那最古典的地中海——特别是拉丁——诗的真确的血统关系。贺拉思（Horace）和维琪尔都在这里面找着他们底面目反映着。而在一些和谐的沉思，如：

霭霭堂前林……

或：

少无适俗韵……

里,我听见了亚尔班山(Monts Albains)上一座别墅里的泉水底庄严音乐。

我唯一的惋惜就是:它对于我是已经熟习了的,我到中国的旅行并不引我出我底门庭去。

但这已经不是第一次了;我发觉中国的心灵和法国两派心灵中之一(那拉丁法国的)许多酷肖之点。这简直使我不能不相信或种人类学上的元素底神秘的血统关系。——亚洲没有一个别的民族和我们底民族显出这样的姻戚关系的。……

罗曼·罗兰通过译文理解陶潜诗歌,是以前给梁宗岱的信的延续。他把陶潜与维吉尔相提并论,与瓦莱里所见不谋而合。

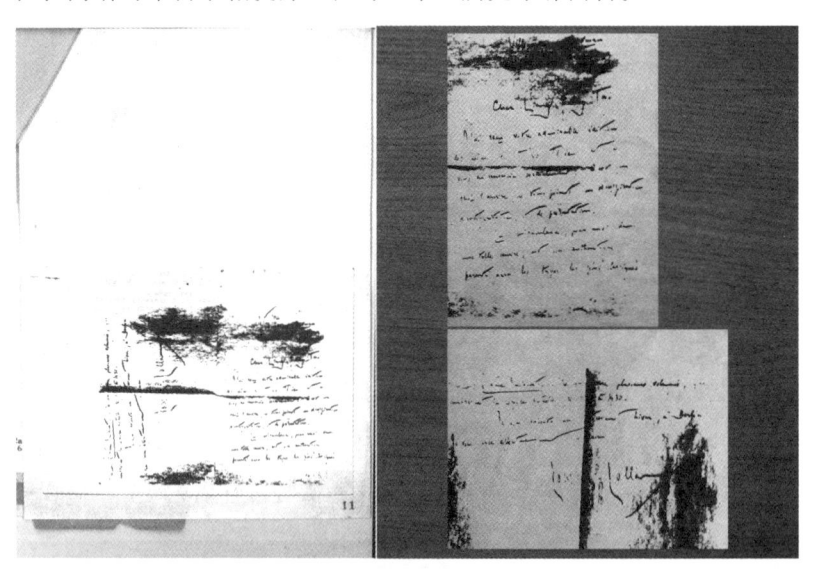

•罗曼·罗兰1931年11月致梁宗岱信残件影印
梁宗岱纪念室文档编号 RW12.12-1.0004　广东外语外贸大学梁宗岱纪念室藏
•经过整理,辨明为首末两页对折式书写　首页句子与梁宗岱的中译完全吻合这封信像梁宗岱其他文件一样，在1966年秋天被无情的烈火吞噬。然而，冥冥中有一种力量，不让世界上美好的事物消失。半个世纪后，2017年春天，在广东外语外贸大学梁宗岱纪念室尚未整理的十三页文件中，发现一张陈旧的影印件。质量很差，上方大片空白，下方一页图像，填满潦草模糊的手书外文字，被大块黑色污渍遮盖，好像曾经揉成一团被扔掉，不知吃尽多少苦头，包藏着何等惊心动魄的经历。但信末签名历历可辨，这是熟悉的罗曼·罗兰笔迹。经过反复辨认，这张纸正是他回复梁宗岱寄赠法译《陶潜诗选》回信的信纸，对折书写，包含首末两页，可惜污渍遮盖了写信日期，目前只能确定在1930年11月上旬。尽管污损缺页，但十分珍贵，两位大师给梁宗岱的所有来信。只有这一页逃脱孽火的凶焰。

好事成双，在这件事之后大约一年，梁宗岱当年赠送给罗曼·罗兰的法译《陶潜诗选》原本，出现在法国国家图书馆珍本部的目录上。这本书保存得十全十美，一尘不染，除了几个图书馆的小印章，就像直接从印刷机出来那样，当年流行的半透明薄纸保护套完好无缺，连折纹都见不到一条。

梁宗岱在书名扉页的右上角，以他的秀丽法文写上题辞：
送给敬爱的罗曼·罗兰大师：
　　这本我国一位最著名诗人的苍白反映。诚挚问候，并致深切敬意。
梁宗岱

梁宗岱题赠罗曼·罗兰法译《陶潜诗选》（1930年）
书籍装帧加半透明薄纸套　法国国家图书馆藏

罗曼·罗兰的称赞，令梁宗岱十分兴奋，他在 11 月 15 日写了一封长信作答，陈述东西古老文化的共同点：

敬爱的罗兰大师：

大函使我非常高兴，并给我极大勇气。要是我耽搁致谢，那是因为我全身投入学习德国语言，希望两三个月内有足够的知识来应付，尤其不会被阻挡在这个文学收藏的财富之外。我瞥见了那么多好东西，我想一把占为己有！……

诚然，中国的心灵，或者更确切地说，在中国占主导地位的心灵，跟拉丁法国的心灵有一种真正的同源关系。所有善于观察的中国人来到法国，少不了为之惊讶。但是，这不正好说明，中国存在着好几种心灵么？在中国思想之初，已经有两派出群拔萃，而又互相对抗：儒家和道家，且不提其他多种派别，它们是这两派或大或小的变种。如大师所知，儒家可能是笛卡儿之前的笛卡儿思想大全，而道家以其对无限的追求，对大自然界的宏伟构思，更接近印度的多神教。这正好说明，中国的佛教与后者结合起来，产生了新的一派：禅宗。可惜，大家通常只从老子的一篇非常晦涩的文章来认识道家。所以我计划将另一部道家的作品《庄子》译成法文，它对这种思想有更广阔的推衍。再说，这部著作在欧洲并非默默无闻，法语英语的译本都有（我相信也有德语），但误释太多，文笔通常令人生厌，淡而无味，假若不说不堪卒读的话！

再说，思想和宗教，甚至科学是何物，不就是心灵和大自然的反映么？心灵到处一样，自然则有各种程度的区别。在一种思想或者一部作品里，具有深刻普世价值的东西来自前者，分歧来自后者。在中国，思想的两极由儒家和道家代表，可能只是同一事物的两个阶段，互相补充。因此在读《庄子》的时候，在他的反诘者惠子所提出的悖论中，我惊奇地发现有些跟芝诺的完全一样，就是说，一，龟长（曲解原文？）于蛇（而非阿基里斯）；二，镞矢之疾，而有不行不止之时，更有甚者，飞鸟之影，未尝动也；三，某一长度的尺是无限可分的。庄子本人，为了对抗他的反诘者所谓雄辩术无所不能，不也写过一篇关联到帕斯卡尔有名的"两无限"的出色文章么？不同之处是他教我们明白一切，容忍一切，而非皈依某一种教条信仰。我最近在一本中国科学杂志上看到一篇文章，证明帕斯卡尔的数学三角形，是十三世纪一位中国几何学家所发现的，那是几何学在中国达到最高峰的时期……关于这个题目，不也有整整一部书可以写么？……

我很高兴得悉，大作《歌德与悲多汶》近日将出版，我在假期前已经订购，希望书店很快寄来。我很乐意承担把它介绍给我的同胞。(那篇关于这两颗巨星相遇的精彩评述,是否收入书中?我的翻译即将完成。)我也很高兴知道不久便可以读到《欣悦的灵魂》(l'Âme Enchantée)的续篇。

亲切致意。

梁宗岱

次年二月,他转到海德堡大学继续学业,到达时寄了一张该城的古迹明信片给罗曼·罗兰,以报行踪,"大师一定认识这个风景如画的小城,我从这里向大师致以敬意和深情的怀念"(1931年2月22日信)。

1931年8月,梁宗岱游学至意大利,不期接到一个和平组织的邀请,前来日内瓦参加一个在国联举行的裁军讨论会。会议在9月12日前后结束,他写信给罗曼·罗兰,"两星期前,我从佛罗伦萨到这里参加国联大会。未来数日,能否容我在大师跟前度过几个小时呢?"罗曼·罗兰选择的见面日期凑巧是"九一八事变"那天。两人的对谈围绕政治话题展开,罗曼·罗兰首先以亲身经历比较东

梁宗岱致罗曼·罗兰明信片(1931年2月22日)
海德堡古堡废墟图　法国国家图书馆手稿部藏

方各个民族，他说：

> 我相信你们底祖宗崇拜是最基本最合理的宗教；因为一切永生的愿望都不过辐辏在这痴念上：要和自己的亲人死后团聚。
>
> [……]
>
> 说也奇怪！我接触过的东方民族不可谓少了；没有一个像中国人那么和我们底头脑接近的。日本人来访我的很多；但和他们谈了一个钟头的话往往还不知道他们要点所在，印度人呢（你知道是我最崇敬的东方民族之一），却永远有一种茫漠的宗教背景显现得不可捉摸；唯独中国人，头脑底清晰，观察底深刻，和应对底条理，简直和一个智识阶级的法国人（un français cultivé）一样。谈到兴高采烈时你竟忘了他不是法国人了。这现象是很足令人深思的。……（《忆罗曼·罗兰》）

前面引述的罗曼·罗兰日记已提及他对中日民族差异的看法，这里所说的与前述一脉相承。随后他谈到俄国政权：

> 于是我们不知不觉便转到亚细亚和苏维埃问题上去，他这两年来政治的视线差不多都集中在这上面的。
>
> "这么一个大规模的实验，"我说，"实在是一种最高的理想主义，也是任何醉心于理想主义的人所必定深表同情的。不过我们文人究竟心肠较软，对于他们底手段总觉得不能完全同意。"
>
> "可不是，"他答道，"我对于他们底弱点并不是盲目的。我在最近给他们的一封信里曾经指出个人主义和人道主义不独和他们不悖，并且一个真正的苏维埃信徒同时也必定是真正的个人主义者和人道底赞助者。"
>
> 他从抽屉里找出那封信稿给我看。当我读到"……什么时候

都有伪善者，在种种利益里，在种种旗帜下。你们队伍里也有伪善者。这是一些尾随狮子的狼……"的时候，我深切地了悟他这思想上的新转变并非由于一种老朽的感伤的反动，像外间人所说的：他仍然用同样英勇犀利的目光去揭发他所同情的主义底症结。——唉！这些尾随狮子的狼我们中国实在太多了！（同上）

法国学者认为罗曼·罗兰是在1933年左右彻底倒向苏联的，从这番早两年的谈话，可以想象他经历过多么痛苦的内心挣扎。他在1935年访问苏联后，莫斯科日记要等五十年才发表，便是完全可以理解的事情。梁宗岱写回忆文章时，罗曼·罗兰亲苏访苏引起的争论仍未完全平息，他根据自己与大师的亲身对谈，提出自己的观点：

即当他毅然与苏联携手时，他断不像我们那些充满了"领袖欲"与"奴隶性"——二者其实是一物底两面——的革命文学家，连推崇一个作家，欣赏一篇作品也唯人家底马首是瞻：他毫不犹豫地把他底个人主义和人道主义带到他们中间去。（同上）

他的判断没有错，罗曼·罗兰这段时期的日记很多段落可以证实，他在和苏联打交道时，始终站在弱者和受迫害者方面，为他们发声，保卫他们的权利，表现出高尚的个人主义和人道主义。

天色渐晚，梁宗岱准备向他告辞：

他跑到书房里取了一张近照，并在他新出版的两部我答应为[他]译成中文的大书:《悲多汶:他底伟大的创造时期》(*Beethoven : les Grandes Epoques créatrices*) 和《歌德与悲多汶》（*Goethe et Beethoven*) 上题了几句话。

在前一部上写的是悲多汶一首歌里的断句：

Beethoven

Das Schöne zum Guten

意思是"为善的美"。在《歌德与悲多汶》上写的是莱宾尼滋（Leibniz）底一句话：

Existere nihil aliud esse, quam harmonium esse

生存不过是一片大和谐。（同上）

除了这两部赠书，罗曼·罗兰还送给他一套四卷本的《约翰·克利斯朵夫》（现藏广东外语外贸大学梁宗岱纪念室），扉页上也有题辞：

A Liang Tsong Taï, en affectueux souvenir

Romain Rolland, Septembre 1931

送给梁宗岱，友好留念

罗曼·罗兰　1931年9月

下面是古罗马诗人卢坎（Marcus Annaeus Lucanus，39—65）的拉丁文名句，下加画线：

Gaudet patientia duris

难时见坚忍

罗曼·罗兰为赠书题辞的时候，"黄昏渐渐移进室内了，对面已显得几分模糊"，他当晚没有写日记，第二天才补记：

九月十九日

梁宗岱来向我道别。他在欧洲已经七年，确定今年十一月离开，前往北京定居。他受聘为北京大学法国文学教授。自从上次来访，我觉得他在精神方面有了变化，和几乎所有我见过的中国青年那样，他们民族的苦难，以及漫长转化的苦难，压在他们身

・罗曼·罗兰题赠梁宗岱《约翰·克利斯朵夫》（1931年）　广东外语外贸大学藏
・梁宗岱译罗曼·罗兰《歌德与悲多汶》（1943年）　《青年梁宗岱》作者藏书

上。梁宗岱不久前表现得像一位巴黎化的文人，他以接触到瓦莱里的非情感美学而骄傲。瓦莱里为他翻译的一本中文书作序。今天，他饱尝西方，到了饱和的程度；他惦念故土，惦念他能够带给故土的帮助。

此外，他完全不是我认识的其他中国年轻人那样的革命者——因为他属于一个富商阶级——然而，他认为中国的未来在农民身上，他们保存了这个民族无法摧毁的活力，保存了传统的优秀品质。他打算全力投身民众教育。据说他在北京大学有很多朋友，那里是民族知识和社会复兴的中心。

我听人家说，辛亥革命推翻清朝，同时也消灭了卖身效劳王朝的儒家思想。梁宗岱认为儒家思想深入民族人心，不会不持续下去。他承认自己几年前仍然讥讽儒家思想，现在越来越觉得被其浸透。

他向我透露另一个重要的事实，十年以来，中国的身体虽然被可怕的无政府状态所蹂躏（在欧洲人眼中是这样的），但是这个身体如此辽阔，如此充满无法消灭的生命力，以致有些地区获得巨大的持续进步。

中国充满黄金和热心公益的富人——（欧洲这种人极其例外）——这些有钱人中的一位是梁宗岱的父亲。他是农民的儿子，无师自通，从未进过公立学校，全凭自己的智慧自学成才，白手起家。他一辈子每天都在设法去计划，去实现改善社会民生。他造桥，修路，起学校，建立慈善及公用机构。他一天没有为乡亲做点好事便睡不着觉。

再说，那里的群体成员的关系比欧洲密切得多。他说家乡的大市镇在广州附近〔我要他说明确点，他说"火车一天路程"〕，全村就是一族人（六七千人），所有人都姓李（按：Li，原文如此）。他离开七年，村子扩大了许多，建起大型的学校，配备最完善的卫生和新式教学设备。

梁宗岱不担心共产主义，他似乎不知道在中国腹地积聚了相当规模的红军。但是，他像他们的红色对手那样，鄙视掌权的军人和政客一代，这些人失信于民，腐败堕落。他们脱离了国民党，一面自称国民党，一面背叛。他渴望培养出广泛的新一代农民有产者（génération bourgeoise-paysanne），重振中国传统，以孙中山的精神和榜样加以革新。

梁宗岱所说的"家乡的大市镇"指新会司前庙，火车是新宁铁路，这是一条全长133公里的民办铁路，由旅美华侨陈宜禧在清朝末年集资兴建。火车路线经过司前庙，到江门大约36公里。1937年"七七事变"后,曾遭日本军机轰炸,1938年广州沦陷后,国民政府下令拆毁,以免落入敌人手中。铁路从此消失无踪,只余车站及桥梁三两遗址。

会见后大约一个月,罗曼·罗兰收到主持《欧洲》杂志的盖埃诺(Jean Guéhenno,1890—1978)来信,他们是无所不谈的亲密朋友。信的主题是商量为歌德逝世一百周年专号组稿。他在10月25日的复信说:

> 有了黑塞和托马斯·曼的两篇文章已经算很好。我将写信给日本朋友,其中片川敏彦是东京大学德国文学教授。我相信他们会寄几篇引人注意的文章来。如果我肯定巴黎梁宗岱目前的地址(去年是居约街19号),我会向他约稿:这是我认识的最出众最有学问的中国人之一,他出版了一位中国古代诗人很漂亮的集子,瓦莱里为他作序。不过,他打算年底左右离开欧洲,到北京大学教书,他刚接到聘书。

托马斯·曼和黑塞是著名作家,先后在1929年和1946年获得诺贝尔文学奖。梁宗岱能够和他们一起成为约稿对象,这是一种荣誉。可能如梁宗岱在回忆中所说那样,他们见面时"谈锋渐渐在别的题目上展开了。我们照例对我们共同崇拜的哥德和悲多汶致热烈的敬意",他关于歌德和贝多芬的认识和看法留给罗曼·罗兰极好的印象。而且梁宗岱打算翻译他以歌德为主题的两部著作。这次会面后不久,梁宗岱便回国,约稿之事没有下文。至于两书的翻译,囿于抗日战争爆发,只完成其中一本《歌德与悲多汶》,1935年至1936年在《时事类编》月刊连载,单行本拖到1943年,才由华胥社在桂林出版。

罗曼·罗兰致盖埃诺的信说梁宗岱"去年"（1930年）在巴黎的地址是居约街19号，这是不正确的。他在一年前已迁往玫瑰村，随后一年半时间内，在法国、瑞士、德国和意大利之间来去，称之为"周游列国"，由于没有通知罗曼·罗兰，以致他和另一位中国留学生李又然在巴黎失诸交臂，但也因此开始了一场无形的交往，伸延了半个世纪。

李又然的名字在罗曼·罗兰日记只出现过一次，没有日期，位于回顾与中国留学生通信的总结里面，也就是1929年10月17日左右：

> 第四位李家齐（Li Chia Tsi），一个二十三岁年轻人，去年底到法国，以前曾做过商业雇员。他七月份从里昂给我写了一封信，夸张而感人，令人微笑，但很友善。

李家齐是李又然的原名，留学护照上的名字。他是浙江慈溪人，1906年出生。在家乡及上海求学，十六岁至十九岁在上海的钱庄和银行工作，1926年起学习英文及在家自修，1928年夏天赴法留学。他在1975年给长子李兰颂写了一封长信，详述自己的生平，作为最后遗产，其中法国经历相当详尽，里面提到和罗曼·罗兰的交往。他的第一封信写于1929年7月1日，"先生的地址是敬隐渔告诉的"：

> 我去法国，一个很大的原因在于罗曼·罗兰是法国人。在里昂给先生信，要求去见他。先生回信说，他就要出去旅行（先生是大旅行家），假如我去瑞士只是要看他，那么最好晚些去，那时我的法文也讲得更好了，可以多谈谈。打算和Marieffe结婚的时候，准备请先生为我们祝福。（李又然家书，李兰颂提供）

他到巴黎后，"在集贤院（按：通译先贤祠）语言学院学了两三个月语言，就去比利时"。居住了十一个月后重返巴黎，"时间大概在 1930 年夏秋之交"。1932 年初，他再次写信给罗曼·罗兰，他在家书中说：

> 第二次在巴黎，实在太穷困了，写信向先生求助；先生寄来了钱，还给我介绍了一位法国教授，美学学者，说他会来看你的。这位先生后来也送给过我钱，还介绍好些朋友照顾我。（同上）

李又然一向不缺钱用，有需要时家庭会给他汇款。这年一月初，像往常那样，他写信向父亲要钱，已经收到即将汇出的回信，不料遇上"一·二八事变"，日机轰炸上海，汇款久候不至，令他陷入无以为继的境况。试过有一晚在被称为"留学生饭堂"的天津饭店吃饭，由于没有饭票结账，饭后呆坐，希望一位相熟的朋友出现打救。素昧生平的艾青从旁看到迹象，主动帮他摆脱窘境，他们两人因此成为挚友（李又然《艾青》，1979 年）。挨到 1932 年 4 月 1 日"15 时"，他想起罗曼·罗兰，提笔写信求救，说明正在等候一笔高达一万三千法郎的汇款，一收到便能清理所有欠账，购买船票返国。罗曼·罗兰收信后，毫不犹豫寄来二百法郎，足够支持一个月的伙食费。同时写了一封回信，除了介绍巴黎的法国朋友给李又然，还把梁宗岱的地址告诉他。李又然于是信给梁宗岱写信，结果没有回音。他不知道梁宗岱在五个月前即上一年的 11 月已经买棹返国，无论地址是否正确，都不可能找到他。

李又然在 1932 年秋返回中国：

> 我要回国了，在瑞士阁宗临处住了一些时候，又写信给先生，请求去见他。先生回信说，他正住在医院里治疗眼疾，医生不允许会客。但他又说，不忍心让我这样走了，因之立即复信给我，要我回国后经常给他信，告诉他血泊中的那边（指中国）的情形，

做他和中国之间的桥梁。(同上)

回到中国,他写信给罗曼·罗兰表示感谢,同时寄还二百法郎。

尽管缘悭一面,李又然衷心感谢罗曼·罗兰与他通信,并给予生活援助,他一直执弟子礼,以"先生"尊称。除了终身铭记,不遗余力向中国读者介绍这位大作家的著作及生平。从1933年至1945年,历史风高浪恶,他不怕惹祸上身,翻译了罗曼·罗兰一封信柬文和一篇短文,还写下《伟大的安慰者》等三篇充满激情的散文。1946年至1949年他一度化名李则蓝,"蓝"与"兰"同音,这是为了纪念罗曼·罗兰。1955年大儿子出生,取名李兰颂,"给你取名'兰颂',就是法文Raison(理智)的音译,也为了纪念罗曼·罗兰先生。"(李又然家书)家书写作时"文革"尚未结束,若落到别有用心人手中,不堪设想。

回国后,他先在上海从事写作和推广世界语活动,1937年抗日战争爆发后投奔延安,1950年调至文化部中央文学研究所专任教员。1951年12月,参加全国政协土改工作团第21团到达广西南宁。没有想到,在那里他再一次遇到梁宗岱,仍然是无形的相遇。

当时镇压反革命运动已经开始了一年多,仍在轰轰烈烈进行,针对目标是土匪、恶霸、特务、反动党团骨干分子和反动会道门头子等五种人。梁宗岱从1944年起便长住广西百色,卖掉父亲的生意,开设太和制药厂。他被人诬告恶霸,在1951年9月17日锒铛入狱。李又然到广西后听到他身陷囹圄的消息,大吃一惊,立即写信给文化部门上级胡乔木,"请求宁可在监狱里用梁宗岱,也不要动用极刑"(李兰颂《延安文艺录:文学数字谜》),在当时这是很勇敢的举动,随时可能连累自己。但他有一个信念,梁宗岱是罗曼·罗兰的朋友，尽管当年没有接到他的回音，但不会是坏人。而且在此之前，他向广西作家陆地打探过事件的来龙去脉，判断这是莫须有罪状。胡乔木收信后，致电百色地委表示关注，建议把案件上报处理。梁宗岱虽然没有立即恢复自由，但没有像与他同时被捕的八十五人中的四十九人，被处决或击毙。

他在 1954 年 6 月 11 日被通知无罪释放。一年之后，轮到李又然遭遇比他更大的灾难。1955 年 8 月发生丁玲、陈企霞反党集团案，李又然被定性为集团第三号人物，罪名中有一项"吾师罗曼·罗兰"。1957 年底被划为右派，度过二十二年底层生活，妻离子散，到 1979 年才得以昭雪。

1976 年冬天，"文革"刚结束，梁宗岱收到广西作家胡明树（1914—1977）来信，信中夹着李又然一封信，梁宗岱在次年 4 月 12 日回信胡明树：

> 现在想谈谈又然同志信中的几点。1928 我已离开巴黎，开始去实现"周游列国"的计划。1929 我正在旅途中，不可能收到又然的信。我虽目空一切，我所敬而远之的，是些只知寻花问柳，或终日无所用心的人。拒绝结交我所服膺的大师亲笔介绍的一个像我一样为求知而不辞远涉重洋的同胞，对于我是不可想象的。

根据他与瓦莱里和罗曼·罗兰的通信，这里两个日期都推前了一年，应为 1929 年和 1930 年。这封信第二部分谈到广西冤狱：

> 至于胡乔木同志一封电报救了我，我在狱中早已知道（因为当时正值三反五反运动，不少正直清白的县级干部被打入狱）。从那时起，胡乔木三个字即以大救星大恩人的形象深铭我和我爱

人心中。但事情没有像又然所想象那么简单。

一接到电报，区镇的第一个念头，就是"先斩后奏"，立刻召开一个地委扩大会议，把我交给群众。已经三分之二通过了，"没有理由！完全莫须有！"场中突然起了一个洪亮的声音。那是覃专员延年的。当双方唇枪舌剑达到沸点时，覃专员指着区镇说："你要对党负责！"区镇拍着桌子说："我可以负责！""那你就执行吧。"覃于是拿起公文袋，离开会场了，大会也就一哄而散了。

很明显，梁宗岱在收到胡明树来信前，只知胡乔木干预，不知李又然的见义勇为。其实在地委扩大会议上，胡乔木的信可以令杀气腾腾的区镇产生先斩后奏的孬念头，同时也可以令经历丰富的覃延年揣测到中央的意向，加强了保护梁宗岱的决心，会议因此流产，没有人再敢轻举妄动，李又然的救援是这一切的起点。

在同一信中，梁宗岱提到李又然请教翻译一事，这是胡明树来信的主要目的。李又然当时想与梁宗岱讨论一些意大利文翻译，又担心像巴黎那样收不到回音，因此请土改时结识的好朋友胡明树转达。梁宗岱在回信中说，"至于又然的翻译，从任何观点，我都有责任出力，只是时间无法保证"。因为"我现在的学院的主要任务是追译一部分 Paul Lafargue（按：保罗·拉法格）夫妇与恩格斯的通信及负责校订译文的全部（约五六十万字），并且要今年十一交卷"。

然而，经历多年政治运动的残酷摧残，他的健康已如风中残烛，不久便迅速变坏，错失了最后一个机会结识这位好人，这位只为别人着想、不把自己安危放在心上的好人。

第十五章

玫瑰村的朋友

1929年梁宗岱从瑞士度假回来后，给居停主人写道谢信，虽然有"暂时住在原来那家旅馆"之句，却以万花楼餐馆作为通信地址，因为他已经决定离开拉丁区，迁回郊区的玫瑰村。三个星期后，他写信给瓦莱里，住址已改用塞纳省封丹奈—奥罗斯镇牧场街（rue des Prés）15号。现在去找这街名，已找不到，1945年战胜纳粹后，这里更名为诺埃尔·佩尔纳街（Rue Jean Noël Pelnard），纪念一位为国捐躯的二十一岁抗德烈士。

梁宗岱搬进去前，有一位女学生陈令仪（1900—1954）住在玫瑰村，学成归国后，当过法学教授。她在法国念书时为邹韬奋的《生活周刊》撰写过系列法国通讯，其中一篇很细致描绘了玫瑰村当年的面貌：

> 这村距离巴黎九基罗米突（按：公里），名玫瑰村Fontenay-aux-Roses，村人爱植玫瑰，几至家家都有数十盆，村名玫瑰或者就因这个原故吧。村中有一个市政府管理全村的市政，市长是由全村选民公举的，此外还有一个村参事会。这村虽是位于小山的上面，但高高低低的山路，早已变成一条一条的两丈多宽的平坦柏油大道，两边并有三四尺宽的人行道，植有葱茏的大树，

道路中间翦如穹窿，两边则如刀切齐整。每日有清道夫打扫街衢，从街旁放出自来水冲洗马路，人行道则归诸自己收拾；早晨出去，常见一个妇人用扫帚洗她门前一段人行道。他们街上没有垃圾箱，各家所有的垃圾，由市政府用大汽车倒去，运往空旷场所焚烧。倒垃圾的办法是每星期三次，当那条街倒垃圾的日期，人们早晨就把垃圾桶放在门外，等垃圾车来倒它。［……］

据说三五年前这里人家大半还是用煤气灯——自来火——或煤油灯，现在大家小户都有光明灿烂的电灯了。他们不需要从井里汲水，从塘里挑水，他们有自来水，每一个住宅都有几个水龙头，无论四层楼五层楼都可以把水引上去用。他们已不用柴和煤作烹调燃料了，都是用煤气或电气，煤气炉放在厨房里，只要占据一张桌子二尺长八寸宽的面积，而火力的大小，更较烧柴如意。［……］

有餐馆，有旅舍，有咖啡店，有洗衣店，以及生活所需要的各种用品与食物的商店，村中无不应有尽有。新闻纸、面包和牛奶固然可以每天有人送来，就是肉类也可以每天送来。杂货店也有车子在外边送货，他经过主顾的门前，常常去问需要不需要东西，如需要什么，开一张单子给他，他次日就送来了。［……］

法国乡村人家很少有一浴室的，他们多是到浴堂去沐浴。村中有一个公共浴室，是市政府办的，它分盆浴和冲澡两种，都是隔成一个一个小房间。［……］

此间离巴黎虽有九基罗米突之远，但有一路火车三路电车直达巴黎繁华的中心，交通可说便利极了。车子不但早晚特为工人加班，火车并有廉价的常期票和来回票；电车虽没有常期票，但每日在早晨七时四十分钟以前有来回票卖,它的价钱只比普通单趟多十二分之一。他们政府是何等的顾及工人们的利益啊!

(《一个乡村的各方面》,1928年)

梁宗岱初到法国时,在这里住了大约一年,现在又搬回来,他从未解释理由。但从这一年的活动可以看出,他已结束索邦大学的学习,不必每天去上课,一味忙于法译《陶潜诗选》出版,以及跟一批新到的中国朋友来往。其中几位特别谈得来,和他一样住在玫瑰村,方以类聚,物以群分,人之常情也。

第一位好朋友是司徒乔,两人自中学时代便相熟,来往密切。分别数年后,异国重逢,倍感亲切。司徒乔在1928年底到巴黎,住进玫瑰村,1929年1月4日开始第一次上学,得到老师的指点,立即发现自己的弱点,缺乏正统的美术训练,没有掌握起码的技巧。他期以二至三年补课,如饥如渴地投身到艺术的海洋中。早上一起床便工作,绘画,上课,参观美术馆和展览会,拜访艺术家……一分钟也不浪费,直到夜深为止。然而家庭经济不好,无力供他读书,他留学的船票,以及最初的留学费用,全靠出发前卖画,去香港登船前,利用最后时间,由朋友介绍替餐馆装修绘画,一点一点筹集得来,虽然省吃俭用,身上的钱还是很快花完,不久便交不出学费,无法继续上课,唯有在家自学,到后来连生活也出现问题:

……学习首先要吃饱肚子,而他的饭钱是越来越短缺了。而且没车钱也不出去,在家里画吧,"上帝"没依他的愿望给他以布纹纸和足够他在其中游泳的颜料。到后来,他大部分时间只好到长满荒草的后园来回踱步,或者坐在房间对着空空的画架用脑

梁宗岱与司徒乔在瑞士度假（1929年）　　司徒乔与冯伊媚结婚照（1931年）
瑞士翁塞尔诺内博物馆藏　　　　　　　　　　资料照片

子画画。积压在脑子里的画要冲出来，跳出来，它们快把画家逼疯了。（冯伊媚《未完成的画》，1964年）

夏天来了，司徒乔与梁宗岱接受新结识的瑞士朋友阿琳娜邀请，一起到阿尔卑斯山的"船堡"度暑期，过了两个月左右的安静舒适日子，总算喘了一口气。但是10月底一回到巴黎，一切烦恼又重新出现。不久之后，他告诉梁宗岱决定离开法国，前往美国。这个决定有点出人意料，当时的美国不是艺术家向往的地方。促使他这样做的理由有两个可能，一个是梁宗岱给瑞士朋友阿琳娜的解释，司徒乔打算去美国与初恋爱人重续情缘，另一个是他的夫人冯伊媚说的：

当他挖空心思想办法的时候，一个住在美国的老同学写信来劝他到美国去碰碰运气。这个建议对乔有着很大的吸引力，它引起乔这么一个梦想：到美国想办法做工，赚一点钱，再回法国来

跟比鲁老师学几年画。[……]

　　凭着乔在燕京的那张毕业证书，老同学给他向纽约哥伦比亚大学神学院取得了一张学生入境证。还借给他一份四等舱的旅费。（同上）

这时已经是1929年冬天。就在他出发前三个星期，梁宗岱来到他居住的地方，同行还有几位留学生，其中一位是新到的女学生冯伊媚，两人第一次见面。冯伊媚（1908—1976）原籍广东惠州，家境富裕，在香港成长。1929年毕业于上海复旦大学文学系，希望赴法深造，父母不放心二十一岁的女儿独自漂洋过海，刚好年长两岁的九舅张良修在上海政法大学毕业，也去法国留学，便让他陪同前往。她到达后住进玫瑰村，首先认识了梁宗岱，然后才见到司徒乔，这时离她到达巴黎才一个多月。冯伊媚回忆见面的情况：

　　乔居住的玫瑰村是一个美丽的小村庄，到处种着玫瑰花和枫树。在春天里，荡漾着醉人的花香。在秋风里，成排的枫树，颤动着醉红的叶子。在一些爬满长春藤的旧楼房里住着一些中国留学生。房东多半是退休的老工人、残废军人，靠接待外国学生过活。我也是这个村子的居民。

　　在一个秋枫红透的日子里，我偶然和乔遇见了。在我想象中，这位专爱画乞丐的画家，一定是个不修边幅、面容瘦削、眼睛充满忧伤（说不定还带点悲哀厌世的神色）的青年。见面之后，才知道我的估计不完全正确。他诚然很瘦削，却是眉目清扬，神思英爽，笑声尤其爽朗而天真。他有一双微带棕色的细小而灵活的眼珠子，看起东西来像要穿透物象的底蕴，真是一双画家的眼睛！他不大爱说话，在高谈阔论的朋友中间，他只在角落里默默倾听，不时插进一两句妙趣横生的或逗人深思的警句，声调总是那么柔和而恳切。

这天，他用那久已无色可调的油画调色板代替茶盘，拿出一撮珍藏已久的中国茶叶，招待来访的朋友们。由于我和他在彼此的创作上见过面，所以到真个见面时，很快就熟得像个老朋友。

此后我们常常踏着深秋的黄叶一同散步，一同坐在美术馆的坐椅上对着共同喜爱的艺术品在发呆。

等到艺术上的共鸣变成友谊，友谊又悄悄地酝酿着爱情的时候，也就是我们劳燕分飞的时候了。（同上）

司徒乔这头去了美国，冯伊媚那头接到家庭遽变的电报，1930年初匆忙离开巴黎返国。司徒乔在美国折腾了一年半后，既没有像梁宗岱所说那样找回初恋爱人，又没有像冯伊媚所说那样赚到钱回来法国继续学画，而是在1931年5月直接从美国回广州，到达后，母校岭南大学聘请他在附属中小学教授西洋画。冯伊媚刚好也在广州中山大学附中教书，两人重逢，三个月后便共结秦晋之好，婚礼在岭南大学举行。

冯伊媚的九舅张良修（1906—1965）到法国后，选择到外省的第戎大学读法律，1936年获得博士学位回国，担任过广东省立法商学院院长，1953年院系调整并入中山大学。1956年外语系筹设法语专业，从本校和各地抽调教师，其中包括他在内，梁宗岱也于同期进校，两人成为同事。一年后，张良修被划为右派，降职减薪，在法语专业教研室充当打字员兼资料员。1965年郁郁病亡，得年仅五十九岁。

梁宗岱喜爱陶潜，以文会友，陶潜让他结交的第一位文友是朱光潜（1897—1986）。朱光潜的祖家在安徽桐城，著名的文化城，在当地中学毕业后，进入武昌高等师范学校，1918年至1922年被派往香港大学教育系学习，接受西方现代教育。毕业后到上海教英文，并参与新文化活动。1925年，考取安徽官费留英生资格，同年9月到达英国，进入苏格兰爱丁堡大学文学院。1927年6月29日，郑振铎在巴黎见到他，在日记中写道，"回时，朱光潜君来谈。他说，现在英国已放暑假，不妨先在巴黎小住"。这应该是他第一次到巴黎，在这里他结识了梁宗岱，郑振铎的日记多次记载他们三人一起闲谈和进餐，最后一次在7月16日，只得他们三人，由梁宗岱请客，可能为朱光潜返回伦敦饯行，因为郑振铎日记此后再无朱光潜出现。

回英国后，他写成一篇《谈在露浮尔宫所得的一个感想》，作为"给一个中学生的第十一封信"，发表在《一般》杂志2月号上。在同一期中，还有他的一篇短文《英法留学的情形》，署名"潜"。所介绍的法国情况，教育方面很简单，但生活费用则很详细：

英国各校的生活用费相差都不甚远，法国就不然，你要过富的生活固有富的生活过，你如果要过穷的生活也有穷的生活过。我最好举几个实例：

（1）一位朋友住在大学区的旅馆里，每月房金约五百方，每日赴中国饭馆吃饭也每月约花五百方。

（2）一位朋友住在巴黎一个pension（按：私人包膳公寓）里，每月膳宿费共九百方。

（3）我自己住巴黎近郊一个人家，每月膳宿六百方。

（4）一位四川李君在巴黎近郊租了三间房子，每年房租仅一千多方（约国币百元）。他们两人同住，自己造饭，每月每人只花二三百方。

（5）还有许多勤工俭学生们，既不勤工又不俭学，家里没有钱接济，也居然一住就是六七年的。想来他们对于生活，有更巧妙的方法，可惜我不得而知。

（6）法国的中学既好而又便宜，有一位朋友住方藤白萝中学（按：通译枫丹白露中学），每季三月仅缴费一千零几方，不特膳宿都在内，就是洗衣理发看戏等等也由学校给钱。

朱光潜了解得那么细致，这是因为他产生了来法国进修的念头。他结束了爱丁堡学业后，在1929年转往伦敦大学。这一年8月，《一般》杂志发表了他的文章《两种美》，文末注明"十八年六月，写于巴黎近郊玫瑰村"，这说明了他再来巴黎。但是暑假结束后，他没有离开，而是在巴黎大学文学院注册，一面学法语，一面选修文艺课程，主要是文学院长德拉克洛瓦（Henri Delacroix，1873—1937）的"文艺心理学"。

此后他的学习和生活重心从伦敦转移到法国，这个转变与他的未来夫人奚今吾到法国留学时间吻合。朱光潜1925年曾在上海立达学园教书，奚今吾是该校学生。1928年高中毕业，名列第一，校长匡互生爱才，送她出国留学，为她办好护照和船票，才写信给她的父亲请求准许。奚今吾随同该校教师刘薰宇在1929年1月一起来法，朱光潜在巴黎和她重见后，两情相悦，开始恋爱。1931年他进入法国斯特拉斯堡大学，1932年以英文论文《悲剧心理学》（*The Psychology of Tragedy*）获得博士文凭，同年与奚今吾在伦敦结婚。

梁宗岱和朱光潜很快成为好朋友，理由很多，其中一条是两人的文学趣味十分接近。他们都喜欢朱熹的《观书有感》"一片方塘如鉴开（按：原句为"半亩方塘一鉴开"），天光云影共徘徊……"，梁宗岱《谈诗》一文以此诗开头，朱光潜常常用来书赠给朋友和学生。他们又是陶潜的崇拜者，梁宗岱第一个向法国读者介绍陶潜，在简介中对陶潜评价极高。朱光潜在1956年表示：

> 在悠久的中国文化优良传统里，我所特别爱好而且给我影响最深的书籍，不外《庄子》《陶渊明集》和《世说新语》这三部书以及与它们有些类似的书籍。（《我的文艺思想的反动性》）

他尤其钟爱陶潜"闲逸冲淡的一面"。梁宗岱何尝不是如此，他知道陶潜的诗"既简洁自然，又浑厚雄健"，但他选译的二十篇诗文，一面倒向"简洁自然"，所表现的正是朱光潜追求的"魏晋人"的人格理想：超然物表，恬淡自守，清虚无为，独享静观，玄想乐趣。

表面上，他们两人的文学批评立场互相对峙，朱光潜全力推广西方文学和美学理论，重视逻辑和理论，梁宗岱处处不忘中国文学传统，以直觉和感悟去写作文学批评。实际上，他们互相赏识，梁宗岱称赞朱光潜"是专门学者，无论哲学，文学，心理学，美学，都做过一番系统的研究；我却只是野狐禅，事事都爱涉猎，东鳞西爪，无一深造"（《论崇高》），朱光潜视他为"一位我所钦佩的且愈打愈成交的老友"（《论直觉与表现答难》）。

他们的思想交锋看似激烈，却是中国文人的君子传统，"有匪君子，如琢如磨，如切如磋"。这种切磋让梁宗岱写出《论崇高》和《试论直觉与表现》，也让朱光潜写出《论直觉与表现答难》，都是难得一见的好文章。他们的切磋不限于文学批评，还延伸到翻译。1937年《文学杂志》1卷2期发表了梁译莎士比亚《十四行诗》第三十三首，最后两句译文是：

> 我底爱却并不因此把他鄙视，
>
> 既然天上的太阳也不免瑕疵。

主编朱光潜先生在后面加上几句"编者附注"：

> 末行原文为 Suns of the world may stain when heaven's sun staineth。译文省前半，如将后二句译为：
>
> 我底爱却并不因此向他白眼，
>
> 人间太阳会失色，天日还常暗。
>
> 似与原文较合。

编者揪作者的后腿，实属罕见。四十年后，人民文学出版社印行《莎士比亚全集》，在几个版本中，选中梁宗岱的《十四行诗》译文，收入第十一卷，这两句译文已经改为：

> 我的爱却并不因此把他鄙贱，
>
> 天上的太阳有瑕疵，何况人间！

他们的友谊从巴黎延伸到北京。1933年7月朱光潜回国，受聘北京大学教授，与梁宗岱合住慈慧殿三号。他仿效西方文艺沙龙，在家里组织"读诗会"，朗读诗歌，谈文论艺，参加者来自北大和清华的教师学生，以及文化圈的活跃人物，人称京派文人俱乐部，其贡献已经写进中国文学史。由于婚姻官司，梁宗岱前段时间缺席，但1935年夏天自日本回来后，成为最活跃的参加者，留给所有人深刻的印象，回忆文章都少不了他的名字。

他们的友谊从学术延伸到私人生活。梁宗岱婚姻案进入离婚谈判时，请朱光潜当代表。在舆论一边倒口诛笔伐梁宗岱的时候，朱光潜接受这件吃力不讨好的工作，除了对朋友忠心，还因为他本人受过包办婚姻之苦，体谅梁宗岱的艰难处境。他在香港大学毕业时，遵照父母之命回乡结婚，育有一子。但很快便发现这是一个错误，夫妻间距离太大，无法一起生活。为了逃避这段婚姻，他留学欧洲时千方百计拖延不归，前后待了八年，直到家庭替他解除旧婚约，让他能够在英国与奚今吾结婚才回来。

1950年后，他们的工作地点天南地北，但友谊不变。1983年梁宗岱去世时，朱光潜以一副挽联追念：

> 毕生至亲，既丧逝者行自念
> 好诗良药，长留德泽在人间

梁宗岱还有第三位好朋友萧石君，人在巴黎。他是诗人和翻译家，为人极其低调，生平资料很少，只见他著译不辍，却不闻其声。他是湖南人，1899年出生，二十年代初留日，与田汉、钱歌川等同学。1923年东京大地震后返国，1926年改往巴黎留学，修读文科。他与梁宗岱和朱光潜过从甚密，1932年朱光潜出版《谈美》，序言里提到他：

> 这部稿子承朱自清、萧石君、奚今吾三位朋友替我仔细校改过。我每在印成的文章上发现到自己不小心的地方就觉得头痛，所以对他们特别感谢。

这是一位可信赖的朋友，梁宗岱回国后，把弟弟梁宗恒送到巴黎留学，就是交托他代为照顾。梁宗恒在回忆录中多次提及，字里行间充满谢意：

> 到达巴黎次日，我去找哥哥的好朋友萧先生。他也成为我的好朋友，一直到1969年不幸去世。他对我有如长兄对弟弟：把我安置好，关心我顺利融入法国社会。他的第一个劝告是："学

好本地语言是一把为你打开所有大门的钥匙。"（梁宗恒《花都华人》）

梁宗恒初离家门，理财无方，每天都到山东饭店午餐和晚餐：

> 当时我既年轻又无忧无虑，从不关心量入为出，很快便不名一文。我的保护人萧先生被迫出面向山东饭店老板要求，让我赊账直到接到中国的汇款。（同上）

他们一直保持经常往来，1966年萧石君写下一首七律，以《雨止宗恒见访》为诗题：

> 廛市秋来雨怒鸣，雨晴忽听叩门声。
>
> 机云早岁频追逐，怀抱于今未变更。
>
> 曲巷回车成缓步，裹粮饱腹证深盟。
>
> 天涯仍作繁华客，具有绦然独往情。（载钱歌川《石君遗札》）

萧石君一生从事文化工作，终日倚书为乐，笔耕为生，三十年代在国内出版过十多种著作及翻译。法国华人很熟悉他，因为他开办过一间"中国书报社"，是华人常去的地方。1936年，钱歌川到英国留学，次年到巴黎：

> 一到巴黎，我第一个要找的人，当然就是萧石君了，幸亏他是那里的老留学生，所以很容易地就找到他的行踪。马上去访问，但没有遇见，过了一会他又到我住的旅馆来看我，我也不在，他留一个字条说：
>
> "歌川先生：顷走访不值，怅甚！现弟在巴黎中国书报社候驾，乞先往上海楼一询，即知书报社地址，因该社在上海楼隔壁故也。"（钱歌川《怀石君》）

三十年代可能是他精力最充沛的时期，创办了一份小型报纸《三民日报》：

> 萧石君是《三民日报》的灵魂。从1933年创刊，到1966年停办，他在报上写诗歌、社论和报道。《三民日报》最多读者的时期是三十年代，所有华侨都极为注意前线新闻，尤其抗日战争。但是这份刊物每月至多出版两三次，以今天的看法，不能算日报。
>
> （梁宗恒《花都华人》）

1939年2月，中华全国文艺界抗敌协会决议向国外介绍中国抗战文艺运动，聘请了一批驻外代表，法国三人，萧石君、林语堂和谢寿康。

萧石君不追求名利，安贫乐道，对巴黎一往情深，曾向钱歌川表示"人生只合巴黎死"。1926年到法国后，再没有踏回中国一步，即使亲密的女伴回去，他也不肯跟随：

> 萧石君是一位真正的诗人，生活在梦想中。二次大战时，他有过一位红颜知己，但她去了台湾。（梁宗恒，同上）

这位知心人是黄蕴之女士，第二次世界大战期间两人留在巴黎，相濡以沫，度过艰苦的战争岁月。战后黄蕴之独自回国，1951年转赴台湾，在《公论报》工作过一段时间，六十年代逝世。她了解萧石君的生活窘况，曾寄桶装茶叶给他，售卖后作生活费，钱歌川后来也这样做，收到他的近况回信：

> 莹妹（按：黄蕴之）问我是否依然在山东馆吃伙食，使我发生感慨。现在法国物价高涨，山东馆每餐饭须美金一元。我们二十年前在山东馆吃饭的时候，那是唐虞三代之盛。我个人的生活，是一天混一天，抄写翻译等事都干。（载钱歌川《石君遗札》）

他在1967年给钱歌川最后一封信，提及他正在教书，但是临时工：

明年一月底至五月底放假，有无薪水，至以为念。我的生活一天过一天，毫无计划可言。（同上）

萧石君晚年潦倒，死在寂寞中：

他孑然一身度过余生，不吃饭，最后几个钱用来以酒度日。他在1969年去世，死后十五天才发现他的遗体。（梁宗恒《花都华人》）

梁宗岱与他的玫瑰村朋友经常去巴黎，办事和会见住在巴黎的众多中国人。其中来往最多的是刘海粟（1896—1994）和他周围的朋友。刘海粟很早出名，十八岁与友人创立上海图画美术院，1921年更名上海美术专科学校。1928年，大学院（相当于教育部）院长蔡元培计划提升上海美专为大学，函召在日本的刘海粟回国商议。刘海粟提出首先到欧洲亲自接触西方美术，得到支持，经过多方筹集金钱，在1929年3月携眷到达巴黎。这时他三十四岁，比一般留学生年长一些，吸引了一批朝气勃勃的青年画家。未来翻译家傅雷当过他的法文老师，后来成为好朋友。梁宗岱与刘海粟很谈得来，和他的画家朋友也相处得很好。刘海粟回忆当时的情景：

在那段难忘的日子里，天天来讨论学问的还有诗人梁宗岱，三个人不是娓娓清谈，便是争论不休，往往把我的妻从睡梦中吵醒，使她不得不下令逐客，他们才恋恋不舍地告辞。第二天晚上又是那样。友情给人的安慰和力量是无法估量的，尤其是生活在异邦的穷苦青年们。如写法文诗的何如来、画家王济远、庞薰琹、张弦、陈人浩、汪亚尘、女画家张荔英，还有研究历史的黎东方，一坐咖啡馆里辩论起来，就是几个小时，非常热烈。（《傅

梁宗岱（左三）在刘海粟巴黎新画室门前与友人留影（1929年5月）
刘抗（右一）摄影　新加坡刘抗家庭藏

雷二三事》）

刘海粟也常到玫瑰村看望他们，在那里画过一张风景画《玫瑰村》，引出一个小故事：

> 我到巴黎近郊去看望朱光潜时，画了一张油画《玫瑰村》。傅雷一看便说，"很好，在色块的处理上、构图上都消化了塞尚的影响！"刚巧梁宗岱也在场，便和他唱反调："这画是海粟自己的东西，与塞尚无关！你看走了眼！"两位老友争执不休，最后发展到挥拳动武，谁也说服不了谁。我不在家，急得我的妻

子放声大哭。两人又吵到警察局，局长问明吵架的原因后，哈哈大笑，他们也笑了，和解了事。（同上）

油画《玫瑰村》一直保存至今，收藏在上海刘海粟美术馆内。梁宗岱与傅雷都是独立自行、择善固执的人，也是互相赏识、不存芥蒂的书生，两人一直保持友好关系。1930年，傅雷的第一篇法译中《圣扬乔夫的传说》便是发表在梁宗岱主编的《华胥社文艺论集》里。1934年他开始翻译《约翰·克利斯朵夫》，苦于手上版本陈旧，梁宗岱便把罗曼·罗兰题赠的最新的版本，1926年奥兰多夫出版社（Ollendorff）四卷本借给他使用，让他顺利开展翻译。

1932年10月，"刘海粟欧游作品展览会"在上海开幕，随即掀起徐悲鸿与刘海粟最激烈的一次公开骂战，经过传媒报道，惊动了人在北平的梁宗岱。他写了一封长信给刘海粟，高度评价他的作品，再次重申他在巴黎的观点：

> 欧游以后的却无论如何弱总有你自己底面目，无论如何变幻总有一贯的精神：依旧去后期印象派不远，却洗脱了塞尚（Cézanne）与梵高底痕迹了。（《论画》）

据一些传记所录，刘海粟曾经回忆，梁宗岱的信是他中断与徐悲鸿争论的原因之一。他在1933年出版《海粟油画》时，以本信作序言，题名改为《入了堂奥的画家》。梁宗岱本人也在1935年把本信收入《诗与真》，取题《论画》。

梁宗岱和玫瑰村及巴黎的中国朋友志同道合，交往频密，相处融洽，不多时便自发组织起来，在1929年成立了一个名叫华胥社的文艺组织，出版过一本《华胥社文艺论集》。但是这个团体不见于文学史，连博闻多识的藏书家唐弢也不知端倪：

> [三十年代] 不久出版了另一部书。它是诗歌、音乐、美术、文学各方面重要作家的一次大合作，书名《华胥社文艺论集》。名曰《文艺论集》，里面却有诗，有散文，有翻译，看去像是文艺社团的合集。但从二十年代末到三十年代初，文艺界似乎没有一个华胥社，也从未听到过华胥社的具体活动。（唐弢《西方影响与民族风格》）

差不多一个世纪内，只有一本刊物提及华胥社。1932年9月上海《文艺旬刊》1卷2期，主编倪贻德在《编辑后记》里，交代《文艺旬刊》出版者摩社的历史时说：

> 去年冬季，我从武汉回沪，会见海粟先生。我们谈起国内艺术界的消沉的情形，以及企图发展的计划，他说：
>
> "在欧洲的时候，我们几个同志，有一个华胥社的组织，曾在中华书局出版了一集华胥社文艺丛刊。现在我们不妨将他扩大组织，出版定期刊物。这是在中国现艺坛很需要的事情。"

华胥社名字的含义，唐弢曾作解释：

> 记得中国古代有个传说，一次，黄帝昼寝，梦游于华胥氏之国，"国无帅长，自然而已"，"民无嗜欲，自然而已"，醒来后，"怡然自得，天下大治"。我怀疑华胥社也和华胥国一样，实际并不存在，只是表示这些执笔者对文艺的共同希望与理想。
>
> （唐弢，同上）

这群身在海外的中国人，摒弃洋名，选择一个纯粹的中国称呼。至于成员，摩社十八位成员中，刘海粟、张弦、傅雷、王济远、庞薰栞当时在欧洲，既然摩社与华胥社有关系，他们应该是华胥社的成员。至于其他人，文集的目录有重要参考价值。

这本书有一个特点，每篇作品的页码均从 1 开始，全书共 410 页，收入八位作者十六篇文章，书前有两张油画插图：

刘海粟油画：《瑞士邦民肖像》，《风景》

梁宗岱：里尔克《罗丹》，哥德《流浪者之夜歌》，鲁易斯《女神的黄昏》，亚仑颇（Edgar Allan Poe）《赠海伦》

傅雷：泰纳《艺术论》，《圣扬乔夫的传说》

萧石君：居友（Jean-Marie Guyau）《论文体》，斐德（Walter Pater）《爵基阿勒画派》，赛孟慈（Arthur Symons）《魏尔伦》，《踏雪行》（诗）

王光祈：《音乐与时代精神》

朱光潜：《悲剧的喜感》

徐志摩：《富士（东游记之一）》

刘穆（刘思慕）：《白蝉花》（诗）

王了一（王力）：古特林《家里的和平（独幕剧）》

除了王光祈在德国留学，徐志摩和刘思慕在国内，其他六人都在巴黎。大部分作者当时仍在留学，日后都各自有成。大家走在一起组成华胥社，很可能是为了方便出版同人的著译。

最初的计划是定期刊物。1929 年，《金屋》月刊九、十月合刊，在"金屋信箱"栏刊登了一篇《法兰西通信》：

梁宗岱等编辑了个杂志，听说已交《新月》印了。这本杂志成绩大约不会差，虽然听说有几个是并不怎样好的。等出了出来

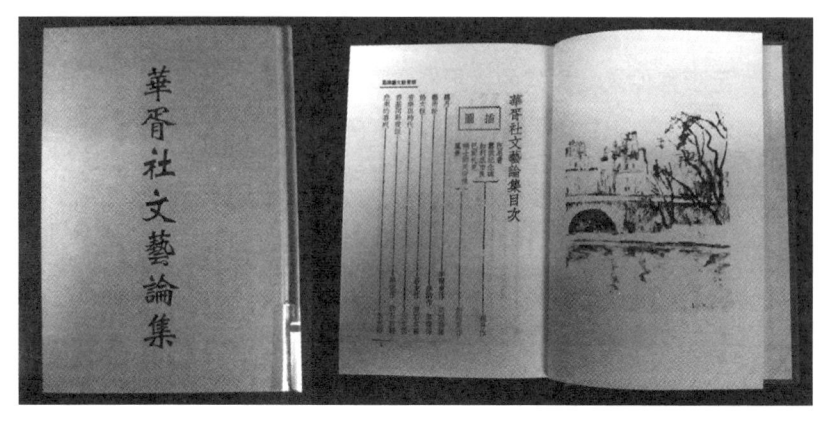

《华胥社文艺论集》初版封面　　目次第一页　　刘海粟插图《风景》
原书为梁宗岱自藏本　广东外语外贸大学梁宗岱纪念室藏

看吧，不要先瞎批评。

信末署名"光寿，五，二九，里昂"。光寿即方光焘（1898—1964），1919年留学日本，创造社成员，1924年学成归国，参加创立狮吼社。工作数年后，于1929年到法国，进入里昂大学攻读语言学，1931年"九一八事变"后回国，此后一直从事语言学教学及研究。他的信写给《金屋》主编章克标，狮吼社创立人之一。

梁宗岱1929年第一次往访罗曼·罗兰，在谈话中也提及这本杂志，他说"创办一本中文季刊"。但是计划最后改变，以更自由的丛刊形式出现，由中华书局在1931年出版。

他的作品在文集中分量最重，总共110页，约合全书四分之一。王光祈从1920年5月后一直在德国攻读音乐，只有梁宗岱1930年夏天往德国学德文才见到他，徐志摩和刘思慕是梁宗岱在国内的朋友，这三人的稿件当由他约写。另外，这本书与他的译作《水仙辞》同年由中华书局一起出版。这一切显示了他是华胥社的倡议者和具体负责人。

他本人从来没有谈过这个团体，但念念不忘。四十年代初，他再次举起华胥社的旗号，成立华胥社出版社，在广西桂林和南宁印行了系列个人著作和翻译：《屈原》《歌德与悲多汶》《非古复古与科学精神》《交错集》与《芦笛风》等。

《华胥社文艺论集》是三十年代一本高水准的文集，远高于同类的作品：

> 名著名译，荟萃一书，既发扬了现实主义、浪漫主义的传统，又以积极的姿态对待正在兴起的艺术风尚——不但介绍了爱伦·坡，又另外让徐志摩的学生翻译了波德莱尔的包括部分《恶之华》的散文诗。至于在这本书里，理论是作品的概括，作品是理论的依据，以集中的方式表现了各种主要的思潮。如果说当初《新文艺评论》的内容太浅，太一般，那么《华胥社文艺论集》又似乎深了一点，专门了一点。不过真正从事文艺理论的人，却不难掌握它。因为这毕竟是写给中国人看的，选择给中国人看的，落笔之前已经或多或少地联系着当时文艺方面的实际。二十年代末三十年代初，发表在报刊上的一些卓有见地的介绍外国文艺的文章，以及这本《华胥社文艺论集》的出版，将"五四"以来西方思潮对中国文学艺术一阵一阵的吹拂，有意识、有目的地推向了汹涌澎湃的最高峰。（唐弢《西方影响与民族风格》）

在文集中，梁宗岱的作品全部是翻译，向中国读者推介西方的重要作家和作品，继续新文化运动的启蒙工作。他向罗曼·罗兰表示过，文学作品和欧洲价值观的等级分类很重要，他有意在这方面努力。他自己选择的作品有路易斯的《女神的黄昏》（*Crépuscule des Nymphes*）和里尔克的《罗丹》（*Auguste Rodin*）。这两位作家当时还没有真正被介绍到中国来，梁宗岱属于最早的翻译者。

路易斯是法国作家，前期属巴那斯派，后期象征主义，凭着深厚的古希腊文化知识，善于描绘古代的情感生活，文字严谨，典雅优美，作曲家德彪西曾把他的三首诗歌谱成乐曲，流传至今。尽管如此，他的文名即使在法国也不算很大，梁宗岱看中他的作品，与瓦莱里有关。路易斯是瓦莱里大学时代的好朋友，后来把瓦莱里引进巴黎文学沙龙，介绍他认识了象征派大师马拉美及其他文艺朋友。瓦莱里最早的诗歌作品，包括《水仙辞》，也是发表在路易斯主编的《号角》杂志上的。

当然，梁宗岱的主要动机是文学。《女神的黄昏》后来收入《交错集》（广西华胥社，1943年），他在序言里交代了翻译的理由：

> 它们底内容，既非完全一般小说或戏剧所描写的现实，它们底表现，又非纯粹的散文或韵文；换句话说，它们多少是属于那诗文交错底境域的。如果人生实体，不一定是那赤裸裸的外在世界；灵魂底需要，也不一定是这外在世界底赤裸裸重现，——那么，这几篇作品足以帮助读者认识人生某些角落，或最低限度满足他们灵魂某种需要，或许不是不可能的事。

至于里尔克，也是跟瓦莱里有关。和梁宗岱一样，里尔克是瓦莱里的崇拜者与翻译者。他在第一次世界大战后才发现瓦莱里的诗歌，一读之下，惊为天人，多次在书信中向朋友宣扬。从1923年到1926年去世为止，他把写作之余的时间全部用来翻译瓦莱里的作品，其中包括《水仙辞》。1926年6月25日，他写信给一位瑞士朋友：

我的翻译完成了。您一定猜到的——又是瓦莱里：《水仙底断片》三阕，在新版的《幻美》中。很美，超群拔类，我的译文不负己望。翻译这首诗，是至福中的至福！

9月12日，瓦莱里特别从巴黎来到日内瓦湖边和他会面，聚首畅谈了一整天，《水仙辞》是主要话题。可是里尔克没能看到译文出版，十四个星期后，12月29日便因白血病去世。我们无法知道瓦莱里是否向梁宗岱提到这次见面，从而促使他着手翻译《水仙辞》，但里尔克作为《水仙辞》的德译者，加上又在梁宗岱逗留过的瑞士居住，梁宗岱对其人及其作品感兴趣是理所当然的事情。

里尔克以诗传世，梁宗岱选译他的作品却是美术论著《罗丹》，以法译本为蓝本。里尔克成名不久，法译已不少，从1926年至1929年总共有八种，不过诗歌只得两种，《旗手底爱与死之歌》和《致奥尔菲斯十四行诗》选译的十五首。究其原因，诗歌是最难翻译的文学体裁，里尔克的诗作又以深奥难解出名，更添一层障碍。

比较出人意料的是，梁宗岱没有翻译里尔克的非韵文作品《勃列格底随笔》(*Aufzeichnungen des M. L. Brigge*，今译《布里格手记》)，这部小说的法文节译本在1923年出版，得到法国文学界很高评价。1926年全译本出版后，梁宗岱肯定读过此书，他在1931年引述过其中一段文字，用来针砭新月派的"风花雪月"倾向：

……一个人早年作的诗是这般乏意义，我们应该毕生期待和采集，如果可能，还要悠长的一生；然后，到晚年，或者可以写出十行好诗。因为诗并不像大众所想象，徒是情感（这是我们很早就有了的），而是经验。……可是单有记忆犹未足，还要能够忘记它们，当它们太拥挤的时候；还要有很大的忍耐去期待它们回来。因为回忆本身还不是这个,必要等到它们变成我们底血液、眼色和姿势了,等到它们没有了名字而且不能别于我们自己了,那么,然后可以希望在极难得的顷刻,在它们当中伸出一句诗底头一个字来。(《谈诗》)

梁宗岱对里尔克的评价显然很高,在此之后又翻译了长诗《旗手底爱与死之歌》,选译了短篇小说集《好上帝故事》四篇,以及两首短诗。近一个世纪后的今天,里尔克被公认为二十世纪德语诗歌第一人,证明了梁宗岱的文学眼光。

1941年,重庆正中书局出版《罗丹》单行本,梁宗岱补译了原书第二部分《罗丹(一篇演说词)》。六十年代,梁宗岱应出版社之邀整理该书旧译,"其中有些几乎等于再译"(《译者题记》),但要等到去世后,才在1984年由四川美术出版社出版,书名改为《罗丹论》。

梁宗岱在欧洲完成的中译不止这两种,最后发表的是一组诗歌,刊登在1931年10月《诗刊》第3期上,作者魏尔伦,总共五首。魏尔伦是象征派领袖之一,生活放浪,梁宗岱没有因人废诗,也没有因为瓦莱里曾经属于象征派另一分支而有门户之见。他完全听从自己的文学触觉,在文章中多次推崇魏尔伦,"感情底自然流泻,不论清与浊"(《保罗·梵乐希评传》),"作者底灵指偶然从大宇宙底洪钟敲出来的一声逸响,圆融,浑含,永恒……"(《论诗》),"魏尔伦继续[波德莱尔]那亲密的感觉以及那神秘的情绪和肉感的热忱底模糊的混合"(《韩波》)。

这些诗的翻译时间离《水仙辞》不远,但译风已经不同,梁宗岱已经走完新手摸索道路,形成一套自己特有的成熟翻译理论和方法。他在《一切的峰顶》序中作过详细解释,其中关于译风是这样说的:

> 至于译笔,大体以直译为主。除了少数的例外,不独一行一行地译,并且一字一字地译,最近译的有时连节奏和用韵也极力模仿原作——大抵越近依傍原作也越甚。

这五首诗中,《白色的月》(*La lune blanche*)是最好的范例:

La lune blanche	白色的月
Luit dans les bois	照着幽林,
De chaque branche	离披的叶
Part une voix	时吐轻音,
Sous la ramée...	声声清切:
bien-aimée.	哦,我的爱人!
L'étang reflète,	一泓澄碧,
Profond miroir,	净的琉璃,
La silhouette	微波闪烁,
Du saule noir	柳影依依——
Où le vent pleure...	风在叹息:
Rêvons, c'est l'heure.	梦罢,正其时。
Un vaste et tendre	无边的静
Apaisement	温婉,慈祥,

Semble descendre	万丈虹影
Du firmament	垂自穹苍
Que l'astre irise...	五色映辉……
C'est l'heure exquise	幸福的辰光!

中译文字如此优美，音韵如此悠扬，简直就是一首纯粹的中国诗。译者真的"不独一行一行地译，并且一字一字地译"，"有时连节奏和用韵也极力模仿原作"。法文原诗四音节，译文也是四音节，原诗韵每段前四行 ABAB，译文也是一样。但是译者并未被自订规矩缚死，在移译过程中，调整过形式，每段第五六行自由韵，第六行独立成段和增加至五音节。这一切是为了更适当传达原作的音乐感，因为把这三行诗重新改回四音节易如反掌，但中文偶数音节听进耳里，四平八稳，没有奇数音节的跳跃感，全诗就会立即变得单调平淡，毫无光彩。

形式如此，字句也作过调整。译者在注解中说：

> 本诗第三节字面和原作微有出入。原作末三行大意是"垂自月华照耀的穹苍"，译文却用"万丈虹影"把诗人所感到的"无边的静"Visualized（烘托）出来。因为要表出原作音乐底美妙，所以擅自把它改了。

最忠实的翻译是最不忠实的翻译，最不忠实的翻译是最忠实的翻译，只有高手才能做到，梁宗岱是翻译的高手。

第十六章

告别欧洲

1930年夏天，梁宗岱离开法国，前往柏林，此行目的是学习德语。他打算在德国之后，再到意大利、西班牙和美国等地，每国学习一年（《我的简史》）。这时候，他已经把考取学位抛诸脑后：

> ［瓦莱里］对我诱掖备极。法国文坛和巴黎许多文艺沙龙都为我大开其门，使我决定放弃考取学位的企图（因为我赴欧的目的在于吸取西方文化的精华，而不是钻某种学问的牛角尖）。（梁宗岱简历残稿两页）

瓦莱里的"诱掖"只是契机，之后全靠个人努力。法国文坛向一个人"大开其门"，最主要的表现是主流文学杂志发表这个人的作品，出版社接受他的著作。梁宗岱第一次踏进这道大门在1927年12月，在《欧洲》月刊发表了第一首法文诗。接下来，他进入一个创作高潮，继续发表了一些法文和英文的诗歌，1928年完成法译《陶潜诗选》，获勒马日出版社接受出版。国内方面，1929年初，《水仙辞》中译引起巨大的反响。到这时，他意识到在文坛上的突破已经超越任何大学文凭，相信文学作品优于任何论文，相信个人的名气足够打开所有大门，从1929年秋季开始，他不再作文凭之想，不再到索邦上课，计划开始四国漫游。他的判断没有错，不久之后，北京大学便向他招手，虚位以待他回去任教。

到了柏林后，他住在城西夏洛登堡区的康德街（Charlottenburg Kantstrasse）74号，这里有著名的夏洛登堡（Schloss Charlottenburg），经历第二次世界大战轰炸和重建，现在看到的已不是当年的古色古香建筑了。圣诞节前夕，他从这里寄给瓦莱里一张圣诞节卡：

亲爱的瓦莱里大师：

谨祝新年愉快，身体健康，思想多采，创作丰硕。

亲切问候

梁宗岱敬上

1930年12月18日

梁宗岱进入柏林大学习德文。柏林的中国留学生人数远逊巴黎，但是不乏精英，其中朱偰和滕固是留学生文艺圈子的中心。朱偰（1907—1968）出身书香世家，父亲是史学名家朱希祖，1920年参与创立北京大学历史系，任系主任。朱偰幼承庭训，1923年中学毕业后考进北京大学预科，1925年入政治学系，积极参加学生运动，饱读中外文学。1929年8月到德国留学，改学经济，专治财政，但文艺兴趣不减。1930年9月，他在康德街3号住了一个月左右时间，与梁宗岱同街邻居，两人可能在此时结识，梁宗岱很快便加入他们的雅集。六十年代初，朱偰写成《浮生哀乐》，其中一节"柏林之文艺沙龙"，回忆了当年的快乐生活：

余在柏林时，住居西郊森林湖畔，地虽偏僻，顾每逢星期日，朋辈来者不断，遂有文艺沙龙之称。时常相过从者，有滕固若渠、冯至君培、蒋复璁慰堂、姚士鳌从吾、徐琥梵澄；1931年春，梁宗岱自巴黎来；1932年夏，朱自清自英伦来，亦时来谈论。慰堂擅昆曲，宗岱好粤讴，而若渠、君培等，都喜欢谈文艺，偶亦谈及学术，凡上下古今，纵横六合，无所不谈。或谈及政治，则激昂慷慨，涕泗沾襟，虽有争执，无伤大雅。余又多订国内报刊，广购文学著作，备龙井茶待客，朋友之间，推心置腹，开诚布公，无话不谈。于是宾至如归，风雨无阻。若渠有诗纪盛况云：

我来柏林城，君涉莱茵浦。
送君虾龙驿，挥手良凄楚。
归来箧衍中，满贮新纪叙。
旖旎若李、温，悲凉如老杜。

迩来二年间，相厚复如许。
日夕共盘桓，风雨无间阻。
俯仰剧笑谈，意气溢眉宇。
罗娜与幻台，况与美人伍。

宗岱欣然诵佳句，君培覃思作清吐；
从吾史余敦旧睦，慰堂巧啭《遏云谱》。
湘南学子擅文辞，雅典贤人缅往古。
唯有不才无赖固，猖狂磊落殊粗卤。

君本挟策匡时才，亦复风流擅词赋，
我侪知己六七人，多君周旋作盟主。
回忆当年，诚为柏林盛会。屈指三十载，交游先后星散：朱自清、滕若渠早已作古；蒋复璁、姚从吾流亡海外；徐梵澄讲学印度，久无消息；在国内者，仅余与冯君培、梁宗岱耳；然犹南北离居，不能相见。欲求当日盛会，不可得矣！

除了文内提及的滕固、冯至、蒋复璁、姚从吾、徐梵澄和朱自清外，朱偰在另一篇回忆录《回首当年》中，还提到李石岑、刘衍淮和王光祈。

朱偰在1932年获博士学位，归国后在大学教书，一直与梁宗岱保持联系。抗战爆发后被延入政府，在财政部门任职，撤退到四川重庆。在那里两人重见，战乱相逢，不胜唏嘘，他写了一首诗送给梁宗岱：

在渝晤梁宗岱将往北碚就复旦大学文学院教授

1938年10月

青眼高歌不易求，十年回首叹沉浮。

吴船蜀舸他乡老，瘴雨蛮烟我欲愁。

世事如麻真棘手，壮怀未展更离忧。

何当共宿嘉陵驿，再听使君赋粤讴。

次年11月，朱偰写了一首六十六行的长诗，分寄在四川各地的五位德国雅集朋友，题名"秋夜述怀——寄昆明姚教授从吾滕校长若渠冯教授至白沙蒋馆长慰堂北碚梁教授宗岱三十三韵"，其中四句送给梁宗岱：

有事远方来，言是南海梁。

冥搜真与美，秀句满遐荒。

1950年，朱偰重返大学教书。1952年被任命为江苏省文化局副局长，1956年四处呼吁保护南京古城门，未能成功，只保住中华门城楼。1957年划为右派，被发放至图书馆工作。1968年"文革"期间自戕身亡。

在柏林期间,梁宗岱顺便为华胥社出版物组织稿件,得到王光祈(1891—1936)一篇《音乐与时代精神》。这位在柏林大学攻读音乐学的留学生,两年后转往波恩大学,1934年获博士学位,1936年在图书馆猝逝,留下丰富的音乐著作,是中国音乐理论和历史研究的先行者。

1931年2月,梁宗岱离开柏林,转往海德堡。这里离瑞士不远,他乘便到苏黎世拜访了著名的雕刻家哈烈(Hermann Haller,1880—1950)。梁宗岱没有提及两人如何结识,但是哈烈与"船堡"主人是好朋友,也是"船堡"的常客。梁宗岱1929年暑假在那里住过两个多月,两人可能相识于此时。哈烈1909至1914年曾在巴黎习艺,热爱法国文学,返回瑞士时的行李装了很多法国文学书籍,他与梁宗岱之间不愁没有共同的话题。

苏黎世之会留下两个痕迹,一个在《论画》(1932年)里,记录了与哈烈谈话:

> 记得去年春天在瑞士底趋里虚(Zurich)城偕一个现代大雕刻家哈烈(Haller,他底作品藏于柏林及法兰西瑞士各地底美术馆的甚多)散步。他忽指一座镀金的雕像问我道:"你觉得这像怎样?"我说:"好极了!瞧他生气多勃然!"他叹口气说:"是的,作者是我一位好友,不幸年青的时候死了!"半晌,他继续说:"但这有什么:对于艺术家,最重要的就是创造一件有生命的东西。"

另一个是他保存了一张和哈烈合照的相片,两人坐着帆船,在苏黎世湖上游玩。

他到海德堡，是因为要进海德堡大学继续研习德语。这是一所名校，创办于十四世纪，是德国最古老的大学。柏林的朋友介绍他去找冯至，他的出现留给冯至深刻的印象：

  大约在 1931 年 2 月底或 3 月初，一天我正在早餐，来了一个客人，他递给一封介绍信，是柏林一个朋友写的。我读了信，知道他是梁宗岱。梁宗岱这个名字，我那时并不熟悉，只记得在 20 年代前期他出过一本诗集《晚祷》，我没有仔细读过。他打算在海德贝格待两三个月，我首先是陪他去找房子租住。梁宗岱胸怀坦率，在找房子的路上他不住口地对我作了详细的自我介绍。他精通英语、法语，他是法国著名诗人瓦莱里（他用广东语音把这名字译为梵乐希）的弟子，在 1927 年他就翻译了瓦莱里的名篇《水仙辞》。他能用法语写诗，把王维、陶渊明的诗译成法文，出版了一部豪华本的《陶潜诗选》，瓦莱里给他写了序。他还谈到罗曼·罗兰和纪德，谈到国内的徐志摩，也谈到里尔克，他从法文译本转译过里尔克的《罗丹论》。我说，里尔克也翻译过《水仙辞》，是 1926 年他逝世的那年译的。直到在涅卡河北岸山腰上一家住宅里租到了一间房子后，他的自我介绍才暂告结束。

  [……]

  梁宗岱在海德贝格度过了这里最美好的季节，春天。他在 3 月 21 日写完了给徐志摩的一封长信《论诗》。这是一篇全面论诗的散文（我不说是论文），它涉及到诗各方面的问题，显示出作者对古今中外的诗歌有较深的修养，并提出自己的见解。他的态度既严格而又宽容,既骄傲而又谦虚,以至诚的心情希望中国新诗能有健康的发展。他在写作过程中,遇到某些问题曾和我商讨,并把我从国内带来的几部线装书如李商隐的诗集、姜夔的《白石道人四种》等借去参考。我很惭愧,我对于诗不像他那样考虑得深远。

他从德语文学里翻译歌德、尼采、里尔克简短的抒情诗,都很成功。但我感到难以卒读的却是他极力称颂的瓦莱里《水仙辞》的译文。一来是原诗的难度大,不容易译,二来是这篇晶莹而清澈的纯诗,译者用了些不适当的华丽词藻,而且为了押韵,有些词句显得勉强、不自然。我不懂法语,我读里尔克的德译,觉得比读梁宗岱的中译更容易懂些。

我把我1930年在《骆驼草》上发表过的八首诗给他看。他读后很坦率地对我说,这些诗格调不高,他只肯定其中的一首《等待》。他的评语对我发生了影响,后来我编选诗集,从发表在《骆驼草》上的诗里只选了一首《等待》,其他的都没有选入。

抗日战争时期,他在重庆,我在昆明。1941年,我把我写的几首十四行诗寄给他。他回信仍然是那样坦率,他说,他不同意我用变体写十四行,他自然是严格的"形式主义者"。但是他严格遵守格律写的十四行诗,我读后总觉得语调不够自然,缺乏生气,虽然他论诗的文章写得很深刻,很认真,我从中得到不少的教益和启发。(冯至《海德贝格记事》)

冯至(1905—1993)原籍河北涿州,1921年考进北京大学,开始文学创作,1923年入读德语系,1927年毕业后任中学教师,1930年以公费生资格到德国留学。1935年获得文学博士学位,同年回国。

此后在大学任教，写译不辍。1964年调任中国社会科学院外国文学研究所所长，直至1982年退休。他的德语翻译有些与梁宗岱重叠，例如《流浪者之夜歌》《旗手》等，但两人互相赏识，从无冲突。他们相识后不过一个多月，梁宗岱的文章就出现赞赏冯至的话：

> 我恐怕我底国语靠不住，问诸冯至君（现在这里研究德国诗，是一个极诚恳极真挚的忠于艺术的同志，他现在正从事移译里尔克《给一个青年诗人的信》）。（《论诗》）

1941年，他在重庆为里尔克《罗丹》中译出版单行本，在"译者题记"最后说：

> 限于参考书，或者更限于理解底程度，我很抱歉，关于这位亲切可爱的诗人，只能作这简略的介绍。但我们有理由希望，在最近的将来，冯至君将给我们一个配得起这位大诗人的深澈详尽的描述。

梁宗岱从不轻易给人褒语，但这两段话明白表示，他很欣赏冯至的才气及治学态度。

他在海德堡大学读了一个学期，完成"周游列国"计划中的德国一年，下一个目的地是意大利，行前冯至赠给他一本德文书《里尔克在卡普里岛》（Leopold von Schlözer：*Rainer Maria Rilke Auf Capri Gespräche*），现藏梁宗岱纪念室，扉页上题辞：

> 宗岱兄将游翡冷翠
> 　　冯至于海岱山　一九三一，五，一

1931年5月，梁宗岱到达佛罗伦萨，住在琴托斯泰拉大街（Via Centostelle）48号，在那里收到莫诺替瓦莱里寄来的《安菲翁》

(*Amphion*)。6月10日，他写了一张明信片给瓦莱里致谢。这不是从街上买来的旅游明信片，而是请人以自己的照片制作。相中人像往常那样，穿着一套浅色西装，蝴蝶结领带，圆框眼镜，在一座高山上凭栏远眺远处山谷。明信片左边以法文书写：

送给保罗·瓦莱里大师
　　致问好及敬意
　　　　梁宗岱
《水仙辞》中译已出版。接到样书即寄上。

右面是中文题辞，按中文规矩直书，从右到左，书法十分工整秀丽：

梵乐希诗翁惠存
　　后学梁宗岱敬赠
　　　　一九三一，六，十，于翡冷翠山中

佛罗伦萨本身没有高山，但亚平宁山脉贯穿意大利半岛，无论哪个城市到山区都不会很远。在佛罗伦萨西北部，有一个著名的度假胜地云石堡（Forte dei Marmi），曾是著名的卡拉拉（Carrara）大理石海运集散地。前临地中海，后倚高山，明信片所说的"翡冷翠山中"便是指这一带山区。梁宗岱曾回忆过这次假期：

在翡冷翠比沙（按：通译比萨）附近一个海滨云石堡避暑，住近海滨一间大旅店。晒台都是空着，只屋顶上有小小盖着，被我看上。向店主要求上顶层住，得到同意。乐极了，每晚都对着满天星和月亮读着诗，朗诵诗，或想着万物的变化，再听着海涛波浪声，心情非常愉快。有一晚天黑，天要刮风下雨，店主人对

梁宗岱赠瓦莱里照片（1931年）
摄于意大利佛罗伦萨山区　法国巴黎杜塞文学图书馆藏

同期拍摄的两张照片（1931年）　广东外语外贸大学梁宗岱纪念室藏

我说：今晚要搬下来，刮风下雨很危险。我正要看看这情况呢。到了半夜，雷电，大风大雨很厉害，整个阳台都在风雨中波浪声中，把我溶化在音乐声里，从来没有看过这么惊险镜头，这么好玩好听的音乐声，索性来一个雨浴。（甘少苏手抄稿）

梁宗岱很喜欢翡冷翠的风景和情调，在写信给瓦莱里前，他在5月30日寄了一张明信片给巴黎的刘海粟。他选择的明信片是名画《维纳斯的诞生》的局部头像，十分精美的彩色印刷，在当时是少见的高级印刷品。他在信中尽情宣泄游乐的愉悦心情：

海粟我兄：

我自廿号离Zürich，曾在Milan及威尼市各逗留了三天，终于廿七日到我年来梦想的翡冷翠了。我的心是怎样的怦动呵。一个金色辉煌的世界将开展在我面前！但我却不着急，我要先自准备好了，然后一步一步去发见它。

我这次虽孑身独游，沿途却颇不寂寞，这里同住的更有一位极典雅婀娜的女郎，只可惜我不是画家，更可惜你不在这里。不然，世界画院必少不了一幅Venus或Botticelli式的Madonna。你说老天多恶作剧，我立心不爱女人，他偏要到处都把一两个美人放在我路上，好在我的灵魂是寂静的，如其我的心不住的震荡，也只是为的翡冷翠。

托谢康兄转交的两幅小相片想已收到。你那里有什么好消息？希望能给我一点。

阿嫂均此。

宗岱，一九三一年、五、三十。

信中的 Botticelli（波提切利）是意大利文艺复兴画家，《维纳斯的诞生》的作者，Madonna 指波提切利另一名画《圣母颂》(*Madonna del Magnificat*)。中国人"谢康"应为"谢寿康"，与梁宗岱同期留学法国。所说"小照两张"，估计就是寄给瓦莱里同一张照片的复件。

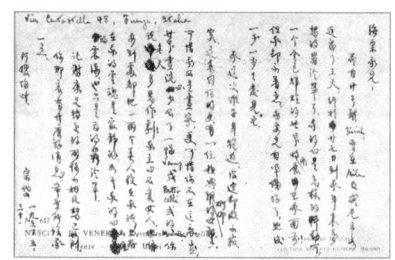

梁宗岱致刘海粟明信片（1931年5月30日）
西泠印社拍卖有限公司目录

自从《小说月报》在 1929 年 1 月发表了《水仙辞》中译后，梁宗岱国内的文名急剧上升，北京大学决定聘请他为教授。盛成 1930 年回到中国，在政坛上风风火火活动了近一年，眼看此路不通，1931 年转入北京大学教法文：

> 我当时在法语系担任四年级功课，教"法文诗与法文小说"。后又在三年级教"法国文学史"。二年级和一年级功课由法国人邵可侣担任。当时，法语系还有一个法国道尔蒙。戏剧由陈绵和宋春舫教授。法语系主任原来请梁宗岱教，但梁还在法国，没有回来。（盛成《旧世新书》）

梁宗岱在《我的简史》中有相应记载："在这期间，北京大学和清华大学来了许多电信催我回国任课。我答应在意大利学习完即动身。"按照一国一年的计划，最早的回国日期当在 1932 年。但他在1931年6月4日，从佛罗伦萨寄出一张明信片给莫诺，已经改变了主意：

> 十分感谢寄来《安菲翁》和友好的附信。我刚知道大师的全集正在征订中。由于9月才返巴黎，能否代订一套（滑面纸或幼纹纸），以免太迟。先谢。致意。

在意大利逗留时适逢大学暑期。他正在乐山乐水之际，却发生了一件不属于计划中的事：

> 1930年（按：应为1931年）夏，我正在斐[翡]冷翠游览，忽然接到日内瓦的电报，请我立刻到那里去，代表中国人民在一个"为争取和平的宗教和道德力量联合会"（Union des Forces religieuse et Morale pour la paix）的大会上发言，题目是《从道德观点看裁军问题》（Désarmement comme problème moral）。
>
> （《我的简史》）

会议在日内瓦召开，因为那里是国际联盟总部所在地。国联创立的目的是保证各国和平共处，从1925年开始便商讨裁减各国军备，为此成立一个筹备委员会，希望能够草拟出一个方案，交给世界裁军会议讨论。由于各国利益分歧，经过长达六年的拉锯战，到了1930年才初见头绪，计划在1932年2月召开大会通过。在这过程中，各国和平主义组织积极活动，动员舆论支持裁军，并推动本国政府参加。

1928年组成"国际和平力量协调委员会"（Comité international de coordination des Forces pacifistes），作为各国和平组织的协调中心，向国联成员国施加压力。1931年9月，国联召开第12届常年大会。协调委员会利用机会，连续两年在日内瓦举行大会，敦促按期在 1932 年举行裁军大会。

梁宗岱提及的"为争取和平的宗教和道德力量联合会"是参加大会团体之一，正式称呼是"为争取和平的宗教力量大会"（Congrès des Forces religieuses pour la paix，英文 Universal Congress of Religious Forces for Peace）。这是一个国际性的泛宗教和平组织，由 1914 年成立的天主教"通过宗教争取国际友好世界联盟"（L'Alliance universelle pour l'amitié internationale par les Eglises）倡议、组织及协调，成立于 1928 年，成员不分宗教信仰，不分地域。

这个组织为何邀请他，目前没有相关文献，但是瓦莱里的好朋友莫诺与这个和平组织素有来往，他知道梁宗岱的意大利地址，可能由他推荐给会议组织者，向梁宗岱发出邀请电报。梁宗岱收到邀请后，把"代表中国人民"看成一种责任，当仁不让，决定参加：

> 演讲词是这样想出来的，一面游泳一面想。颇受听众欢迎，讲一句听众拍掌叫好，一直坚持。（甘少苏手抄稿）
>
> 听众觉得我的发言颇动听，会后该会主席约我第二天参加联合会的理事会，在会上正式提我为该会的永久理事，并一致通过。其实我并不清楚那是怎样的一种组织，不过觉得争取世界和平，总是应该拥护的，我的"永久理事"也只是"一次过"，以后便没有下文了。（《我的简史》）

第二段自嘲文字，写于"文革"时期，实际上，他对这个新衔头很认真，决定留下来，等候国联正式开会，参加旁听：

> 接着就是国际联盟举行大会，议程是裁军问题。他们留我列席。日内瓦对我是旧地重游，我亦乐得留下，并趁此机会对罗

曼·罗兰作最后一次的探访。

1931年9月18日上午，我乘了游湖的小汽轮到里芒湖的另一端，在罗曼·罗兰家里畅谈了半天，心情特别愉快。不料晚上回到日内瓦，等着我的却是"九一八"事件的噩耗，我的热泪不禁直淌。在海外度过了几个年头，把蒋光头统治下的祖国的贫困、残破、奄奄一息的面孔全忘掉了，幻想着她也在飞速地进步。这晴天霹雳的一击所以更显得沉重。（同上）

梁宗岱出身富裕家庭，自少没有受苦，但是对国家的热爱与其他阶层的人并无二致。他像很多留学生那样，受过五四运动洗礼，正如罗曼·罗兰日记所说的："我觉得他在精神方面始终如一，和几乎所有我见过的中国青年那样，他们民族的苦难，以及漫长转化的苦难，压在他们身上。"这是一群准备为自己民族成为受难者的年轻人，血管中充满沸腾的热血：

但第二天我们立刻行动起来。旅居日内瓦的各界中国人立刻组织了一个抗日救国会，宣传和抨击日寇的暴行。

同时，提到国际联盟的议事日程的，已经不是那迂腐的裁军问题，而是火热的日本入寇中国东三省事件了。

开头，整个国际联盟仿佛站在我们这边。愤怒的风火直扑日本的代表团。特别是仿佛充满了正义感的 Lord Cecil，当众直斥日本代表芳泽，弄得他理屈词穷，低头不作声。但 Lord Cecil 的后台老板大英帝国并不支持他，乞援于美帝，迟迟见复，不到三天，波兰、法国、德国……的代表动摇了，不仅含糊其词，简直唱起相反的调子来了，尽管台下听众在愤怒握拳、太息唏嘘……

（同上）

外国人对中国态度前后不同是历史事实，法国报刊发自日内瓦报道的语调也是先后不同。国联大会在9月7日开始，一直风平浪静，"九一八事变"爆发，出现中日代表舌剑唇枪的火爆场面。三四天后，日本政府耍手段，向国联保证对中国没有领土野心，气氛立即和缓下来，然后传来中国反日浪潮出现对外国侨民暴力行为的负面消息，挑动了西方人的"义和团恐惧症"，形势陡变。在大会闭幕前最后一次理事会上，中国代表施肇基提出四个要求：日本订出全部撤兵期限，赔偿战事损失，释放被囚军民，以及由国联派员调查。竟然有记者认为这些要求过分，这是因为西方人无法设身处地去理解中国人民的感情，使用西方的标准来判断。当南京学生痛殴外交部长王正廷消息传来时，国联理事会西班牙主席勒鲁（Alejandro Lerroux García，1864—1949）物伤其类，甚至说出要"管制新闻界"的蠢话来，引起与会八百多位记者的强烈抗议。

梁宗岱的回忆写于晚年，一个特殊的年代。塞西尔（Robert Cecil，1864—1958）是英国著名外交家，国际联盟创始人之一，长期致力于欧洲和平工作。他在会议中站在同情中国的立场上，是唯一要求日本立即退兵的代表。"后台老板"英国政府刚好在这关键时刻遇到严重的金融危机，"九一八事变"消息传到欧洲第二天，9月21日，英国政府宣布停止六年前才恢复的货币金本位制，引起英镑大幅度贬值。这条消息与中日冲突成为欧洲报刊的双头条新闻，轮流霸占第一栏位置，在英国则是单一头条新闻。在这种情况下，焦头烂额的"后台老板"根本无暇顾及国联会议。塞西尔毕生从事和平努力得到国际公认，1937年获诺贝尔和平奖。

无论如何，梁宗岱受到巨大的冲击。七年之内，他在国联亲历两场外交风波，这不平凡的经历使他对西方列强的政治和外交产生反感。1931 年 12 月，他回到中国，第一个行动便与此有关。半世纪后，梁宗恒记忆犹新：

> 他从法国回来时，我正在香港。我当时十三岁，父亲决定要我学习英文，替我在这个英国属地一间学校报了名。我在那里度过了十个月。[……] 香港作为英国属地，那里对中国青年的教育，以培养英国的好子民为目的，而不是培养为自己文化骄傲的中国人，至少这是我哥哥的看法。他从法国一回来，便把我带到广州，送进他以前读过的学校，纠正了我到那时为止杂乱无章的求学。
>
> （梁宗恒《花都华人》）

梁宗岱以实际行动，表达了对西方列强外交的不满。他的弟弟在培正中学念了三年半书，1935 年完成学业，然后到法国留学。

"九一八事变"掀起中国留学生回国潮，所有人都要为危难中的祖国贡献自己一份力量。梁宗岱离开意大利，返回巴黎。他如何向瓦莱里和其他朋友道别，尚未找到记载。从罗曼·罗兰日记来看，他在欧洲七年的经历一帆风顺，给他一种满载而归的满足感，他热切期望回到久别的故土，赶快把自己的学识贡献给社会，"九一八事变"只不过加速了他的行动。

11 月中旬，二十八岁的梁宗岱在马赛登上博尔多斯号邮轮。12 月 7 日，船停锡兰的科伦坡，他买了一张当地的风景明信片寄给瓦莱里，上面只有简短一句话：

> 从科伦坡致亲切的问候

这是他向瓦莱里的最后告别，也是向欧洲的最后告别。

1931年12月23日圣诞节前夕,他返抵香港。三年后,1934年9月20日,他从日本叶山写信给瓦莱里:

> 每想起(我经常想的)在巴黎的幸福岁月里,法国知识界对我的友好慷慨欢迎,我不能不充满谢意,感情激动。

他已经明白,当年告别的不是一个人,不是一个地方,而是他这一生最美丽的日子。

后 记
刘志侠

梁宗岱（1903—1983）是著名诗人、翻译家、文学评论家和教授。由于历史原因，他的作品到上世纪末才重新受重视。卢岚和我曾参加中央编译出版社《梁宗岱文集》四卷本（2003年）和《梁宗岱著作精华》（2006年）六种单行本的出版工作，在编辑和校注过程中，发觉缺乏早期作品，妨碍对他的全面了解，因此继续留意搜集。

这件工作需要时间和耐心，更需要运气。每有新线索出现，便努力追踪，加上其他学者的发现，几年下来，积累了一批资料。其中不仅有佚文，也有他的文学活动的珍贵文献：

一，佚文——《培正学生》和《培正青年》的少作，包括他的第一首新诗；文学研究会广州分会机关刊物《文学旬刊》和岭南大学《南风》的诗文；法国杂志《欧洲评论》和《鼓》的法文诗和英文诗。

二，文学活动——培正中学的五年现代教育和生活；岭南大学的诗歌雅集；文学研究会广州分会的成立；在索邦大学求学；参加巴黎文艺沙龙；和中国留学生的交往；瑞士女作家阿琳娜·瓦朗让的回忆；法国作家普雷沃和奥克莱记述和他的友谊。

三，瓦莱里与罗曼·罗兰——梁宗岱书信手稿在"文革"

期间遭劫焚毁，其中有瓦莱里十三封信和罗曼·罗兰六封信。我们在法国找到他写给瓦莱里的十七封信，以及罗曼·罗兰日记中关于他的四段记述，包括两次见面的情况。

这些佚文和史料不是一朝一夕得到的，而是一点一滴搜集而来。最初只打算撰写散篇文章介绍法国文献，已经发表了《梁宗岱巴黎文踪》四篇（《书城》月刊2012年6月、7月、9月和10月号）和《梁宗岱瑞士文踪》（《作家》月刊2013年10月号）。在此前后，一些求索多年的珍贵史料出乎预料之外，很快搜集到了，国内外都有，不仅解开了一些过去没有答案的难题，而且提供了从未为人所知的很多细节。

回顾已出版的梁宗岱的传记，只有两种，面世已有一段时日：《宗岱和我》（甘少苏，重庆出版社，1991年）和《梁宗岱》（黄建华，赵守仁，广东人民出版社，2003年，2013年）。两书从不同角度讲述梁宗岱一生，唯早年文学活动部分比较简略。近年有关梁宗岱的学术研究日趋活跃，这部分成为相对薄弱的一环。初步整理新史料后，觉得内容足够丰富，能够全面重组梁宗岱的文学起步过程。这些文献的收藏地方分散国内外，不是轻易能全部见到。为了让更多人分享，我们暂时放下其他工作，致力完成搜集和整理，写成这部传记，全面地系统阐述。

书中使用的文献来源广泛，主要有四部分：

一，梁宗岱个人自述和作品中的回忆，直接来自他本人，这是全书的基础。其中个人自述的文献仅得两种，《我的简史》和"简历手稿两页"（手稿残页，1911年—1930年），写于晚年，文内有些记忆错误，但以其他文献印证，不难辨正。

二，传记与回忆：甘少苏手抄稿《梁宗岱与甘少苏》，梁宗恒 Chinois de Paris（《花都华人》）和《阿公的故事》，以及黄建华、赵守仁《梁宗岱》。

三，历史背景及人物资料，尽可能上溯到同时代的报刊和著作，间接的记载只限于研究专著或学术论文。所有引文均注明出处。

四，梁宗岱的文学活动文献，主体是新发现的佚文、出版物、书信、日记和作家手稿，无论中国或外国，都力求原件，力求亲自过目。由于这是同时期的原始文献，真实性无可置疑，成为本书的主要内容。

这是一本叙述性传记，跨越1903年至1931年的二十八年时间。从梁宗岱的家庭和童年开始，经过培正中学、岭南大学，到日内瓦大学、巴黎索邦大学、德国柏林大学、海德堡大学及意大利游学，最后学成归国。全书以事实为重，评论从简，大致按时序排列，详尽介绍事件、人物和时代背景，所有叙述均有所本，具体还原出一个真实的青年梁宗岱。

本书的写作是一件繁重的工作，也是一个愉快的经验，从搜集文献到完成，得到四面八方的帮助。无论个人或图书馆，无论相识或不相识，无论见面或通信，无论中国或外国（法国、瑞士、日本等），都得到友好的回应，令本书的内容更详尽透彻，更接近历史面目。书成后，又得到上海九久读书人总经理黄育海、编辑何家炜的妥善安排，完成本书的出版。

本书开卷以梁宗岱翻译《浮士德》的诗句作题记，此处再录四

句作终卷语,向这位著名的诗人教授致敬:

> 时辰已遥遥地隐没,
> 苦与乐已渺无踪影;
> 预感吧!你就要康复,
> 要信任白昼的新生。

2014 年 7 月,巴黎

　　陈太胜教授是梁宗岱诗学研究先行者,他的《梁宗岱与中国象征主义诗学》是第一篇以梁宗岱为主题的博士学位论文。开始的时候,他对梁宗岱"只是稍有了解,可能看什么文学批评史的书对他稍有接触"。1999 年,为了寻找博士论文题目,在一位朋友提醒下,"当即就去书店里买了《梁宗岱批评文集》看一看。记得那一夜看得很晚很晚,看后非常激动,觉得他对新诗的阐释就我有限的知识看,是很不了起的"。

　　这个反应与我们的经历何其相似。梁宗岱作品尘封数十载,作为他的学生,一直无缘见识。要等到 1979 年,才在香港第一次接触,读的书是刚刚面世的璧华先生《梁宗岱选集》。卢岚曾写道,"在我的阅读史上,有两回印象特别深,第一次是读沈从文的小说《边城》,第二次就是看这本文集,薄薄的一百五十页。记得开始时候,我是歪在沙发上打开这本书的,看了一会儿,就直坐起来了。怎么?这些好东西怎么我们以前不知道?"(《认识梁宗岱》)

　　《青年梁宗岱》初版由华东师范大学出版社在 2014 年 10 月印

行后，陈太胜教授发表评论《梁宗岱研究的新进展》（《中国图书评论》2016年6月号），指出本书两个主要缺憾："没有在文中注明使用的每一则材料的详细出处……对以后想进一步做相关研究，需查找相关资料的学者来说，还是没有提供足够的便利。同时，重要的一些原始文献，像法文刊物、书信、梁宗岱用法语发表的作品等，如能同时提供图片，相信肯定会使这本书增色不少。"

这些要求本来能够做到，但囿于这是一本人物传记，主要任务是叙述而非研究，不宜使用论文式注解。至于图片，正是这次增订本主要工作之一，所选图片不仅数量多，而且很大部分是首次发表。

《青年梁宗岱》从2010年开始筹划初版，直到现在的增订本，前后十余年。在这时间长流中，我们一直与负责编辑的何家炜先生保持密切合作，共同汇编了《梁宗岱译集》（七卷）和《梁宗岱早期著译》等书。在工作中，我们多次看到，这位诗人和文学译者对文学如何忠诚，殚精毕力，他的细心工作和编辑经验有助本书成为认识和研究梁宗岱不可或缺的案头书。

2023年7月，巴黎再记